2008年湖南省高校思想政治教育研究课题(08C47)
2010年湖南省普通高校大学生思想政治教育首批特色建设项目(10T50)
2011年湖南省高校思想政治教育研究课题(11C37)
2012年湖南省普通高校校园文化精品建设项目(12J36)
2012年湖南省教育科学"十二五"规划就业创业研究课题(XJK012BJC001）
2013年湖南省普通高校大学生思想政治教育首批示范建设项目(13SF15)
2017年湖南自然科学基金科教联合基金课题(2017JJ5001）
2017年湖南教育科学"十三五"规划重点课题(XJK17AZY001)
2017年全国教育科学"十三五"规划课题(FJB170663)
2018年湖南省大学生思想道德素质提升工程省级项目(18GC40)
2018年首批全国党建工作示范高校培育创建项目
2019年国家高等职业院校"双高计划"建设项目
2019年第四届湖南省教育科学研究优秀成果奖项目
2022年湖南省职业教育教学成果一等奖项目
2022年中国石油化工教育教学优秀成果一等奖项目

大学劳动教育与健康教育

刘 瑛　曾子茜◎编著

湖南大学出版社

图书在版编目(CIP)数据

大学劳动教育与健康教育 / 刘瑛,曾子茜主编. 长沙:湖南大学出版社,2024.8. -- ISBN 978-7-5667-3715-1

Ⅰ.G40-015;G647.9

中国国家版本馆 CIP 数据核字第 2024KR2810 号

大学劳动教育与健康教育

DAXUE LAODONG JIAOYU YU JIANKANG JIAOYU

主　　编：	刘　瑛　曾子茜
责任编辑：	吴颖辉
印　　装：	唐山唐文印刷有限公司
开　　本：889 mm×1194 mm　1/16	印　张：16.5　字　数：420千字
版　　次：2024年8月第1版	印　次：2024年8月第1次印刷
书　　号：	ISBN 978-7-5667-3715-1
定　　价：	49.80元

出 版 人：李文邦
出版发行：湖南大学出版社
社　　址：湖南·长沙·岳麓山　　邮　　编：410082
电　　话：0731-88822559(营销部),88821315(编辑室),88821006(出版部)
传　　真：0731-88822264(总编室)
网　　址：http://www.hnupress.com
电子邮箱：2212386047@qq.com

版权所有,盗版必究
图书凡有印装差错,请与营销部联系

前言 PREFACE

党的二十大报告指出:"在全社会弘扬劳动精神、奋斗精神、奉献精神、创造精神、勤俭节约精神","坚持尊重劳动、尊重知识、尊重人才、尊重创造","人民健康是民族昌盛和国家强盛的重要标志","深入开展健康中国行动和爱国卫生运动,倡导文明健康生活方式"。健康是生命之基,是人生幸福的基石,健康是对社会和个人的义务。劳动是生活的需要,健康是事业成功的保障,劳动意识和能力及健康意识和能力的培养至关重要。德智体美劳全面发展的教育体系,明确了新时代加强劳动教育和健康教育的必要性和重要性。《"健康中国2030"规划纲要》中明确提出"把健康教育作为所有教育阶段素质教育的重要内容"。2017年6月14日,教育部制定并颁布了《普通高等学校健康教育指导纲要》。2018年,全国教育大会上首次提出把劳动教育纳入培养社会主义建设者和接班人的总体要求之中,历史性地把劳动教育从传统意义上的促进青少年全面发展的有效途径提升为重要教育内容,形成德智体美劳全面发展的教育体系,明确了新时代加强劳动教育的思想指引。切实加强大学生劳动教育与健康教育,是贯彻党的教育方针,全面实施素质教育,提升大学生劳动素养和健康素养,促进大学生身心健康,培养大学生德智体美劳全面发展的必然要求。

本书分为两篇:劳动教育篇和健康教育篇。

劳动教育篇:从劳动教育的历史与现实,劳动教育的理论与实践,劳动教育的社会与个人角度出发,分崇尚劳动、弘扬精神、提升技能、培养品质、劳动实践、尊重劳动、劳动伦理、劳动发展等八个方面进行阐述,帮助大学生树立正确的劳动观念、积极的劳动态度,形成尊重和热爱劳动过程、劳动成果和劳动主体的价值观念。帮助大学生把握劳动教育的基本内涵,使大学生理解和形成马克思主义劳动观,培养劳动精神、工匠精神和劳模精神,培养爱岗敬业、诚信友善、遵纪守法、劳动创新的优良品质,提升劳动素养。在养成良好劳动素养方面,劳动教育是劳动和教育的有机融合。劳动教育特别强调:第一,促进学生具备一定劳动知识与技能,成为全面发展的人;第二,发展学习者劳动创新的潜质,成为新时代所需要的劳动创新者;第三,在学习中实践,形成良好的劳动习惯,成为自己动手、丰衣足食的有尊严、有素养的新时代公民。通过劳动教育,培养青少年尊重劳动、劳动人民和劳动成果的意识,树立认真、负责、创造性地对待劳动的态度,丰富青少年运用知识技能获得精神财富和物质财富的教育实践,帮助青少年增强合作劳动和独立劳动的能力。

健康教育篇:结合大学生成长阶段的特点,针对大学生普遍存在的健康问题,从现代健康、营养与健康、睡眠与健康、环境与健康、运动与健康、健康危险行为预防、传染病预防、慢性病预防、青春期性健康、常用急救知识等十个方面,帮助大学生树立健康意识,掌握健康的知识与技能,提高自身的健康管理能力,促使大学生形成有益于健康的行为和文明健康生活方式,更好地促进和保护大学生的健康。

本书具有以下几个特点：

（1）具有鲜明的思想性，将马克思主义劳动观贯彻始终，强调劳动是一切财富、价值的源泉，劳动者是国家的主人，一切劳动和劳动者都应该得到鼓励和尊重；树立"健康第一"的理念，健康是大学生全面发展的基础，倡导通过身心健康、诚实劳动创造美好生活，实现人生梦想。

（2）具有突出的社会性，强调加强学校教育与社会生活、生产实践的直接联系，发挥劳动在个人与社会之间的纽带作用，引导大学生认识社会，增强社会责任感，强化担当意识。同时，注重让大学生在劳动中学会分工合作，体会社会主义社会平等、和谐的新型劳动关系。"健康中国行动"，大学成为传播健康理念、引领健康生活方式的重要阵地，大学生成为建设健康中国和全面提升中华民族健康素养的生力军。

（3）具有显著的实践性，面向真实的生活世界和职业世界，借鉴当前劳动教育和健康教育各方面最新的实践经验，通过日常实践性活动，让大学生发挥自身主体性，引导学生以动手实践为主要方式，在认识世界的基础上，获得有积极意义的价值体验，学会强身健体，建设世界，塑造自我，实现树德、增智、强体、育美、勤劳的目的。

本书理论结合实际，内容科学，针对性强，具有时代性、专业性、实用性等特点，切实增强大学生劳动意识和健康意识，着力提升大学生的劳动综合素养和劳动能力，着力提升大学生的自身健康管理能力和促进健康的知识能力，促进大学生身心健康和全面发展，以培养德智体美劳全面发展的社会主义建设者和接班人。

本书在编写过程中，参阅了相关的著作、教材、论文等研究成果，充分借鉴和吸取了部分学者的科研成果，特别是课题研究及示范建设项目。王冰婷负责全书的统稿工作，在此一并表示衷心感谢！

由于作者水平所限，敬请广大专家、同仁和读者提出宝贵意见。也希望与有志于大学生思想道德素质提升工程的同仁，共同挖掘课题、示范建设项目推广应用的典型经验价值，探索可供广泛学习借鉴的核心内容，进一步提升和完善课题研究、示范建设项目的内涵，做大做强示范项目特色和品牌，切实提升大学生素养，培养德智体美全面发展的社会主义建设者和接班人，落实立德树人根本任务。

作者
2024 年 8 月

目录

第一篇 劳动教育

第一章 崇尚劳动 ……………………………………………………………………（1）
　第一节 劳动简史 …………………………………………………………………（1）
　第二节 劳动本质 …………………………………………………………………（3）
　第三节 劳动观念 …………………………………………………………………（6）

第二章 弘扬精神 ……………………………………………………………………（9）
　第一节 劳动精神 …………………………………………………………………（9）
　第二节 工匠精神 …………………………………………………………………（16）
　第三节 劳模精神 …………………………………………………………………（23）

第三章 提升技能 ……………………………………………………………………（30）
　第一节 职业技能 …………………………………………………………………（30）
　第二节 生活劳动技能 ……………………………………………………………（34）
　第三节 社会劳动技能 ……………………………………………………………（37）

第四章 劳动安全 ……………………………………………………………………（41）
　第一节 劳动安全及责任 …………………………………………………………（41）
　第二节 劳动风险及防范 …………………………………………………………（43）
　第三节 劳动安全应急处置 ………………………………………………………（46）
　第四节 劳动卫生 …………………………………………………………………（47）

第五章 培养品质 ……………………………………………………………………（48）
　第一节 劳动敬业 …………………………………………………………………（48）
　第二节 劳动诚信 …………………………………………………………………（50）

  第三节 劳动勤俭 ………………………………………………………………… (53)
  第四节 劳动创新 ………………………………………………………………… (54)

第六章 劳动实践 ……………………………………………………………… (57)

  第一节 垃圾分类 ………………………………………………………………… (57)
  第二节 美化校园 ………………………………………………………………… (63)
  第三节 "三下乡"活动 …………………………………………………………… (70)
  第四节 衣物洗涤整理 …………………………………………………………… (71)

第七章 尊重劳动 ……………………………………………………………… (77)

  第一节 体面劳动 ………………………………………………………………… (77)
  第二节 劳动权益 ………………………………………………………………… (82)
  第三节 劳动保险 ………………………………………………………………… (85)

第八章 劳动发展 ……………………………………………………………… (86)

  第一节 劳动伦理 ………………………………………………………………… (86)
  第二节 人工智能与未来劳动 …………………………………………………… (88)

第二篇 健康教育

第九章 现代健康 ……………………………………………………………… (92)

  第一节 健康的概念 ……………………………………………………………… (92)
  第二节 影响健康的主要因素 …………………………………………………… (95)
  第三节 健康促进、健康教育与健康管理 ……………………………………… (96)

第十章 营养与健康 …………………………………………………………… (100)

  第一节 营养学基本概念 ………………………………………………………… (100)
  第二节 营养素对人体的主要作用 ……………………………………………… (101)
  第三节 大学生营养指导 ………………………………………………………… (109)
  第四节 大学生合理膳食 ………………………………………………………… (111)

第十一章 睡眠与健康 ………………………………………………………… (115)

  第一节 健康睡眠 ………………………………………………………………… (115)
  第二节 睡眠不足与睡眠障碍的危害 …………………………………………… (117)
  第三节 大学生睡眠的自我调节 ………………………………………………… (120)

第十二章 环境与健康 ………………………………………………………… (123)

  第一节 环境污染及其来源 ……………………………………………………… (123)

第二节　环境污染与危害 …………………………………………………………… (123)
　　第三节　大学校园环境与健康 …………………………………………………… (125)

第十三章　运动与健康 …………………………………………………………………… (126)
　　第一节　运动与身心健康 ………………………………………………………… (126)
　　第二节　运动锻炼原则与方法 …………………………………………………… (129)
　　第三节　运动处方 ………………………………………………………………… (138)
　　第四节　体质健康测量与评价 …………………………………………………… (145)

第十四章　健康危险行为预防 …………………………………………………………… (151)
　　第一节　吸烟与健康 ……………………………………………………………… (151)
　　第二节　饮酒与健康 ……………………………………………………………… (157)
　　第三节　毒品的危害及其防范 …………………………………………………… (161)
　　第四节　药物滥用的危害及防范 ………………………………………………… (166)

第十五章　传染病预防 …………………………………………………………………… (168)
　　第一节　传染病概述 ……………………………………………………………… (168)
　　第二节　预防流行性感冒 ………………………………………………………… (172)
　　第三节　预防肺结核 ……………………………………………………………… (173)
　　第四节　预防病毒性肝炎 ………………………………………………………… (175)

第十六章　慢性病预防 …………………………………………………………………… (179)
　　第一节　慢性病概述 ……………………………………………………………… (179)
　　第二节　预防高血压 ……………………………………………………………… (184)
　　第三节　预防冠心病 ……………………………………………………………… (191)
　　第四节　预防糖尿病 ……………………………………………………………… (198)
　　第五节　预防肿瘤 ………………………………………………………………… (205)

第十七章　青春期性健康 ………………………………………………………………… (213)
　　第一节　青春期性生理 …………………………………………………………… (213)
　　第二节　青春期性心理 …………………………………………………………… (216)
　　第三节　性侵害与自我保护 ……………………………………………………… (218)
　　第四节　青春期性伦理道德 ……………………………………………………… (222)
　　第五节　预防性传播疾病 ………………………………………………………… (224)

第十八章　常用急救知识 ………………………………………………………………… (232)
　　第一节　紧急救护 ………………………………………………………………… (232)
　　第二节　心肺复苏急救法 ………………………………………………………… (235)
　　第三节　海姆立克急救法 ………………………………………………………… (238)
　　第四节　外伤出血处理 …………………………………………………………… (239)

第五节　运动急救 …………………………………………………………… (241)
第六节　溺水急救 …………………………………………………………… (244)
第七节　中暑急救 …………………………………………………………… (245)
第八节　烧伤急救 …………………………………………………………… (247)

第十九章　用药常识 …………………………………………………………… (249)

第一节　药物的基本知识 …………………………………………………… (249)
第二节　药品说明书的常识 ………………………………………………… (252)
第三节　自行用药时的注意事项 …………………………………………… (254)

参考文献 …………………………………………………………………………… (256)

第一篇　劳动教育

第一章　崇尚劳动

劳动是人类生存的基础，更是人类文明进步的源泉。劳动是一种人类特有的基本的社会实践活动，人类通过劳动改造自然，改造世界，改造自身。《辞海》对劳动的定义为：人们改变劳动对象使之适合自己需要的有目的的活动。《中华法学大辞典》对劳动的解释为：劳动是人类按照预定目的，运用生产工具和其他劳动资料改变自然物，创造出使用价值，以满足自身各种需要的活动。

就一般意义而言，劳动是指劳动者对劳动对象进行加工，进而不断创造出某种使用价值的过程。在经济学中，劳动是指人们运用一定的生产工具，作用于劳动对象，创造物质财富和精神财富的有目的的活动。从经济学角度来看，劳动是指体力与脑力的支出、使用以及回报。马克思主义认为，劳动是人类社会存在和发展的基本条件，是人维持自我生存和自我发展的唯一手段。劳动创造世界、创造历史，同时也创造人本身。

第一节　劳动简史

劳动是劳动者自由发展创造的过程，是使人类社会从野蛮、原始的过去，发展到文明、先进的今天的推动力。没有劳动，就没有人类的生存和发展，就没有人类的今天和明天。在人类社会漫长的历史演进中，从刀耕火种的原始农业时代，到现在的信息化和智能化时代，劳动创造美好生活、劳动促进社会文明进步发展的事实和规律始终没有变化，改变的只是劳动形式。

一、手工劳动

（一）手工劳动简史

劳动是人类因为生存需要长期进化的结果。生物进化的直接结果就是类人猿的产生及其特殊生理结构的发展，类人猿逐步演变为直立行走，在此基础上有了劳动的萌芽，以及动物本能式的劳动形式。徒手摘取野果，使用天然的石块、树枝、木棒来获取食物，这就是最初的劳动和劳动手段——动物本能式的劳动及使用纯天然工具。

在动物本能式劳动的基础上，类人猿活动范围逐渐扩大，与此相适应的是身体结构的进化，其行为由最初偶然地、不经常地使用纯天然工具，发展到比较频繁地使用天然工具。在使用天然工具的基础上，他们开始偶尔地使用、加工天然工具，日积月累，发展到经常地、大量地使用和加工天然工具，以致后来利用工具来制造工具，进而完成各项生产，这就产生了第二种劳动形式——手工劳动。①

(二) 手工劳动的概念

手工劳动是指从事以手工技能为主的生产劳动，其特点是手工操作的劳动。在原始社会时期，人类就已开始从事简单的手工劳动，如采集野生蜂蜜果实、捕食小型动物、制造简单的生产工具如石斧、木棒等。工具的产生和运用又不断促进手工劳动的发展，如逐步耕种田地、养殖家禽等。与工业生产方式相比，手工劳动不仅有低投入、低能耗、低污染和小型、分散、灵活、易行、普适等经济技术方面的优势，还有尊重本土文化、博采人文资源、广开就业渠道及丰富劳动形态等社会人文方面的优势。

手工劳动是现代学徒制的萌芽，手工劳动具有完整手艺，以匠人为单位展开，以师傅带徒弟的形式代代传承。手工劳动日出而作、日落而息，在与自然漫长的磨合中生成。它本身蕴含的美，是人类长期从自然中实践形成的。现代学徒制，与传统的手工劳动有异曲同工之处，它是通过学校与企业深度合作，教师、师傅联合传授，对学生实行以技能培养为主的现代人才培养模式。与以往单一的订单班的人才培养模式不同，现代学徒制更加注重技能的传承，由校企共同主导人才培养，设立规范化的企业课程标准、考核方案等。在某种程度上，它是基于校企深度融合的大规模师傅带徒弟的培养模式。②

二、机器生产

(一) 机器生产简史

机器生产在 18 世纪中后期开始出现。1733 年，约翰·凯在纺织工业中发明了"飞梭"。1764 年，哈格里夫斯发明了纺纱机。1785 年，卡特莱特发明了织布机。19 世纪，机器生产在欧洲主要资本主义国家和美国得到扩展。从 18 世纪中叶起，蒸汽机的应用有力推动了运输业、机器制造业、冶金工业、煤矿工业等产业的迅速发展，西欧各主要资本主义国家先后从工场手工业逐渐过渡到机器大工业。

(二) 机器生产的概念

社会需求日益增长，以原始技术和手工劳动为基础的工场手工业不能满足日益扩大的市场对工业品的需求，逐步出现以机器生产来代替手工操作，这是人类社会进步发展的必然结果。

机器生产与手工劳动截然不同，机器是生产过程的核心，通过机器对生产过程的整合，人类劳动的不确定性得以消除，生产能力得到进一步提高。机器的应用，减少了产品生产时间，大大提高了劳动生产率，增加了社会财富。马克思认为，机器大生产是榨取相对剩余价值的阶段，这一阶段充分表现了资本主义生产关系与生产力的矛盾、无产阶级与资产阶级的矛盾的进一步发展和激化。机器生产有两大基本特征：一是建立在科学技术基础之上，随着科学技术的进步不断更新技术基础；二是高度的社会化大生产，具体表现为生产资料使用过程、工艺生产过程和产品市场实现过程的社会化程度日益提高。机器大生产的出现，标志着科学技术的进步和人类改造自然的重大进展。

机器生产促进现代职业教育的发展，在机器生产中，生产过程被分为不同的工序，复杂劳动分解为简单劳动，按一定工序和比例组合在一起而形成的总体劳动才能完成产品的生产。劳动者只需要遵循一定的标准，负责其中的一道工序或一个环节。长时间地重复某一固定劳动，会使劳动者的劳动技能逐渐固化在这一特定的岗位上，这就是现代职业人才培养的岗位标准雏形。在这个意义

---

① 教育部职教中心研究所. 劳动教育读本 [M]. 北京：高等教育出版社，2021：3.
② 教育部职教中心研究所. 劳动教育读本 [M]. 北京：高等教育出版社，2021：2.

上，机器生产促进了现代职业教育的产生与发展。①

三、人工智能生产

（一）人工智能简史

第一次工业革命，18世纪60年代到19世纪40年代，工厂制造代替了手工作坊，用机器代替了手工劳动，出现了"自动化"，其主要特征是机器自动生产，实现"机器代替人"，在过去完全依靠手工操作的岗位，利用机器进行不间断地大规模生产。第二次工业革命，19世纪60年代后期，生产力飞跃发展，"智能化"追求的是机器的柔性生产，其本质是"人机协同"，更加注重机器能够自主配合人和环境进行工作。人工智能的概念形成于20世纪50年代，其发展经历了三个阶段。第一个阶段是20世纪五六十年代注重逻辑推理的机器翻译时代，第二个阶段是20世纪七八十年代依托知识积累建构模型的专家系统时代，第三个阶段是21世纪近10年开始的重视数据、自主学习的认知智能时代。

（二）人工智能的概念

人工智能技术的演进是从弱人工智能到强人工智能。弱人工智能是指人工智能尚未达到人类智能水平，不能离开人类的管理而自行活动。强人工智能是指人工智能已达到人类智能水平，可以像人一样独立设定目标和解决问题。当下的人工智能技术，从本质上来说，仍属于弱人工智能阶段。弱人工智能在工作中并不只是简单地执行命令，而是根据收到的命令，通过概率计算，以相对高效快捷的方式完成任务。弱人工智能技术的出现进一步将人类劳动逐步离开机器机构，它能自主地收集信息，并作出简单判断，进一步在此基础上与其他人工智能或人类进行信息交互。因此，机器可以借助弱人工智能技术彻底摆脱人类手工劳动的束缚，产生更高的生产效率。

（三）人工智能促进职业教育新发展

人工智能技术重构了人与生产的关系，减少了对低端劳动力的吸纳，提高了对劳动力综合素质的要求。同时，人工智能技术使得机械性、重复性的工作岗位逐渐减少，灵活性、个性化、柔性化的服务类工作岗位持续增加，加重了当前国内"就业难"与"招工难"二元并存的现象，给现有的职业教育体系、结构和内容带来巨大挑战。职业教育要实现高质量发展，必须积极深化改革，积极响应就业市场的快速变化，创新职业教育人才培养模式，重构职业教育内容体系，将人工智能与现代职业教育深度有机融合，有效实现职业教育的现代化。②

第二节 劳动本质

教育与生产劳动相结合的思想，是马克思主义教育学说的重要内涵。马克思和恩格斯认为，劳动创造了价值。在《资本论》中，马克思与恩格斯从劳动价值观的视角对劳动本质进行了探讨，认为劳动本质是基于劳动者立场，以促进劳动者的全面发展为目的。大学生要肩负起中华民族的未来发展重任，实现中华民族伟大复兴的中国梦，离不开"学习、实践、职业、创造、发展"这五个人生关键词，而这些正是马克思主义理论中劳动本质理论不可或缺的要素。厘清劳动与学习、实践、职业、创造及发展之间的内在关系，深入认识和理解劳动的本质，对于大学生树立正确的劳动价值观，促进德智体美劳全面发展，推动我国职教事业的改革和发展，培养社会主义建设者和接班人具

---

① 教育部职教中心研究所. 劳动教育读本 [M]. 北京：高等教育出版社，2021：4-5.
② 教育部职教中心研究所. 劳动教育读本 [M]. 北京：高等教育出版社，2021：6.

有重要的指导意义。

一、劳动助力学习

劳动是人类的本质活动，学习是人类生存的本能。学习是劳动，是充满智慧地劳动。

（一）劳动使人从自然界中分离出来

恩格斯指出，古猿通过劳动进化为人，通过劳动进行生产，是生产力形成的标志和历史的开始，劳动是人类生活的最基本的条件。手的使用和语言思维的产生都是在生产劳动过程中形成和不断发展的。正是由于劳动，人类才从自然界千万动物中分离出来，形成了与动物不同的生存方式，所以说劳动创造了人本身。人类社会创造的一切物质文明和精神文明，都是在劳动这一前提下利用和改变自然资源、社会资源的成果。如果人类停止了劳动，就不可能存在，更不可能发展。

（二）劳动是人类生存和发展的决定力量

在劳动的直接推动下，早期人类大体经历了早期猿人、晚期猿人、早期智人或称古人、晚期智人或称新人四个发展阶段。在从早期猿人到晚期智人的发展过程中，人类的脑容量不断增大，体态特征越来越区别于猿而近似于现代人，劳动工具日益多样化，物质生活逐渐丰富，并开始出现原始精神文明。从晚期智人开始，人类逐渐发展成现代世界的各色人种。[①]

随着社会的进步、科学的发展，大学生们在未来社会所从事的劳动越来越依靠智力而不是体力，尽管如此，基础劳动总是必需的，脑力劳动不会完全替代体力劳动，劳动有益于身心健康，身体是一切工作生活的基础。如果大学生缺少劳动这一课，将来就很难成长为一个有自我服务能力、有为他人服务意识的社会人。

二、劳动源于实践

劳动来源于实践，劳动是实践的一部分。劳动是人类创造物质财富和精神财富的活动，包括体力劳动和脑力劳动。实践是人们有意识地改造自然和改造社会的活动。劳动与实践的结构概念是基本一致的，都有体力和脑力的付出，都能创造物质财富和精神财富。

（一）劳动改造了自然

人类经过长时间的劳动实践，克服了寒冷，战胜了天灾，充分利用自然界的力量，如热力、水力等，使自然为人类服务。瓦特发明了蒸汽机，把煤燃烧时产生的热力有效地转化为蒸汽机的动力。人类修建了水力发电厂，利用水位差产生的动能进行发电，满足各方面的供给需要。随着技术的进步、劳动的发展，人类越来越了解自然界运动发展的规律，并通过智慧的劳动，有意识地改造自然、改造世界，在地球上永久地留下了人类劳动的痕迹，并开始延伸到宇宙之中。

（二）劳动创造了适宜人类生活的世界

人类劳动有一个根本特点——使用工具和制造工具。人类使用工具进行劳动，征服了猛兽，驯养了家畜，改造了植物，种植了农作物，开采了矿源并加以冶炼，用工业劳动把原料制作成各种生产工具与生活资料，创造了适宜人类生活的世界。是劳动，建造了今天的万丈高楼；是劳动，筑就了现代化的高速公路和高速铁路；是劳动，让神话故事里的"千里眼""顺风耳"等不可思议的故事变成事实。

三、劳动产生创造

劳动中孕育出创造，创造的发生离不开劳动。创造不是凭空想象，而是在劳动过程中的创新行

---

① 教育部职业技术教育中心研究所. 劳动教育读本 [M]. 北京：高等教育出版社，2021：18－19.

为。创造的发生是劳动从量变走向质变的过程。劳动本身就是一种创造性的活动，发明成果皆由劳动创造。教育家陶行知曾经说过，在劳力上劳心，是一切发明创造之母。事事在劳力上劳心，便可得事物之真理。这句话充分表明了发明创造与劳动之间的因果关系。如果没有劳动，人类将永远停留在原始、野蛮的远古社会，永远不会创造出现在如此灿烂辉煌的物质财富和精神财富。

（一）劳动创造历史

历史是人类通过主观能动性和客观实践创造的。劳动是历史前进的根本动力，人类正是通过劳动不断改进自己的实践能力，提高科技水平，推动社会走向信息化和智能化，从而推动整个历史长河不断向好的方向演变。从哲学的角度看，劳动是主体、客体和意义的集合体。劳动人民创造了物质世界和精神世界，同时劳动人民也是社会变革的主体力量。社会历史的发展为人的发展提供了必要的物质条件和现实基础，人的发展则是社会历史发展的前提和基础，两者相互结合、共同作用，推动整个历史的演变。劳动是人类社会生存和发展的基础，是人类维持自我生存和促进自我发展的唯一手段，更是历史前进的根本动力。

（二）劳动创造文明

自己动手丰衣足食，就是说通过劳动获得美好生活。在劳动的过程中，人们通过探索发明，改造了劳动工具和生产技术，提高了劳动效率，促进了物质文明的发展。在劳动过程中，人们也创造了宝贵的科学、技术和灿烂的文化成果。人类的思维活动离不开实践活动，而智力的核心是思维能力。实践活动既有学习活动，又有创造活动，而劳动正是兼有学习与创造这两个功能的活动。在劳动中，人们经常会遇到课堂上、书本里没有的问题，这就会引起人们的思考，产生思维活动，人们就要对劳动的结果有所预想，就要设计达到目的的过程。当人们克服劳动中的困难，解决了劳动中的问题，看到了自己的劳动成果，从而获得成功的喜悦和幸福，这将进一步激发求知欲，增进学习兴趣，促进智力发展。而这一过程在其他活动中是难以实现的。专门从事精神劳动的思想家、科学家、艺术家，他们在人类精神生产领域艰苦劳动，辛勤地创造文化、科学、艺术等精神财富。无论时代条件如何，劳动始终是文明进步的重要源泉。

四、劳动促进职业

苏霍姆林斯基认为，劳动是人类的本质活动，脱离劳动，没有劳动，就没有也不可能有教育。

（一）大学生的劳动教育

大学生是未来社会的主人。在科学技术日新月异的未来社会，要求人们具备多方面、多层次的劳动能力和勤奋工作的态度才能适应。通过劳动，我们不但能形成艰苦奋斗、吃苦耐劳、坚强不屈的优秀品质，而且能养成艰苦朴素、勤俭节约的良好习惯。第三，劳动与个人的成才、事业的成功紧密相关。不论大学生将来从事什么工作，都需要有动手的技能技巧，这与知识的掌握有联系又有区别。它可以锻炼我们的能力，磨砺我们的意志，强化我们自强、自信、自立的意识。这一切都是我们走上社会后建功立业、实现个人全面发展的必备素质。[①]

（二）劳动与大学生的职业教育

劳动教育对于大学生未来的职业发展非常重要。职业是个体与社会建立联系的桥梁，二者的有机结合能使大学生获得关于劳动、职业的基本认知，使其形成初步的劳动情感、职业理想和职业道德，进而为大学生职业规划和人生理想的实现提供指导。同时，从劳动价值来看，良好的劳动习惯和积极的劳动态度可以有效提升学生的职业发展空间。职业教育培养的是面向生产一线、从事专业劳动和专业生产的高素质技术技能人才，其中既包括实体经济中生产物质资料的高素质技术技能人

---

① 教育部职业技术教育中心研究所. 劳动教育读本［M］. 北京：高等教育出版社，2021：17－20.

才,也包括服务业中提供生产性服务和生活性服务的高素质技术技能人才。职业教育是劳动教育的专业版,是与劳动操作密切相关的专业教育,其培养目标本身包含工作或劳动技能的培育。因此,职业教育的劳动是与生产实践和专业发展结合起来的,劳动促进人生职业的不断发展。

五、劳动实现发展

(一) 劳动与个人发展

劳动是实现人类和社会发展的途径。

劳动是实现大学生"德、智、体、美、劳"全面发展的重要途径,大学生的发展最后都应落实到劳动中来。只有当德、智、体、美践行于劳动中时,人才能真正地实现全面发展。由此可见,劳动在人的终生发展中,特别是在大学生全面、自由的发展过程中起到了至关重要的作用。

人的任何一种思想认识或心理感受,都来源于劳动实践。劳动实践的锻炼越多,认识或感受便越深。通过劳动,人的道德品质能够得到不断提高。同时,劳动还能促进智力发展。现代科学已经证明,良好的动手能力是智力发展的重要基础。各种不同形式、不同内容的劳动,特别是那些比较复杂的劳动,不仅需要大脑下达命令,而且需要人体各器官协调配合,从而实现劳动效率的提高。由此可见,劳动能训练广大学生手脑并用的能力,有利于促进智力的发展。①

(二) 劳动与社会发展

民生在勤,勤则不匮。在中国共产党的领导下,全国各族人民发挥主人翁精神,用自己的劳动敬业创造了一个又一个奇迹。因此,从某种程度来说,劳动是发展的基础,劳动成就了发展。而发展也会反作用于劳动,提高劳动效率、变革劳动方式,能促进整个社会的发展。

第三节 劳动观念

劳动观念是人们对劳动的根本看法和基本态度,正确的劳动观念能引导人们树立对劳动实践的科学看法和观点。随着经济的发展和科技的进步,劳动被赋予新的内涵。劳动是创造物质世界和人类历史的根本动力,是一切社会财富的源泉。按劳分配是社会主义市场经济中正义的分配原则,劳动和劳动者是神圣光荣的,不劳而获、少劳多得可耻不义。只有树立正确的劳动观念,才能更懂得尊重劳动人民,更珍惜劳动成果,并以热情饱满的劳动态度积极投入社会劳动生产过程当中,从而不断提高劳动生产率,为社会创造出更加丰富的物质财富,同时促进个人德智体美劳的全面发展。

一、劳动观念的内涵

(上) 劳动增强责任感和义务感

培养大学生的社会责任感和义务感是品德教育的关键问题。在科学技术日新月异的未来社会,人们必须具备多方面、多层次的劳动能力和勤奋工作的态度才能适应。大学生承担力所能及的家务劳动、校园及社会的公益劳动,就能在不断实践中逐渐认识到自己是家庭、校园和社会中的一个重要成员,并且知道自己应当做对他人有益的事,应当按照规定的要求和时间完成自己该做的工作。而没有这样的劳动锻炼,是很难有这种责任感和义务感的。

---

① 教育部职教中心研究所. 劳动教育读本[M]. 北京:高等教育出版社,2021:12-13.

(二)劳动影响价值观

社会主义核心价值观倡导爱国、敬业、诚信、友善的基本内容都是从劳动中逐步形成的。大学生如果把劳动素养培育摆在重要位置,并付诸实践,就会很自然地体会到劳动对自己成长的特殊作用,而如果在家庭、学校和社会生活中缺少劳动机会,缺乏最基本的劳动锻炼,当大学生走向社会的时候,其不良的劳动价值观就会凸显出来,影响大学生的职业发展。大学生的劳动观念、劳动态度、劳动习惯、独立能力、掌握劳动的技能技巧、理解劳动中自己所扮演的角色与人际关系等,在很大程度上是从校园学习劳动生活中形成与获得的。大学生在进入社会之前接触一些力所能及的家务劳动、校园劳动和社区劳动等,对进一步了解社会生活、参加社会劳动是非常必要的。

(三)劳动创造人生的幸福

劳动带来人的满足感、快乐感、实现感、奉献感和存在感。劳动为人生创造生存和发展的物质条件、文化条件和精神条件,劳动带来个人和家庭的幸福。唯有劳动能使人生致富,唯有劳动能使人生幸福。①

二、劳动教育的价值

(一)促进大学生树立社会主义核心价值观

劳动是一切历史存在的基本条件,是人类赖以生存和发展的决定力量。树立正确的劳动观念,有利于大学生真正认识到劳动创造人类社会的本源性价值,树立正确的人生观和价值观,践行社会主义核心价值观。树立正确的劳动观念,有助于大学生爱岗敬业、热爱劳动、尊重劳动,激发学习热情和创新精神,真正认识到劳动是生命意义和生命价值实现的唯一途径,认识到劳动是物质财富和精神财富创造的源泉,幸福都是通过劳动拼搏奋斗出来的。新时代的大学生要将日常劳动生活与人生理想追求紧密结合,在劳动创造中实现远大理想和个人目标,自觉把人生价值的实现融入国家富强、民族振兴的伟业之中,实现个人与集体、个人与国家的融合发展,真正树立依靠劳动敬业、诚实劳动、劳动创新获取人生财富,实现人生价值的正确思想观念,从而为走出校园后的人生之路奠定良好的职业发展观。

(二)促进大学生形成积极向上的就业创业观

尊重劳动,坚持爱岗敬业的工作态度,是践行社会主义核心价值观的要求和具体体现。培育新时代大学生的劳动精神,能够使大学生真正理解人民创造历史,劳动开创未来,劳动是推动人类社会进步的根本力量的意义,正是因为中国人民的劳动创造,我们才拥有今天的幸福生活。通过弘扬劳动精神,大学生要扎扎实实干事,踏踏实实做人,培养积极主动的岗位意识、职业意识、进取精神和创新精神。中国有句古语"三百六十行,行行出状元",今后无论处于什么岗位,大学生们都能在工作中充分发挥积极性、主动性和创造性,通过自己的劳动收获幸福感、在创造物质财富的同时,提升自我的精神境界。②

大学生要切实结合自身实际情况,立足平凡岗位的成功之路。树立正确的劳动观念,才能形成积极向上的就业观和创业观。正确的劳动观念能够培养大学生优良的品质,实现大学生的积极就业,解决当前大学生在就业过程中出现眼高手低、难以胜任工作等问题。树立正确的劳动观念能够帮助大学生正确认识社会劳动分工的本质,消除劳动差别观,建立劳动平等观,促进大学生积极到基层就业、加强锻炼,为以后的职业发展和人生发展打下良好基础。正确的劳动观念能够培养大学生吃苦耐劳的劳动精神和创新精神,促进大学生的自主创业。

---

① 王官成,徐飙.劳动教育和职业素养训练[M].北京:中国人民大学出版社,2020:14.
② 聂峰,易志军.新时代劳动教育教程[M].北京:电子工业出版社,2020:37-38.

(三)促进大学生感受时代精神力量,实现全面发展

大学生的全面发展对实现中华民族伟大复兴的中国梦有着重要作用,社会主义合格的建设者和接班人本质上是"以劳动实现中国梦"的劳动者。要引导新时代大学生确立劳动最美的观念,使他们真正感受到劳动本身所激发出的品德光辉和精神光辉,体验到劳动者在劳动中所体现的精益求精、专注执着、无私奉献、创新创造的宝贵精神,体验到高标准高品质的追求和敬业之美、创造之美的价值升华。树立正确的劳动观,有利于大学生在劳动中增强体魄、磨练意志、提升人格品质,实现以劳树德、以劳增智、以劳健体、以劳育美的目标。[①]

[①] 王官成,徐飙. 劳动教育和职业素养训练[M]. 北京:中国人民大学出版社,2020:15.

第二章　弘扬精神

劳动创造了一切物质财富和精神财富。在长期实践中,我们培育形成了崇尚劳动、热爱劳动、勤俭劳动、诚实劳动和劳动创新的劳动精神,执着专注、精益求精、一丝不苟、追求卓越的工匠精神,爱岗敬业、争创一流、艰苦奋斗、勇于创新、淡泊名利、甘于奉献的劳模精神。劳动精神、劳模精神和工匠精神是以爱国主义为核心的民族精神和以改革创新为核心的时代精神的生动体现,是鼓舞全党全国各族人民克服万难、勇敢前进的强大精神动力。

第一节　劳动精神

在劳动的过程中,就会存在和产生劳动精神,这与马克思主义劳动观是一致的。劳动创造了人类,创造了物质财富,创造了社会关系,创造了美,也创造了精神。人们在长期的劳动过程中发现,只有勤奋劳动,才会收获丰厚的果实。只有热爱劳动,才会享受到心情的愉悦。只有尊重劳动和珍惜劳动成果,才会有成就感和满足感。勤奋诚信的品质、热爱劳动的态度、尊重劳动和珍惜劳动成果的理念被劳动者所认可,并通过言传身教代代传承下来,最终形成广大劳动者共识的劳动精神。

一、劳动精神的内涵与发展

劳动精神是与人们的职业活动紧密联系、具有职业特征的精神,这种心理特征是在特定职业环境下所必备的,也是逐渐养成和习得的,与所从事的职业特征紧密相连,既具备职业的特殊性,也具备一些共性的基本职业素养。

劳动推动了人类社会进步,创造了人们的幸福生活。劳动精神是每一位劳动者在创造美好生活的过程中的劳动态度、劳动能力、劳动观念以及时代精神风貌。劳动精神是关于劳动的理念认知和行为实践的集中体现,在理念认知上表现为全社会尊重劳动、崇尚劳动、热爱劳动;在行为实践上表现为劳动者勤俭劳动、诚实劳动、创造性劳动。

(一)中华传统文化中的劳动精神

劳动精神是中华民族在创造历史中凝聚而成的精神品质。千百年来,黄河和长江以源源不断、生生不息的河水滋润了亿万亩肥沃的良田,造就了中华五千年文明。我国古代劳动者正是在农耕过程中凝聚形成了乐观进取的精神状态、勤俭耕耘的精神品质、热爱劳作生活的精神面貌。辛勤的品质、热爱劳动的态度、尊重劳动和珍惜劳动成果的理念被劳动者所认可,成为代代传承的劳动精神。

"锄禾日当午,汗滴禾下土。谁知盘中餐,粒粒皆辛苦。"唐朝诗人李绅写的这首《悯农》朗朗上口。前两句形象地描绘了唐朝时期,劳动人民辛勤农耕的场景,具有强烈的画面感。可以想象出这样的画面:在烈日炎炎的午后,一个农民拿着锄头给禾苗松土除,烈日之下,他额头的汗水一滴滴地往下流,与土地融为一体。后两句是中国传统的治家格言,用强烈的对比手法表达出了"尊重劳动者、珍惜劳动成果"的精神品质。将人们每天都接触的"盘中餐"与农民的辛勤汗水联系起来,展现了农民在劳作过程中辛劳与朴实的精神。

劳动精神是中华民族在创造历史中凝聚而成的精神品质。千百年来,源源不断、生生不息的黄河和长江滋润了亿万亩肥沃的良田,创造了中华五千年的文明。王维在《春中田园作》中写道:"屋上春鸠鸣,村边杏花白。持斧伐远扬,荷锄觇泉脉。"春天来了,斑鸠早早飞来村庄,在屋檐不时鸣叫,村中的白色杏花也早早盛开。农民听到斑鸠的鸣叫,看到雪白的杏花,按捺不住拿起斧子开始修剪桑枝,扛起锄头去察看泉水的通路。古时候,这种劳动被叫作整桑理水,是经冬以后最早的一种劳动,拉开了整年农事的序幕。

(二)社会主义新时代劳动精神

新时代劳动精神是中国劳动人民为创造美好生活、实现中国梦在劳动过程中秉持的劳动态度、劳动理念、劳动技能以及展现出的劳动精神风貌。在马克思主义指导下,广大劳动者根植于中国特色社会主义实践沃土,继承中华优秀传统文化,形成了中国特色社会主义劳动精神。新时代劳动精神,体现尊重劳动的价值导向性、劳动创造的实践创新性、劳动光荣的精神幸福性,是全社会对新时代劳动的实践礼赞。①

新时代劳动精神内涵丰富,彰显了马克思主义劳动观中国化和中华民族传统劳动理念的延续。

1. 热爱劳动

热爱劳动就是要爱岗敬业。"爱岗"的价值在于"做事""敬业"的意义在于"奉献"。我们在劳动过程中应尽其所能爱岗敬业,通过劳动创造属于自己的幸福,实现自己的人生价值,热爱劳动、爱岗敬业、奉献社会。

劳动是财富的源泉,也是幸福的源泉。劳动满足了人们对于温饱的需求,也提升了生活品质,更缔造了人类的幸福。从"两弹一星"、杂交水稻到基因组芯片,从第一代计算机银河到今天的互联网大数据,这是无数劳动者爱岗敬业的成果。清洁环卫工人爱岗敬业,奉献了我们生活环境的干净美丽;产业工人爱岗敬业,带来了企业不断发展,为富民强国提供了雄厚的物质基础……我们应尽其所能爱岗敬业,在平凡的岗位上作出力所能及的贡献。

"干一行爱一行"是一种优秀的职业品质,是我们应该遵循的基本价值观,是一种明智的人生选择和追求。一个人能否脱颖而出,优秀的能力固然重要,更需要积极进取的态度。"干一行爱一行"告诉我们要有百折不挠的精神,一个人要达到事业、人生的顶点必定要经历系列的磨难,山再高,每天坚持攀登,终能登顶。每克服一个困难,自身的水平就上升到一个新的高度,同时距离成功就又近了一步。

劳动精神是美好生活的原动力。我们的幸福生活离不开父母的劳动,更离不开各行各业劳动者的爱岗敬业。任何人的劳动,都理应受到称赞;任何人的劳动,都应该得到尊重。

2. 勤俭劳动

勤俭节约是中华民族传统美德,也是最原始的劳动精神。勤俭和节约是中华民族在五千年的历史长河中凝聚而成的劳动精神。在新时代,勤俭和节约的劳动精神对中华民族更加重要,它体现了中华民族在新时代的生活态度、精神风貌和民族品质。

勤俭劳动主要表现为努力创造物质和精神财富,朴素节约,珍惜劳动成果。勤劳节俭是中国人最基本的道德规范之一,无论从国家、社会还是个人层面都应该是大学生的精神追求。"劳动是幸福的左手,节俭是幸福的右手",我国劳动人民在长期的实践中,懂得了勤劳与节俭的辩证关系,他们既能吃苦,又能克勤克俭。勤劳与节俭是一对孪生兄弟。老子在《道德经》中说:"俭,故能广。"在《论语》中,孔子也认为奢华就会显得不谦逊,节俭则会显得朴素。正是在这种美德滋养下,才构筑了生生不息、源远流长的华夏文明。纵观世界历史,大到邦国,小到家庭,无不是兴于

---

① 彭远威,张锋兴,李卫东.高职生劳动教育教程[M].桂林:广西师范大学出版社,2020:58—59.

勤俭，亡于奢靡。勤劳节俭的精神也是中华民族屹立于世界民族之林的核心竞争力。当今大学生，要珍惜每一粒粮食，每一滴水，每一度电，以勤俭遏止奢靡，学会劳动，学会勤俭。

3. 诚实劳动

诚实劳动是劳动敬业的表现，也是劳动创新的前提。诚实友善是社会主义思想的基本内容之一，我们崇尚劳动、尊重劳动，更要认真地付出劳动、从事劳动。以诚为先、以诚为重、以诚为美，才是劳动应有之义。人生中的美好向往，只有通过诚实劳动才能实现；社会发展中的各种难题，只有通过诚实劳动才能破解；生命里的价值目标，只有通过诚实劳动才能实现。

普通人的劳动有尊严，平凡的劳动有价值。劳动不仅可以创造价值，也是人们实现自我认同和社会认同的过程。每个人都可以是"平凡英雄"，在平凡的岗位上坚守，就能造就"不平凡"；在普通人的位置上努力，也能变得"不普通"。劳动创造了产品，创造了美，创造了社会，创造了自己的生活，也创造了他人的生活。

诚实劳动，是每一个劳动者尽己所能的劳动，是每一个劳动者内心与言行一致的最好诠释。诚实劳动，是每一个劳动者朝着同一个梦想而努力奋斗，是每一个劳动者为了美好明天而真诚地付出。建筑工地上挥洒汗水的工人，田野里辛勤耕种的农民，严寒酷暑下指挥交通的警察，三尺讲台上讲授知识的教师，埋首实验室苦心钻研的科学家……我国的辉煌成就，就是大家用诚实的劳动铸就的。没有诚实的劳动，就没有创新创造；没有诚实的劳动，就没有我们今天的幸福生活。诚实劳动，是创造"中国奇迹"的源泉和动力，是迎接挑战、战胜困难的法宝利器，是焕发劳动热情和创新活力的基础，是走向幸福生活的必由之路。①

靠自己的劳动生活才最踏实。"空谈误国，实干兴邦"，实干首先就要脚踏实地劳动。只有通过不断挑战自我，才能不断创新发展。任何时代，任何社会，社会财富的增长主要来源于诚实劳动。每个诚实劳动的人都应该受到尊敬，劳动光荣，劳动伟大，每个踏实做人的人都应该得到尊重。

4. 奋斗创新

奋斗和创新不是新时代才有的，它们同样是中华民族在璀璨历史中凝聚而成的劳动精神，是我们不断继承和发展而来的。奋斗与创新是相辅相成的，一切劳动，无论是体力劳动还是脑力劳动，都值得尊重和鼓励；一切创新，无论是个人创新还是集体创新，也都值得尊重和鼓励。奋斗意味着一种回归，即对劳动的尊重。新时代是平凡劳动者做主角的时代，而奋斗正是劳动者的精神品质。新时代的劳动者不是普通意义上的劳动者，他们是具有文化自信的劳动者，是精神生活丰富的劳动者。劳动不仅是生存的需要，更是拥有幸福人生、完成自我超越、实现社会价值的需要。社会主义事业大厦是靠一砖一瓦砌成的，人民的幸福是靠一点一滴创造得来的。在新时代，实现中国梦不是靠"空谈"，而是要"撸起袖子加油干"。南泥湾的开荒，超级稻的攻关，把浩瀚原野变成万顷良田，让十几亿中国人把饭碗牢牢端在自己手里。华为的探索、中国中车的突破、北京中关村的创新创业，推动"中国制造"不断迈向"中国创造"。中国的劳动者中既有"出大力流大汗""苦干加实干"的劳动模范，又有知识型、专业型、技能型、创新型的先进典型，他们的事迹在历史发展的长河中画上了浓墨重彩的一笔，他们身上所体现的劳动精神始终熠熠生辉。

奋斗和创新是新时代中华民族卓越的劳动精神。新时代中国要发展，就需要有创新和奋斗的劳动精神，它们体现了新时代中国人民为实现中华民族伟大复兴的中国梦的决心和毅力。要树立"三百六十行，行行出状元"的科学人才观，要广泛开展劳动竞赛、技术比武和岗位建功活动，引导广大劳动者热爱岗位、提升技能、焕发创新活力、释放创造潜能，为劳动托起中国梦作出新贡献。宏大的中国梦，需要无数最平凡的劳动者尽自己最大的努力兢兢业业地筑造，必须牢固树立劳动最光荣、劳动最崇高、劳动最伟大、劳动最美丽的观念。崇尚劳动，造福劳动者，进一步激发亿万人民

---

① 教育部职业技术教育中心研究所. 劳动教育读本[M]. 北京：高等教育出版社，2021：51—52.

的劳动热情,通过劳动创造更加美好的生活。① 创新不是天上掉馅饼,而是中国劳动人民在勤勤恳恳的工作中改变思维、探索未知、追求突破的结果。

二、劳动精神的基本要素

社会主义劳动精神是由多种要素构成的。这些要素分别从不同方面反映着社会主义劳动精神的特定本质和基础,同时又相互配合,形成严谨的劳动精神模式。

(一) 劳动理想

社会主义劳动精神所提倡的劳动理想,是主张社会主义社会的劳动者应该把服务社会放在首位,努力做好本职工作,全心全意为人民服务、为社会主义服务。这种劳动理想,是社会主义劳动精神的灵魂。一般说来,从业者对劳动的要求可以概括为维持生活、完善自我和服务社会三个方面,只有从服务社会的整体利益出发,从事社会所需要的各种劳动,社会才能顺利地前进和发展,全社会才能过上幸福美满的生活。

(二) 劳动态度

树立正确的劳动态度是劳动者做好本职工作的前提。爱岗敬业、诚信友善是社会主义核心价值观的基本内容,劳动态度具有经济学和伦理学的双重意义,它不仅揭示劳动者在劳动生活中的客观状况,参与社会生产的方式,同时也揭示劳动者的主观态度。其中,与劳动有关的价值观念对劳动态度有着特殊的影响。一个劳动者积极性的高低和完成劳动质量的好坏,在很大程度上取决于他的劳动价值观念,劳动态度要践行社会主义核心价值观。

(三) 劳动责任

劳动责任包括劳动团体责任和劳动者个体责任两个方面。现代企业制度不仅正确划分了国家与企业的责、权、利,并将三者有机地结合起来,而且也规定了企业与劳动者的责、权、利。自觉树立劳动责任意识,在劳动者的劳动生活中起着巨大的作用,贯穿于劳动行为过程的各个阶段,成为劳动者重要的精神支柱。要促使劳动者把客观的劳动责任变成自觉履行社会主义的道德义务,这是社会主义劳动精神的一个重要内容。

(四) 劳动技能

在社会主义现代化建设中,职业对劳动技能的要求越来越高。不但需要科学技术专家,而且迫切需要受过良好职业技术教育的高、中、初级技术人员、管理人员、技工和其他具有一定科学文化知识和技能的熟练劳动者。没有这样一支高素质技术技能劳动者大军,先进的科学技术和先进的设备就不能成为现实的社会生产力。各级科技人员之间以及科技人员和高素质技术技能工人之间都应有恰当的比例,生产建设才能顺利进行。良好的劳动技能具有深刻的劳动精神价值。

(五) 劳动信誉

劳动信誉是对劳动行为的社会价值所做出的客观评价和正确认识,是劳动行为的价值体现或价值尺度。同时,劳动信誉又要求劳动者提高劳动技能,遵守劳动纪律。社会主义劳动精神强调劳动信誉,更重视把社会的客观评价转化为劳动者的自我评价,促使劳动者自觉发扬社会主义劳动精神,自觉践行社会主义核心价值观。

(六) 劳动作风

劳动作风是劳动者在劳动实践中所表现的一贯态度,从总体上看,劳动作风是劳动精神在劳动

---

① 教育部职业技术教育中心研究所. 劳动教育读本 [M]. 北京:高等教育出版社,2021:54.

者劳动生活中的习惯性表现。社会主义劳动作风具有潜移默化的教育作用，劳动集体有了优良的劳动作风，劳动者就可以互相教育，互为榜样，形成良好的劳动风尚。①

三、弘扬劳动精神的价值和意义

自古以来，热爱劳动、珍惜劳动成果，是中华民族传统美德。在劳动实践中，大学生传承中华民族勤劳俭朴的品质和艰苦奋斗的美德，培植家国情怀，在劳动精神驱动下，具有爱国之情、报国之志，成为建设之才，使中华民族伟大复兴的中国梦在一代又一代的接力奋斗中变为现实。

（一）劳动精神是中华民族得以生存和发展的精神追求

中华民族是以辛勤劳动著称的民族，劳动精神孕育于劳动实践中，凝聚了中华优秀传统文化、革命文化和社会主义先进文化，并在追梦的新时代不断传承，创新和发展，继续书写着中华民族的辉煌历史。劳动精神反映了中华儿女勤劳创造、艰苦奋斗、热爱劳动、崇尚劳动、尊重劳动，珍惜劳动成果的精神面貌、价值追求和优良品德，成为中华民族独特的精神特质，是中华民族得以生存和发展的精神追求，也是中国人树立文化自信的历史基点。

（二）劳动精神是弘扬社会主义核心价值观的内在需求

新时代是百年未有之大变局的时代，我们面临着诸多挑战。随着全球化的深入开展以及我国改革开放的不断推进，国外各种思潮涌动，一些错误思想思潮涌入中国，对当代大学生的世界观、人生观、价值观也带来了一定冲击。一些大学生受不良思想和思潮影响，误入拜金主义、享乐主义、极端个人主义的迷阵，产生了享乐主义、极端个人主义等错误的思想观念，如：认为要及时行乐，于是好吃懒做，不务正业，想不付出劳动就坐享其成；以个人利益为出发点和归宿，把个人利益置于集体利益之上，不顾他人感受，不尊重他人的劳动，不珍惜集体的劳动成果等。这些都是错误的思想观念，它们割裂了个人与社会、奉献与索取的关系。金钱作为劳动人民劳动的一种回报方式，是受劳动人民支配的对象。享乐主义否定了劳动的过程和意义，只有通过努力、付出、拼搏获得的快乐，才能持久，才有成就感和荣誉感。极端个人主义彻底将个人与社会分离，否认了人的社会属性，从而间接否定了劳动实践的意义，它破坏社会价值，也使人无法实现个人价值。

弘扬劳动精神，是抵制这些错误思想思潮，树立正确的世界观、人生观、价值观的法宝之一。新时代需要劳动精神，是国际形势多变而复杂的外在要求，是弘扬社会主义核心价值观的内在需求，也是实现中华民族伟大复兴的中国梦的主体需要。

（三）劳动精神成就大学生的精彩人生

"社会主义是干出来的，新时代也是干出来的。"这句话简单明了地阐释了新时代劳动精神的真义。精彩人生不是想象出来的，是通过勤劳奋斗、努力拼搏而来的。是大学生在校刻苦学习、勤奋读书、努力钻研的结果，是在工作中爱岗敬业、兢兢业业、脚踏实地的结果，是在生活中热爱劳动、尊重劳动、珍惜劳动成果的结果。

不同的人在不同的成长阶段，对精彩人生的理解是不同的。精彩人生要放在一定的历史条件和时代背景下讨论才有意义。要深入理解精彩人生，应该从个人价值与社会价值的关系出发去寻找答案。社会是人类在实践过程中形成的各种联系和关系的总和，社会来源于个人的活动，并在个人的活动中形成。社会活动和发展要以社会发展为前提和背景。个人不可能离开社会而生存，而离开了人，社会也就不存在了。新时代大学生正处于"追梦时代"，应当把个人梦想与中国梦紧密结合在一起，投身到社会主义现代化建设的实践中。积极参加劳动，努力工作，爱岗敬业，勤俭节约，奋斗创新，弘扬劳动精神，争当时代先锋，在追梦中实现自我价值，最终实现社会价值与自我价值的

---

① 王官成，徐飙．劳动教育和职业素养训练［M］．北京：中国人民大学出版社，2020：102－104．

统一。

大学生应该传承中华民族优秀传统，传承勤俭、节约、奋斗、创新的劳动精神，树立正确的劳动观，形成优良的劳动品质，实现社会价值和个人价值双赢，成就精彩人生。[①]

四、劳动精神的培养

中国人的劳动精神一代又一代地传承着，树立正确的劳动价值观，弘扬劳动精神，是大学生必须坚守的一种精神追求，也是建立文化自信的一个重要因素。作为新时代大学生，要把自己的前途和国家命运紧密联系在一起，传承和弘扬劳动精神，脚踏实地，辛勤劳动，不负韶华，砥砺前行。

（一）知行合一，理论与实践相结合

理论知识的学习会让大学生在认知层面了解什么是劳动精神，怎么样培养劳动精神。在实习实训过程中，大学生可以获得其他任何渠道都无法获得的道德实践与体验，尤其是体悟自己未来所从事职业、所在岗位要求的劳动精神。在实习实训过程中，大学生能深刻体会企业文化的魅力，能更进一步理解高效的工作、团结的队伍、进取的精神、敬业的态度等都是决定企业前进的因素。在企业见习和社会实践中，大学生能真正感受到企业领导人的领导才干和人格魅力，加深对职业人的形象认识，对未来职业会有更明确的认知，巩固对劳动理想、劳动态度、劳动纪律等诸多因素的理解。通过参观、实习、见习、志愿活动等形式培养大学生的劳动精神，使自己提前认识到劳动精神对于一个人职业生涯的重要性。

（二）自我教育，和谐统一

1. 加强思想道德素质和心理素质

思想道德素质是劳动素质的灵魂，包括劳动者的政治态度、理想信念和价值观念，给予劳动者正确的行为方向，坚定明辨是非的立场。心理素质是劳动者的基础素质，包括认知、感知、记忆、想象、情感、意志、态度和个性特征，劳动者要达到精力旺盛、坚韧不拔、乐观向上等基本要求。

2. 养成良好的劳动习惯

拥有正确的劳动意识并不等同于拥有良好的劳动习惯，任何劳动者的劳动精神都能在日常的工作中得以展现和流露，甚至包括个人的生活习惯也会在劳动生活中表现出来，成为个人劳动精神和劳动素养的真实写照，因此大学生必须从平时的学习、生活和工作的细节做起，将劳动精神融入平时的学习生活并贯穿始终，自觉培养良好的劳动习惯。

3. 塑造和谐统一的自我环境

大学生是自我教育的主体，在受教育的过程中，平等互动地接受劳动精神的培养，最大限度地发挥自身潜能，从自身做起，积极调动自己的主动性。坚持通过自身的信念和实际行动影响周围人，将这种真实的感染力和影响力由点及面、由小及大地传播出去，促进身边的人提高自我教育能力。

（三）学好专业技能，培养自身劳动素养

在大学生的学习生涯中，在接受学校理论知识传授和实训教育的同时，也要注重自身劳动素养的内化和自我素质的提升，增强劳动竞争力。大学生要充分地了解自我，认识自我，发掘自己的兴趣。同时又要知晓自己所学专业对应的相关行业的劳动素养，在校期间能有意识地进行自我培养。

1. 学好专业知识和技能

显性劳动素养来自专业知识和技能。要利用学校的教育资源，学好专业知识和技能，认真刻

---

① 彭远威，张锋兴，李卫东. 高职生劳动教育教程［M］. 桂林：广西师范大学出版社，2020：62－63.

苦、勤学苦练，学好专业基础课程，加强对专业知识和技能的运用，注重专业能力的培养，为自己的专业技术进一步提升打下坚实的基础。要培养良好的学习生活习惯，利用课外业余时间参加各种学术讲座和学生讨论会，多读课外书，提升自己的文化修养。

2. 明确职业生涯规划

隐性劳动素养来自个体的职业道德、职业情感和职业态度等方面。大学生首先要在自我认识和了解专业的基础上，并在教师的指导下明确专业学习的方向，制定切实可行的职业生涯规划，树立崇高的人生目标，并为之坚持不懈地努力。其次，要树立正确的劳动态度和劳动意识。其中包括做好步入社会的心理准备，培养胜任工作的信念，学会用平和的心态，从点滴做起、从基层开始，积极勇敢地看待挫折与批评，不怕困难、不怕磨炼，学会从别人的批评中清楚客观地看待自己，不断提高自己的职业竞争力，不断增强自己的社会责任使命感。

3. 积极参加社会实践

大学生要积极主动参加团体活动和社会实践活动，创造机会培养自身的劳动素养。通过实践活动，增强自身的合作、沟通、组织策划能力，在实践活动中弥补自己在劳动素养中的不足之处，使自己的劳动素养不断提升。总之，大学生理应做好良好的职业生涯的规划，并通过亲历实践和体验，最终把职业规范内化成为自身的道德素养，使自身的劳动素养不断升华。

五、努力践行劳动精神

马克思主义关于人的全面发展观强调，造就全面发展的人的唯一方法就是教育和生产劳动相结合。对于劳动精神的培养，需要将理论付诸实践，在实际行动中践行劳动精神，是培养和检验人才质量的根本。

（一）勤学尚德

勤学尚德是新时代大学生弘扬劳动精神的基本要求。首先，劳动精神需要大学生将道德修养放在首位。用人之道在于德才兼备，以德为先。道德修养与劳动精神相辅相成。大学生在践行劳动精神过程中，要将服务精神、担当精神等放在首要位置。大学生要树立远大的理想，将劳动目的与祖国的命运和前途联系起来。有崇高理想的劳动，才能获得成就感和幸福感。其次，劳动精神的精髓在于勤。勤于学习、勤于发问、勤于实践。勤奋努力的过程也是劳动精神的践行过程。大国工匠的养成绝非一日之功，无论什么时候，大学生都需要以谦卑之心，勤学好问。大学生要勤学，练就真本领。学习是每个大学生的主要任务，没有人能随随便便成功，只想坐享其成，最终必是竹篮打水一场空。只有静下心，勤奋读书，钻研技术，磨练意志，练就真本领，才能够实现远大理想。大学生要尚德，就是要培养自身的道德品质。有真本事，可以让别人服你，但有品德，才能让别人尊重你。

勤学尚德一直以来都是中华民族的优良传统。屈原洞中苦读三年，终成为大诗人；陆游书巢勤学，勤于创作，一生留下了九千多首作品，成为我国历史上一位杰出的大文学家；顾炎武以过人的毅力手抄《资治通鉴》，成为一代大学者。中华民族能够创造五千年的辉煌历史，绝不是偶然的，而是代代相传的中华儿女艰苦学习、发愤图强的结果。

实现中华民族伟大复兴，要靠每一个大学生志存高远、勤学苦练、修德修业。只要大学生守护中华劳动伦理的深厚底蕴，继承并弘扬劳动精神，坚韧不拔，自强不息，必将开创美好未来，创造伟大历史。

（二）大公无私

大公无私是新时代大学生弘扬劳动精神的意识体现。新时代大学生是中国劳动者中不可分割的一部分，是实现中华民族伟大复兴的中国梦的中坚力量。新时代大学生也正在用实际行动彰显着新时代劳动精神。

2020年,面对新冠疫情,全国医疗单位的青年医生、护士纷纷写下"请战书",那一句"若有战,召必回,战必胜"的青春宣言,彰显了新时代青年人的责任与担当。他们用行动让世界看到"中国青年的速度,中国青年的力量,中国青年的精神"。除了青年医疗队,有无数大学生选择逆行向前,主动承担体温监测、站岗、装卸货物、给隔离家庭送物资、倒垃圾等任务。在与疫情的较量中,无数大学生以必胜的决心,大公无私彰显着新时代新青年的热血担当。党的十九大报告指出:"青年兴则国家兴,青年强则国家强。青年一代有理想、有本领、有担当,国家就有前途,民族就有希望。"而今天,无数逆行向前的大学生,放弃安全区、舒适圈,将所学用于实践,大公无私,以实际行动弘扬着新时代可贵的劳动精神。

(三)实干兴邦

实干兴邦是新时代大学生以实际行动弘扬劳动精神的具体路径。德不可空谈,道不能坐论。直面培养劳动精神途中产生的一切问题,夯实基础,坚韧不拔,则滴水可以穿石。新时代大学生要将自己的前途与国家命运联系起来,树立远大理想和抱负,以实干兴邦作为自己学习、生活、工作的座右铭,志存高远,坚定踏实,奋发向上,为国家作贡献。实现中华民族伟大复兴是一项光荣而艰巨的事业,需要一代又一代中国人共同为之努力。空谈误国,实干兴邦。新时代劳动精神是中华民族在追梦的实践中展现的精神风貌,这种精神风貌可以用四个字来形容,即实干兴邦。

实干兴邦是新时代劳动精神的精华,是中华民族劳动精神的传承和发展。"实"是对空想主义、空谈主义、历史虚无主义的反驳,"干"是勤劳、奋斗、脚踏实地,是继承和发扬中华民族的劳动精神。"兴邦"是理想和目标,是新时代劳动精神的价值导向,具体而言,就是实现中华民族伟大复兴的中国梦。①

(四)创新创造

时代的发展对劳动创新提出了新要求。中国目前已经进入了"大众创业、万众创新"的时代。作为新时代的大学生,需要时刻保持一颗勇于创新创业的心,这也是劳动精神必备的条件之一。

第二节 工匠精神

工匠精神是人类劳动的结晶。从精神层面上讲,工匠精神是一种态度,一种信仰;从物质层面上讲,工匠精神是一种品质,一种财富;从职业层面上讲,工匠精神是一份专注,一份精致。具体到工作实践中,工匠精神就是一种对工作精益求精、追求完美与极致的精神理念,包含了严谨细致的工作态度、坚守专注的意志品质、开拓进取的创新精神以及追求卓越、精益求精的工作品质,是一种特殊的职业精神。工匠精神是职业道德、职业能力、职业品质的体现,是从业者的一种职业价值取向和行为表现。

工匠精神是成为优秀劳动者的内在驱动力,也是优秀劳动者核心竞争力的体现。它是一种在设计上追求独具匠心、质量上追求精益求精、技艺上追求尽善尽美、服务上追求用户至上的精神。具体而言,它是从业者,尤其是工匠们,对产品精雕细琢、精益求精的理念,是不断地雕琢产品、改善工艺、享受产品升华的精神追求。工匠精神的核心是对品质的追求,工匠精神的目标是打造本行业的精品。

工匠精神不仅要具有高超的技艺和精湛的技能,而且还要有严谨细致、专注执着、精益求精、

---

① 彭远威,张锋兴,李卫东. 高职生劳动教育教程 [M]. 桂林: 广西师范大学出版社,2020:66—67.

淡泊名利、敬业守信、勇于创新的工作态度,以及对职业的认同感、责任感、使命感、自豪感等可贵品质。工匠精神是社会文明进步的重要尺度,是制造业前进和发展的内在驱动力和精神源泉,是企业竞争发展的品牌资本,是制造业从业者个人成长的道德指引。

一、工匠概述

很多人认为工匠只是高素质技术工人,没有认识到工匠在人类文明发展史上的重要作用,更没有认识到工匠精神的广泛性。华为总裁任正非说:"很多人认为工匠是一种机械重复的工作者,其实,工匠意味深远,代表着一个时代的气质,与坚定、踏实、精益求精相连。"工匠的技艺水平往往代表着时代的科技水平,从石器时代、青铜时代、铁器时代到蒸汽时代,催生时代革命的都是以工匠为主导的科技发现和技艺改良。如果没有大批杰出工匠的创造性劳动,人类的一切奇思妙想都将是空中楼阁。工匠的身份地位、生产方式和技术水平不断变化发展的过程,也是工匠精神萌发、增长和成熟的塑造过程。

我国古代鲁班等工匠大师以独特的技艺奠定了古代建筑文明的基础,影响并发展了几千年的建筑行业与建筑文化。我国现代涌现出的高凤林、胡双钱、宁允展等国家级工匠,对航空工业、高铁行业的发展起到了较好的推动作用,以其勇于创新、敢于试错的工匠精神,做出了改变世界的创新成果。可以说,能工巧匠的巨大作用伴随着人类文明发展的整个进程。

我们应重新审视工匠的作用和地位,在工艺知识和技能方面下功夫,通过专题讲座、实践实习、观看纪录片等方式,了解工匠对工艺精益求精的钻研精神,以及工匠、工匠精神对经济建设和社会发展的重要意义。

(一)工匠的起源和分类

在人类起源初期,为了生存,人类首先要搜集生活资料,包括采集野果、捕获森林中的动物或水中的游鱼。然后再进一步配置这些生活资料,形成了工匠的雏形。到了青铜时代,有手艺的劳动者,古语称之为"匠",劳动者的手艺,我们习惯称之为"技"。匠,乃罕见之人才;技,乃稀有之能力。这些手艺工人、从事手艺的人、有工艺专长的匠人,可称为工匠。他们专注于某一领域,针对这一领域的产品研发更加全身心投入,精益求精、一丝不苟地完成整个工序的每一个环节。古代的工匠有木匠、铁匠、石匠、篾匠、漆匠等。《管子·小匡》写道:"士农工商四民者,国之石民也。"工匠属于"四民"中的"工",指具有一定手艺专长的人。在西方文化中,工匠(artisan)一词的本义源自拉丁语中一种被称为"ars"的体力劳动,后来随着这种劳动形式的逐渐丰富才演变为"art"(技能、技巧、技艺)的意思;而"artisan"作为一个特定的职业和特定的社会阶层,即工匠,是在17世纪早期开始广泛使用起来的。[①]

(二)工匠的历史发展

距今近万年前的原始社会末期,人类出现了第一次社会大分工,手工业从农业中分离出来,此后逐渐出现了专门从事手工业生产的工匠,按照现代产业的分类,此时的工匠参与的活动领域属于第二产业和第三产业。[②]

随着时代进步和社会发展,曾经的一些老手艺因与现代生活不相适应而逐渐消失,但是工匠精神却代代传承下来。作为新时代的先锋力量,我们应接力传承工匠精神,为建成社会主义现代化强国而奋斗。

(三)工匠的典型特征

在历史的发展和文化的传承中,工匠形成了自己的精神境界,具有了独特的精神层面。工匠自

---

① 彭远威,张锋兴,李卫东. 高职生劳动教育教程 [M]. 广西师范大学出版社,2020:93.
② 王官成,徐飙. 劳动教育和职业素养训练 [M]. 北京:中国人民大学出版社,2020:109-110.

身的技能、技艺和技术是工匠精神的物质载体和最根本的职业生涯的追求。

1. 较强的专业特性

优秀的工匠都具有较为专业的理论知识和专业技能，能在所从事的领域内有所见地，有所建树，能够利用技能生产或创造产品，最终获取价值。

2. 坚定的职业追求

优秀的工匠对每一道制作工序都很严谨，一丝不苟。他们注重品质、专注执着、精益求精、勇于创新，追求完美和卓越极致，孜孜不倦，反复改进，对制作精品有着执着的坚持和追求，用产品质量和品质体现自己的职业追求。

3. 较高的职业素养

优秀的工匠无私且敬业。他们具有可持续发展的能力，具有创新能力和超越自我的能力，具有社会人文关怀，由此构成了工匠的职业态度和职业素养。工匠以职业素养引领职业态度和职业技能提升，成为行业持续发展和不断创新的动力。

（四）当代工匠的职业价值

当代工匠相对于传统工匠而言，其内涵和外延都发生了很大的变化。由于工业化大生产和现代科技的生产应用，传统工匠和工匠作坊已日渐式微，当代工匠借助现代科技，在各类企业中进行着工业化生产活动。因此，当代工匠现在被称为高技术技能人才，他们是当代先进工艺技术的创造者、掌握者和应用者，也是当代高科技产品的最终实现者。

二、工匠精神的起源与发展

工匠精神最初源自"工匠"这一群体，并与工匠队伍的产生、发展和转变密切相关。工匠喜欢对自己的产品精雕细琢、精益求精，不断改善自己的工艺，享受产品在双手中升华的过程。工匠对细节有很高要求，追求完美和极致，对精品有着执着的坚持和卓越追求。

工匠精神随着人类改造世界的活动产生，虽然在不同的国家呈现的方式有所不同，但是，工匠精神的潜在力量一直在深刻地影响着各国劳动者，创造着一项又一项人类奇迹，推动着历史向前发展。

（一）工匠精神在中国的产生和发展

工匠精神在中国被称为"中华工匠精神"，具有悠久的历史，其产生与发展随着历史的演进呈现不同的时代特点。中国古代涌现出很多能工巧匠，创造了许多令人骄傲的工具。他们倾注于一双巧手，匠心独运，巧夺天工，创造出令西方仰止的古代东方科技文明。

在我国几千年文明史中，工匠精神源远流长，"巧夺天工""匠心独运""技近乎道"等典故都是对这种精神的高度概括。古代的工匠精神主要表现为"口传心授"的师道精神、产品制造过程中的专注精神、智慧与灵感结合的创造创业精神、知行合一的实践精神等。古代的"中国制造"远近闻名。早在西周时期，我国就已设立了"百工制度"。韩非子《五蠹》一文中提到了最早造房子的有巢氏、最早钻燧取火的燧人氏。木匠鼻祖鲁班，生活在春秋末、战国初，出身于世代工匠的家庭。他能创制"机关备制"的木马车，也能发明曲尺、墨斗、刨子等木作工具。社会进入后工业时代，一些与现代生活不相适应的老手艺、老工匠逐渐淡出日常生活，但工匠精神永不过时。尊重工匠的劳动，以良好的环境催生新时代的工匠精神，才能真正做出匠心独具、经得起时间检验的作品，才能使"工匠精神"继续发扬光大。

新中国成立以来，大庆精神、"两弹一星"精神、载人航天精神……新中国劳动者不断为工匠精神注入新的内涵。也正是在工匠精神的激励下，中国路桥、中国高铁、中国核电等，成为一张张让国人引以为豪的"中国名片"。工匠通过物质生产的劳动过程表现出来的精神体现了浓缩的时代文化，这种精神与工匠的成长经历、成长环境是分不开的。纵观中华上下五千年历史，一代又一代能工巧匠创造了璀璨的物质文明，为世界贡献了无数杰出的"中国制造"。不仅如此，工匠们通过巧夺天工之作呈现的认识世界的观念、思想和方式，给世人留下了宝贵的精神财富，为世界贡献了"中国智慧"，彰显了"器以载道"的工匠文化，工匠精神对后世产生了极大的影响。

（二）工匠精神在世界工业强国的产生和发展

工匠精神在西方起源于古希腊、罗马时期的手工制造业，在当时崇尚思想至上、推崇脑力劳动的社会环境下，工匠仍是支撑古希腊城邦体系和社会运行不可或缺的社会阶层。古希腊工匠在创造物质文明的过程中所形成的技艺经验和传承方式是西方工匠精神得以形成的技术前提。

11世纪，工匠精神获得较大的发展。随着西方手工业的繁荣发展，行会制度逐步兴盛，资本主义性质的手工工场不断普及。手工业行会的成立，促进了行业内技术分工的细化，工匠的技艺随着分工的细化得到提高。由于技艺精湛，工匠的劳动价值得到社会的肯定，工匠的社会地位进一步提升，工匠的群体规模不断扩大，工匠的劳动热情被激发，工匠精神的发展有了深层的社会动力。

工匠精神在西方的发展和形成过程体现了人们对工匠劳动观念的认知不断解放、社会对工匠劳动价值的评价不断提高、工匠精神的影响力不断扩大。在一些西方工业强国，工匠精神具有共性表现，如精益求精的产品制造精神、知行合一的职业实践精神、脚踏实地的敬业精神、求富立德的创新创业精神等。同时，工匠精神在不同国家具有不同的鲜明特色。如在具有实用主义倾向的美国，工匠精神更多地体现为创新与务实；而在理性严谨的德国，工匠精神表现为对质量和技术的重视高于对利润的追求的可持续发展思路。

从古今中外工匠精神的产生和发展历史过程来看，工匠精神内化于"德"，以追求卓越为价值导向，以尊师重道为传承方式，以爱岗敬业为现实表现；工匠精神凝结于"技"，包括一丝不苟的严谨精神，精益求精的创造精神，知行合一的实践精神；工匠精神外化于"物"，器物有魂魄，匠人自谦恭，渗透着工匠精神的产品，是物质价值的载体，更蕴含着技术和精神的传承。[①]

三、新时代工匠精神

工匠精神中包含了一丝不苟、踏实敬业，它是一种技术技能，更是一种精神品质。工匠精神是工匠对产品精雕细琢，追求完美和极致的精神理念，是善于用创新对产品精雕细琢、反复打磨，体现产品最大价值，创造出最完美产品的品质素养。任何行业、任何个人"精益求精、力求完美"的精神，都可称为工匠精神。

传统工匠主要依赖手工技艺进行器物的制作，速度慢、周期长、标准不规范、生产效率低，但同时又体现着作者的个性特征，能够按照需求进行个性化制作，每件作品都独无二。正因为如此，手工技艺在科技水平已经非常高超的今天，依然无法被取代。例如，在餐饮、工艺品等行业中，手工技艺往往是行业价值的最高体现。即便在已经实现了规模化大工业生产的鞋业、钟表业等行业，一些恪守传统的企业家依然坚持以手工制作为主，以便让自己的产品具有独特的属性从而拥有广阔的市场。

坚持手工技艺并不意味着要拒绝当代科技。借助于机器特别是精密机器可以提升手工技艺的效率和质量，像瑞士手表的零件，基本上都是机器生产，只有到了装配这个关键环节，才全部采用人工。借助现代企业管理可以使手工技艺在大工业生产背景下克服生产周期长、效率低等不足，获得与大工业生产相抗衡的内在动力。在奢侈品生产领域，产品和艺术品高度融合，使手工技艺及其产品的内涵得到了极大拓展，既推动了手工技艺的传承，又拓展了手工产品的精神价值和市场空间。所以，当代工匠中的手工艺人，既要得到传统工匠的个性真传，又要获得当代科技文化的不同素

---

① 彭远威，张锋兴，李卫东．高职生劳动教育教程［M］．广西师范大学出版社，2020：98－99.

养,他们是相关产业发展的人才支柱和技术基石。[①]

(一) 平凡中坚守的职业精神

伟大出自平凡,英雄来自人民。无数平凡的劳动者默默扎根基层,坚持工匠精神,用勤奋努力的方式诠释对工作的执着、对岗位的热爱、对事业的奉献,在坚守中演绎精彩人生。中华民族历来有"敬业乐群""忠于职守"的传统,敬业是中华民族淳朴而伟大的美德,也是新时代中国特色社会主义核心价值观的基本要求。早在春秋时期,孔子就主张"执事敬""事思敬""修己以敬"。"执事敬"是指认真做好自己的工作,"事思敬"是指尊敬、热爱自己的工作,"修己以敬"是指慎重地提升自身修养,以更好地尽职工作,为人民服务。

平凡的岗位和人生,没有唾手可得的财富、权力和荣誉,也没有一劳永逸的舒适和自在,只有爱岗敬业、踏实奉献、勤奋付出的认真心态。现实社会中有部分人由于功利和短视,不认同平凡,不愿意付出。有的人虽然想有好收入,却排斥累活苦活重活;有的人只着眼于干大事,却不屑从小事做起。所谓成功,就是在平凡中坚守初心,做好眼前的每件小事,用平凡生活里的点滴成果缔造出不平凡的人生意义和社会价值。

工匠热爱自己的工作,不计得失,心甘情愿,并凭借这种热爱来激发创造力,认同自我的价值感和存在感。工匠做事,有条有理,一丝不苟。工匠精神就是用心,对经手的每一件产品负责到底的意识。大学生培养工匠精神,就要求我们不管从事什么工作,都要用心。要让自己比过去做得更好,比别人做得更用心。坚持到底,能做事,做成事,这是工匠的价值所在。唯有做到以技养身,以心养技,才能存一颗匠心,专注、自在地学习、工作和生活。

(二) 精益求精的品质精神

精益求精,是从业者对每件产品、每道工序都凝心聚力、追求极致的职业品质。无论产品大小,从业者都不满足于现有标准和成就,还要进一步提升质量,投入时间和精力,反复改进产品,努力把产品的品质从99%提升到99.999%,以期达到尽善尽美。正如老子所说:"天下大事,必作于细",追求极致、精益求精,是获得各类"工匠"荣誉称号的技术工人的共同特点,这也是他们身怀绝技,在全国乃至国际各类技能大赛中夺取优异成绩的重要原因。

精益求精的品质精神是工匠精神的核心。一个人之所以能够成为"工匠",就在于他对产品品质的不懈追求。无论是手工作业时代,还是机器大生产时代,乃至现在的智能工业化时代,始终需要工匠精神。"互联网+"时代的来临,数控和智能化已经深入企业生产中的每个环节。很多工厂已经实现了工业4.0,一些工作也有全自动的解决方案。一个训练有素的技师在精确度上可以不逊于机器,但工人的灵活性机器却根本达不到。智能化的机械设备也许能代替工匠完成重复的体力劳动实现标准化生产,带来更高的生产效率,却永远无法替代工匠那灵巧的双手,不能代替工匠们的思考与创新,不能给产品注入别具一格的匠心。

制造业是我国国民经济的主体,是立国之本、兴国之器、强国之基。打造具有国际竞争力的制造业,是我国提升综合国力、保障国家安全、建设世界强国的必由之路。近年来,我国坚持走中国特色新型工业化道路,强化工业基础能力,提高综合集成水平,完善多层次多类型人才培养体系,促进产业转型升级,培育中国特色的制造文化,实现制造业由大变强的历史跨越。国家将中国制造和工匠精神纳入政府工作报告中,充分彰显了国家对大力发展制造业的特别关注和强力支持。中国制造业面临提升供给质量,进一步打造品牌竞争力的时代新考验。时代需要智能制造,中国需要越来越多的企业重视工匠精神,涌现越来越多的工匠人才。目前,中国制造业转型发展的关键就是培养对产品和服务追求极致的匠人,用工匠精神生产工匠产品、打造中国品牌,助推经济转型和产业升级。作为劳动者,只有传承和发扬工匠精神,在平凡岗位上孜孜以求,追求职业技能的完美和极

---

① 王官成,徐飙. 劳动教育和职业素养训练 [M]. 北京:中国人民大学出版社,2020:114.

致，才能使"中国制造"更加精彩。

（三）锲而不舍的专注精神

专注就是内心笃定而着眼于细节的耐心、执着、坚持的精神，这是所有大国工匠必须具备的精神特质。成功的人大都"术业有专攻"，一旦选定行业，就会以执着的信念，保持对同一道工序、同一个产品数十年如一日地坚守和热爱，在产品和技术上不断积累经验和优势。踏踏实实、心无旁骛，若干年后，那些曾经在平凡岗位上执着的技术工人都在各自领域成为"工匠"和"专家"。

锲而不舍是一种精神，一种信念，是新时代大学生最根本的素养。在工作中难免遇到各种情况，要想不打折扣开展工作，就要把锲而不舍当作毕生信念，切忌半途而废，眼高手低，这就是工匠精神的体现，也是工匠存在的意义。古代工匠大多穷其一生只专注于一件或几件内容相近的有意义的事情，只有把有限的生命和精力投入既定的目标中，坚忍不拔，锲而不舍，才可能达到自己的目标。

不要博而泛，要精而专。任何时候，独特精湛、娴熟高超的技艺，都是一个人或者一个组织的立足之本和创新发展的动力，甚至是核心竞争力。在这个社会分工越来越细化、专业领域越来越精致的时代，我们只需找到自己擅长的领域，然后专注于它们并尽力做到最好，一定会达到理想的结果。企业走上"专特优精"发展道路，需要锲而不舍的专注精神，需要勇攀质量高峰的决心，需要有更多的"专业＋专注"的高技术技能人才。我国正处在从工业大国向工业强国迈进的关键时期，急需培育和弘扬严谨认真、专业专注、追求完美的工匠精神。

（四）协作共进的团队精神

协作共进的团队精神主要体现于新时代的工匠精神之中，是当代产业技术工人必备的精神素养。现代技术越来越复杂，其开发难度也越来越大，单凭个人的力量难以完成，需要发挥团队合作的力量，充分利用各方优势，以集体的力量来攻坚克难，实现技术突破与创新。新时代工匠尤其是产业工人的生产方式已不再是手工作坊，而是大机器生产，任何一项技术、任何一个工艺，都可能只是复杂技术链条上的一个环节，比如复兴号列车，一列车厢就有三万七千多道工序，个体即使本领再大、智商再高也不可能完成所有的技术工序，这需要多部门、多环节团结协作共同完成。团队需要"协作共进"，而不是各自为战。因此协作共进的团队精神是现代工匠精神的要义。①

（五）追求卓越的创新精神

追求卓越的创新精神是新时代工匠精神的灵魂。传统的工匠精神强调的是祖传父、父传子、子传孙，代代相继是传统工匠传承的主要方式。而新时代的工匠精神强调的则是在继承基础上的创新，因为只有在继承基础上的创新，才能跟上新时代前进的步伐，推动产品的升级换代，以适应社会经济的高质量发展和满足人民日益增长的对美好生活的需要。

高技术技能人才需要传承传统技术和工艺，但不能因循守旧、墨守成规，需要大胆探索创新，用新思维、新办法、新工艺来解决技术及产业发展中的老问题和新难题，才能适应制造业发展的新形势，勇攀新高峰，创造新成绩。

事实上，古往今来，热衷于创新和发明的工匠们一直是世界科技进步的重要推动力量。改革开放以来，"汉字激光照排系统之父"王选、"充电电池制造商"王传福、从事高铁研制生产的铁路工人和从事特高压、智能电网研究运行的电力工人等都是工匠精神的优秀传承者，他们让中国创新重新影响了世界。②

---

① 王官成，徐飙．劳动教育和职业素养训练［M］．北京：中国人民大学出版社，2020：119－120．
② 卢璐，刘杨林，钟磊．大学生劳动教育教程［M］．北京：航空工业出版社，2020：47．

四、新时代工匠精神的现实意义

实现中华民族伟大复兴的中国梦,不仅需要大批科技专家,同时也需要千千万万的能工巧匠。更为重要的是,工匠精神作为一种优秀的职业道德和文化精神,它的传承和发展契合了时代发展的需要,具有重要的时代价值与广泛的社会意义。

工匠精神是中国制造前行的精神源泉,是企业竞争发展的品牌资本,也是个人成长的道德指引。在中国经济发展新常态下,转变经济发展方式,产业结构转型升级、经济增长动力转换和供给侧结构性改革是推动经济高质量发展的必然要求。工匠精神在"精益求精"等基本含义上赋予了许多新的价值内涵,直接连接当下社会新的生产方式和组织形式,精准展现了这个时代的现实需求和价值取向。"守初心、担使命",发扬工匠精神是当今中国经济转型发展的必要条件。当前,我国正处在从工业大国向工业强国迈进的关键时期,培育和弘扬严谨认真、精益求精、追求卓越的工匠精神,对于建设制造强国具有重要意义。它将引导中国从低端制造的现状中走出来,淘汰落后重复产能;加强技术创新,通过增加品种、提升品质、创新品牌,提升中国制造业的整体水平与形象,为"中国制造"迈向"中国创造"提供源源不断的动力。①

随着经济全球化的到来,市场竞争越来越激烈,中国人的消费观念也正在由"生存消费"转向"品质消费",中国比任何时候都更需要工匠精神。工匠精神是一种职业文明和高境界的服务文化,塑造并非"一日之功",需要持续优化制度供给,培育时代工匠精神。弘扬"工匠精神",促进企业精益求精、提高质量,使认真、敬业、执着、创新成为更多人的职业追求。在全社会倡导一种"做专、做精、做细、做实"的作风,才能让"制、智、质"成为中国名片。

只有对新时代"工匠精神"的基本内涵形成共识,才能树匠心、育匠人,对推动我国由制造业大国向制造业强国的跃升,真正实现中华民族伟大复兴,都具有重要的现实意义。

五、践行工匠精神

我们身边总有一些人,他们执着、坚守,对自己的工作和产品精益求精,例如,潜心21年苦心钻研的铁轨工匠信恒均等,他们都是工匠精神的传人。今天,我们学习他们精益求精的精神,学习他们执着细节的态度,学习他们坚持不懈的毅力。大学生要通过毕业设计、社会实践活动、社会兼职等,在劳动过程中不断探索、创新,在实践中培养吃苦耐劳精神和奉献精神,树立正确的职业观念,切实传承、践行工匠精神。大学生还要弘扬理论联系实际的作风,深入工厂,到企业中接触一线工人,感悟工匠精神。②

践行工匠精神需要具有超越行为的思想。践行是具体行为,我们只有把工匠精神自觉地运用到具体工作实践中,从自我做起,从点滴做起,经过长期的品质培养和知识积累,工匠精神才会变成融入身体里的"血液",成为储存在大脑中的"思想"。只有不断实践、认识、再实践、再认识,如此循环往复,工匠精神才能超越行为,形成改造客观世界的强大力量。

践行工匠精神需要具有超越工具的"精神"。随着工业技术的发展,现代生产技术与工具在生产中具有越来越重要的作用。但是,再好的工具也需要人来操作,同样的工具在不同的人手里所达到的功效是不一样的,生产出来的产品也不一样。我们应该把现代工匠精神作为驾驭掌握和改造自然及社会的一种特殊的精神工具,不断提高掌握工具的能力,达到精益求精的高度。有人认为,现代智能化的"物质"工具可以代替工匠精神的"精神工具",这是不可能的。不仅智能工具的生产(实践)离不开工匠精神之本(思想),而且智能工具的优劣取决于工匠技术的高低,智能工具的升级换代也依赖于工匠技术的升级换代。人永远是实践的主体,思想永远是实践之本。工匠精神的"精神工具"力量是不可替代的。

---

① 卢璐,刘杨林,钟磊. 大学生劳动教育教程 [M]. 北京:航空工业出版社,2020:55.
② 卢璐,刘杨林,钟磊. 大学生劳动教育教程 [M]. 北京:航空工业出版社,2020:55.

践行工匠精神需要具备超越主客体的创新精神。新时代工匠精神的实践活动，是以创新为主要内容的实践活动。在实践活动的主客体中，主体是具有主动性和能动性的因素，担负着提出实践目的、操作实践工具、改造实践客体，从而驾驭和控制实践活动的任务。新时代工匠精神的实践活动，实际上就是以创新为主要内容的实践活动。我们如果能够自觉地践行工匠精神，将创新意识内化为改造客观事物的思维习惯，就可以提升创新思维的能力，提高改造客观事物的创新行动水平。

工匠精神是一种认真的工作态度，认识和践行现代工匠精神，是一个完整的科学体系。正如马克思所说："在科学上是没有平坦大道可走的，只有那些在陡峭的山路上不畏劳苦奋力攀登的人，才有可能到达光辉的顶点。"践行工匠精神不是一蹴而就、一劳永逸之事，而是循环往复的长期艰苦过程，只有"不忘初心、牢记使命"，坚持不懈，才能及早实现。[①]

2006年，中共中央办公厅和国务院办公厅印发了《关于进一步加强高技能人才工作的意见》，就高技能人才的培养、使用、激励等从国家层面进行了政策指导，此后，中央政府和各地方政府也采取了系列举措，解决技能人才特别是高技术技能人才的匮乏问题，意在从根本上夯实中国制造的根基，培养大批具有现代科技意识的大国工匠，让中国技能伴随中国制造走向世界，成为一个技能强国。

近年来，高职院校积极响应国家号召，在人才培养的过程中将技能大赛和工匠精神有机融合，通过鼓励大学生参加技能大赛，激发了大学生学技能、比技能、练技能的学习热情，大学生技能水平、综合素质等得到全面提高。作为当代大学生，要用好各种学习条件和资源，努力培养工匠精神，走技能成才的道路。[②]

第三节　劳模精神

劳模精神是指"爱岗敬业、争创一流，艰苦奋斗、勇于创新，淡泊名利、甘于奉献"的劳动模范的精神。劳模精神丰富了民族精神和时代精神的内涵，是社会极为宝贵的精神财富。大学生在学习和生活中，要践行劳模精神，实现经济社会的发展目标，满足人民日益增长的美好物质生活和精神生活的向往与追求。劳模是民族的精英、人民的楷模。榜样的力量是无穷的。长期以来，广大劳模以平凡的劳动创造了不平凡的业绩，全国各族人民都要向劳模学习，大力弘扬劳模精神，发挥劳模作用。

时代需要劳模，劳模引领时代。"幸福都是奋斗出来的"，美好的蓝图要靠劳动者用汗水绘就，华丽的篇章需要靠奋斗者用双手书写。新的时代和使命呼唤新的担当，作为大学生，我们也要争当劳模，让劳模精神在新时代发扬光大。

大学生是社会主义事业的建设者和接班人，要牢固树立爱业、敬业、乐业、勤业的职业理念，不断学习劳模精神，大力弘扬劳模精神，在实际工作中践行劳模精神，加强学习、立足岗位、踏实工作、提升水平、坚持不懈、开拓创新，从而实现社会主义新时代的伟大奋斗目标。

一、劳动模范的含义

（一）劳动模范是工人阶级的优秀代表

劳动模范是中华人民共和国历史上的一个特殊群体。他们既是普通劳动者，又是开社会风气之先引领时代潮流的社会精英。长期以来，广大劳模以高度的主人公责任感、忘我的拼搏奉献，以辛

---

① 彭远威，张锋兴，李卫东. 高职生劳动教育教程［M］. 桂林：广西师范大学出版社，2020：95.
② 王官成，徐飙. 劳动教育和职业素养训练［M］. 北京：中国人民大学出版社，2020：125-127.

勤劳动、诚实劳动和创造性劳动，持续推动着社会进步、国家发展和民族振兴，为全国各族人民树立了光辉的学习榜样。劳动模范作为工人阶级的优秀代表，在工作生活中发挥了先锋和排头兵作用，在平凡的岗位上创造了不平凡的业绩。劳动模范是中华民族的模范人物，是推动各方面事业胜利前进的骨干。在中国共产党团结带领人民进行革命、建设、改革的各个历史时期，劳动模范始终是我国工人阶级中一个闪光的群体，享有崇高声誉，备受人民尊敬。

（二）劳动模范是时代的引领者

平凡成就伟大，劳动创造辉煌。劳模是时代的引领者，是民族的脊梁。从王进喜到袁隆平，每个时期的劳模，都是时代的精神符号和力量化身。他们的创造性实践和不断探索中激发出的蕴含着自主性、首创性、先进性元素的劳模精神，始终激励着广大劳动者建功立业，体现着社会进步的发展方向。新中国 70 多年的实践证明，以劳模为代表的亿万看似平凡的劳动者，在全世界挺起了中国的脊梁，在中国历史乃至世界历史上书写了辉煌。

全国劳模身后，是数以亿计的中国劳动者。一个崇尚劳模的时代，一定充满活力；一个尊重劳模、珍视劳模的国家，一定很有希望，因为人人可以通过劳动找到人生发展的途径；一个把广大劳动群众当主人的社会制度，一定很有优势，因为大家都自带使命感和责任感，劳动不光为了生存，也为了实现自我、奉献社会。

劳动模范是优秀劳动者的典型代表，劳模是当代大学生的时代精神坐标。大学生的成长，离不开精神力量的哺育。大学生成长的道路不全是平坦的，遇到青春的逆境时，必须具有坚定的意志才能勇往直前。尤其是处在大发展、大变革、大调整的社会转型期，大学生不仅需要凝聚人心的核心价值观，更加需要劳动模范引领人生的远大理想。一方面，平凡而质朴的劳模是触手可及的，我们总能从普通人身上找到劳模的影子；另一方面，劳模形象因其伟大和深刻，凝结着崇高的价值追求，积蓄了强大的思想动力，可以永远传承。①

二、劳模精神的内涵与基本要素

劳动模范具有忘我的劳动热情，积极进取的精神状态，他们身上承载和彰显的劳模精神引领时代的发展，也丰富和拓展了中国精神的内涵。

（一）劳模精神的内涵

1. 劳模精神是劳动精神的积极体现

劳模精神继承并发展了中华民族传统优秀的劳动观念，树立并彰显了一种辛勤劳动、诚实劳动、创造性劳动的新理念，也饱含无私奉献、淡泊名利的利他主义作风。营造并弘扬了一种劳动光荣、技能宝贵、创造伟大的时代风尚，生成并传播了一种劳动者至上、劳动者平等、劳动者可敬、劳动最光荣、劳动最崇高、劳动最伟大、劳动最美丽的劳动观。

2. 劳模精神的本质是主人翁意识

主人翁意识是劳模精神的内在本质，是正确认识和理解劳模精神的"关键词"。正是因为自觉的、强烈的主人翁意识，劳模才有着深厚的家国情怀，乐于以车间为家、以厂为家、以企为家、以国为家，才具有积极主动的岗位意识、职业意识、进取精神和创新精神，才在本职工作中充分发挥积极性、主动性和创造性，才能够艰苦奋斗、淡泊名利、甘于奉献，自觉把人生理想、家庭幸福融入国家富强、民族复兴的伟业之中，最终构建起个人与集体、个人梦与中国梦、个体小家与国家民族融合统一的发展共同体和命运共同体。

3. 劳模精神的核心是工匠精神

各行各业涌现出来的劳动模范所展示的劳模精神，其行为本质和精神特质本身都是工匠精神的

---

① 彭远威，张锋兴，李卫东．高职生劳动教育教程［M］．桂林：广西师范大学出版社，2020：78．

价值升华，既体现了劳动者的勤劳创造之美，展现了劳动者的追求卓越之心，也凸显了劳动者的爱岗敬业之精神。可以说，工匠的职业操守精神是劳模精神的基础，工匠的求精创新精神是劳模精神的源泉，工匠的敬业奉献精神是劳模精神的内核。

（二）劳模精神的历史发展

十九大报告指出："建设知识型、技能型、创新型劳动者大军，弘扬劳模精神和工匠精神，营造劳动光荣的社会风尚和精益求精的敬业风气。"大力弘扬劳模精神，充分发挥劳模的示范辐射引领作用，不仅是培养中国特色社会主义事业建设者和接班人的内在要求，也是推动我国社会发展、落实教育立德树人的重要举措。劳模精神有其时代特点、内涵和价值。劳模精神是中国精神的重要组成部分，是坚定中国特色社会主义文化自信的重要力量。在我国，劳模精神经历了四个阶段的发展，萌发孕育于革命战争年代，初步形成于中华人民共和国成立后的三十年，发展于改革开放以后，党的十八大以来继续深化。

这四个阶段，劳模精神的意蕴虽然有所不同，但社会主义核心价值观没有变，都以高度责任使命感为核心，以勤劳勇敢、自强不息的民族精神践行新时代使命，以改革创新、争创一流的时代精神展现新时代担当。

（三）劳模精神的基本要素

劳动模范身上体现的"爱岗敬业、争创一流，艰苦奋斗、勇于创新，淡泊名利、甘于奉献"的劳模精神，是伟大时代精神的生动体现。

1. 爱岗敬业

爱岗敬业是忠于职守的事业精神。爱岗和敬业，互为前提，相辅相成。"爱岗"是"敬业"的基石，"敬业"是"爱岗"的升华，爱岗敬业指的是忠于职守的事业精神，这是职业道德的基础。"爱岗"就是劳动者热爱自己的工作岗位，热爱本职工作，以正确的态度对待各种职业劳动；"敬业"就是要用一种恭敬严肃的态度对待自己的工作。热爱本职工作，对待工作勤勤恳恳、兢兢业业、一丝不苟、认真负责是对爱岗敬业精神的完美诠释。

爱岗敬业是道德规范的基本要求。中华民族历来有"敬业乐群""忠于职守"的传统美德。爱岗敬业，认真对待自己的岗位，无论在任何时候，都要尊重自己的岗位职责，认真履行自己的岗位职责，这是社会对每个社会成员个体的普遍性的、最基本的道德要求。爱岗敬业是服务社会贡献力量的重要途径，是各行各业生存的根本，能促进良好社会风气的形成。立足本职，爱岗敬业，挑战自我，奉献社会，是对每一个从业人员的基本要求。

2. 争创一流

争创一流是劳模精神的精华。争创一流即追求一流的技术水平，干出一流的工作业绩，达到一流的工作效率。一代代劳模在自己所钻研的领域内争创一流，正是这种工作态度使他们在众多劳动者中脱颖而出，获得了"劳模"的称号。

劳模精神体现为爱岗敬业、争创一流的精神。爱岗敬业是对劳动者的普遍性要求，争创一流是对劳动者的先进性要求。在爱岗敬业的基础上实现争创一流的业绩，这是只有少数劳动者才能实现的目标，从而成为广大劳动者学习的楷模、效仿的典范。大力倡导爱岗敬业、争创一流的劳模精神，才能在广大劳动者中形成有奋斗目标，有扎实劳动、有较高效率的劳动风尚和社会风气。倡导爱岗敬业、争创一流的劳模精神，既要榜样引路，更要机制推动，才能恒久有效。①

3. 艰苦奋斗

艰苦奋斗是一种斗争精神，即不怕艰难困苦、设法去战胜困难。艰苦奋斗是一种创业精神，即

---
① 聂峰，易志军. 新时代劳动教育教程［M］. 北京：电子工业出版社，2020：76.

在与艰苦奋斗的斗争中，奋发向上、锐意进取、辛勤创业。艰苦奋斗是一种献身精神，即为国家和人民利益乐于奉献、勇于献身。

艰苦奋斗是中华民族的优良传统，也是劳模精神的根本内涵。劳模之所以能够成为劳模，最根本的是依靠艰苦奋斗创造不平凡的业绩、奋斗是艰辛的，没有艰辛就不是真正的奋斗。

生活中，我们经常会羡慕别人外表光鲜亮丽的生活，殊不知别人在背后下了多少功夫。日常生活中，我们看到一些大学生徒具知识技能，却缺乏生活的能力，遇到挫折就垂头丧气，甚至有的还因此拒绝进入社会，当起了"啃老族"。十分耕耘绝对有一分大收获，十分辛苦绝对有一分大甘甜。有些苦是必须吃的，今天不苦学，少了精神的滋养，注定了明天的空虚；今天不苦练，少了技能的支撑，注定了明天的落后。为了日后的充实与进步，苦在当下其实很值得。

奋斗要从现在做起。"艰难困苦，玉汝于成"，正是因为有了艰苦的经历，人才能得到磨砺。不经历艰苦，人格很难提升。面对困难和逆境，不要消极悲观，不要哀叹，不要消沉，而要将其视为磨炼心志的绝佳机会，正确面对，勇敢挑战。"千里之行，始于足下"告诉我们：理想的实现每个人从自己做起，从现在做起，从平凡做起。新时代是奋斗者的时代，幸福都是奋斗出来的。新时代要有新担当、新作为，挑战任务艰巨、难题亟待破解，更需要坚持和发扬艰苦奋斗的精神，为人生增添光彩。

有艰苦才有创造。从古至今，一个国家、一个民族，在强国富民的创业过程中，靠的就是艰苦奋斗、勤俭建国。每一个平凡的劳动者在竞争激烈的社会里，都应兢兢业业地对待工作。我们迷恋的不是辛苦的工作，而是辛苦工作中那一点点创造的可能性，它带给我们自豪，让我们一次又一次地感受着更为广阔的世界。纵然结果无法预测，它也能让你我继续坚定地行走在属于自己的成长创造性之路上。①

大力弘扬艰苦奋斗精神，不仅意味着在物质层面坚持艰苦朴素、勤俭节约的生活作风，更意味着在精神层面保持着战胜一切艰难险阻、一往无前的思想态度。弘扬艰苦奋斗精神，需要用理想信念去支撑，需要用实践行动去体现。空谈误国，实干兴邦。在新时代弘扬艰苦奋斗精神，最终要落实到行动上，体现在实践中。大学生进入职场后要"不畏浮云遮望眼"，敢于迎难而上，以坚韧不拔的奋斗精神，创造出实实在在的成绩。要努力创造出无愧于时代，经得起实践检验，为人民群众所称赞的工作业绩。

4. 勇于创新

勇于创新是劳模精神的核心。勇于创新就是敢于创新、善于创新。勇于创新的精神即运用已有的知识、信息、技能和方法进行发明创造、改革、革新的意志、勇气和智慧。创新精神是一个国家和民族发展的不竭动力，也是推动人类文明不断向前发展的重要力量。

产业结构变化、社会分工细化，不会改变劳动是创造价值的唯一源泉。科技和互联网的日益发展正在改变人们的生活方式和思维方式。增强克服本领恐慌的能力，就需要不断地在实践中发现不足，弥补短板，从而使自身不断得到提升。我国经济从高速增长到进入高质量发展阶段，需要更多知识型、技能型、创新型劳动者，也为劳动者、奋斗者实现人生出彩提供了广阔舞台。劳动条件有好坏之分，劳动环境有优劣之别，劳动任务有轻重之差，劳动过程有顺逆之分，积极进取，敢于创新、善于创新才是成功之道。创新始于足下，创新要有方法，不畏艰难，才能取得成功。敢于创新、勇于开拓，不断创新方法、手段、工艺，才能给国家、社会、企业创造新的价值。勇于创新的劳模精神，仍然要成为新时代每个劳动者追求的精神家园。

5. 淡泊名利

淡泊名利，意为轻视外在的名声与利益，淡泊名利是劳模精神的灵魂。淡泊名利者，轻视外在的名声与利益，在国家、集体和他人需要的时候，能够放弃某些个人所得，心甘情愿地做力所能及

---

① 教育部职教中心研究所．劳动教育读本［M］．北京：高等教育出版社，2021：068－069．

的奉献。淡泊名利是做人的一种好心态，做人要正确对待名与利。淡泊名利是一种境界，追求名利是一种贪欲。新时代的劳模不会只看重眼前的利益，而是心怀大志、心无杂念，用纯粹的心投入所从事的事业中。做人应该节制物欲，多些精神上的追求，增强自律，做最好的自己。社会的发展与进步需要的是那些踏实做事，实在做人的人。

从古至今，有人因为干事创业获得世人敬仰，也有人因为造福一方赢得人们赞誉。无论是担任领导职务，还是在平凡岗位，"发光的人"都将干事创业摆在职位、地位之前。例如王继才默默守海岛32年，不但从不抱怨收入少，还自掏腰包修码头，获得荣誉后仍一如既往地巡岛观海。所以淡泊心灵，不能淡泊事业。淡泊名利的人胸怀宽广，在人与人之间发生摩擦时，在坚持原则的基础上，能够以谦和的态度对待对方。人生要奋斗，要拒绝诱惑，更要有自律精神，有了这个信念，才能追求自己的人生理想，不被物欲所迷惑。

6. 甘于奉献

在工作上"争"是进取心的表现，责任心的体现；在名利上"让"，既是内心的淡泊明志，也展现品德的谦逊无私。但"争"要争在工作上、表现上、干劲上，人生就会充满正能量。"让"同样如此，让出虚名，让出私利，人生就能更加纯粹而崇高。甘于奉献还意味着要立足本职，敢于担当，体现的是一种高度自信、自省、自警、自律的精神，其隐含的更是一种直面困难、锐意进取、追求卓越、精益求精的作风。高标准、严要求才是每个劳动者的正确选择。敢于担当关键是树立主动负责的态度。立足本职岗位，发挥先锋模范作用，始终坚持精益求精、创优争先的工作态度，用一流的道德素养、业务技能和工作业绩发挥模范带头作用。在做好本职工作、推动任务落实中当标杆、作表率。

我们在岗位上所做的一切，不仅是对自己的一种考验，也是实现个人价值的过程。甘于奉献，是对自己的事业不求回报地热爱并全身心地付出。劳动模范就是这样一群人，他们淡泊名利、甘于奉献，恪守道德底线和法律底线，危害国家和人民利益的事情不为，损公肥私、害人害己的功利不取，不学无术、沽名钓誉、欺世盗名、寡廉鲜耻、自私自利、无情无义的品行不耻。总有部分人急于追求功名，缺乏扎根一线的耐心。有的人怕吃苦、怕劳累，天天抱怨工作辛苦、薪水太少；有的人不求上进，安于现状，做事偷工减料；有的人好于在领导面前表现，大搞形式主义等。"万丈高楼平地起"，当我们的奉献积累到一定程度时，功名自然会来找你。"甘于奉献，不求回报"，这种"披肝沥胆为工作"的伟大劳模精神，启迪了一代又一代中国人。[①]

三、践行劳模精神

劳模精神中，爱岗敬业是本分，争创一流是追求，艰苦奋斗是作风，勇于创新是使命，淡泊名利是境界，甘于奉献是修为。做一个守本分、有追求、讲作风、担使命、有境界、有修为的劳动者，是每一位劳模的精神风范，更是每一位劳动者应该追求的目标。

（一）强化学习、提升能力

劳模精神体现在学习中，就是刻苦钻研、不畏艰苦，孜孜不倦地学习科学文化知识，勇于探索和创造，不断提高思想政治和科学文化水平，不断完善自己的人格。

劳模的学习精神是新形势下劳模精神的精髓所在。"工欲善其事，必先利其器。"学习是大学生的立身之本。当今世界已进入高速发展的新时代，知识更新瞬息万变，科技发展日新月异，各种新理论新技术层出不穷。因此，在学习上没有捷径可走，正确的学习方法可以提高学习效率，但科学的方法不等于捷径，有好的方法，如果不付出艰苦的学习劳动，任何人都无法取得成功。只有不断学习，大学生的工作水平才能得到持续提高。"争创一流"是劳模精神的内涵之一，也是广大劳动

---

① 教育部职教中心研究所. 劳动教育读本 [M]. 北京：高等教育出版社，2021：70−72.

者应当追求的目标。

践行劳模精神，首要的就是要像劳模那样不断学习、积极进取、与时俱进。当代劳动分工越来越细，技术含量日益增加，竞争越来越激烈，对每个劳动者的文化知识、业务水平、技术素质的要求也越来越高，要达到争创一流的目标，也要求大学生加强学习，精益求精。一方面做好学习规划，提高学习广度。加强对学习活动的动态管理，保证学习活动的经常性和学习内容的系统性。另一方面要坚持岗位标准，创新学习形式。从履行岗位职责的实际需要出发，真正把学习与研讨交流、推动工作结合起来，充分利用各种学习载体，及时学习岗位相关知识。

（二）立足岗位、扎实工作

践行劳模精神，关键是要把它落实到我们的实际工作中去，以充沛的工作热情，"干一行、爱一行、专一行、精一行"，立足岗位积极工作努力奉献。在学习工作中践行劳模精神，还要求大学生学习践行劳动模范的工作态度、工作作风、工作方式，学习他们看待工作的视角，推动工作的贯彻落实、创新发展。

立足岗位、踏实工作是践行劳模精神的基础。要增强职业认同感，明确"我是谁，在什么岗位，该做什么，做好了没有"，敬重自己所从事的职业，形成对职业的认同感和责任意识。自觉地将个人的发展目标与职业岗位目标相融合，以一种敬业的精神，积极的姿态，踏踏实实地去工作，一步一个脚印，通过自己的劳动获得最后的成功。

（三）锲而不舍、开拓创新

"创新是民族进步的灵魂。"建设创新型国家是我国发展战略的核心和事关社会主义现代化建设全局的重大战略任务，不仅需要世界一流的科学家，也需要具有高超职业素质和掌握精湛技艺的劳动者。

劳模是广大劳动者中勇于创新的代表。因此，践行劳模精神还要求我们树立创新意识，在实践中运用现代科学技术和专业知识增强创新能力，争做知识型、技能型、专家型劳动者，为实现由"中国制造"向"中国智造"的转变作贡献。不断提高劳动生产率，推动社会进步和持续发展。

四、弘扬劳模精神

（一）以劳模精神实现价值引领，激发内生动力

作为大学生，在追求实现自我发展的人生目标，探寻超越自我的价值追求，创造属于个体的幸福美好生活的同时，首先必须具备参与社会劳动、承担社会责任的精神。

1. 以个人奋斗的幸福梦激发对劳动的热爱

要想实现美好理想，没有艰辛的努力付出，只会变成个人的空想。"幸福是奋斗出来的"，幸福的生活不是坐享其成、贪图享乐就可以实现的，必须通过诚实守法的辛勤劳动获得。

2. 以中华民族伟大复兴的中国梦引领对劳动的认同

中国梦的实现需要每一个大学生依靠自己的聪明才智和劳动敬业来实现。青年大学生要以国家富强、民族振兴、人民幸福为己任，将自己的个人梦想与国家的前途、民族的命运紧密地结合起来，以勤学苦干、敢于创新的精神，激励自己投身于中国特色社会主义伟大实践中去。

（二）以劳模精神加深劳动认知，提高劳动自觉

培育劳模精神的前提是对劳动要有科学的认知。只有充分认识到劳动的价值和意义，才能为信仰而产生劳动自觉，这种劳动信仰就是培养我们自身劳动精神的原动力。其基本要求是要形成崇尚劳动、热爱劳动、尊重劳动者，以劳动敬业为荣，以不劳而获为耻的科学认知，体现了人生价值和社会价值的统一。

(三）以劳模精神实现榜样带动，彰显榜样力量

榜样的力量是无穷的，榜样教育具有示范、激励、导向、调整、自律和矫正等多种功能。作为培育新时代劳动者大军的主渠道、主阵地，学校在传播知识和技术技能培养的同时，必须把劳模精神融入其中，激发学生劳动热情，涵养奉献情怀，增强集体意识。

一是用劳模精神激发劳动意识，养成劳动习惯，形成吃苦耐劳的劳动精神。二是用劳模精神培养奉献情怀。劳动和奉献是相辅相成的。劳动是奉献的基础，奉献是劳动的升华，为劳动增添价值。劳模精神突破了自给自足的狭隘劳动观念，着重强调奉献社会的人生追求，通过劳动创造为人民服务、为民族振兴奉献。三是用劳模精神增强集体意识。劳模精神在任何时期都表现出了鲜明的集体主义倾向，大学生把集体潜意识自发提升为团队协作的正能量，凝聚成长发展合力，在具体的劳动实践过程中推动集体和谐共同发展，将指引大学生将个人的价值追求自觉融入民族复兴的中国梦中。①

（四）以劳模精神激励责任担当，强化目标意识

劳模精神以艰苦奋斗为本质、以勇于创新为精髓。在艰苦奋斗和勇于创新的劳动中，可以创造物质财富，更能锻炼劳动者自身。人的智慧在劳动中修养，人的能力在劳动中提高，人的价值在劳动中得到实现。大学生要争当社会建设排头兵，要树立目标，以勇敢的担当扛起责任。要具有前瞻性视野，善于研究，探索特点，把握规律，增强职业生涯的预见性。

大学生要树立劳模精神，勇攀高峰、勇立潮头、勇开先河，不断向最好处拼搏、向最高处看齐。在自我发展目标确立的同时，还应意识到，一滴水只有汇入江河才不会干涸，一个人只有融入集体才能生出无穷的力量。当代大学生也只有融入社会发展的力量中，才能将自己的澎湃动能转化为无限可能，在科技攻关最前沿、创新创业第一线展现自己朝气蓬勃、奋勇当先的勃发英姿。

劳模精神是社会主义核心价值观的重要体现。当代大学生要争当中华民族精神的传承者。年轻代表着活力，但也意味着经验不足，在工作和生活中难免遇到这样或那样的困难和挫折而苦闷和困惑，作为新时代大学生，要有"功成不必在我，奋斗当以身先"的奉献情怀，目光要远大，眼界要宽广。俗话说"眼界决定境界"，站得高才能看得远，看得远才能做得好。作为大学生，我们要有青年人的朝气，更要有脚踏实地的心气，不敷衍，不推诿，敢于面对学习和生活和劳动实践中的矛盾和问题，有承担责任的魄力、迎难而上的勇气。在平凡的工作岗位上，要尽自己所能圆满地完成自己的工作任务。

---

① 聂峰，易志军．新时代劳动教育教程［M］．北京：电子工业出版社，2020：80．

第三章　提升技能

随着中国经济的飞速发展，其发展形势在发生着质的变化，促进经济增长由主要依靠增加投资和资源消耗向主要依靠科技进步、劳动者素质提高、管理创新转变。逐步建立起梯度发展的产业结构和新的竞争优势，需要高技术技能人才提供必要的支持。高职院校在经济社会的发展转型过程中担负着培养适应新时代高技能人才的任务。技能是大学生的立身之本，是成长为高素质技术技能人才、能工巧匠、大国工匠的基本功。大学生要掌握一定的生活技能和社会技能。

第一节　职业技能

职业技能是学生将来实现就业和服务社会经济发展所需要的技术和能力，掌握职业技能是大学生成为高素质劳动者和技术技能人才的立身之本。大学生要牢牢树立为人民服务的人生价值观，还要学会尊重劳动规律、掌握劳动技巧，要热爱劳动、崇尚劳动，在劳动生产中，大学生要多参与、多体验，通过各种劳动形式去亲身实践生产劳动，做到敢于探索、勇于挑战，争取成为知识型和技能型的劳动者。

一、职业技能概述

（一）职业技能的含义

职业技能是与通用技能相对应的概念。高等教育阶段的职业技能是指大学生基于专业知识学习而形成的思维活动能力和职业实践能力，这些能力是以通往未来就业渠道和职业岗位计划为导向的，是大学生劳动技能提升的重心。具体而言，职业技能是对特定专业知识的应用能力，这种能力首先体现为一种思维活动，它能够改变人们对事物的看法，指导人们通过特定行为达到预期目的，当这种行为付诸实施并产生相应结果时，就表现为一种职业实践能力。

（二）职业技能的实践途径

职业技能的水平分为初级、中级、高级，由各职业技能鉴定中心按照国家职业技能标准鉴定。职业技能要在劳动中获取，并且在劳动中得到强化与拓展。职业教育更是与生产劳动密不可分，我们要积极参加生产劳动，把所学理论用于生产，不断应用、理解专业知识，不断学习、掌握专业技能，获取基本的职业生存发展能力。

掌握职业技能的实践途径主要有两个，即参加生产劳动和服务劳动。

1. 生产劳动

马克思认为，生产使用价值（包括物质产品和精神产品、有形产品和无形产品）或者生产商品并实现其价值的劳动，就是生产劳动。生产劳动以尽可能生产数量更多、质量更高的物质产品并实现其价值为目标。随着社会的发展和进步，人类的生产劳动在不断演进，生产劳动的范围也在不断变化。在信息化、全球化的今天，生产劳动不仅体现为体力劳动，还体现为创造性的脑力劳动，尤其是在科学技术不断发展的背景下,未来还会产生更多的生产劳动新业态。①

(1) 生产劳动的分类

生产劳动一般是指农业生产劳动和工业生产劳动。

农业作为第一产业,是种植农作物的生产活动。广义的农业包括种植业、畜牧业、渔业、林业、副业五种产业形式。农业生产包括粮、棉、油、麻、丝、茶、糖、菜、烟、果、药、杂(指其他经济作物、绿肥作物、饲养作物和其他农作物)等的生产。农业生产劳动一直以来和生活息息相关,是整个社会和国民经济存在与发展的基础。农业生产劳动作为劳动教育的一部分,是需要大学生认真学习和实践的。把农业生产劳动纳入大学生日常劳动中去,获得劳动带来的幸福感、尊严感和崇高感。

工业是原料采集与产品加工制造的产业或工程。工业经历了手工业、机器大工业、现代工业等几个发展阶段,是社会分工发展的产物。工业在世界各国国民经济中都起着主导作用。我国的工业主要以基础工业部门为主,包括钢铁工业、机械工业、能源工业和高新工业。因此,工业生产作为国民经济中最重要的物质生产部门之一,广大大学生需要去了解工业生产劳动的内容,并且应当积极参与到工业生产劳动中去。②

(2) 大学生与生产劳动

制造强国的目标不是空中楼阁,质量为先的产品靠的是技能高超的高素质劳动者。人才、创新、技术技能是实现制造强国的重要支撑。大学生与制造强国的目标同频共振。大学生头脑灵活,动手能力强,长期的生产劳动,不仅有益于技术的精进,也有益于培养其技术革新和技能创新的意识。大学生们重视新知识、新技术、新工艺、新方法在生产劳动中的应用,创造性地解决生产过程中的实际问题,积累职业经验,磨炼工匠精神,为日后成为大国工匠、能工巧匠奠定职业技能基础,为中国迈入制造强国行列、实现世界强国目标作出应有贡献。

从大学生劳动教育的角度来说,大学生从事的生产劳动更多体现为实习实训。大学生到专业对口的企业单位或者实训车间,在各自的岗位上直接参与生产过程,将所学理论与生产实践相结合,完成一定的生产任务,这是一种体验式、学习式的生产劳动。其目的是理论联系实际,运用所学专业知识生产出质量合格的产品,练就生存所需的职业技能,顺利实现学校与企业的联通,实现大学生职业技能与企业岗位的良好对接。

实习实训学习时,要严格遵守学校和企业的实习实训要求,严格遵守国家法律,自觉遵守社会公德,尊重当地风俗习惯及地域政策,做一名合格的社会公民。要遵守劳动规则,加强对劳动流程、劳动标准、劳动检查等相关制度的学习;掌握专业技能,熟悉多种劳动岗位职责,关注新技术的发展和运用,培养创新意识,拓展职业技能,能适应跨专业的、不断变化的职业劳动任务,为将来步入社会后做一名复合型人才做好准备;通过参与生产过程,体会劳动的辛苦,树立懂劳动、会劳动、爱劳动的劳动理念;践行并弘扬劳动精神、工匠精神、劳模精神,提升职业核心素养,提高职业竞争力。

2. 服务劳动

(1) 服务劳动的含义

服务劳动是利用知识、技能、工具、设备等,为企业、他人或社会提供服务,以促进企业发展、国家和社会公共领域事业的发展、个人福祉为目的的活动。服务性劳动不直接生产有形的物质产品,不直接创造财富,主要生产使用价值。服务劳动可以是有偿服务,大学生可以凭借自己拥有的知识、技术、设备等服务他人、企业和社会,并获取相应的回报,为自己谋一席生存与发展之地,具有明显的利他性和利己性;服务性劳动也可以是无偿服务,大学生也可以从事以服务他人、

---

① 教育部职教中心研究所. 劳动教育读本 [M]. 北京: 高等教育出版社, 2021: 30.
② 金正连. 劳动教育与素质养成 [M]. 北京: 中国人民大学出版社, 2020: 87.

奉献社会为目的的劳动，具有明显的公益性。服务类的劳动更加贴近大学生的生活，相较于农业生产劳动与工业生产劳动，对大学生在劳动教育这一方面影响大一些。

我国服务业快速发展，随着信息化时代的发展和经济结构的转型升级，2020年我国第三产业增加值比重为54.5%，比上年提高0.6个百分点。服务业快速发展，服务性劳动占比越来越高。由此可见，在当代社会学生不仅要积极参加生产劳动，还要参加服务性劳动，不仅要具备生产劳动技能，还要掌握服务性劳动技能。除注意遵守服务性劳动纪律、尊重服务对象、保护自身安全外，服务性劳动尤其要注意保证服务质量和完成服务任务。①

（2）服务劳动的分类

服务劳动大致分为四个层次：第一，流通部门，比如商业、邮电通信业、交通运输业；第二，生产和生活服务部门，比如旅游业、金融业、保险业、居民服务业、房地产管理业、信息咨询服务业和各类技术服务业；第三，为提高科学文化水平和居民素质服务的部门，比如电视、广播、卫生、体育、教育、科学研究和社会福利事业；第四，其他部门，比如国家机关、政党机关、警察、军队、社会团体等。这些服务类部门涉及面十分广泛，是大学生参加劳动的重要途径，也是我们实现劳动教育的重要资源。②

（3）大学生与服务劳动

大学生要积极参加各种服务性劳动，在劳动中锻炼才干，在奉献中培养吃苦耐劳、勇敢担当的品质，才能做到"德、智、体、美、劳"全面发展，掌握个人必备的生存技能。大学生利用专业特长，积极参加力所能及的服务性劳动，为企业提供技术支持、劳动服务，为师生、为社会提供义务劳动。服务性劳动场地不只局限于学校，企业、福利院、乡村、社区都可以是开展服务性劳动的场所。从事服务性劳动同生产劳动实践一样，也是大学生练习并掌握生存必备的职业技能的重要途径。学生运用"一技之长"为他人、企业、社会服务的过程，也是在实践中检验所学理论知识的过程，在服务性劳动的实践中精益求精，有利于拓展并提升职业技能，增强生存本领。

要通过各种措施和方式，教育引导大学生牢固树立热爱劳动的思想、养成热爱劳动的习惯，为祖国发展培养一代又一代勤于劳动、善于劳动的高素质技术技能人才。大学生要积极参加各种劳动，发扬劳模精神、工匠精神。以后不论从事什么样的工作，都要努力学习、善于实践，踏踏实实地劳动，兢兢业业地做好每一份工作。多参加大学生假期里的"三下乡""四进社区"社会实践活动等服务性劳动。这些服务性劳动不仅能锤炼个人劳动技能，还能服务社会，更好地实现个人价值。通过生产劳动，推动劳动教育，练就职业技能，增强劳动教育的吸引力、感染力，让劳动教育走进心里，提高劳动教育的实际效果。

二、大学生专业实践

《中共中央国务院关于全面加强新时代大中小学劳动教育的意见》指出："劳动教育是中国特色社会主义教育制度的重要内容，直接决定社会主义建设者和接班人的劳动精神面貌、劳动价值取向和劳动技能水平。"与中小学阶段不同，高等教育阶段的专业性更强，大学生毕业后距离劳动力市场更近，因而大学劳动教育更加突出专业知识与劳动技能的融合提升，更注重通过劳动教育增强大学生的专业应用能力和劳动创造能力。高职院校的专业实践是提升职业技能最优的方式。技术技能的学习过程，理论与实践紧密结合，专业实践在高职院校大学生提升职业技能方面发挥了重要作用。

（一）专业实践的重要功能

获取职业技能需要专业知识的指导和专业思维的引导，更需要在实践活动中持之以恒地学习、

---

① 教育部职教中心研究所. 劳动教育读本 [M]. 北京：高等教育出版社，2021：34.
② 金正连. 劳动教育与素质养成 [M]. 北京：中国人民大学出版社，2020：90.

模仿、操作和训练。尽管各高校关于大学生专业实践的要求不尽相同，各专业的实践方式也千差万别，但通过多样化的专业实践提升大学生专业技能的目标却是明确的，这同时也是新时代高等教育阶段加强劳动教育的重要路径之一。①

1. 以专业实践提升职业技能

专业实践是提升职业技能的核心环节。职业技能与岗位设置相关，是特定岗位专门需要的技术和能力，也是岗位价值的重要体现。对于正在接受高等教育的大学生来说，熟知一门专业知识，掌握一项职业技能，也就具备了成为专业人才的基础条件，拥有了在生产和服务过程中体验不同形式劳动发展的机会。大学生专业技能的提升首先需要掌握系统的专业知识，形成坚实的专业理论支撑，在此基础上不断强化专业思维培养，积极参加各种形式的专业实践活动，围绕职业发展加强创造性劳动训练。实现"岗位基础能力——岗位单项能力——岗位综合能力——岗位适应能力"螺旋递进。

2. 以专业实践提升职业素养

有关调查显示，企业录用员工最看重的六种素质依次是综合素质、敬业精神、专业技能沟通与表达能力、团队精神、诚信。这些都是职业素养的核心要素。职业素养是职业内在的规范和要求，是在工作过程中表现出来的综合品质，包含职业道德、职业技能、职业行为、职业作风和职业意识等方面。高职院校大学生在专业实践过程中，尤其是在校外企业的专业实践中，要将自己作为职场中的一部分，不管做什么都要做到最好，用心去做，通过专业实践，增强责任感和使命感，提升职业素养，成为高素质技术技能人才。

3. 以专业实践提升职业伦理

随着科学技术的不断进步，我国正在逐步实现从工业大国向工业强国的转变，这就需要大批顶尖高技术技能人才，同时这些高技术技能人才需要对职业领域的公众健康、安全和人文等社会影响有足够的认识，具备高度的社会责任感，正确的价值观和利益观、强烈的职业伦理道德意识，能对专业工作进行道德价值判断。专业实践对有效培养学生的职业伦理有得天独厚的优势。大学生在专业实践过程中，能真实感受到这一职业领域从业人员的行为标准职业精神和态度、职业活动中的社会分工等，从而前瞻性地培养自己的职业道德、技术伦理，使自己具备良好的职业伦理。

（二）专业实践的社会价值

新时代，中国的高铁走出国门、"天宫"遨游太空、网络支付快捷便利、5G技术引领潮流，"中国制造"遍布世界，并向"中国质造"和"中国智造"挺进。经济的腾飞离不开千百万能工巧匠、社会的进步离不开数以亿计的高素质劳动者。

高职院校作为职业技能人才的摇篮，有着不可替代的作用。它为大学生提供专业实践机会，培养出我们国家数以百万计的工匠，实实在在地开创了中国制造的奇迹。高职院校也提高大学生的专业能力、职业素养、综合素质，这是具有专业特征的劳动教育。同样，专业实践劳动也必将创造中国职业教育的光明未来，我们应以此为荣。②

---

① 赵鑫全，张勇．新时代大学生劳动教育［M］．北京：机械工业出版社，2021：92.
② 彭远威，张锋兴，李卫东．高职生劳动教育教程［M］．桂林：广西师范大学出版社，2020：146－147.

第二节　生活劳动技能

生活劳动技能是一个人日常生活中进行劳动所需要的技术和能力。大学生必备的生活劳动技能主要通过家务劳动和校园劳动来提升。

一、生活与生活劳动

（一）生活

生活指为生存发展而进行的各种活动，是衣食住行等方面的情况、境况。广义上的生活，是指人的各种活动，包括日常生活行为、学习、工作、休闲、社交、娱乐等。生活离不开劳动，而劳动是人类创造物质财富和精神财富的活动。

一个热爱生活的人，更是离不开劳动。他们懂得劳动付出，主动守护家人，积极服务社区。一个热爱生活的人，往往有理想、有追求，他们会通过为自己营造一个舒适的生活空间，积极享受生活，记录生活，分享生活。

（二）生活劳动

生活劳动指可以直接满足生活需求的劳动，生活劳动是在具备生活条件的基础上对生活条件进行改造，并直接服务于人的劳动。生活劳动可分为技能性生活劳动和审美性生活劳动。

1. 技能性生活劳动

技能性生活劳动就是通过操作性技术技能改造生活资料（或者生活条件）以满足生活需要的劳动形式，如做饭、更换灯泡、洗衣服、打扫卫生等。现代生活劳动尤其是技能性生活劳动也要求人们具备一些现代化的技术能力。

2. 审美性生活劳动

审美性生活劳动不仅对人的技术能力提出了要求，还要求人们具有感知、想象等方面的能力，这些就是审美养成和创造美的能力。

二、家务劳动技能

生活劳动教育是一个由多元因素构成的整体，在这些多元因素中，家庭是重要因素。家庭是第一个社会群体，家长是孩子的第一位老师，良好的劳动习惯、劳动品质的形成，往往从家庭劳动开始。

（一）家务劳动

劳动教育是培养德智体美劳全面发展的社会主义建设者和接班人的重要环节，家务劳动是人类社会中存在于家庭领域中的人类劳作的形式，是劳动教育体系中最重要的板块之一，是人生的第一堂劳动课。家务劳动是我们最早接触到的劳动类型，是从小到大都需要的技能。

家务劳动是人类社会最为常见、最为古老的基本的劳动方式之一，自从有了人类社会，家庭中的家务劳动便作为维持人类生存生活需要的重要手段而留存下来。它与市场经济中的生产劳动共同组成了人类不断发展进步的重要部分。

（二）家务劳动的分类

家务劳动是家庭成员为了维持家庭成员正常生活而付出的没有任何经济报酬的劳动，是一种无偿劳动。具体的家务劳动可以分为两类：一是提供住户自身最终使用的无偿家务劳动；二是提供给住户家庭成员的无偿护理劳动。提供给住户自身最终使用的无偿家务劳动一般包括家庭管理、电灯泡的更换、购物、衣物和鞋类的打理、自己动手的装修维修以及小规模修缮、住宅及周围的清洁和维修、提供食物以及提供自身最终使用的无偿家庭服务有关的其他劳动。提供给住户家庭成员的无偿护理劳动一般包括：向无抚养关系的成年人提供帮助、照顾有抚养关系的成年人，照顾儿童以及与提供给住户无偿护理相关的其他劳动。而大学生主要做的家务劳动还是第一项——提供给住户自身最终使用的无偿家务劳动。通过家务劳动，可以提高大学生的劳动素养，促进他们形成积极的劳动态度和良好的劳动习惯，克服不良的劳动价值观，培养自觉劳动、热爱劳动的精神，使大学生能更好为人生发展奠定基础。①

（三）家务劳动的意义

家务劳动是劳动教育中非常重要的部分，但是长期以来，与其他劳动类别相比，家务劳动普遍受到忽视。家务劳动也有劳动的本质特征，是创造使用价值的活动，但这一本质常常被忽略。这是因为人们的生存长期主要依赖于其他劳动，其他劳动的作用看起来就更突出。家务劳动看似平常，却是一项非常有意义的家庭活动。家务劳动是紧密将劳动、学习和亲情结合在一起的最佳途径。把身边的家务劳动做好，有助于正确认识劳动，"劳动光荣、技能宝贵、创造伟大"的理念成为新时代高职院校大学生的新风尚。

进入大学、企业实习、社团活动志愿服务、家务劳动等，都是学习实践的重要内容。其中家务劳动是我们最容易进行，也最早参与的一项劳动实践。家务劳动能培养大学生的逻辑思维能力和动手能力，家务劳动可以培养大学生独立生活的能力，家务劳动可以培养大学生的责任感和意志力，家务劳动可以培养大学生吃苦耐劳的精神。家务劳动是其他各种劳动的基础，也是做好其他生活学习和工作等方面的基础。它有利于我们在学校持续开展日常生活劳动，进行自我管理，增强劳动自立自强的意识和能力。因此，我们在学习之余应适当进行家务劳动，掌握基本的生活技能，做一个全面发展的新时代好青年。

1. 有益身心健康

家务劳动的过程是肢体和头脑协同活动的过程。清洁、烹饪等日常家务劳动既需要体力又需要技巧，可以活动四肢筋络，活跃大脑思维，提高动手能力和解决实际问题能力，有益于身心健康。家务劳动中锻炼出的勤劳之手，可以让人终生受益。

2. 增强责任意识

《后汉书》说："一屋不扫，何以扫天下？"意思是说，你今天连打扫房间这样的小事情都不愿干，那么以后你怎么干得了大事？愿为天下蠲，须从一屋开始。细节看似琐碎，却体现品质；家务虽然细小，能培养责任感。家长鼓励孩子参与家务劳动，能对孩子的未来施以极为重要的积极影响——培养孩子的责任感，让他们学会设身处地为他人着想，并增强关爱他人的友爱之心。②

3. 提升就业竞争力

家务劳动有助于个体很好地实现劳力与劳心、理论与实际的两个结合。如大学生在家里提起较重的物品时，可以联想到杠杆原理来寻找更方便、更轻松的方法。大学生通过参与家务劳动，培养了动手能力、解决问题的能力、判断与决策力、执行力，从而有助于提升就业竞争力。实践表明，个体参加家务劳动的益处，表面看是养成了劳动习惯、提高了生活能力，深层看是改变了个体的思维方式，对其一生的学习、做事做人都会产生良好的影响。高职院校的专业具有学思并举、脑手并用的特点，如果我们从小就在家务劳动方面建立起动手的好习惯，那么将来也能够在工作中胜人一

---

① 金正连．劳动教育与素质养成．北京：中国人民大学出版社，2020：93．
② 教育部职教中心研究所．劳动教育读本［M］．北京：高教出版社，2021：25．

筹,所以掌握家务劳动技能将为个人的发展提供光明的未来。

(四)树立正确的家务劳动价值观

提高包括广大劳动者在内的全民族文明素质,是民族发展的长远大计。切实加强家庭生活劳动素养的提升,才能成为有较高文化素养和劳动技能的劳动者。因此,提高劳动者的素质,要把大学生走向社会的最后一个阶段切实抓好,而家务劳动是人生的第一堂劳动课,是树立正确劳动观的开始,也是培养大学生养成良好习惯和品质的起点。大学生要弘扬劳动精神,要积极参与家务劳动,锻炼出热爱劳动、崇尚劳动、尊重劳动的品质。在实践家务劳动中,大学生要注意培养劳动技能和劳动品质,劳动技能的培养能使大学生有更强的动手能力,逻辑思维能力、沟通协调能力和分析解决问题的能力,劳动品质的培养能使大学生拥有责任感、意志力、独立性、吃苦耐劳等优良品质,这些都为大学生树立社会主义核心价值观打下坚实的基础,形成正确的劳动价值观。

(五)家务劳动基本原则

做家务时,方法要科学,注意以下几个方面:

(1)实时原则。保持干净的秘诀,就是在用过之后马上清洁。地上的垃圾及时清扫,既省时间又省力气。

(2)分散原则。由简到难原则做家务时,将家务分散来做,每次做一点,可以降低集中做家务的工作量。可以从较为简单的工作入手,比较容易获得劳动成就感。

(3)省时原则。要注意统筹规划以节省时间。洗衣服时可以先将一些待洗衣物放进洗衣机自动清洗,利用洗衣机洗衣服的时间再去做擦桌子或其他的工作。

(六)积极参加家务劳动

大学生基本上是成年人,所有的家务劳动都可以做,应经常参与做饭、打扫卫生、洗衣服、美化房间、修补衣服、修理家具等家庭劳动,并且还可以利用所学的知识做相对复杂和专业的家务劳动。比如,自己动手装修、维修和小规模修缮。家里的电灯、电脑如果坏了,可以自己动手修一修,家里的家具如果有松动的地方,可以自己动手钉一钉等。总之,在前面所述的各种家务的基础上能够学会像父母一样管理好整个家庭,掌握好家务劳动的知识与技能,懂得劳动的真谛,就能真正做好家务劳动。

三、校园劳动技能

(一)校园劳动的概念

校园是大学生劳动教育的主要场所,也是大学生树立正确劳动观的思想教育基地,学校要培养德智体美劳全面发展的大学生,实现"五育并举"。2018年,全国教育大会要求,引导大学生崇尚劳动、勤于劳动,在教育教学中弘扬劳动精神,培养大学生在劳动中脚踏实地、勇于创新。不仅体现了学校关于确定立德树人根本任务的现实要求,而且是新时代做好大学生劳动教育的行动指南,同时劳动教育也被清晰明确地定为教育体系的重要组成部分。而校园劳动作为劳动教育体系的一部分,是劳动教育关于理论和实践很好地结合,实践是需要理论进行指导的,而劳动理论的教育主要依靠学校的教育,大学生在学校学到的劳动教育知识,首先就应当运用到校园劳动中去。

(二)校园劳动的意义

全国教育大会对加强劳动教育作出重要部署:"要在学生中弘扬劳动精神,教育引导学生崇尚劳动、尊重劳动,懂得劳动最光荣、劳动最崇高、劳动最伟大:劳动最美丽的道理,长大后能够辛勤劳动、诚实劳动、创造性劳动。"校园劳动不仅能从思想上培养学生树立良好的劳动价值观,而且能从行动中支持劳动教育的开展,是理论与实践的完美结合。

校园劳动是大学生参加的主要劳动,也是培养大学生树立正确劳动观的主要场所。校园劳动一是有助于培养正确的社会主义核心价值观;二是有助于养成良好的劳动习惯;三是有助于培养团队精神。大学生在校园生活劳动中各司其职,互相配合完成任务,有助于培养其团队精神。

在校园参加劳动,能够让大学生养成勤奋、实干的好习惯,促进科学作息,有利于增强行动力和执行力。劳逸结合,有助于提高大学生的学习效率,有益于身心健康。同时,在校园参加劳动,还能够让大学生体验不同职业的艰辛。在学校劳动中,大学生可以体验到众多的劳动者角色,包含了保卫、清洁等多个工种,这些工作有利于大学生一边劳动一边观察,自觉养成文明好习惯,主动地去配合安全检查和安全询问,也可以减少乱扔垃圾、乱贴乱画等不文明行为。大学生参与学校的安全、保洁等领域的工作,还能增强主人翁意识,在学习、工作过程中养成良好的行为习惯。①

(三)校园劳动的形式

校园劳动的形式主要分为课堂劳动和课外劳动。

1. 课堂劳动

课堂劳动的主要展现形式是劳动课,学生可以在劳动课上参加劳动,提高自己的动手能力。学校劳动课程大致可以概括为劳动健身课程、劳动技能课程、劳动艺术课程和劳动实践课程。

学校生活劳动是指学生在校园内开展的日常性劳动。主要包括打扫宿舍卫生、校园保洁、教学区卫生、绿化美化、勤工俭学等。宿舍、教室和校园是我们生活和学习的地方,宿舍卫生、教室卫生和校园卫生需要我们每个人注意清洁和维护。大家共同行动,才能保持美丽干净的校园环境。

2. 课外劳动

校园劳动的形式还包括课外劳动。课外劳动大致可以分为打扫卫生和参加活动两大板块。

打扫卫生包括教室卫生、寝室卫生和校园卫生。

参加活动包括勤工助学和社团活动,校内设立勤工助学岗位,主要是让学生在帮助老师处理日常事务的同时也学会热爱劳动、尊重劳动。②

校园生活劳动有其特殊性,既要有集体主义观念,服从分配,又要注意安全,规避危险。在参加校园劳动时,要遵守劳动纪律,从集体利益出发,服从分配,认真完成劳动任务。加强劳动锻炼,养成热爱劳动的习惯。

第三节 社会劳动技能

大学生就业之前,可以通过社会义务劳动、社会志愿服务等相关社会劳动,引导大学生正确认知社会,训练大学生形成尊重他人、帮助他人、服务社会的意识,促进全面发展。大学生要掌握社会技能,在所处的家庭与学校、工作(实习)环境、乡村与社区等环境中,利用自己的专业技术技能奉献社会,同时提升自己的社会技能。大学生经常参与社会劳动,如打扫卫生、绿化环境、整理设备、修理器具等工作,是提升生活劳动素养的重要途径。作为大学生必须具备相应的知识体系,需要参加社会劳动,需要理论与实践的结合。通过参与社会劳动,大学生可以更加深入地了解社会,增长才干,锻炼动手能力,提高劳动技能。

---

① 王官成,徐飙. 劳动教育和职业素养训练[M]. 北京:中国人民大学出版社,2020:35.
② 金正连. 劳动教育与素质养成[M]. 北京:中国人民大学出版社,2020:102-103.

一、服务性劳动

(一) 服务性劳动的概念

服务性劳动是指直接服务于社会的不计报酬的义务劳动,它既为生产服务,又为生活服务,在现代经济中占有越来越重要的地位。开展服务性劳动是对政府服务模式的延伸,是对新时代社会管理的有益补充。引入更多的人员参与服务性劳动,承担一定的社会公共服务功能,有利于整合优化资源,增强公共服务的力量。

(二) 服务性劳动的内容

传统服务性劳动的内容主要体现在教育、医疗健康、养老、托育、家政、体育、文化和旅游等社会领域,以满足人民群众多层次、多样化需求,依靠多元化主体提供服务的活动,直接体现着广大人民群众最关心最现实的利益问题。而随着经济社会的发展,人们也越来越注重个性发展,这就需要结合产业新业态、劳动新形态,选择新型服务性劳动的内容。以满足更多的个性化需求。

(三) 服务性劳动的特征

服务性劳动具有以下特征:一是不以营利为目的,具有无偿性或低偿性;二是主要针对人群中的困难群体、边缘群体、弱势群体和问题群体;三是服务的实施人员主要是专业社会工作者和志愿者。

《中共中央 国务院关于全面加强新时代大中小学劳动教育的意见》中强调,高等学校要注重培养公共服务意识,使学生具有面对重大疫情、灾害等危机主动作为的奉献精神。服务性劳动的参与者也能在奉献中实现人生价值,获得成就感、愉悦感,其受众也能据此增加幸福感。

二、大学生开展服务性劳动的类型

大学生开展服务性劳动是指大学生走出校门、深入基层、深入实际,开展教学实践、社会调查、勤工助学、顶岗实习等社会实践活动以及志愿服务活动,在实践中受教育、长才干、作贡献,树立和践行社会主义核心价值观。

(一) 社会实践

社会实践是指人类认识世界、改造世界的各种活动的总和。大学生参加的社会实践一般有暑期"三下乡"活动、社会调查、勤工助学、顶岗实习,以及公益劳动和环境保护活动、课外科技活动、课外创业活动、军训、专业性社会实践、挂职锻炼等。它对于在校大学生具有加深对本专业的了解、确认适合的职业、向职场过渡做准备、增强就业竞争的优势。[1]

(二) 志愿服务

1. 志愿服务的含义

20世纪90年代,中国青年志愿者出现,义务劳动与志愿服务便开始了新的融合。志愿服务是一种有组织的社会公益服务,是由内在志愿精神所支撑的,由自愿自觉的内部动机所指引,利用个体知识、技能、体能或财富服务社会,不计外在报酬、奖励的一种非营利、公益性活动。

2017年国务院颁布中国首部志愿服务行政法规《志愿服务条例》,其中界定"志愿服务,是指志愿者、志愿服务组织和其他组织自愿、无偿向社会或者他人提供的公益服务"。

志愿服务不仅仅是一种做好事和助人为乐的简单活动,而是一种系统地、有组织地、自愿地开展的社会公益服务。它作为社会建设和社会管理的重要组成部分,弥补了政府、市场和个人力量的

---

[1] 王官成,徐飙. 劳动教育和职业素养训练[M]. 北京:中国人民大学出版社,2020:39—40.

短板，起到了加强国家和个人相互联系的桥梁作用。

2. 志愿服务的特征

志愿服务有志愿性、无偿性、公益性和组织性四个基本特征，其特征的精髓是奉献精神。

3. 志愿服务的原则

志愿服务是一种典型的公益劳动，它可以培养大学生乐于奉献的精神。大学生在志愿者服务中，可以锻炼劳动技能，增强责任感，强化劳动教育意识，从而深化对劳动创造世界的认识。

《志愿服务条例》明确指出，开展志愿服务，应当遵循自愿、无偿、平等、诚信、合法的原则，不得违背社会公德、损害社会公共利益和他人合法权益，不得危害国家安全。大学生的志愿服务可以分为校内志愿服务和校外志愿服务两部分，具有以德为先原则和动机需求合一原则。

三、校内志愿服务

（一）校内志愿服务的含义

校内志愿服务一般根据学校活动的需要，临时招募一批有责任感的志愿者协助学校组织活动。校内志愿服务指不计定额、不要报酬、自觉自愿地为社会劳动学校义务劳动，可以理解为由学校、班级、宿舍、社团等牵头组织，或者学生自发组织，无偿地从事一些力所能及的、有利于校园环境、社区（乡村）环境的劳动。针对不同的活动招募的志愿者要参加相关方面的培训，然后在食堂、图书馆、操场教室、实验室、宿舍、报告厅等学习生活场地开展相关的志愿活动。

（二）校内志愿服务的具体内容

校内志愿服务的时间，既可以是上学期间，也可以是假期；劳动的地点可以在校内，也可以在校外；劳动的内容既可以是以体力为主，也可以是以脑力为主，比如参与"三下乡"、志愿服务、社区报到等社会实践。在校园里，简单如扫地、擦黑板、清理多媒体讲台等都是有意义、有价值的劳动。校内志愿服务是根据学校组织的不同活动而招募的志愿者服务活动，校园里有个专门从事志愿者服务的社团叫青年志愿者协会，大学生在校园内可以加入青年志愿者协会，这个社团会组织本部门的干事参加各种志愿活动，是大学生在校园里做志愿服务的主要途径。大学生可以通过报名的方式加入志愿者服务，然后接受相关的培训。在某些大型的比赛活动中，需要布置场地、做好宣传、印发好相关的通知和资料、接待参赛人员、安排人员住宿、提供参赛者餐饮、维持现场秩序做好引导工作等，这些都需要志愿者的参与。负责不同板块的志愿者任务不同，接受的培训也不同，只有团结合作才能成功举办一场比赛。同样的，除了一些大型比赛，学校还会组织一些活动，比如国庆活动、元旦文艺汇演活动等，都需要大量的志愿者参加，学生在校园内积极参加志愿服务，也是对自己的一种磨炼和提升。

（三）参加校内志愿服务的意义

参加校内志愿服务，培养劳动意识，学习适应劳动生活，为班级、为学校奉献自己的一份力量，是大学生的动机与需求。大学生参加义务劳动，有助于学会尊重他人的劳动成果，能帮助我们改掉身上的不良习惯。

参加校内志愿服务，触摸生活，认知公德，有助于提高劳动者素质、培养青年大学生劳动精神、激发大学生内在生命力。当我们出力流汗、服务同学、服务社会时，可以切实感受到义务劳动所带来的成长以及所创造的丰富价值。参与社区卫生清洁、校园美化，参与环境的整治，在付出劳动的同时，我们收获了幸福。[①]

踏实实践，涵养美德。大学生践行社会志愿服务，提升实践能力，感受劳动快乐，得到知识的

---

① 教育部职业技术教育中心研究所．劳动教育读本[M]．北京：高等教育出版社，2021：38．

更新、技能的提升。

四、校外志愿服务

(一) 校外志愿服务的含义

校外志愿服务相比较校内志愿服务，服务的范围要广很多。校外志愿服务一般是通过学校联系的一些需要帮助的政府部门和社区，定时定点地进行志愿服务。根据志愿服务的领域不同，校外志愿服务大致可分为社区基层志愿服务、环境保护志愿服务、大型活动志愿服务、社会援助志愿服务、应急救灾志愿服务以及国际交流志愿服务。①

(二) 参加校外志愿服务的意义

参与实践，修德明辨。劳动教育是苏霍姆林斯基教育思想的重要组成部分，"离开劳动不可能有真正的教育"，志愿服务是社会实践，是劳动教育的重要载体之一，在志愿服务过程中，个体素质得到全面锻炼与提升。《志愿服务条例》中规定，高等学校、中等职业学校可以将学生参与志愿服务活动纳入实践学分管理，所在省区的志愿服务网可以记录时长。《深化学校共青团改革的若干措施》明确参与"三下乡"、志愿服务、社区报到等社会实践表现，可以作为"第二课堂成绩单"记入学生的成长档案，留下其成长痕迹。

大学生要能把握自己的优势，诚实劳动，以自己的技能专长造福他人，获得他人尊重。从事社会志愿服务，可以实现个体幸福与社会幸福的和谐统一。

(三) 参加校外志愿服务的类别和路径

共青团中央在《中国注册志愿者管理办法》中界定志愿服务类别有扶贫济困、助老助残、社区服务、生态建设、大型活动、抢险救灾、社会管理、文化建设、西部开发、海外服务等。2019年，全国大中专学生志愿者参加的暑期文化科技卫生"三下乡"社会实践活动很多是公益实践，志愿者深入农村、社区等基层一线的公益性岗位，开展服务群众的工作。2020年，在疫情防控常态化形势下，大学生"三下乡"社会实践工作继续开展，重点包含五个方面：助力疫情防控和复工复产；投身打赢脱贫攻坚战；参与乡村振兴战略实施；参加新时代文明实践志愿服务；开展返家乡社会实践。这些都是青年学生参与志愿服务的优选路径。大学生应积极参加社会实践和志愿服务，形成生命个体与现代社会新的融合，获得新的成长路径、进步渠道和展示舞台。

---

① 金正连.劳动教育与素质养成［M］.北京：中国人民大学出版社，2020：108－109.

第四章　劳动安全

在劳动过程中，安全与我们息息相关，每个人的心里都有安全价值观，它反映人在劳动过程中的自我防护意识、自我行为约束能力、观察预判能力和自我安全技能提升观念。因此，树立正确的劳动安全价值观，可以有效减少事故发生和人身伤害，降低经济财产损失，对自己负责，对社会负责，对国家负责。

第一节　劳动安全及责任

劳动安全，又称职业安全，是指劳动者享有的在职业劳动中人身安全获得保障、免受职业伤害的权利。广义的劳动安全包括人身安全和健康卫生两部分。

劳动安全的人身安全是指在生产劳动过程中，用人单位提供符合安全标准的工作条件和环境，防止中毒、车祸、触电、塌陷、爆炸、火灾、坠落和机械外伤等危及劳动者人身安全的事故发生。

劳动安全的健康卫生是指劳动者在劳动过程中获得安全、舒适、体面的工作环境，并且在生理和心理上得到全面、充分的尊重和保护，使身体和心理健康得到有效保障。劳动保护的基本内容为劳动安全保护和劳动卫生保护。

劳动安全保护是为了保护劳动者的劳动安全，防止和消除劳动者在劳动和生产过程中的伤亡事故，以及防止生产设备遭到破坏，我国的《劳动法》和其他相关法律、法规制定了劳动安全技术规程。我国现行的安全技术规程的主要内容有：建筑物和通道的安全；机器设备的安全；电器设备的安全；动力锅炉和气瓶的安全；建筑工程的安全；矿山安全。企业必须按照这些安全技术规程使各种生产设备达到安全标准，切实保护劳动者的劳动安全。除此之外，劳动者在参与劳动之前也要学习、了解并掌握一定的安全知识和常识，尤其是从事专业或危险性行业的劳动者，一定要接受专业培训，在熟练掌握规范的操作方法后方可上岗。在开展劳动生产的过程中，务必严格按照程序和要求开展劳动，以确保自身安全。

劳动卫生保护即通过鉴别、评定、控制和消除生产过程和劳动环境中的有害因素，使职工的劳动条件符合卫生要求，以保护劳动者的身体健康。主要包括：生产场所卫生；职业病防治和"三废"治理；工业设计卫生；职工多发病和慢性病防治；妇幼保健卫生等。为了保护劳动者在劳动生产过程中的身体健康，避免有毒、有害物质的危害，防止、消除职业中毒和职业病，我国制定了有关劳动卫生方面的法律、法规，如《劳动法》《环境保护法》《工厂安全卫生规程》《工业企业设计卫生标准》《工业企业噪声卫生标准》和《防暑降温措施管理办法》等。这些法律、法规都制定了相应的劳动卫生规程，企业必须按照这些劳动卫生规程达到劳动卫生标准，切实保护劳动者的身体健康。

安全意识是安全价值观的基础，安全能力是安全价值观的保障，安全行为是安全价值观的体现。安全意识通常体现在人的自我安全防护方面，安全意识的强弱取决于人们自身责任心的强弱、安全教育程度、安全知识、劳动经验积累等，经历过事故的人往往具有较高的安全意识。

行为是意识的外在表现，个人有什么样的安全意识，就会产生什么样的安全行为。在劳动过程中，可以表现为从业人员对生产安全权利和义务的执行情况，如安全生产的知情权、检举权、拒绝违章指挥和强令冒险作业、紧急情况下停止作业和紧急撤离、遵章守纪、正确佩戴和使用劳动防护用品、接受安全知识教育等。

安全能力是预判事故风险、预防事故发生和正确应对事故的能力。实践证明，安全能力直接关系到劳动者的安全状况。提高安全能力的有效途径是接受安全培训和教育，特殊工种如电工，一定要通过技能培训合格取得操作证方能上岗作业。职场安全无小事，需要每个人都增强职场安全意识，在作业场所能够正确辨识职业危害因素，做到自我管理、自我保护，防止职业病侵害，提高避灾自救能力。

劳动过程中出现安全事故均须依法负责。在劳动过程中，不管是企业、企业负责人、管理人员还是从业人员，都有相应的安全职责和义务，一旦违反了法定义务或契约义务，或不当行使法律权力，发生了事故，造成不良后果，就需要各自承担相应责任。《中华人民共和国安全生产法》《中华人民共和国劳动法》《民法通则》《中华人民共和国行政处罚法》《中华人民共和国刑法》等均有与劳动安全相关的法律责任界定。劳动安全法律责任分为民事责任、行政责任、刑事责任。

民事责任是民事主体违反民事法律规范所应当承担的法律责任。行政责任是个人或者单位违反行政管理方面的法律规定所应当承担的法律责任，包括行政处罚和行政处分。根据《中华人民共和国行政处罚法》的规定，行政处罚的种类包括：警告；罚款；没收违法所得、没收非法财物；责令停产、停业；暂扣或吊许可证、暂扣或吊销营业执照；行政拘留；法律、行政法规规定的其他行政处罚。行政处分的种类有：警告；记过；记大过；降职；留用察看；开除等。刑事责任是违反刑事法律规定的个人或者单位所应当承担的法律责任，与劳动安全相关的刑事责任有：重大责任事故罪；强、组织他人令违章冒险作业罪；重大劳动安全事故罪；不报、谎报安全事故罪；危险物品肇事罪；工程重大安全事故罪；消防责任事故罪；教育设施重大安全事故罪等。

劳动安全是一个恒久的课题，它与每位劳动者、每个家庭、每家企事业单位。乃至整个国家和社会都紧密联系着，劳动安全具有举足轻重的意义。

一、劳动安全对大学生的重要性

大学生是社会劳动生产中的重要组成部分，是社会主义事业的建设者和接班人，普遍受到过良好的高等教育，肩负着振兴中华的光荣使命，是国家的未来和希望，确保大学生劳动安全是一项非常重要的工作。当代大学生长期生活在相对单纯的校园环境中，对劳动安全的重要性体会不深、工作经验不够，劳动安全意识不强。劳动安全对大学生的身心健康、个人成长和事业发展有着决定性的作用。忽视劳动安全的重要性，必然会导致劳动安全事故和职业病害的发生。一旦发生劳动安全伤亡事故必将产生一系列的问题，给大学生造成不可逆转的身心痛苦，给其家庭带来沉重的经济困难和生活负担，给企业造成财产损失，给社会造成不良影响。所以，全社会必须高度重视大学生劳动安全。

二、劳动安全对企业的重要性

大学生参与劳动的过程中一旦发生劳动安全事故，不仅大学生本身遭受影响，同时对其他劳动者也会带来不可避免的伤害。一方面会给企事业单位造成直接的经济损失甚至其他人员伤亡；另一方面，这些劳动安全事故还需要花费非常大的人力、物力、财力和时间、精力去处理，并需要很长的时间来消除劳动安全事故给企业和所在学校带来的负面影响，尤其是群体性劳动安全事故，带来的影响更大。劳动安全是企事业单位提高经济效益的基础和保障，大学生劳动安全对企业的经济效益和高校的办学效益都有着密切的关系。没有劳动安全就没有效益，要以安全保效益。必须坚持"安全第一"的原则，以效益促安全，不能顾此失彼，也不能厚此薄彼。如果效益的短暂提升导致劳动安全方面出了问题，经济发展也会大受影响；如果只抓安全，不注重效益提高，在劳动安全方

面的投入便无法保证，安全自然也无从谈起。只有平衡好两者之间的关系，一手抓安全，一手抓生产，才能取得良好的经济效益和社会效益。

三、劳动安全对国家和社会的重要性

劳动安全是我们党和国家在生产建设中长期坚持的一项重要政策措施，是建设社会主义文明的主要内容和基本要素。保护大学生在劳动过程中的安全、健康，是关系到保护大学生切身利益的大事。伤亡事故和职业病害，不仅让大学生本人身心受到伤害，给其家庭带来不幸，也会对国家经济发展和社会长治久安带来不良影响和阻碍，给社会大众心理造成阴影。劳动安全事故一旦发生，后果不堪设想。如果处理不当，就会激化社会矛盾，影响国家的稳定和安全。因此，做好劳动安全是保障国家稳定和社会安定，促进经济发展的一件涉及面很广的大事。

第二节 劳动风险及防范

风险无处不在，上班路途中过往的车辆，工作过程中运转的机械昏暗的工作环境，湿滑的地面，意外停电和送电等，这些都有可能造成不可挽回的人身伤害。劳动过程中存在的这些劳动风险可以分为人的不安全行为、物的不安全状态、环境状态不良、管理机构制度缺陷等方面。[1]

人的不安全行为是指人由于心理或生理因素导致行为、操作等不符合企业规章制度或安全操作规程的要求，可能导致未遂事件或事故的发生。如违章作业，违反相关规定和制度，不正确佩戴安全防护用品，擅离岗位等行为。

物的不安全状态指劳动过程中由物理性、化学性或生物性造成的设备、设施、工具或物品的缺陷，如防护设施破损缺失，带电线路破损裸露，飞溅物或坠落物，高温物质或有毒易爆物质等。

环境状态不良指劳动过程中劳动环境由于空间、湿度、光线、气候条件等不利于作业，有可能造成意外发生。如劳动场所狭小杂乱，空气流通不畅，光线不足，地面湿滑，大风或雨雪天气等引起温度、气压异常。

管理机构制度缺失是指劳动过程中安全组织机构不健全、安全制度不完善、安全责任制未落实等。如劳动过程中未制定安全操作规程，未对员工进行安全知识培训，未按规定发放和及时使用劳动防护用品等。

劳动安全隐患和风险时时刻刻存在劳动过程中，要时刻牢记严格的防范要求，根据事故因果连锁理论及实践经验总结，要想避免劳动事故的发生，有效保护人身财产安全，首先着重从人的不安全行为和物的不安全状态着手进行严格管理。人的不安全行为是引发事故的主要原因，这就要求我们在劳动过程中做到"四不伤害"，即"不伤害自己""不伤害他人""不被他人伤害"和"保护他人不受伤害"。同时要加大投入，确保劳动过程中及时消除物的不安全状态和环境状态的不良情况，特别是必须建立健全劳动安全管理机构制度，并严格执行到位。

劳动安全问题是每一位劳动者在劳动过程中都应该重视的问题，它不仅关系到劳动者的生命安全，也关系到成千上万个家庭的安稳、幸福，甚至关系到社会经济的平稳、健康发展。为在劳动过程中保障自身和他人安全，大学生应当严格遵守劳动纪律，自觉强化安全意识，时刻关注自己的健康状况，努力提高安全防范能力。

一、遵守劳动纪律

《中华人民共和国宪法》第五十三条规定："中华人民共和国公民必须遵守宪法和法律，保守国

---

[1] 教育部职业技术教育中心研究所. 劳动教育读本［M］. 北京：高等教育出版社，2021：85.

家秘密，爱护公共财产，遵守劳动纪律，遵守公共秩序，尊重社会公德。"可以说，遵守劳动纪律是劳动者的义务，也是劳动者保障自身安全的重要途径。而守纪律，具体而言，劳动者在劳动过程中应当严格遵守用人单位的安全生产规章制度和操作规程，服从管理与调配，自觉接受安全监督；主动接受安全生产教育和培训，掌握本职工作所需的安全生产知识，提高安全生产技能；认真完成劳动任务并履行岗位职责，努力培养职业道德。

二、强化安全意识

新时代的大学生不仅要参加实习实训、假期兼职、志愿服务等各类实践活动，还要在不久的将来步入职场，成为建设富强国家的骨干力量。因此，大学生有必要强化安全意识，以此尽最大努力规避劳动风险，避免劳动安全事故发生。

（一）弥补安全知识的不足

强化安全意识要求劳动者努力弥补自身安全知识的不足，如充分了解安全色和安全标志等，并通过积极参加各项消防安全演练活动、劳动安全教育活动或培训等，掌握必备的安全技能，全方位提升自己的安全素质和自保能力。

1. 了解安全色

根据我国国家标准《安全色（GB2893－2008）》，安全色是指传递各种安全信息含义的颜色，包括红、黄、蓝、绿4种颜色，为使其更加醒目，常常使用其各自的对比色作为反衬色。安全色有利于提醒人们及时识别危险并采取相应措施，以防安全事故发生。

安全色	对比色	作用	适用范围
红色	白色	传递禁止、停止、危险或提示消防设施、设备的信息	各种禁止标志，交通禁令标志，消防设备标志，机械的停止按钮、刹车及停车装置的操纵手柄，机械设备转动部件的裸露部位，仪表刻度盘上极限位置的刻度，各种危险信号旗，等等
黄色	黑色	传递注意、警告的信息	各种警告标志、道路交通标志和标线中警告标志、警告信号旗等
蓝色	白色	传递必须遵守规定的指令性信息	各种指令标志、道路交通标志和标线中指示标志等
绿色	白色	传递安全的提示性信息	各种提示标志，机器启动按钮，安全信号旗，急救站、疏散通道、避险处、应急避难场所，等等

2. 了解安全标志

安全标志是用以表达特定安全信息的标志，由图形符号、安全色、几何形状（边框）或文字构成，是劳动过程中最常见、最明显的安全提示信息，有利于劳动者规范作业、安全作业。根据我国国家标准《安全标志及其使用导则》，我国安全标志分为提示标志、指令标志、警告标志和禁止标志四大类型。

（二）做好安全防护

劳动者自觉做好安全防护主要指认真佩戴和使用劳动防护用品，这是保障劳动安全和自身健康的重要方法，也是劳动者具备安全意识的生动表现。劳动防护用品是指劳动者在生产过程中为免遭或者减轻人身伤害和职业危害所配备的防护装备，按照防护部位的不同，可以分为9类。

类型	作用	举例
头部防护用品	保护头部不受外来物体打击和物料喷溅等其他因素危害	防尘帽、防水帽、防寒帽、安全帽、防静电帽、防高温帽、防电磁辐射帽、防昆虫帽
呼吸器官防护用品	防止有害气体、粉尘、烟、雾等进入呼吸道，或直接向使用者供氧、清净空气，保证作业人员正常呼吸	防尘口罩、防毒口罩（面罩）
眼面部防护用品	防止烟雾，尘粒，金属火花，飞屑及热、电磁辐射，激光，化学物质伤害眼睛或面部	焊接护目镜和面罩、炉窑护目镜和面罩及防冲击眼护具
听觉器官防护用品	避免人耳受到噪声的过度刺激，减少听力损失，预防由噪声引起的不良影响	耳塞、耳罩和防噪声头盔
手部防护用品	保护手和手臂	防水手套、防毒手套、防高温手套、防酸碱手套、防振手套、防切割手套、绝缘手套
足部防护用品	防止生产过程中有害物质和能量损伤劳动者足部	防尘鞋、防水鞋、防静电鞋、防酸碱鞋、防油鞋、防刺穿鞋、电绝缘鞋、防振鞋
躯干防护用品	防止身体受到外来物体打击和其他因素危害	防水服、防砸背心、防毒服、阻燃服、防静电服、防高温服、防电磁辐射服、耐酸碱服、防油服、水上救生衣、防昆虫服、防风沙服
护肤用品	保护外露皮肤免受化学、物理等有害因素损害	防毒、防腐、防射线、防油漆护肤用品
防坠落用品	防止劳动者因从高处坠落而受到伤害	安全带、安全网、安全绳

（三）及时识别、消除安全隐患

强化安全意识要求劳动者牢固树立"安全第一，预防为主"的意识，及时识别、消除安全隐患。

1. 识别安全隐患

安全隐患是指在日常的生产过程或社会活动中，由于人的因素（如管理能力、制度执行情况、操作技能、心理状态、知识水平、生理作用等）、物的变化（如设备及电器老化、锈蚀，安全防护设施的拆除、移位和与施工进度不衔接等）及环境的影响（如污染、风蚀、暴晒等），而产生各种各样的会打扰和影响生产过程或社会活动正常进行的问题、缺陷、故障、苗头等不安全因素。

在生活和工作中，识别安全隐患的方法多种多样，这里简单介绍其中两种。

（1）直观经验法。劳动者可根据积累的经验和仔细的观察，找到现场不符合法律、法规、标准、制度、规程的问题，并判断这些问题可能导致的后果。为弥补个人判断的不足，劳动者可以集思广益，更加细致、具体地辨识安全隐患。

（2）对照分析法。劳动者可对照安全操作规程、安全检查表、各项标准和制度，仔细检查设备、设施、劳动环境等，查找出不安全因素。

2. 消除安全隐患

劳动者在发现安全隐患后，应及时进行消除或上报，以确保劳动安全。劳动者要积极参加危险预知训练、开展危险预知活动，以进一步提高识别、消除安全隐患的能力，协助全面消除已存在的

安全隐患，保障自身和他人安全。

需特别指出的是，所有劳动者都应消除或及时上报安全隐患，否则有可能触犯法律的红线。此外，为进一步加强安全生产工作的社会监督，我国还制定了奖励举报重大事故隐患和安全生产违法行为的相关办法。①

第三节　劳动安全应急处置

劳动安全事故是指劳动单位在生产经营活动（包括与生产经营有关的活动）中突然发生的，伤害人身安全和健康，或者损坏设备设施，或者造成经济损失的，导致原生产经营活动（包括与生产经营活动有关的活动）暂时中止或永远终止的意外事件。劳动过程中常见的事故有触电事故、物体撞击、机械伤害、火灾事故、中毒和窒息事故。根据《生产安全事故报告和调查处理条例》，事故发生后，事故现场有关人员应当立即向本单位负责人报告；本单位负责人接到报告后，应当于1小时内向事故发生地县级以上人民政府安全生产监督管理部门和负有安全生产监督管理职责的有关部门报告。情况紧急时，事故现场有关人员可以直接向事故发生地县级以上人民政府安全生产监督管理部门和负有安全生产监督管理职责的有关部门报告。从业人员应积极参加劳动单位组织的应急培训和应急预案演练，熟练掌握火灾、触电、中毒和窒息、自然灾害等多发事故的应对方法，并能在事故发生时利用安全知识和能力有效实施劳动安全应急处置。

劳动安全应急处置主要涉及以下几个方面：

一、应急预案的制定和实施：在活动前，应进行实地勘查，明确活动路线、区域及负责人，并召开会议进行部署。保持镇静，维持秩序，迅速与相关负责人联系，确保所有参与人员的通讯设备处于开机状态，以便在紧急情况下及时沟通。

二、物资保障：各级人力资源社会保障部门应确保应急处置所需的物资筹措、储备和配置，包括交通工具、通讯器材、照相摄影器材、安全保护设备等。这些物资应由专人保管和使用，以确保在应急情况下能够迅速投入使用。

三、资金保障：将劳动关系应急管理和突发性事件处置及疏散、安置参与人员所需经费纳入各级财政预算，确保有足够的资金支持应急工作的开展。

四、人员保障：各级人力资源社会保障部门应根据实际需要组建应急队伍，市人力资源社会保障部门应急队伍不少于10人，县区人力资源社会保障部门应急队伍不少于5人。这些人员应接受相关的培训和演练，以提高应对突发事件的能力。

五、信息保障：市、县区人力资源社会保障系统内部应明确并公布劳动关系应急管理和突发性事件处置工作电话，通过多种工作方式及时收集和掌握劳动关系突发性事件信息，确保信息报送渠道的安全畅通。

六、宣传、培训和演练：加强对应急处置工作的宣传普及和部署工作，通过培训和演练提高人员的应急反应能力和实际操作技能。

通过上述措施，可以有效提高劳动安全应急处置的能力和效率，保障人员安全，减少事故损失。

---

① 李包庚　代玉启　刘勇，劳动创造美好未来—大学生劳动教育教程（慕课版）.北京·航空工业出版社，2023，188—190

第四节　劳动卫生

劳动卫生即职业卫生，是为了预防和保护劳动者免受工作场所中危险有害因素导致的健康影响和危害，而进行的对工作环境识别、评估、预测和控制的一门科学。

随着社会进步和科技发展，劳动者在职业活动中所受到的职业危害呈现出分布行业越来越广、接触人数越来越多、危害流动性越来越大、隐匿迟发性越来越强并不断持续扩大的特点。做好劳动卫生工作，可以有效保障劳动者身体健康、企业经济效益和社会稳定发展。

充分行使安全权利。在签订劳动合同时，劳动者有权获知工作过程中可能产生的职业危害及后果、防护措施和待遇。在劳动过程中，有权建议单位在醒目位置设置公告栏，公布本单位的职业卫生管理制度和操作规程，工作场所存在的职业病危害因素及岗位、健康危害、接触限值、应急救援措施，以及工作场所职业病危害因素检测结果、检测日期、检测机构名称等。

积极参与安全培训。劳动者上岗前10日内、转岗或离岗后6个月重新从事接触职业病危害因素的，应接受用人单位组织的不少于12学时的职业卫生培训，并经书面和实际操作考试合格后方可上岗作业。要按时接受健康检查。接受岗前、岗中，岗后健康检查，配合企业维护好劳动者个人职业健康监护档案。在岗期间的劳动者，应接受用人单位每年不少于8学时的职业卫生培训。接触有职业病危害因素的新技术、新设备、新工艺的劳动者，应在其接触前1个月，接受不少于4学时的职业卫生培训。①

严格遵守规章制度。遵守法律法规和企业各项规章制度，遵守岗位操作规程，正确佩戴、使用和维护个人防护用品，正确使用和维护职业卫生防护设备和设施，落实劳动卫生工作。

---

① 教育部职教中心研究所. 劳动教育读本［M］. 北京：高等教育出版社，2021：84－89.

第五章　培养品质

"富贵本无根，尽从勤里得。"劳动最光荣，劳动最崇高，劳动最伟大，劳动最美丽。热爱劳动、尊重劳动永远是中华民族的传统美德。弘扬劳动精神，培养劳动品质，教育引导学生崇尚劳动、尊重劳动，这是新时代对素质教育的重申，也是对青年要培养良好劳动品质的强调。引导青年大学生树立正确的劳动观，正确理解劳动安全、劳动敬业、劳动诚信、劳动勤俭和劳动创新，是满足人民日益增长的美好生活需要的客观要求，是实现人的自由全面发展的现实路径，是实现全面建成小康社会进而建成富强民主文明和谐美丽的社会主义现代化强国、实现中华民族伟大复兴的必然选择，是参与社会激烈竞争的必由之路。

第一节　劳动敬业

"人生在勤，勤则不匮"，意为民众的生计、生活在于敬业劳作，敬业劳作就不会物资匮乏。劳动敬业是创造幸福的不竭动力，劳动敬业是劳动诚信、劳动创新的基本前提，是每一个中华儿女应有的劳动态度和生命状态。敬业强调的是脚踏实地、奋发干事，回溯历史，任何一点进步、任何一次成功都是由人民的艰苦奋斗、敬业劳动创造出来的。越是美好的未来，越需要我们不畏艰辛，不辞辛苦。新时代面对各种新挑战，我们需要苦干笃行，愈挫愈奋。只有这样，我们的社会才能健康迅速地向前发展，我们的国家才能在激烈的竞争中立于不败之地，我们的民族才能永久屹立于世界民族之林。

一、劳动敬业的概念

古往今来，"敬业"二字始终是中华民族的传统美德和行为范式，对劳动的肯定和赞美是中华传统文化的重要内容。敬业劳动是中华民族自古以来的优良传统。从最初的大禹治水到如今的中国梦，中华民族历经五千年文明的发展历史，吃苦耐劳思想不断发展丰富。在古代，《周易》中指出："天行健，君子以自强不息。"战争年代，中国共产党正是依靠吃苦耐劳的坚强意志，用小米加步枪推翻了三座大山，建立了中华人民共和国。毛泽东非常重视对自身意志力的培养，他在狂风暴雨中游湘江，登岳麓山，他主张年轻人应到大风大浪中锻炼，磨炼自己的意志力。进入新时代，年轻人就要撸起袖子加油干，不负韶华，艰苦奋斗。这些都是在告诉每一位追逐梦想的年轻人，要想实现梦想，必须努力奋斗，只有具备了吃苦耐劳的精神，才能有更大的成绩。

"敬业"意为"对所从事的专业、工作全心全意"，包括两个层面的含义。首先，劳动敬业需认真，即好的意识；其次，劳动敬业需埋头苦干，即好的行动。在好的意识形态下手脑并用，即劳动敬业。劳动敬业具有四层精神内涵。一是"想干"的理想境界，牢记使命，不负青春，以更足的干劲、更实的作为，争做新时代的奋斗者；二是"敢干"的责任担当，以过人的胆识、顽强的毅力，撸起袖子加油干；三是"真干"的实践品质，以务实的作风、勤勉的姿态，切实推进社会主义现代化进程；四是"巧干"的本领能力，以灵活的智谋、卓越的才能，提高个人工作效率，在新时代干实事、干成事。幸福是奋斗出来的，随着中国特色社会主义的不断向前发展，在新的时代条件下，实现共同富裕和中华民族伟大复兴，离不开每个人投身劳动积极参与劳动。同时，只有每个人都敬业工作，才能体现人生价值，给自己带来物质和精神财富，推动整个社会向前发展。人人安居乐业的美好景象不再是海市蜃楼，勤劳致富也不仅仅是一句口号，只要我们肯努力、肯拼搏，就能拥有幸福的人生。

二、劳动敬业的意义

劳动是财富的源泉，更是幸福的源泉，一切幸福都要靠自己的劳动去创造。人们在敬业劳动中体现价值、展现风采、感受快乐，某种意义上可以说敬业劳动本身就是一种幸福。经过敬业劳动获得的成果是经得起时间考验的，只有真正付出过艰辛劳动的人才能体会什么是真正的幸福，从而心安理得地享受自己劳动创造的幸福。

（一）劳动敬业是社会基本物资的保障

我国是农业大国，拥有悠久的农耕文明，粮食安全永远都是国之根本、民之命脉。我国农业劳动者勤勤恳恳，随着科技的发展，各项高新技术也应用于农耕活动中。在2020年突如其来的新冠疫情中，除了防疫物资，粮食也成为各国争相采购的主要物资之一。对此，2020年4月4日，农业农村部发展规划司在国务院联防联控机制新闻发布会上发言："百姓米面无忧，没有必要抢购囤积，粮食还是要吃新的好。"农业劳动者用自己的敬业劳动奉献社会。[①]

（二）劳动敬业是社会稳定发展的基础

从原始社会到当今的信息化社会，每一次社会形态的变革，其根本原因都在于生产力的发展，而生产力的发展是人们在敬业劳动中创造了大量社会财富的结果，从而推动社会变革，促进社会进步。如我国近十多年交通运输业的快速发展正是体现了劳动敬业这一品质的必要性。劳动敬业的科学家们通过长时间一次次实验，不断改进，发展了新型交通工具——城际动车组、一般动车组和高速动车组列车等，数以亿计的人民实现远程距离的快速运输，这是单靠飞机运输无法办到的，促进了人类社会的进步、提升了全体人民的幸福感、安全感和获得感。

三、劳动敬业的实现途径

随着社会经济的进步和社会文明的发展，敬业劳动的品质在当今社会中越来越凸显其时代价值。每一位大学生都是建设祖国美好明天的中流砥柱。劳动敬业不仅是素养问题，也关乎人生的成败，民族振兴和国家强盛。这既是时代对每一位大学生提出的客观要求，又是自身全面健康发展的切实需要，是当代大学生成才的必由之路和基本条件。

大学生要意识到劳动敬业的重要性，理解幸福生活的根源所在，提高自己的思想觉悟，认识自身的主体地位。通过学校教育、自我教育，增强劳动自觉性，主动参加各项劳动实践活动，养成劳动敬业的良好习惯。一方面，可积极参加体力劳动，如打扫校园，去福利院做义工等，不仅能强健体魄，还能培养自己吃苦耐劳、乐于助人的精神。通过体验劳动所获得的幸福感来促使自己形成劳动敬业的良好品质。另一方面，可积极参加与自身专业相关的活动，将理论学习与实践结合在一起，在实践过程中提高自身劳动技能，为将来工作奠定坚实基础。

（一）热爱劳动

热爱劳动是非常可贵的个性品质，是创造社会财富、社会发展进步的内生动力。宝剑锋从磨砺出，梅花香自苦寒来。只有热爱劳动，具有勤劳勇敢、艰苦奋斗、坚强意志、聪明才智的优良品质，才能更好地历练、成长与锻造；只有热爱劳动、艰苦奋斗，我们的民族、社会不断成长前进，

---

① 彭远威，张锋兴，李卫东．高职生劳动教育教程［M］．广西师范大学出版社，2020：129．

迈向更高的中华文明。当农民们脸上露出丰收的喜悦的时候，当工人们在生产竞赛中胜利完成生产任务的时候，当科学家取得新的重大科技突破的时候，当屠呦呦拿到诺贝尔奖的时候，当奥运会上运动员拿到金牌、中华人民共和国国旗一次次升起的时候，当我们在各自平凡的工作岗位上成绩突出、受到表彰时……所有这些辉煌的劳动成就让我们感到光荣而自豪，证实着我们平凡劳动中的伟大。

（二）终身劳动

有劳动就有希望，有希望就有追求，有追求就有理想，有理想就有梦想，有梦想就有未来。人类社会的历史就是一部人类劳动不断发展与创新的历史，劳动创新是社会发展的重要动力。千百年来，从穴居野外到高楼大厦，从木棍石斧到机器电钻，从结绳记事到计算机自控，不知道经历了多少亿万次的革新和创新；从蛮荒原始时代进化到文明社会，正是一代又一代中国人的终身劳动孕育了伟大的中国梦，是劳动让我们插上梦想的翅膀。伟大而光荣的劳动孕育着伟大而光荣的梦想。空谈误国，实干兴邦，在中华民族的圆梦征程上，作为青年大学生，在成长过程中，要树立热爱劳动、终身劳动的良好劳动品质，积极参加社会实践和劳动实践，将自己投身祖国建设的大潮中，需要我们肩负起青春的责任，需要我们每一个中华儿女为之不懈努力奋斗。

（三）勤奋劳动

敬业劳动的品质首先要求我们铭记人生在勤，勤则不匮。勤可立志。人生须立志，志当存高远。勤可补拙。顽强坚持的毅力，长期不懈的努力，才能取得一些成绩。否则，再好的天赋也会白白浪费。技校毕业的高凤林成为"发动机焊接第一人"，走在前面，树立了榜样。

只有勤奋，高远的志向才能立得住，存得远；只有勤奋，高远的志向才能逐步得以实现。勤可为功。自古以来，勤奋就是个人成长、社会进步的推进器。不论是古代的万里长城、四大发明，还是如今的高铁、航天工程，没有无数人的勤奋努力，都无法实现这样巨大的成就。勤可为功，小处看是个人的成功，大处看关乎一个国家、民族的未来。勤劳已成为实现"中国梦"的不竭动力，创造出灿烂辉煌的中华文明，续写着中华民族不朽的奇迹。

（四）劳动敬业光荣

劳动敬业是奋斗的底色，是创造价值的姿态，是世界存在的永恒主题。劳动敬业作为一种传统美德，在任何时代都不会过时。没有劳动敬业，一切社会物质财富和精神财富都无从谈起；没有劳动敬业，人类的生存与发展必然失去最基本的保障。没有劳动敬业，逸与乐就没有基础。只图安逸不事劳动，甚至厌恶、轻视、蔑视劳动，靠占有别人的劳动成果过寄生生活的人，是应该坚决反对的，应该受到全社会的谴责。社会犹如一部大机器，每一个劳动者的每一份工作作为这部大机器的一部分，都是必不可少的。不论是体力劳动还是脑力劳动，不论是简单劳动还是复杂劳动，都是光荣的，都应当得到全社会的认可和尊重。爱岗敬业、争创一流，艰苦奋斗、勇于创新，淡泊名利、甘于奉献的伟大劳动精神，永远是社会主义核心价值观和道德观的最重要的内容。①

第二节　劳动诚信

劳动诚信是指在各种法规、各项政策允许的范围内所从事的各种有益于社会发展的体力和脑力劳动。劳动诚信是劳动敬业的延伸和表现，也是劳动创新的前提。敬业、诚信都是社会主义核心价

---

① 教育部职教中心研究所. 劳动教育读本［M］. 北京：高等教育出版社，2021：93—96.

值观的基本内容。在中华民族的历史长河中，诚信文化根深叶茂、源远流长，成为我们民族振兴的宝贵精神资源。国以诚立心，人以诚立身。人世间的美好梦想，只有通过诚实劳动才能实现；生命里的一切辉煌，只有通过劳动诚信才能铸就。于个人而言，唯有劳动诚信，才能最好地保障和实现人的自由本质，创造体面劳动和全面发展的"资本"。于国家而言，劳动诚信是提升国力的基石和坚守国格的精神基因。劳动诚信，是指劳动者以积极、实干、诚信的态度为他人和社会提供产品、服务，劳动诚信又是指劳动者以主人翁的态度在不违背法律法规对待劳动的一种道德规范。

弘扬诚信文化、提倡劳动诚信，摒弃虚假之风，不仅要加强法治建设，严惩不法行为，还要重视培育诚信文化，从基层抓起。要使大学生认识诚信诚实的重要意义，懂得虚假欺诈的危害，做一个受人尊敬的诚实劳动者。

一、劳动诚信的概念

诚信的基本含义是指诚实无欺，讲求信用。诚实守信一直是中华民族引以为豪的品格。诚信是所有劳动者必备的基本品格。孔子曰："人而无信，不知其可也。"意思是，一个人如果不讲信用，就不知道他是否可以做成事。谁会与一个不讲信用的人打交道呢？一个诚实的劳动者，必定于己无愧、于人无损、于国有益。"诚者不自欺"，诚实的劳动者遵从本心，竭尽全力地做好自己的本职工作，自然问心无愧，从而赢得他人的尊重与爱戴。"言必信，行必果""以诚为本，以信为天"，人们讲求诚信、推崇诚信，诚信之风早已融入我们中华民族文化的血液，成为中华传统文化基因中不可或缺的要素。《礼记·祭统》中有"是故贤者之祭也，致其诚信与其忠敬"之说。在普遍意义上，"诚"即诚实诚恳，指人所具有真诚的内在道德品质；"信"即信用、信任，指人的内诚的外部显化。"诚"更多地指"内诚于心"，"信"则侧重于"外信于人"。"诚"与"信"共同构成了一个内外兼备、内涵丰富的词语。劳动诚信不但会创造基于生存目的的物质价值，还会创造基于奉献目的的精神价值，这对于国家和社会来说，都是有百益而无一害的。

劳动诚信是主流价值观的必然选择。我们常说劳动创造美，那是因为劳动本身就是美的。没有劳动，衣食住行皆为泡影；只有劳动，才能创造实实在在的价值。人类如此美好的一种行为和品质，在今天应得到更好的传承和弘扬，而不能被利益迷了眼，对劳动的内涵有所误读。好逸恶劳、好吃懒做自然不是我们所倡导的劳动观，而在劳动中投机取巧偷奸耍滑同样与我们的主流价值观相违背。我们崇尚劳动尊重劳动，更要正确地付出劳动、从事劳动。集体中如果有撒谎成性、弄虚作假之人，对自己的工作敷衍塞责，那就会成为集体中的短板，其工作就会成为别人的负担，往往会拖后腿，影响工作效率。劳动诚信，就能赢得他人的尊重，获得他人的帮助；诚信经营，才能获得客户的信赖，取得企业的成功。

诚信是做人必须具备的道德素质和品格，也是一名合格劳动者应该具备的基本品格。诚信不仅是一种品行，更是一种责任；不仅是一种道义，更是一种准则；不仅是一种声誉，更是一种资源。以诚为先、以诚为重、以诚为美，这才是劳动应有之品质。

二、劳动诚信的意义

社会倡导劳动诚信，是因为只有劳动诚信才能创造坚实的社会物质基础。社会物质基础是人类赖以生存的条件，只有自立自强，才能赢得他人尊重。新中国的成立以及改革开放创造了"中国奇迹"，这不可能是"天上掉馅饼"的事，而是我们在突破思想禁锢后，充分焕发劳动激情积极劳动的结果，是全社会奋发有为、辛勤耕耘的结果。从诸多对社会作出贡献的成功企业如华为、海尔等的角度出发，诚信经营确为企业发展的有力保障，是企业成功的必然条件。

社会倡导劳动诚信，是因为只有劳动诚信才能营造健康的社会氛围。劳动创造财富是众所周知的道理，但我们对其理解往是一般意义上的理解即从物质财富这层面去理解。其实，劳动创造的财富不仅仅是物质财富，更包含着宝贵的精神财富。对于一个社会而言，劳动诚信是社会转型和经济改革过程中规范社会关系的"润滑剂""稳定器"和"助推器",诚信是社会主义核心价值观的重要内容,必须倡导劳动诚信,通过劳动诚信创造美好生活是亿万人民的共同追求,有利于形成以劳动诚信为荣的社会氛围。对于一个国家而言,只有民众守信,制作出的产品优质精良,经得起考验,才能在国际社会中赢得尊重,在国际体系中享有话语权。国家的发展正是由无数个人和企业的发展成就的,个人和企业的诚信集中体现了国家的品牌,塑造了中国在国际上的形象。

社会倡导劳动诚信,必将从每一个人做起。诚信是做人的根本,是职场的通行证。在生活中,人们愿意和诚信的人打交道、交朋友。诚信的人看似暂时失去了某些利益,却赢得了信誉。秉持诚信可以形成一种巨大的品牌效应,让大学生在成功的路上行走得更远。

三、劳动诚信的实现途径

通过构建规范有序、公正合理、互利共赢、和谐稳定的劳动关系实现全社会的劳动诚信。《中共中央 国务院关于构建和谐劳动关系的意见》指出:"努力构建中国特色和谐劳动关系,是加强和创新社会管理、保障和改善民生的重要内容,是建设社会主义和谐社会的重要基础,是经济持续健康发展的重要保证,是增强党的执政基础、巩固党的执政地位的必然要求。"

具体做法:一是坚持以人为本,有效解决劳动者最关切、最需要的利益问题和最困难、最紧迫的现实问题。二是坚持共建共享,推动用工者和劳动者之间协商共事、互利共赢,使劳动成果公平地惠及所有劳动者,实现按劳分配、多劳多得、少劳少得。三是坚持改革创新,推动中国特色新型劳动关系的方法论创新,不断完善劳动政策,改善劳动环境。四是坚持依法构建,持续健全劳动保障的法律法规,履行法律义务,保障自身合法权益,加快落实信用体系联网,建立健全社会失信惩戒机制,最终实现全社会的劳动诚信。通过培育劳动者"爱岗敬业、诚实守信、办事公道、服务群众、奉献社会"的职业道德,实现个体的劳动诚信。忠于职守、爱岗敬业就是要干一行、爱一行、钻一行。在工厂车间,就要弘扬工匠精神精心打磨每一个零部件。在田间地头,就要辛勤耕耘施肥除草。

大学生在校学习期间,就应树立诚实守信的良好品质。一方面,大学生应对所从事劳动必备的知识、技能、技巧有正确认识,对自我劳动素质理性判断并做出合理的自我定位;另一方面,立足岗位踏实劳动,求真学问,练真本领。对于大学生而言,劳动诚信首先是合法劳动,大学生要遵纪守法,不投机取巧,不弄虚作假,不以权谋私,做到诚信立身,合法经营,勤劳致富。劳动诚信其次是合乎道德的劳动,大学生要崇尚劳动诚信意识,旗帜鲜明地反对一切不劳而获、贪图享乐、崇尚暴富的错误观念;要崇尚科学精神,实事求是,积极肯干,向劳动模范、道德模范、大国工匠学习;要崇尚互利互惠,主动与他人交流学习,合作共赢,着力营造和谐的新型劳动关系。积极弘扬劳动精神、劳模精神和诚信文化,依靠劳动诚信实现人生梦想。①

第一,大学生要通过社会实践实施劳动诚信教育。大学生的社会实践活动,指的是在校大学生走出校门,向社会学习,在实践中学习,了解国情民情。第二,大学生要通过勤工助学实施诚实劳动教育。在勤工俭学中,应坚持信誉至上、质量第一的原则,提倡智力型劳务型的勤工助学活动。第三,大学生要通过公益活动实施诚实劳动教育。可依托学校现有场地、设备和专业教师等基础资源,积极参加为周边社区居民提供专业技术等志愿服务,使劳动教育与爱心教育双管齐下最终实现大学生个体的诚实劳动。

---

① 刘英武,邓鲜艳.大学生劳动素养教育[M].长沙:湖南大学出版社,2020:11.

第三节　劳动勤俭

"劳动是幸福的左手，勤俭是幸福的右手。"劳动勤俭是中华民族传统美德，也是最原始的劳动精神，历来为人们所提倡。孔子在两千多年前就提倡"节俭持国"的思想。明末教育家朱柏庐在《朱子治家格言》中总结出"一粥一饭，当思来之不易；半丝半缕，恒念物力维艰"的警句。《古今药石·续自警篇》写道："民生在勤，勤则不匮。是勤可以免饥寒也。"意思是人们的生计在于勤劳，勤劳就不会缺乏衣裳与食物，勤劳能够让人免于饥饿与寒冷，因此勤劳节俭的劳动精神刻在了中国人民的基因中，经过几千年的农耕文明，发展保留至今。

勤俭也是当代社会的内在诉求，现代文明强调珍视有限资源，提倡崇俭抑奢的价值观。劳动勤俭是中国人最基本的道德规范之一，无论从国家、社会还是个人层面都应该是人们的精神追求。从个人、家庭到国家，劳动勤俭永远不会过时并且应当持之以恒。

一、劳动勤俭的概念

劳动勤俭包括努力工作和节约用度两个重要方面。劳动勤俭主要表现为努力创造物质和精神财富，同时艰苦朴素和勤俭节约，珍惜劳动成果。勤俭节约是中华民族在五千年的历史长河中凝聚而成的劳动精神，在新时代，勤俭节约的劳动精神对中华民族更加重要，它体现了中华民族在新时代的生活态度、精神风貌和民族品质。勤俭代表一种生活态度，一种价值观，一种忧患意识。

二、劳动勤俭的意义

劳动勤俭是社会主义公民基本道德规范之一，提倡勤俭的美德，对发展经济、开源节流以及提高全民族的道德水平有着重要的意义。随着科技的发展，物质生活水平的提高，一些人逐渐丢失了勤俭节约的优良传统。白天明亮的教室里非得开灯，房间开着空调还打开窗户、洗手间的水龙头"细水长流"，计算机永远处在待机状态。一些大学食堂成了浪费粮食的"天堂"，触目惊心。他们没有体会过劳动的艰辛，也很难真正理解劳动勤俭的内涵、珍视劳动成果的价值。厉行节约的"光盘行动"唤起了人们爱惜粮食、反对浪费的意识，弘扬了中华民族勤俭节约的优良传统，也培育了新的生活观、消费观。新时代一直提倡"厉行节约、反对浪费"的社会风尚。我们应该树立劳动光荣、浪费可耻的理念，要坚持勤俭办一切事业，坚决反对讲排场比阔气，坚决抵制享乐主义和奢靡之风。只有通过不懈的努力、艰苦的打拼，既勤劳又节俭，方能创造财富，享有财富。

三、劳动勤俭的实现途径

勤俭不是吝啬，勤俭是当用则用，当省则省；换句话说，就是省用得当。把钱用对用好，才是真正的勤俭。厉行节约、持之以恒，将有限的资源用于个人、家庭的成长和社会发展上，才能更好地促进个人、家庭和国家的长远发展。

（一）尊重他人劳动

劳动伟大而且神圣。劳动不分高低贵贱。工人做工是劳动，农民务农是劳动，教师教书育人也是劳动。广大劳动人民是用辛勤的双手和丰富的智慧，去创造美好的世界，辛勤劳作，艰苦奋斗，创造文明，创造自然，对人类、对整个世界，做出了无比巨大的贡献。任何一种劳动，都能创造财富，对人类都有贡献。有耕耘就有收获，有劳动就有成果。任何人的劳动果实都应该倍加珍惜。我们要不断地提高思想觉悟，加强道德修养，养成良好的节俭习惯，尊重别人的点滴劳动成果。因此，任何人的劳动理应受到称赞，任何人的劳动，也更应该受到尊重。

(二) 珍惜劳动成果

幸福是奋斗来的，每一个忙碌的身影都应该被感激，每一份劳动成果都应该被珍惜。我们都是劳动者，尊重劳动者，就是尊重我们自己。致敬劳动者，生活因劳动而幸福。从个人层面，养成良好的消费习惯，到国家层面，不断推进技术革新升级，都是尊重劳动者，珍惜劳动成果的重要举措。

珍惜劳动成果，从当下做起。童年养成劳动习惯，长大后更可能具有责任心，也更容易适应家庭生活和职场工作的需要，而不爱劳动的人恰恰相反。新颁布的《中华人民共和国未成年人保护法》中强调：学校、幼儿园应当开展勤俭节约、反对浪费、珍惜粮食、文明饮食等宣传教育活动，帮助未成年人树立浪费可耻、节约为荣的意识，养成文明健康、绿色环保的生活习惯。新时代大学生是建设社会主义现代化强国、实现民族复兴伟业的主力军。新时代大学生更要做珍惜劳动成果的主力军，做全社会的表率和示范。但因出生在物质生活比较丰富的时代，当代不少大学生勤俭劳动精神有所缺失。这就要求我们必须从现在做起，学会劳动、学会勤俭、学会感恩、学会助人，立志成长为德智体美劳全面发展的社会主义建设者和接班人。

(三) 养成良好的消费习惯

消费在我们的生活中无处不在，大学生离开了父母独立学习生活，尽快养成一个正确良好的消费习惯。平时要养成记账习惯，记账是建立良好消费习惯必要的一步，学会管理预算，还能对自己的可支配资产形成一个全面的了解，进而为工作之后的理财打下基础。时刻勿以钱少而不积，小钱虽然单个的作用不大，但是多笔累积，最后是一个庞大的概念。要建立正确的金钱观，不因价格低廉就随便购买，让每一分花出去的小钱都有其必要的价值。基于现在和未来细心确定当前合理的消费水平，学会消费的"三分法"，让消费和积累更加科学有效。养成良好的消费习惯，进行适度消费，不仅能够满足自己的日常消费需求，避免迷失在消费时代里，陷入盲目攀比、不理智消费的深渊，也是珍惜他人劳动成果的重要体现。

(四) 抵制奢靡浪费

节约是对劳动成果的尊重，劳动就必须以节约为本。有人说，在今天，人们的生活水平大大提高，消费理念也应日益更新。节约的道德观念陈旧了，节约的道德要求过时了。吃饭只吃几口就倒掉才显得有派，好好的衣服不想穿了随手扔掉才显得酷。在这种错误思想的影响下，勤俭节约时下几乎成了小农经济思想的代名词。有的人经常攀比，炫耀自己，说起名牌来如数家珍。奢侈被认为有派头，节约反被认为无能。享受生活、炫耀消费成为部分社会群体的时尚生活理念。大学生要坚决抵制奢靡浪费现象，粮食来之不易，平时的工作和生活中我们应该坚持"光盘行动"。千万不要随意浪费用电，平时在家里和在学校要尽量少开盏灯，离开以后就要及时关掉。在平时的学习生活中要学会量入为出，不要盲目攀比，要意识到奢靡浪费就是对别人劳动的不尊重，对社会的不负责任。①

第四节 劳动创新

创新对于一个国家和民族而言，有着十分重大的意义，它是国家发展和民族振兴的前提与保障。劳动不能蛮干，要实干和巧干，劳动应该积极响应"大众创业万众创新"。在知识经济叩响时

---

① 教育部职教中心研究所. 劳动教育读本 [M]. 北京: 高等教育出版社, 2021: 103-105.

代大门的新时代,劳动创新已成为主导的劳动形态,成为推动社会发展和国家稳步前行的原动力。唯有劳动创新才能提高效益,从而推动创新型国家的建设。

一、劳动创新的概念

劳动创新是理解未来社会发展的关键。所谓劳动创新,是指突破劳动惯例的思维方式、生产方式、组织方式,创造和运用全新的思维观念、科技知识、工艺设计方法进行的创造性劳动。是劳动者充分利用其劳动技能、科学知识,通过技术、知识、思维的创新,创造新的生产条件、方式、劳动成果和社会需求的劳动。它建立在开放性思维和挑战性实践的基础上,是一个不断探索创新的过程。

劳动创新即通过人的脑力劳动萌发出技术、知识、思维的革新,从而提升劳动效率、产生出超值社会财富或成果的劳动。近年来,创新理念对一个国家的重要性日益凸显。党的十八大报告再一次提出坚持走中国特色自主创新道路,加快建设国家创新体系的政策主张,把科技创新视为提高社会生产力和综合国力的战略支撑,将它摆在国家发展全局的核心位置。党的十九大报告更是从"创新是引领发展的第一动力,是建设现代化经济体系的战略支撑"的高度,清醒地认识到加快建设创新型国家的重要性和必要性。

以信息革命为代表的第三次工业革命,尤其是知识经济的兴起极大地促进了生产力的发展,也将劳动创新推上了历史的舞台。劳动创新不仅指技术上的创造,人基于自身劳动对外在环境向着有利于人类发展的方向做出的任何新的改变都属于劳动创新,如管理改革制度改革、商业模式改革和知识改革等。随着人的创造性潜力不断释放,劳动者之间的差别也会愈发明显。

二、劳动创新的意义

劳动创新,是新时代建设创新型国家的发展战略的需要,也是培养自由全面发展的人的内在要求。可以说,劳动创新的本质是进取创新,创新关乎国家前途命运、关乎人民福祉,体现了中国人民的伟大创造精神。

劳动创新是在劳动敬业,劳动诚信、劳动勤俭的基础上进行改革、发展,例如没有创新创造,我们可能和原始祖先一样还住在自然的山洞里,衣不蔽体,食不果腹。从中国古代四大发明到现代"新四大发明",再到5G等技术的领先,中国人民的劳动创新正绽放出前所未有的光彩。生活从不照顾因循守旧,满足现状者,从不等待不思进取,坐享其成者,而是将更多机遇留给善于和勇于创新的人们。

三、劳动创新的实现途径

劳动创新不仅需要辛勤、诚实,更需要创新,即通过技术、知识、思维革新,更好地实现自主劳动,提升劳动效率,创造更多财富。每一个劳动者都应将为社会服务当成自己应尽的职责,毫无保留地为社会发展贡献自己的力量。在劳动中发扬"首创精神",乐于学习,善于吸收,在前人的基础上推陈出新,掌握最前沿的科学技术,使用最先进的科技装备。

大学生是社会上最富活力、最具创造性的群体,理应走在创新创业前列。创新精神和创业意识是当前大学生必须具备的重要的个人素质,大学生具备实现自我价值的强烈的创新创业意识,更能促进他们通过劳动实现人生价值,激发和提升其劳动创造力和创新创业能力。要想完成劳动创新,大学生首先必须以自身的专业知识技能为基础、以科学知识为依托,同时在这个基础上找准专业优势和社会发展的结合点,找准先进知识和我国实际的结合点,促使劳动创新创造落地生根、开花结果。[①]

---

① 刘英武,邓鲜艳.大学生劳动素养教育[M].长沙:湖南大学出版社,2020:11.

大学生提高理论与实践协调发展。新时代的劳动教育与创新创业的融合发展为职业院校人才培养提供了重要的契机。劳动教育的内容具有实践性特点，而创新创业教育从根本上说是劳动实践。大学生要充分利用学科和专业优势，开展实习实训，深入高新企业体验现代科技条件下的劳动实践新形态和新方式，积累职业经验；投身社会实践，及时关注新兴技术动态，学习新知识、新方法、新工艺；参与社会新型服务性劳动，走进城乡社区、福利院，开展公益劳动，参与社区治理，提供专业服务等。大学生应通过多途径开展劳动实践，把握时代特征，了解劳动新形态，提升创新创业能力，提高创造性地解决实际问题的能力。

"大众创业万众创新"的理念提出后，创新创业就与每个大学生的学习生活息息相关。创新创业是基于某一点的创新进行的创业活动，主要包括：技术创新、服务创新、文化创新、品牌创新等，创新是创新创业的特质，创业是创新创业的目标。创新创业是面向全体学生，融合每个专业、每个课程所需要的必备技能的一门课程，提高学生的创新创业能力有助于提高学生适应社会的能力。随着新的数字化技术（信息通信技术、人工智能、机器人技术等）的应用，人们的生活、工作和学习方式被大大改变。大学生是我国创新创业发展的重要力量，为了适应将来工作中所需要的数字化技能，大学生更应加强数字化技能的学习，以提高自己将来所需要的技能组合。新时代的创新创业技能主要有两种：数字化技能和绿色技能。数字化技能是采用现代化数字、数据信息进行的创新创业技能。绿色技能是实现人与自然和谐发展、实现可持续发展的技能。在创新创业实践过程中，课内教学实践、课外活动实践、校外实习实践等多种形式，可以培养学生的创新精神、创业意识和创新创业能力，增强学生掌握数字化技能意识、绿色发展理念与技能意识，提升其劳动创新能力。

第六章 劳动实践

第一节 垃圾分类

一、垃圾分类的含义

"垃圾"在《辞海》中被解释为废弃无用或破烂之物,多用来比喻失去价值的事物。随着经济与社会的发展,垃圾所产生的类型也不断增多,包括生活垃圾、医用垃圾、建筑垃圾、工业垃圾等。垃圾分类是当今垃圾管理的重要组成部分,对实现垃圾的资源化利用、促进社会可持续发展具有重要意义。垃圾分类,一般是指按一定规定或标准将垃圾分类储存、分类投放和分类搬运,从而转变成公共资源的一系列活动的总称。实施垃圾分类的主要目的是促进资源的回收利用,实现生活垃圾的产业化、资源化、减量化和无害化,有效改善城市环境。

"垃圾分类"这一概念在中国最早提出于1957年7月12日,《北京日报》发表《垃圾要分类收集》,民众首次了解到垃圾分类的概念,从官方角度呼吁垃圾分类的行为。

一系列政策法规的出台,对垃圾分类提出管理要求和目标。2016年,中央财经委员会第十四次会议提出要普遍推行垃圾分类制度,要加快建立分类投放、分类收集、分类运输、分类处理的垃圾处理系统,形成以法治为基础、政府推动、全民参与、城乡统筹、因地制宜的垃圾分类制度,努力提高垃圾分类制度覆盖范围。这是第一次出台政策制度将垃圾分类规范起来。2019年11月15日,住房和城乡建设部发布了《生活垃圾分类标志》新版标准,将生活垃圾从之前的六大类别统一调整为厨余垃圾、可回收物、其他垃圾、有害垃圾四类,同年12月1日起正式实施,为更好地推进生活垃圾分类治理工作保驾护航。

根据生活垃圾分类的含义来看,可分为广义和狭义两个层次。从广义的角度来看,生活垃圾分类是指按照生活垃圾的不同成分、属性、回收价值以及对环境的影响,将生活垃圾分类收集、分类投放、分类运输以及分类处理的整个一系列过程。从狭义的角度来看,生活垃圾分类仅仅指居民和单位根据规定的垃圾分类标准进行分类收集与投放的行为。

生活垃圾是在日常生活中或为其提供服务的活动中产生的固体废物及法律和行政法规规定视为生活垃圾的固体废物。生活垃圾的来源十分广泛,主要包括居民住宅区垃圾、街道清扫垃圾以及商业网点垃圾等。生活垃圾与居民的生活息息相关,占垃圾总量的比例较大。

(一)城市生活垃圾

《中华人民共和国固体废物污染环境防治法》中有关于"城市生活垃圾"的定义,即城市生活垃圾包括"一是城市内生活的居民,在生活、工作中产生的垃圾,如残羹剩饭、菜叶、粪便、废纸、废塑料、破旧家具、废弃家电、瓶瓶罐罐等;二是为人们日常生活提供服务的餐饮业、宾馆、招待所、车站、码头、医院、商店等在提供社会服务时产生的各类固体废物;三是除上述生活垃圾外,法律法规规定作为城市生活垃圾管理的固体废物,如建筑施工过程中产生的渣土、拆除或破损的砖瓦、废木料等建筑垃圾。"一般来说,生活垃圾指的是在城市居民的日常生活中,为了满足城市居民的日常生活所需以及以城市生活提供服务为目的，从天然自然转化成人工合成品的过程中，生产出的既不能在生活实践中使用，也不能够被自行消纳的合成品。

（二）农村生活垃圾

农村生活垃圾，是在农村日常生活中及有利于日常生活的各种便利服务活动中产生的废物，另外也包括各种法律法规所规定的固体废物。农村生活垃圾可分为易腐垃圾、可回收物、有害垃圾和其他垃圾。在传统农业生产生活方式下，农村生活垃圾通常是指有机物，如厨余垃圾、植物残体之类，也有少部分如煤渣、建筑垃圾之类的无机物垃圾，这与城市生活垃圾的构成有着较大的差异。

二、垃圾分类的价值

垃圾分类是指根据垃圾中废弃物的种类、性质等分别进行收集的行为，分类的目的是方便后续的处置环节并回收一部分可再生资源。一方面，通过分类可以将不同品种的垃圾分开处置，降低各终端垃圾处置量，还可降低垃圾对终端处置设备工艺的要求，对设备的损害更少，可以大大减轻后端处置的技术压力、成本压力及产能压力；另一方面，垃圾中含有15%～30%的可再生利用资源，这些资源如果直接随着混合垃圾进入填埋或者焚烧节，无疑是一种巨大的浪费，而通过合理的分出，如塑料、纸张、金属、织物、电子电器都具有很好的回收利用价值，同时能够产生很大的经济价值。

（一）减少环境污染，节省土地资源

我国现有的垃圾处理方式包括填埋和焚烧。对垃圾进行填埋处理，即使是在远离生活的场所并采用相应的隔离技术，也难以杜绝有害物质渗透。这些有害物质会随着地球的循环而进入整个生态圈。污染水源和土地，通过植物或动物，最终影响人们的身体健康。另外，垃圾焚烧也会产生大量危害人体健康的有毒气体和灰尘。

填埋和堆放等垃圾处理方式占用土地资源，且垃圾填埋场属于不可恢复场所，即填埋场不能够重新作为生活小区使用。此外，生活垃圾中有些物质不易降解，填埋后将使土地受到严重侵蚀。据统计，垃圾分类可以使人均生活垃圾产生量减少三分之二。通过垃圾分类，有很大部分垃圾是不需要填埋，也不需要焚烧的。大量减少垃圾的填埋和焚烧，从而减少环境污染和节省土地资源。

（二）促进资源的循环利用

垃圾的产生源于人们没有利用好资源，将自己不用的资源当成垃圾抛弃，这种废弃资源的行为对整个生态系统造成的损失是不可估计的。通过垃圾分类，回收可利用的垃圾，就可以将垃圾变废为宝，促进资源的循环利用。

此外，垃圾分类有利于改善垃圾品质，使焚烧（或填埋）得以更好地无害化处理，可以提高无害化处理效果。例如，分类焚烧可起到减量（减少垃圾处理量）、减排（减少污染排放量）、提质（改善燃烧工况）、提效（提高发电效率）等作用。

（三）增强民众的环保意识

垃圾分类是处理垃圾公害的最优解决方法和最佳出路。垃圾分类能够让公民学会节约资源、利用资源，养成良好的生活习惯，提高个人的素养。一个人如果能够养成良好的垃圾分类习惯，那么他就会关注环境保护问题，环保意识逐步提高，在生活中注意资源的珍贵性，养成节约资源的良好习惯。[1]

---

[1] 卢璐，刘杨林钟磊. 大学生劳动教育教程［M］. 北京：航空工业出版社，2020：91.

三、垃圾分类的政策

新中国成立以后,国家就一直高度重视环境治理整改,注重生活环境建设和垃圾分类处理。全国很多城市,根据政策法规,制定了相应的垃圾分类形式和标准。

(一) 北京

从 2020 年 5 月 1 日开始,北京市正式实施新修订的《北京市生活垃圾管理条例》。(以下简称《条例》)。为做好《条例》的落地实施,北京市城管执法局进一步建立健全生活垃圾分类日常执法检查机制,在 2020 年 5 月 1 日至 7 月 31 日期间,有计划有步骤地集中开展为期 3 个月的生活垃圾分类强化执法专项行动。根据《条例》规定,对于单位责任主体不按规定分类投放生活垃圾,城管执法部门将责令立即改正,处 1000 元罚款;再次违反规定的,处 1 万元以上 5 万元以下罚款。未落实分类管理责任的,责令立即改正,并处罚款。个人未按规定分类投放生活垃圾,由生活垃圾分类管理责任人进行劝阻;对拒不听从劝阻的,生活垃圾分类管理责任人应当向城市管理综合执法部门报告,由城市管理综合执法部门给予书面警告;再次违反规定的,处 50 元以上 200 元以下罚款。对于应当受到处罚的个人,自愿参加生活垃圾分类等社区服务活动的,不予行政处罚。

(二) 上海

2019 年,《上海市生活垃圾管理条例》正式实施,根据规定,个人或单位未按规定分类投放垃圾都将面临处罚。该条例中的措施,不仅实现管理区域、管理对象全覆盖,同时还加大了惩处力度,因此也被外界称为"史上最严垃圾分类措施"。

(三) 广州

2019 年,广州市城市管理和综合执法局对外发布了《广州市居民家庭生活垃圾分类投放指南》(2019 年版),细致列举了可回收物、餐厨垃圾、有害垃圾、其他垃圾四大类 100 多种细目。对不同生活垃圾种类类别、投放注意事项、容易混淆的生活垃圾进行了较细致的列举。2020 年,《广州市生活垃圾源头减量和分类奖励暂行办法》已正式印发,于 2020 年 7 月 1 日起施行,有效期为 3 年。在此期间,广州市在生活垃圾源头减量和分类工作中成绩突出,具有较强示范引领作用的单位、家庭和个人将获得通报表扬、奖金等奖励。①

四、垃圾分类的标准

(一) 可回收物

可回收物指适宜回收可循环利用的生活废弃物,主要包括废纸、塑料、玻璃、金属和布料五大类。

1. 废纸。主要包括报纸、期刊、图书、各种包装纸等。但是,要注意纸巾和卫生间用纸由于水溶性太强不可回收。

2. 塑料。各种塑料袋、塑料泡沫、塑料包装、一次性塑料餐盒餐具、硬塑料、塑料牙刷、塑料杯子、矿泉水瓶等。

3. 玻璃。主要包括各种玻璃瓶、碎玻璃片、镜子、暖瓶内胆等。

4. 金属物。主要包括易拉罐、罐头盒等。

5. 布料。主要包括废弃衣服、桌布、洗脸巾、书包、鞋等。

这些垃圾通过综合处理或回收利用,可以减少污染节省资源。如每回收 1 吨废纸可造好纸 0.85 吨,节省木材 0.3 吨,比等量生产减少污染 74%;每回收 1 吨塑料瓶可获得 0.7 吨二级原料;每回

---

① 聂峰,易志军.新时代劳动教育教程[M].北京:电子工业出版社,2020:116-117.

收1吨废钢铁可炼好钢0.9吨，比用矿石冶炼节约成本47%，减少空气污染75%，减少97%的水污染和固体废物。

（二）厨余垃圾

厨余垃圾指食材废料、过期食品、瓜皮果核、花卉绿植、中药药渣等易腐的生活废弃物。包括剩菜剩饭、骨头、菜根菜叶、果皮等食品类废物，经生物技术就地处理堆肥，每吨可生产0.6~0.7吨有机肥料。家里用剩的废弃食用油，也归类在厨余垃圾。

1. 果壳瓜皮。在垃圾分类中，"果壳瓜皮"的标识就是花生壳，属于厨余垃圾。玉米核、坚果壳、果核、鸡骨等是厨余垃圾。

2. 残枝落叶。属于厨余垃圾，包括家里开败的鲜花等。

（三）其他垃圾

其他垃圾指除可回收物、有害垃圾、厨余垃圾外的其他生活垃圾，即现环卫体系主要收集和处理的垃圾。主要包括砖瓦瓷、渣土、卫生间废纸、纸巾等难以回收的废弃物及尘土、食品袋（盒）。采取卫生填埋可有效减少对地下水、地表水、土壤及空气的污染。

1. 大棒骨。因为其"难腐蚀"被列入其他垃圾。

2. 卫生间废纸。厕纸、卫生纸遇水即溶，不算可回收的"纸张"，类似的还有烟盒等。

3. 厨余垃圾装袋。常用的塑料袋，即使可以降解的也远比厨余垃圾更难腐蚀。此外塑料袋本身是可回收垃圾。正确做法应该是，将厨余垃圾倒入垃圾桶，塑料袋另扔进可回收垃圾桶。

4. 尘土。在垃圾分类中，尘土属于其他垃圾。

（四）有害垃圾

有害垃圾指含有对人体健康有害的重金属、有毒的物质或者对环境造成现实危害或者潜在危害的废弃物，包括电池、荧光灯管、灯泡、水银温度计、油漆桶、部分家电、过期药品、过期化妆品等。这些垃圾必须单独收集、运输、贮存，由环保部门认可的专业机构进行特殊安全处理。[1]

五、垃圾分类的操作

（一）分类原则

进行垃圾分类，关键要掌握分类原则：可回收物记材质，玻、金、塑、纸、衣；有害垃圾非常少，主要是废电池、废灯管、废药品、废油漆及其容器；厨余垃圾看是不是很容易腐烂，是不是容易粉碎；剩余的就都是其他垃圾了。当发现有混淆模糊、不能准确判断类别的垃圾时，也可以把它归为其他垃圾。

（二）投放要求

1. 可回收物

可回收物投放要求如下：

（1）应尽量保持清洁干燥，避免污染。

（2）立体包装物应清空内容物，清洁后压扁投放。

（3）易破损或有尖锐边角的，应包裹后投放。

2. 有害垃圾

有害垃圾投放要求如下：

---

[1] 聂峰，易志军. 新时代劳动教育教程［M］. 北京：电子工业出版社，2020：113−114.

(1) 投放时应注意轻放。
(2) 易破碎的及废弃药品应连带包装或包裹后投放。
(3) 压力罐装容器应排空内容物后投放。

另外，在公共场所产生有害垃圾且未发现对应收集容器时，应携带至有害垃圾投放点妥善投放。

3. 厨余垃圾

厨余垃圾投放要求如下：
(1) 厨余垃圾应从产生时就与其他品种垃圾分开收集。
(2) 投放前尽量沥干水分，有外包装的应去除外包装投放。

另外，在公共场所产生厨余垃圾且未发现对应收集容器时，应携带至厨余垃圾投放点妥善投放。

4. 其他垃圾

其他垃圾投放要求：投入其他垃圾收集容器，并保持周边环境整洁。

5. 大件垃圾

大件垃圾，如沙发、床垫、床、桌子等，可以预约可回收物回收经营者或者大件垃圾收集运输单位上门回收，或者投放至管理责任人指定的场所。

大型电器电子产品也属于大件垃圾，如空调、电冰箱、洗衣机、电视机等，处理此类垃圾时可联系规范的电子废弃物回收企业预约回收，或按大件垃圾管理要求投放。

需要注意的是，小型电器电子产品包括微电脑、手机、电饭煲等，可按照可回收物的投放要求进行投放。

6. 装修垃圾

装修垃圾，如碎马桶、碎石块、碎砖块、废砂浆及弃料等。装修垃圾和生活垃圾应分别收集，并将装修垃圾装袋后投放到指定的场所。[1]

六、大学校园垃圾分类

大学校园人口密度很大，师生都是集中居住的校内教师公寓和学生宿舍，校园每日产生的垃圾数量巨大，如何处理这些垃圾成为学校及全体师生亟待解决的大问题。

（一）大学校园垃圾分类的意义

源头上避免校园环境污染。大学有不少实验实训涉及有毒有害物质，大学校园垃圾中常常存在大量有害有毒的物品，及时将垃圾分类回收利用后，有条件的可以根据垃圾的种类采取相应处理措施。垃圾分类处理后，可以提高无害化处理效果，成功避免垃圾混合导致的交叉污染，避免滋生蚊蝇，避免对校园环境的污染。

增强师生员工的环保意识。校园垃圾分类回收利用需要全体师生员工的共同参与，师生员工在积极参与创建优美校园环境过程中，环保意识逐步得到提高。

校园垃圾不及时分类处理不仅污染环境，而且还会浪费资源。实现垃圾分类回收利用有助于造福自然和人类，主要是因为校园中常常包含大量的废纸、废金属、废塑料等，这些均有巨大的回收价值。如果这些废物能够得到回收利用，将减少对自然资源的开采，有利于变废为宝，实现保护自然资源的目的。

（二）大学校园垃圾分类的措施

大学校园应该充分利用校园网站、广播电台、宣传栏等积极宣传校园垃圾分类回收利用的意

---

[1] 卢璐，刘杨林，钟磊. 大学生劳动教育教程［M］. 北京：航空工业出版社，2020：93-95.

义,向全体师生员工普及垃圾分类不当的危害,普及垃圾分类的基础知识。为了增强教育效果,学校可以定期邀请环保方面的专家前来开展讲座,以便让大学生了解当前我国垃圾分类回收利用现状,学习国外发达国家垃圾分类回收利用的先进经验。除此之外,学校还可以组织大学生开展志愿者活动,组织学生会开展"校园垃圾分类回收利用知识宣传月"等专题教育,切实增强教育效果。

加大垃圾回收的基础设施建设投入。将垃圾分类回收利用纳入学校和所在社区重点工作范畴内,及时结合校园现状定制校园垃圾分类回收利用基础设施,及时公布校园垃圾收集容器及集中收集点分布信息。

建立健全管理制度。为了确保校园垃圾分类回收利用工作得以长期顺利、有效开展,学校还应该针对该项工作建立相应的校园垃圾分类专项制度,如宿舍、教学楼、食堂、校园广场、运动场馆等不同校园场所的垃圾分类投放管理规定,并编写和印发相关的校园垃圾分类指南与要求。以校规的形式针对垃圾分类的学生给予一定的奖励,相反针对那些不按垃圾种类投放的学生要给予相应处罚,还可以将奖励措施同"文明寝室评比""三好学生评定""师生员工年度考评考核"等有机结合起来。① 让师生全面参与到校园卫生保洁、环境美化工作中,行政部门、二级学院根据区域划分,责任到人,开展网格化卫生清扫和垃圾分类。逐步形成师生广泛参与校园卫生创建的长效机制,广大师生在平凡的岗位上自觉成为爱校爱岗的践行者和贡献者。

七、践行垃圾分类

垃圾分类是个人文明的培养基石。个人文明不是空洞的说教,而是具体的实践。节约资源,保护环境,人人有责,也需要人人尽责。对个人而言,不管有多么高远宏大的环保理念,都可以从举手之劳的垃圾分类开始践行。作为现代社会公民,如果连垃圾分类这点小事都不肯做或做不到空谈环保理念、抱怨环境污染又有什么意义?反之如果连垃圾分类这种琐事都能一丝不苟坚持不懈做好,还有什么事情是做不好的呢?提升大学生公民素养和个人文明离不开教育。叶圣陶先生说过:"教育是什么?往简单方面说只有一句话,就是养成良好的习惯。"垃圾分类就是师生员工履行环境责任、践行环保理念、培养良好习惯的有效载体,本身就是公民教育、法治教育、文明教育的重要方式。当前,我国部分垃圾分类先行城市已经基本具备了垃圾分类处理能力,前端居民分类投放参与率低、准确性差已经成为制约后端分类处理设施稳定运行发挥效益的主要矛盾,在这种情况下,强调师生员工切实履行源头分类投放责任,进而养成良好习惯,提升个人文明水平,具有重要的现实意义。

从国际、国内经验来看,一切脱离师生员工的源头分类投放责任来推动垃圾分类的行为,只能是"为分类而分类""假装在分类",都有悖于垃圾分类的初心,实际上不可能持续。只有真正将师生员工的源头分类投放责任落到实处,让更多师生员工在亲力亲为参与垃圾分类中,将分类的意识转化为自觉的行动,才能真正提升个人文明水平,才能形成垃圾分类的长效机制,建设美好和谐校园。

---

① 聂峰,易志军.新时代劳动教育教程[M].北京:电子工业出版社,2020:115-116.

第二节　美化校园

一、创建文明教室

（一）教室卫生

教师保洁的内容主要有天花板、墙面、黑板、门窗、玻璃、桌椅、柜子、讲台、地面等。

1. 保洁工作内容

（1）检查。进入室内，先查看是否有异常现象、有无已损坏的物品。如发现异常，应先向有关部门报告后再进行保洁作业。

（2）清扫。先用扫把对地面进行清洁，捡去烟头、纸屑，扫去灰尘等。

（3）擦抹。从门口开始，由左至右或由右至左，依次擦拭室内桌椅、柜子、讲台和墙壁等。抹布应拧干，擦拭每一件物品时，应由高到低，先里后外。擦墙壁时，重点擦拭门、窗台等。操作时，先将湿润的涂水毛头（干净的）装在伸缩杆顶部，沿顶部平行湿润玻璃，然后以垂直上落法湿润其他部分的玻璃。再用干净的抹布擦干净窗框及窗台，最后用干燥的无毛的棉布擦干净玻璃四周和中间的水珠。大幅墙面、天花板等的清洁为定期清除（如每周清理一次）。

（4）整理。桌椅、柜子等抹净后，按照原位摆放整齐。

（5）更换。收集垃圾并换垃圾袋。

（6）推尘。用拖把清洁地面，按照先里后外，先边角、桌下，后地面进行推尘作业。清洁结束后把桌椅、柜子等设备恢复原位摆好。

2. 保洁质量标准

（1）地面干净无污迹。

（2）没有垃圾和积水。

（3）墙面干净无灰尘。

（4）桌椅干净摆整齐。

（5）门窗干净和明亮。

（6）情绪高涨学习好。

（二）楼道卫生

楼道保洁的内容主要有天花板、墙面、窗户、玻璃、桌椅、柜子、墙面、地面、门面等。

1. 保洁工作内容

（1）检查。进入各种休闲空间后，先查看是否有异常现象、有无已损坏的物品。如发现异常，应先向有关部门报告后再进行保洁作业。

（2）清扫。先用扫把对地面进行清洁，捡去烟头、纸屑，扫去灰尘等。

（3）擦抹。从门口开始，由左至右或由右至左，依次擦拭室内桌椅、柜子、讲台和墙壁等。抹布应拧干，擦拭每一件物品时，应由高到低，先里后外。擦墙壁时，重点擦拭门、窗台等。操作时，先将湿润的涂水毛头（干净的）装在伸缩杆顶部，沿顶部平行湿润玻璃，然后以垂直上落法湿润其他部分的玻璃。再用干净的抹布擦干净窗框及窗台，最后用干燥的无毛的棉布擦干净玻璃四周和中间的水珠。大幅墙面、天花板等的清洁为定期清除（如每周清理一次）。

（4）整理。桌椅、柜子等抹净后，按照原位摆放整齐。

（5）更换。收集垃圾并换垃圾袋。

（6）推尘。用拖把清洁地面，按照先里后外，先边角、桌下，后地面进行推尘作业。清洁结束后把桌椅、柜子等设备恢复原位摆好。

2. 保洁质量标准

（1）地面干净无污迹。

（2）没有垃圾和积水。

（3）墙面干净无灰尘。

（4）桌椅干净摆整齐。

（5）门窗干净和明亮。

（6）情绪高涨学习好。

（三）公共卫生间卫生

公共卫生间保洁的内容有天花板、墙面、隔墙面、窗户、门面、镜面、蹲位、地面、拖把池、洗手盆（台）等。

1. 保洁工作内容

（1）天花板清理。用长柄扫把清扫天花板、墙面、墙角等的蜘蛛网和灰尘。

（2）门窗玻璃门面、墙面清理。用湿抹布配合便池刷清洁玻璃、镜面和墙面上的污迹。

（3）蹲便池、小便池清理。先用夹子夹出大、小便器里的烟头、纸屑等杂物，然后冲水，再倒入洁厕剂，泡一会儿，再用便池刷刷洗。蹲便池、小便池内四周表面及外部表面均要清洗，检查冲水是否正常，有没有堵塞。

（4）洗手盆清理。用清洁剂和百洁布擦洗洗手盆。从左到右抹干净台面，用不掉毛的毛巾从上到下擦拭干净镜子；水龙头也要清洗干净，保持光亮。

（5）更换。收集垃圾并换垃圾袋。

注意每周擦拭墙面、天花板、排气扇、卫生间门及门框 3 次以上；清洁地面时，地面较脏的要使用清洁剂。

2. 保洁质量标准

（1）天花板面无蜘蛛。

（2）墙壁墙角无灰尘。

（3）镜面玻璃净明亮。

（4）地面台面无水迹。

（5）厕所内外无臭味。

（6）干净明亮人人夸。

二、创建文明寝室

寝室是大学生学习、生活、休息的重要场所，寝室文明环境建设直接体现大学生的精神面貌和个人素质，直接关系大学生的身心健康。大学生应将维护整洁文明寝室环境内化为自觉追求，外化为自觉行动。

（一）宿舍卫生

1. 宿舍卫生整体要求

干净、整齐、舒适，室内物品摆放得当、合理，无乱拉绳索、电线、网线，无乱晾挂衣物及其他破坏整体形象的物品，无违禁物品。

第六章　劳动实践

2. 宿舍卫生标准

（1）地面干净。地面无灰尘、无垃圾、无积水，阳台、卫生间无污垢、无杂物堆放。

（2）墙面干净。墙面、天花板整洁、无蜘蛛网、无损坏、无涂鸦。

（3）门窗干净。门面干净，无污迹，不允许挂门帘，不粘贴纸、画等；保持门上窗户玻璃干净，不允许钉窗纱或张贴任何物品；室内玻璃擦拭干净、窗框无积尘。

（4）桌面、床面干净。桌面、床面整洁、物品摆放整齐；桌面、电脑等干净无积尘。

（5）室内设施干净。物品柜、洗漱台等无积灰、无损坏；电风扇不用时用袋子包起来（包装袋由后勤管理处统一提供），注意整齐美观。

（6）讲究个人卫生。个人物品及时整理、清洗，保持干净。

定期打扫寝室、整理寝室物品，不仅有利于保持居住环境整洁、美观，还有利于大学生培养规范意识、劳动意识及良好的劳动习惯。在寝室内，每人应自行打扫个人区域，并按寝室值日表，轮流打扫公共区域，做到墙面干净，窗台、门框无灰尘，玻璃明亮完好，室内无杂物与垃圾、空气清新等。

（二）宿舍物品摆放

除了日常清洁，保持寝室整洁的关键在于收纳个人物品。因此，大学生应学习正确的收纳步骤和常用收纳方法，培养勤于收纳的习惯。一般来说，收纳具有以下四个步骤，大学生按照正确的步骤进行收纳，有利于寝室整洁、有序。

（1）空间分割。先将寝室分成不同的空间，如公共区、个人区等。再将空间继续划分。例如，将个人区分为放置衣物区、放置学习用品区、放置洗护用品区等。

（2）物品分类。可以根据物品的外观进行分类。例如：将工艺品、相框、书籍等可以排列的物品放在一起；将毛巾、抹布、浴巾、手提包等可悬挂的常用物品放在一起；将衣物、不常用的毛巾、过季的被子、床单等柔软可折叠的物品放在一起，这样做方便后续整理。

（3）定位。找到物品的合适位置，并且这个位置能在相对长的时间内保持不变。例如，床上的被子，柜子里的衣物等。使用频率高的物品要放在显眼处，便于拿取；使用频率低的物品可放入储物间或储物柜中。

（4）有序罗列。将每个位置的物品按照一定顺序进行排列。例如，按照高度排列图书，按照穿戴时间排列衣物等。还可借助收纳盒、收纳箱、收纳架等工具进行收纳，也可以在抽屉里分格来收纳零碎的小物件。

物品放置好后，每次使用完物品都要将其放回原来的位置。除此之外，如果总是感到收纳空间不够，有可能是因为寝室里堆积了太多不必要的物品。大学生应做到定期"断舍离"，即舍弃一些不必需、不合适的物品，丢弃其中过于陈旧或无法继续使用的物品，赠送或出售其中状态良好的物品。

1. 整体布局

文明、整洁、美观。床铺、书桌、个人物品等要统一摆放整齐，无乱拉绳索、电线，乱晾挂衣服及其他破坏整体形象的物品，坚决不使用大功率电器等违禁物品。

2. 床铺

（1）床上用品经常清洗，保持干净、卫生、整洁。

（2）平时被褥叠放整齐。被子叠成方块形，放于宿舍门远端；枕头平整摆放于被子对侧床头中间；床单平整，外侧统一折放在褥子下面。

（3）床上、床头不得悬挂衣服，摆放书籍，毛绒玩具尽量收进衣柜，多余的统一放在被子与墙壁之间的空隙中，摆放整齐；床上不允许挂布帘，冬季不允许悬挂蚊帐。

（4）靠床墙面如张贴海报、照片等物品，内容应积极健康并保持整洁美观。

(5) 床上物品，如鞋子、盒子之类，分类放盒，鞋子鞋头朝外，摆成一条直线。

3. 书桌

(1) 书桌不允许放零食、杂物。

(2) 书籍按照大小竖排整齐放于书架中，少量常用书籍可整齐放于书桌左上角。

(3) 书桌上若需放置电脑，须保持电脑清洁，电源线等束放整齐，"文明校园"检查前一天摘除所有网线并收拾妥当。

(4) 个人化妆品、小装饰品等物品集中放入柜中，不得放在书桌上。

(5) 椅子不用时推进书桌下。

(6) 内容积极健康的名言警句、书法字画等一律居中贴在紧靠书桌的墙上，保持整洁美观。

4. 衣柜

衣服要内外有别，整齐叠放在衣柜里；衣柜外不允许悬挂毛巾、衣服、背包等物品。

5. 行李箱

个人行李箱放在衣柜里，若行李箱过大，可放在床头与靠过道墙壁的夹缝中，摆放整齐。

6. 鞋子

每人床下只允许放一双家居拖鞋，鞋跟朝外对齐摆放，不得超过上铺扶梯底线，其余鞋子统一放于鞋柜中。

7. 清扫工具

笤帚、簸箕、拖把等工具整齐放于宿舍门后墙角，垃圾桶需套上垃圾袋并及时清理。

8. 个人洗漱用品

脸盆统一叠放于书桌下面，水杯、毛巾、牙缸、香皂等物品放于脸盆内，毛巾叠成方形，牙刷牙膏头朝上放于牙缸内。

9. 热水瓶

热水瓶统一靠暖气片下成一条直线，把手朝外。

10. 个人餐具

个人碗筷、饭盒等餐具统一收于柜中。

11. 窗台物品

窗台之上只允许放花草植物；暖气片上不允许放置任何东西。

12. 饮水机

有饮水机的宿舍因地制宜，摆放合理，不影响宿舍整体布局。

（三）创建和谐文明寝室

1. 营造和谐文明的寝室

为营造和谐文明的寝室氛围，大学生应按以下要求在寝室内学习、生活。

(1) 团结友爱。舍友之间要互帮互助，互相尊重，和睦相处，并一起支持寝室长的日常工作，做到共同进步。

(2) 遵守制度。尊重管理人员，服从安排与管理，遵守相关制度。

(3) 遵守作息时间。避免在他人就寝、学习时发出声响或大声喧闹，晚上应按时关灯睡觉。

(4) 维护寝室的安全。不要在寝室内使用违规电器和危险物品或私用明火，寝室无人时应及时拉闸断电并关好门窗。

(5) 遵守寝室文明规范。举止、语言文明；不在宿舍内养宠物，不在寝室门口丢放垃圾或倾倒脏水，不在寝室内饮酒、赌博；爱护公共设施与财物等。

积极向上、和谐共进的寝室文化有利于提高个人道德修养和文化素质，因此创建文明寝室时要彰显特色寝室文化。例如：寝室里大多数人都热爱学习，就可以建设学习型寝室，一起研究、讨论问题；大多数人都热衷运动，就可以建设运动型寝室，一起按时进行体育锻炼。

2. 寝室美化

创建文明寝室时，寝室成员可以遵循简单大方和温馨舒适的原则，合理地美化寝室，使寝室整洁美观，充满家一般的温暖气息。

三、创建文明校园

为改善校园环境，提高大学生健康素养，促进大学生德智体美劳全面发展，我国教育部决定深入开展新时代校园爱国卫生运动。作为新时代青年，大学生应积极参与这一活动，为创建文明校园贡献力量。结合实际而言，大学生应具体做到自觉维护校园环境，包括爱护学校基础设施、按要求分类投放垃圾、不随地吐痰、扔垃圾及不随意乱涂乱画等，努力为保持校园整体环境干净、整洁贡献力量。同时，大学生应主动了解与吸烟有关的知识，自觉抵制香烟的诱惑，做到自己不抽烟，并劝说他人停止吸烟。另外，大学生还可以签署共建无烟校园倡议书，积极地参加校园禁烟宣传活动。

（一）爱护校园环境

校园由物质环境和精神环境构成，不仅为大学生提供了舒适的学习环境，还是校园文化的重要表现形式，需要大学生每个人合力维护。

1. 物质环境

校园物质环境主要是指经过人们组织、改造而形成的校容校貌和校园学习环境，具体包括校容、校貌、自然物、建筑物及各种设施等。保持校园物质环境的干净、整洁，不仅能为全校师生营造一个舒适的学习环境，还有利于学生形成良好的卫生习惯。

2. 精神环境

校园精神环境是校园的灵魂，是学校师生认同的价值观和个性的反映，具体体现在师生的精神面貌、校风、学风、校园精神、学校形象等方面。积极参与校园精神环境建设有助于改善校园学习风气，并形成一种积极向上的精神文化，影响身处其中的每个人。

（二）维护校园环境秩序

为维护良好的校园秩序，营造一个文明、整洁、健康、高雅的校园环境，建设平安校园、和谐校园，根据《高等学校校园秩序管理若干规定》〔教育部（国家教育委员会令第13号）〕，大学生应遵循以下校园文明行为规范：

1. 着装整洁得体，仪容端庄。
2. 行为举止高雅，谈吐文明。
3. 爱护学校花草树木，节约用水。
4. 乘坐电梯遵守秩序，先下后上，相互礼让。
5. 遵守学校环境卫生的有关规定，保持学校环境卫生，不随地吐痰、不乱扔杂物。
6. 文明如厕，保持卫生间清洁，爱护其设施。
7. 上课时遵守课堂纪律，候课时不得在楼道内大声喧哗。
8. 爱护教室设施，合理使用教学设备，保持干净整洁的教学环境。
9. 汽车、电动车、自行车停车入位，摆放有序。
10. 严禁在教学楼内的教室、办公室、楼道楼梯、卫生间及公共场所吸烟。

11. 观看教学展演展示、视听公共课讲座、参加会议等活动时，主动服从现场管理，遵守秩序，爱护礼堂、会议室等设施。

12. 进行教学和汇报演出活动时，要合理使用场地及设施设备，降低环境噪声，防止影响学校周围单位和居民正常工作和生活。

13. 自觉遵守学校的各项规章制度，尊师爱友、团结和睦，共同营造绿色健康的学习氛围和积极向上的工作环境。

14. 参加学校在本市组织的和赴外省、市教学汇报演出、比赛或游学活动时，保障安全、遵守纪律；尊重当地风俗习惯、文化传统；爱护文物古迹、风景名胜、旅游设施。

15. 如遇突发事件，应当服从学校统一指挥，配合应急处置。

16. 遵守网络信息管理的法律法规和有关规定，维护微信群的安全和秩序，自觉抵制不良信息，不传播网络谣言。

（三）校园绿化环保行动

1. 生态林、绿化地（带）清洁环保

在校内有规划和科学、合理地栽植一些生态林、绿化地和绿篱带是建设美丽校园不可缺少的项目，更是建设生态学校、保护校园环境的决定性一环。保洁维护的主要内容与流程有：清捡绿化地和绿篱带内的各种垃圾、树叶，清捡各种树枝和废弃物，清拔绿化地和绿篱带内杂草，清捡生态树上的干枯树枝并进行合理修剪，科学艺术地整修绿篱带和花草苗木等。

保洁工作流程：

（1）首先用耙子把生态树、绿化地、绿篱带地面上的树叶、树枝耙成一堆。

（2）再用捡垃圾的夹子把绿化地、绿篱带里的塑料袋、快餐盒、烟头等夹走。

（3）用大竹扫把对生态树、绿化地、绿篱带地面进行清扫。对生态树、绿化地、绿篱带地面上的垃圾、树叶、树枝等进行清理，把它们送到垃圾中转站，不得随意乱倒或焚烧。

（4）安排人员进行文明督察，对不文明行为的师生进行劝阻。

保洁标准：

（1）绿化带内和生态林内应保持干净、整齐，无各种垃圾、无枯叶残枝。

（2）绿化带干净，无垃圾。

（3）无各种废弃物堆放堆积。

2. 校园道路卫生保持

校园道路指可提供各类机动车辆和行人行驶（走）的道路，人行路指校内道路两侧的人行路和可供师生上下课（班）和休闲行走的小路。校园道路和人行路保洁的内容与流程：清扫各种垃圾、树叶，清捡树枝和废弃物，清拔路边石缝杂草、清除人行道边上绿化带的树叶杂草，清扫人行道和道路上的灰尘等。

保洁工作内容：

（1）根据劳动课安排进行分组、分路段、分区域。明确清扫范围，合理安排清理垃圾、树叶等任务。

（2）每天采取分时段收集沿路垃圾，做到定时清扫、及时堆放、及时运送，做到不慢收、漏收。

（3）保洁人员利用竹扫把，对校园道路进行全面清扫。要做到"六不""三净"。即不花扫、漏扫；不见积水（无法排除的积水除外）；不见树叶、纸屑烟头；不漏收堆；不乱倒垃圾（一律送到中转站）；不随便焚烧垃圾。路面净、路尾干净、人行道净。

（4）进行路面清扫保洁时，垃圾收集应及时送往中转站，严禁将垃圾倒在道路两侧绿化带里或随便乱倒，严禁焚烧垃圾。

（5）校园路面清扫保洁要做到：晴天与雨天一个样；主干道与人行道一个样；检查与不检查一个样。严禁串岗、脱岗、坐岗等。

保洁质量标准：

（1）道路平整干净无垃圾。

（2）道路无枯叶枝和物品。

（3）道路灯杆干净无张贴。

（4）绿化绿地平整无缺憾。

（5）校园整体漂亮人人夸。

3. 绿化与环保行动

低碳、绿色生活是生态文明建设的重要环节，是实现绿色发展、可持续发展的必由之路。大学生应自觉践行低碳、绿色生活方式，积极参加绿化与环保行动。

（1）参加绿化活动

参加绿化活动是促进生态文明和谐，推进绿色发展，建设美丽中国的重要途径之一。大学生应积极响应国家的号召，积极宣传绿化知识和国家相关政策；参与多种形式的植树造林活动，如在家中精心养护绿植等，用自己的实际行动为地球增添绿色。另外，大学生还应珍惜国家和人民的绿化成果，做到护绿、养绿，保护我们的绿色校园、绿色社区；当他人做出破坏生态环境和绿化资源的行为时挺身而出，严厉警告对方，并制止对方的行为。

（2）践行勤俭节约的理念

大学生可以从节约用水、节约用电、节约粮食三方面践行勤俭节约的理念。节约用电可以从选择节能电器、及时关闭电器等环节入手；可以通过在洗衣、做饭时做到"一水多用"，使用节水器具等方式节约用水；在家用餐时根据用餐人数采购食材，在外点餐时根据就餐人数点餐，做到吃多少点多少，单人用餐时还可以点"小份菜""半份菜"，做到剩菜打包，从而避免粮食浪费。

（3）循环利用资源

实现资源循环利用的最重要的方式是垃圾分类。近年来，各省市陆续发布垃圾分类的相关政策，大学生应自觉学习垃圾分类知识，主动进行垃圾分类，促进部分垃圾的回收利用。对于可以循环使用的某些生活"垃圾"，大学生应探索各种方法，将其"变废为宝"。例如：废报纸可以擦玻璃；废弃的快递盒通过裁剪可以制作成收纳盒；用过的塑料油桶洗净后可以当作盛米的容器，不仅防虫还能防潮；喝剩下的茶叶晒干装进枕套，可以做成茶枕，既舒服又能改变睡眠质量；废旧衣物可以制作成抱枕、玩偶、背包、垫子等物品；喝完的饮料瓶经过裁剪、装饰，可以成为美观、实用的笔筒。

（4）低碳出行

大学生为做到绿色出行，要尽量驾驶节能车，多乘坐地铁、公交车等公共交通工具。若空气质量良好且距离合适，可以采取步行、骑自行车等方式出行。乘车出行时，尽量与同伴共乘一辆，减少汽车的空座率。

（5）绿色消费、理性消费

大学生应以节约资源和保护环境为宗旨，提倡勤俭节约，抵制各种奢侈消费和不合理消费，减少消费过程中的资源消耗和污染排放。以下是关于绿色消费和理性消费的建议：多购买可循环使用的产品，少购买一次性餐具、塑料袋等一次性产品，减少垃圾填埋。多购买无污染、安全、优质、营养的绿色农产品。购物时使用环保袋，尽量购买包装简单的产品，以减少资源浪费。尽量选择节能环保产品。例如，买车时购买节能环保车，装修房屋时选用环保建材等。只添置必要的物品，注重实用性。如果旧物经过维修可以正常使用，就不必再买新的产品。

第三节 "三下乡"活动

"三下乡"是文化下乡、科技下乡、卫生下乡的简称。

文化下乡包括图书、报刊下乡，送戏下乡，电影、电视下乡，开展群众性文化活动。

科技下乡包括科技人员下乡，科技信息下乡，开展科普活动。

卫生下乡包括医务人员下乡，扶持乡村卫生组织，培训农村卫生人员，参与和推动当地合作医疗事业发展。

"三下乡"活动源起1996年12月中央10部委联合下发的《关于开展文化科技卫生"三下乡"活动的通知》。在二十多年的发展过程中，"三下乡"活动有力地推动了我国广大农村地区先进生产力、先进文化的快速发展。2019年，共青团中央印发《关于深入开展乡村振兴青春建功行动的意见》，意见中明确指出"组织和引领大中专学生深入农村尤其是革命老区、深度贫困地区和少数民族地区开展社会实践活动，在传播文明、推广科技、树立新风中增长本领。"高职高专学生在该活动中，需要依托自身综合素质和专业背景，深入我国农村地区，宣讲习近平新时代中国特色社会主义思想，将先进知识带向农村，开展针对农村儿童的志愿服务，开展文化和医疗服务等。

一、"三下乡"活动内容

（一）理论普及宣讲

深入爱国主义教育基地、革命老区、农村乡镇、城市社区、厂矿企业等地，重点围绕习近平新时代中国特色社会主义思想开展宣讲报告、学习座谈、调查研究等。

（二）国情社情观察

深入政府机关、企事业单位、社区、街道、农村等地，在参观考察和走访调研脱贫攻坚、全面建成小康社会的过程中，深刻理解我国经济社会发展的新面貌、新成就。

（三）科技支农帮扶

依托产学研课题，发挥专业优势特长，到国家省级扶贫开发工作重点县（区）、学校定点扶贫县（区、村）开展农技培训推广、农业科普讲座、金融知识下乡、农村环境治理等。

（四）教育关爱服务

发动各级青年志愿者组织的力量，到国家中西部或其他基础教育薄弱的贫困地区，依托团中央"七彩小屋"、青年之家等阵地，开展学业辅导、亲情陪伴、自护教育、素质拓展、扶残助残、爱老敬老活动等。

（五）文化艺术服务

以弘扬时代精神、倡导文明新风为目标，以反映新中国成立70年来取得的辉煌成就和社会主义核心价值观等为主要内容，到乡镇农村、企业厂矿、城镇社区开展艺术创作、惠民展演、文化普及等。

（六）爱心医疗服务

重点围绕健康中国战略，到农村、社区、中小学开展健康普查、流行性疾病防治、基本医疗卫生知识普及、乡（村）医疗站建设等。

（七）"美丽中国"实践

重点围绕"美丽中国"建设，到农村基层、县域城镇和城市社区开展环境治理、水资源保护、环保知识普及、自然灾害预防等。

（八）依法治国宣讲

依托相关学科专业和学生法援类社团，深入基层和贫困地区，开展法治宣传教育、法律援助等，弘扬法治精神，提升人民群众学法懂法守法护法意识。

二、"三下乡"活动价值

（一）强化大学生的社会责任感和使命感

大学生长期处在一个生活条件相对轻松的校园环境中，对社会缺乏全面深入的了解，在认知上难免出现脱节现象，尤其是对农村情况。有不少大学生从小生活在城市中，对农村的了解仅限于书本和新闻报道，而对真实情况一无所知。通过"三下乡"活动，组织大学生在假期深入农村，了解基层生活，让他们深刻地体会到祖国在日益强大的同时，还存在许多不足的地方。如城乡区域发展不平衡问题仍然突出，扶贫工作任重道远，留守儿童和留守老人仍是农村突出的问题。这些问题的解决需要大批有志青年积极投身到农村建设中去，贡献自己的力量，从而增强他们的社会责任感和使命感。

（二）提升大学生的综合素质

高校教育的宗旨是，传授学生专业知识和提升学生的综合素质能力。高校学生深入掌握课堂理论知识，有助于在实践活动中有效利用，有助于将高校教育与社会经济活动有机结合起来。仅仅注重课堂教学与教材知识的传授，难以有效增强学生对知识的应用技能，不利于提升学生社会实践能力，制约着学生的全面发展。而"三下乡"活动，能够有效为学生使用理论知识破解社会现实问题，增强社会实践能力提供基础。另外，"三下乡"活动是一个团体性活动，它的出色完成需要团队成员相互配合、彼此协调。通过参加"三下乡"活动，在积极参与活动筹备、实施和总结的每一个环节中，青年大学生将进一步学会团结协作，认识他人的优点，明白团队合作的重要性。同时，在与团队其他成员相互合作中战胜困难，完成活动任务，使得他们彼此认可，培养集体精神。

（三）促进农村的建设与发展

"三下乡"活动是以大学生群体作为实践主体，以服务农村基层为目的的活动。随着我国经济的快速发展，农村面貌发生了很大的改变。但由于区域发展不平衡，在我国许多偏远的地方，农村经济发展缓慢。此时，通过"三下乡"活动，以大学生为媒介，将先进的文化观念、科学技术和医疗卫生知识传播到相对落后的农村中，改变群众守旧观念，解放思想，促进农村经济和文化的发展。另外，大学生在将先进的科学技术和文化知识传授给群众，协助培养农村技术人才的同时，还传播了党的方针政策，把文明新风和民主法制带到农村，强化了农村文明建设。

第四节　衣物洗涤整理

"自己动手，丰衣足食"是大学生学习、践行家务劳动的动力。大学生应该从洗衣、熨烫、收纳等方面学习，在日常生活中养成好的劳动习惯，学以致用，做到衣着整洁得体。

一、洗衣常识

（一）洗衣要分类

（1）衣服颜色与质地（衣料）分开：防染色、防相互磨损。

（2）内衣、外衣、袜子分开。

（3）成人与孩子衣服分开。

（4）病人与健康人衣物分开。

（二）不同衣物的洗涤方法

1. 棉纺织品

棉纺织品的特点是：纤维较短、弹性较差、易变形、起褶、耐高温、无光泽、褪色、手感柔软。洗涤要求如下。

（1）按颜色分类：白浅――深。

（2）可用肥皂或合成洗涤剂（粉）。

（3）高档白色棉织物漂白时应用过氧化氢。

（4）浸泡不超过 15 分钟。

（5）洗涤温度要适宜，白色棉织品、床单、被单可在不超过 40℃ 下洗涤。

2. 毛料衣服

毛料衣服的特点为：一般羊毛纤维具有缩溶性、可塑性。其洗涤要求如下。

（1）洗涤水温不能过高（30～40℃），过高会出现折痕且不易烫平。

（2）适宜的洗涤剂。一定要用丝毛洗涤剂或中性洗涤剂，不能直接用肥皂或洗衣粉，否则会导致毛纤维相互"咬"在一起，使织物缩水变形（尤其是织物组织松散的羊毛衫、围巾等）。

（3）要用手工洗涤。若须机洗，则水温 30～40℃，时间 2～3 分钟即可。高档毛料须手工刷洗，用力适当，充分漂洗干净，再用醋酸水处理，使纤维光泽鲜亮。

（4）晾晒要放在通风阴凉处，晾反面，不宜在强光下暴晒。

3. 丝绸、亚麻衣物的洗涤

（1）丝织品。丝织品种类很多，有绫、罗、绢、纱、纺、绉、绸、缎等。其特点是：质地稀薄，表面光滑，具有光泽。用酸性染料，牢度差，易掉色。所以，洗涤时要注意以下几点。

①水温不能高，最好用凉水洗涤。②用中性优质洗涤剂。

③用手工洗涤，轻轻揉搓，重点部位平铺后按布料纹路轻刷。

（2）亚麻织物。亚麻织物的特点是亚麻纤维比棉纤维粗、凉爽、吸汗，且下水后强力反而增加。

①用洗涤液洗。②水温 40℃ 以内。③用手洗，轻柔或轻刷。

④漂洗时不要绞拧，否则易起毛，使纤维滑移，影响外观和耐穿程度。

4. 化纤面料

化纤面料衣物的洗涤要求如表所示。

类别	衣物特点	洗涤要求
纯涤纶	弹性、抗皱能力很好，表面光滑，易洗涤，污垢不易渗到纤维内部	（1）选用一般洗衣粉即可 （2）水温 40℃ 左右 （3）机洗（10－15 分钟）、手工、刷洗都可以

类别	衣物特点	洗涤要求
人造棉、人造丝、人造毛服装	此类下水后强力下降较大，悬垂性大，易变形、起褶、褪色	（1）不宜机洗，可用手工轻轻搓洗；人造毛服装只能刷洗 （2）可选用一般洗涤剂 （3）水温 30℃－40℃ 为宜，用温水漂洗两次，冷水漂洗干净 （4）漂洗时用力要轻、均匀 （5）甩干后晾在通风阴凉处，必要时可用丝网兜起晾晒
涤棉	由涤纶和棉混纺织成，强度比纯棉要高好几倍	（1）水温 40℃ 左右（白色浅色的可以高一些，40℃－50℃）涤棉成，强度比纯棉要 （2）一般洗涤剂高好几倍 （3）机洗、手洗、刷洗均可
毛涤、腈纶	下水后不变形，吸湿性能差	（1）洗涤时间可长些 （2）用优质洗涤剂 （3）水温 30℃－40℃ （4）先机洗 3－5 分钟，再刷洗，较脏处可蘸肥皂水刷洗 （5）毛涤服装可搓洗，水温 40℃ 为宜，洗涤注意事项同亚麻衣服 （6）毛涤服装漂洗后要过一次醋酸水，甩干抻平，在通风阴凉处晾干，不能强光暴晒

5. 羽绒服装

羽绒服面料一般是锦纶（尼龙）或涤棉，填料鸭绒为主，尽量少洗。洗涤禁忌：忌机洗或揉搓、忌用力拧绞。

6. 皮革类服装

（1）不宜水洗。

（2）干洗时可先用软布或刷蘸水后把皮革表面污垢擦去，晾干后再涂上一层石蜡或专用干洗剂，并用软布擦匀。

（3）要防止干燥，又要防受潮。

（4）将甲醛加水涂在皮革表面，能减轻色泽脱落。

7. 刺绣类衣服

（1）此类绣花线易褪色，须先检查是否掉色。（2）适宜手洗。

（3）水温 35℃ 左右，最好加 10 克盐，5 克白醋。（4）普通洗涤剂即可。

8. 牛仔裤

牛仔裤加洗衣粉浸泡 20 分钟左右，用刷子刷洗。

（三）清洁衣物

大学生洗涤衣物应注意：当衣物出现污渍时，应及时清洁并更换；为了避免衣物出现异味，即使衣物没有污渍也应定期清洗，夏季还应适当缩短洗衣间隔。除此之外，大学生应根据衣物的具体情况选择合适的洗涤方法。

1. 水洗

水洗是最常见也是最为普遍的一种洗涤方式，主要分为手洗和机洗两种。一般来说：质地较薄、容易变形的衣物及贴身衣物适宜手洗；材质较厚、不易变形的衣物适宜机洗。以防万一，使用洗衣机前应查看衣物的水洗标（见图3—13）确认衣物能否机洗。确认无误后，取出口袋内的物品，扣好扣子或拉上拉链，并根据衣物的颜色、新旧、材质、薄厚程度等分类洗涤。

手工洗涤衣物的方法：

（1）拎

用手将浸在洗涤液中的衣服拎起放下，使衣服与洗衣液发生摩擦，衣服上的污垢被溶解除去。拎的摩擦力非常小，适合洗涤娇嫩的、仅有浮尘、不太脏的服装，在过水时大多采用拎的手法。

（2）擦

用双手轻轻地来回擦搓衣服，以加强洗涤液与衣服的摩擦，使衣服上的污垢易于除去，一般适用于不宜重搓的衣服。

（3）搓

用双手将带有洗涤液的衣服在洗衣擦板上搓擦，便于衣服的河垢除去，适用于洗涤软脏的衣服。

（4）刷

刷是利用板刷的刷丝全面接触衣服进行单向刷洗的方法。一般用于刷洗大面积沾有污垢的部分。衣服的局部去渍，常用刷的方法，只是所用的刷子是小刷子。刷洗时摩擦力要根据衣服的脏污程度自由掌握。

（5）揩

用毛巾或干净布蘸洗涤剂，在衣服的局部污渍处进行揩洗。①

2. 干洗

一般来说，皮革、毛呢类衣物容易缩水，适宜干洗。大学生可以根据衣物的污染程度，选择自行干洗或送往干洗店。清洁皮革类衣物时，应先用软毛刷轻轻刷除缝线处的灰尘，再用微湿的软布擦去皮面上的污渍，若污垢较顽固，可使用专用清洁剂；清洁毛呢类衣物时，可以用软毛刷刷除表面的脏污、毛絮，或用稍微沾湿的软布进行擦拭。此外，清洁背包、包时，可用干净的软布或软毛刷去除表面的污垢或灰尘。

另外，部分衣物常常因摩擦而起球，可以用去球器、齿密的梳子等清除毛球。若衣物有灰尘或毛絮，可以用透明胶、滚筒粘毛器等粘除。

（四）洗衣机的使用方法

1. 使用前的准备工作

（1）使用前要阅读说明书，弄清产品的性能、安装方法和使用要求。

（2）洗衣机放置要平稳。场地要燥、通风，不能靠近火源、热源，要避雨避晒。（3）电源插座安装位置要选择适当并有可靠接地线，应使用三孔插头，并确保用电安全，洗涤时防止水溅到电源插座上。

2. 全自动洗衣机洗涤方法

（1）连接好洗衣机与自来水龙头并打开水龙头，放好排水管，插上电源插头，接通电源。

（2）将待洗衣物口袋里的东西掏出。有金属扣子和金属拉链的衣物，应将扣子扣好，拉链拉好，并将衣物翻转过来。毛衣、尼龙绸等细薄衣物及其他小件物品放入有孔眼的洗衣网袋中，再进行洗涤。

（3）对于领、口、裤脚口等易脏的部位，用手搓洗后按内衣、外衣，颜色深浅，衣物的面料质量和脏污程度分别放入洗衣机。

---

① 张克峰，吴康平，饶应明. 新时代大学生劳动教育. 湘潭大学出版社，2023：212—215

（4）轻触洗衣机上的电源键，机门自动打开（有的洗衣机不会自动开门，要手工打开），放入需洗衣物，关闭机门。

（5）按衣服面料、数量在分配盒内投放适量洗衣粉（中性或酸性洗涤剂）、调剂。设定浸泡时间、洗涤时的水温和洗涤程序，按下"启动"按钮，开始洗涤。

（6）洗衣结束，切断电源，关闭水龙头，打开机门，取出衣物。放尽排水管余水，用干净抹布擦干洗衣机内外，待彻底晾干后关闭机门。

3. 注意事项

（1）插、拔电源插头时，要用手捏住插头外面的绝缘部分，不可用手拉电源线。（2）操作时不要把水溅到洗衣机控制台面上，更不能用水冲洗外壳，避免发生事故。

（3）要按照说明书操作各种控制旋钮，特别要注意旋转方向（如定时器只能按顺时针方向旋），否则将损坏洗衣机。

（4）在洗衣筒内要均匀放置衣物，避免洗涤、脱水时洗衣机偏摆、振动。

（5）洗衣机在使用过程中，如发现波轮底部或进水管接头处漏水，洗衣机发出不正常的响声或特殊气味，应立即切断电源停机进行检修。

（五）晾晒和熨烫衣物

一般来说，大部分衣物可以在抖开、展平后直接晾晒。熨烫时，应根据衣物上的熨烫标识选用合适的温度，铺平后遵循先反面后正面、先局部后整体的原则进行熨烫。不同材质衣物的晾晒、熨烫方法存在一定差异，具体如表所示。

衣物材质	晾晒方法	熨烫方法
丝绸类	最好反面朝外，并使用带海绵垫的衣架，在阴凉通风处晾干	应在干燥状态下，使用衬布进行熨烫。熨烫时要不断移动熨斗的位置，以免烫焦面料或形成烙印
纯棉、棉麻类	一般都可直接悬挂晾干，但不能长时间暴晒	熨烫时动作要敏捷，但不能过快，力度要适中
化纤类	在阴凉通风处晾干	按基本方法熨烫即可
羊毛类	洗涤后应用手挤压出水分，或者平铺在大毛巾上吸去水分，并在阴凉通风隔着衬布低温熨烫处晾干	隔着衬布低温熨烫
皮革类	用湿布擦净后，在阴凉处晾干	垫一层干净、干燥的薄棉布，移动熨斗时用力要轻，以免烫损皮革

大学生应注意，任何材质的衣物在熨烫后都不能直接放入衣柜，应在通风处晾干后再放入衣柜，以免衣物发霉。

（六）收纳衣物

（1）折叠收纳。短袖、裤子、衬衫及面料较薄、款式简单、易因拉伸而变形的衣物最好采用折叠收纳。一般来说，就是将衣物铺平后折成方形。为了避免出现褶皱，可在折线处放入填充物（如毛巾、细纸筒等）。

（2）悬挂收纳。容易出现褶皱且不易变形的衣物（如裙装、夹克、西服等）最好悬挂收纳。悬挂西装或较厚的外套时，应选择加宽衣架；悬挂面料易起皱的裙子、裤子时，应选择带夹子的衣架等。

另外，收纳衣物还应注意以下五点。

①存放衣物的地方应保持清洁、干燥。

②衣物应在干净、干燥的状态下收纳，以免衣物上形成难以清除的污渍。

③为防止毛料衣服被虫蛀，可以适量地使用防虫剂。例如，将樟脑丸用白纸或浅色纱布包好，散放在箱柜四周，或将樟脑丸装入小布袋悬挂在衣柜内。

④悬挂收纳时，可使用防尘套，以免衣物沾染灰尘。

⑤尽可能地分开存放棉、麻材质的浅色衣物和深深色衣物，以免出现相互染色现象。[①]

[①] 李包庚，代玉启，刘勇．劳动创造美好未来—大学生劳动教育教程．北京：航空工业出版社，2023：077－078

第七章 尊重劳动

奋斗者既是时代进步的推动者，又是发展成果的获益者。劳动光荣，创造伟大。20世纪末，随着知识经济的出现和发展，人类劳动发生了根本的变化，劳动不仅仅是谋生需求，而且要保障劳动者在自由、公正、安全、有尊严的条件下就业与劳动，实现劳动者精神的满足和社会的认可。要让劳动者生活得更加体面、更有尊严，必须把尊重劳动看成以人为本的要求，尊重劳动是一种优良品质，也是实现体面劳动的核心。以人为本是实现体面劳动的前提，提高劳动者素质是实现体面劳动的基础条件，保护劳动者权益是实现体面劳动的保证。制定和严格执行劳动法规是实现体面劳动的保障，培育企业社会责任感是实现体面劳动的要求。

第一节 体面劳动

体面劳动是指让劳动者在自由、公正、安全、有尊严的条件下工作，得到社会各界的尊重。体面的回报是体面劳动发展的重要动力，其价值不可忽视。从物质上守住体面劳动的底线，是劳动尊严的根本。

一、体面劳动的内涵

所谓体面劳动，通俗地理解，就是既有美丽的"体"又有荣耀的"面"的劳动。在中国人的话语体系里，"体面"是指"有面子"，光彩、光荣的意思。在现实生活当中，大多数人认为体面劳动就是穿着体面、工作轻松、坐在办公室内从事脑力的工作。"体面劳动"往往被认为就是收入高的、劳动条件好的、"有面子"的劳动，甚至有人认为只有坐办公室工作的白领才是在从事体面劳动，而在一线从事技术和操作性劳动的劳动者则被人看不起，认为他们是在从事不体面的劳动。为此，不少职业院校的大学生也感到很自卑，觉得自己低人一等。这些认识是片面的，没有真正理解体面劳动的本质。

"世界上最光荣的事是劳动，世界上最体面的人是劳动者。"体面劳动的这一理念是在经济全球化引发一系列社会公正问题的背景下提出的。因此，体面劳动的内涵，劳动者要有一份养家糊口的工作，还要有稳定的就业机会、安全的工作条件、充分的社会保障以及工作中更为广泛的权利，就是要尊重劳动，尊重劳动者的尊严和权利，落实劳动者主人翁的地位，使每个劳动者通过体面的、有尊严的劳动来主宰自己的命运。由此可见，体面劳动不是指收入高、劳动条件好、有保障、"有面子"的劳动，更不是只有坐在办公室工作才是体面劳动，其核心内容是尊重劳动，尊重劳动者，使劳动者的尊严得到有效的保证。体面劳动意味着给劳动者尊严感、获得感、价值感。体面劳动就是有人格尊严的劳动者权益保障的劳动，能自我实现的劳动。体面劳动所要实现的目标是全体劳动者都能体面地从事劳动活动。

国际劳工组织认为，只有通过对工作中的权利、就业、社会保护和社会对话这四个战略目标在整体上予以平衡和系统推进，才能够实现"体面劳动"。体面劳动包括四个方面的内容：劳动者的基本权利得到保障；充分的就业岗位和合理的收入；有效的社会保护；通过社会对话解决问题。也就是说,体面劳动意味着劳动者在从事生产劳动的过程中获得足够的公平的劳动报酬和充足的社会保护,同时还能参与社会对话,有效地保障合法的劳动权益。

党的十九届四中全会通过的《中共中央关于坚持和完善中国特色社会主义制度推进国家治理体系和治理能力现代化若干重大问题的决定》强调:促进广大劳动者实现体面劳动,全面发展;增加劳动者特别是一线劳动者的劳动报酬;保障劳动者充分就业,维护职工合法权益,督促人民履行应尽义务。

二、体面劳动的建设

(一)建设安全舒适的劳动环境

保障生命安全和健康是劳动者的基本诉求,生存权是人类第一位的权利,也是体面劳动的根本要求。安全权是指劳动的环境要足够安全,劳动的过程中要做好安全保障措施,避免事故和危险的发生。健康权是指在劳动的过程中,要保护劳动者的身心健康,不仅要防止恶劣的工作环境对身体的侵害,也要警惕过重的工作压力和不良的工作氛围对劳动者心理健康的影响。从工作环境的安全性看,体面劳动要求严格的监督和检查制度来把关,避免劳动者处于极度恶劣的工作环境或工作条件中,避免工伤事故和伤害的发生以及避免劳动者患职业病。因此,要在全社会加强宣传,着力营造尊重劳动者主体地位的氛围,改善劳动者的工作环境,在劳动过程中强化社会保障,保证劳动者身心健康,提高劳动者就业质量,从而保障劳动者的劳动尊严。

(二)保障劳动者合理收入

工资收入是劳动者权益中最基本的内容。获得一份合理的工资收入,不仅是满足最低层次的生存与安全需要所必需的,也是对劳动者的贡献价值和社会地位的肯定,更是劳动者通过劳动实现职业生涯发展的必要条件。因此,要让体面劳动充分体现在劳动者的工资收入中,要用公平的工资福利制度体现劳动的应有价值,用合理的分配制度提高劳动者的劳动积极性,让劳动者能够依靠劳动维持体面的生活。如国家设立最低工资标准,各地区根据当地经济发展水平不断调整最低工资标准,在收入分配中强调注重效率和公平,这些都直接体现了体面劳动的要求,有利于构建和谐的劳动关系。

(三)维护合法合理的社会保障

体面劳动的主旨是劳动者的权益问题。作为生产劳动主体的劳动者,其人格及与劳动相关的权益应不断得到尊重、维护和保障,只有这样,才能使生产劳动健康持续发展。具有劳动能力的公民实现就业,获得劳动权利;男女就业平等同工同酬,禁止雇用童工,就业歧视得到有效遏制;劳动报酬可以使劳动者体面地、有尊严地养活自己及其家庭成员;劳动安全卫生状况良好,劳动者的生命和健康不受威胁;劳动者享有充分的社会保障;劳动者获得应有的教育培训,不断提升就业发展能力;劳动者可表达意愿和参与管理;劳动者有获得持续发展机会的权利。用人单位要提供及时必要的职业技能和发展培训,给予劳动者广阔的空间和充足的发展机会,促进劳动者的进步和自我完善。职业技能培训对于个人、企业和国家来说都意义重大,不仅能够实现劳动者个人的自我完善和提升,有效促进企业提高产能、实现效益增长和人才的成长,而且是推动国家经济转型和高质量发展的迫切需要。获得职业培训和指导不仅可以提高工作技能,也可以为工作进步和职位晋升提供条件,有利于促进体面劳动的实现。

三、体面劳动的价值

党的十九届四中全会提出:"构建和谐劳动关系,促进广大劳动者实现体面劳动、全面发展。"在新时代,实现体面劳动为落实科学发展观、构建和谐社会提出了新要求,注入了新动力。

(一) 促进劳动者实现全面发展

体面劳动体现以人为本的新时代精神。体面劳动提倡在工作中每个人都不受到歧视，享受同工同酬，保障了人们的最低生活标准，也使每个劳动者都有获得公正和体面收入的权利。体面劳动还包括极大改善劳动者的劳动条件，提高劳动者的收入和生活质量，完善劳动保障，促进劳动者自由而全面的发展。

一个人在劳动中受到尊重、获得体面，才能以自己的劳动为荣，充满自信和尊严感，并从劳动中获得快乐和愉悦，最终实现自由而全面发展。在现代社会要做到这些，就必须实现体面劳动。要实现体面劳动，就要尊重劳动，尊重劳动者。

(二) 促进劳动者实现美好生活

通过诚实劳动创造美好生活。诚实劳动的重要表现就是实现体面劳动。一方面，劳动可以创造财富，劳动者因为享有财富而获得体面，实现美好生活。美好生活最基本的就是享有充足的物质生活资料和丰富的精神财富，所以劳动者因劳动而获得体面也是实现人民美好生活的基础。另一方面，体面劳动要求更高层次的就业质量，就是指劳动者工作时间更稳定、收入更高、有更可靠的社会保障，更好的权益保障和更和谐的劳动关系。新时代劳动不仅是谋生手段，还是实现自我价值的重要方式。这意味着人们在选择职业时不只在乎劳动的收入，而是更加注重劳动过程中的体验，感受到劳动赋予生命的崇高与价值，在奋斗中体验到真正的幸福。

(三) 促进社会更加公平正义

让劳动者体面劳动，尊严地生活，才能更好体现社会公平正义。体面劳动既体现了对劳动者的尊重，又有助于劳动更高效、更有质量。在体面劳动中，对于个人而言，它是快乐而有激情的，能够彰显个人的生存价值，激发人的潜能；对于社会而言，它有利于保障人权，维护社会稳定，推进社会文明程度的提升；对于用人单位而言，它可以使生产更有活力和生机，能够在同样的劳动时间内创造出更多的劳动体面劳动带来公平正义价值。因此，体面劳动不仅关于劳动者的个人利益，而且具有重要的社会意义和经济价值。

体面劳动相关政策法律法规的健全围绕劳动者最关心、最直接、最现实的利益问题，一定程度上有利于保障劳动者的合法权益，促进社会公平正义。应完善政府工会、企业共同参与的协商协调机制，构建和谐劳动关系，努力让劳动者实现体面劳动全面发展。只有劳动者能够在体面和有尊严的状态下工作、生活，经济社会发展才有坚实的基础和可靠的保障，才能营造公平正义、积极高效的社会环境。①

1. 劳动者实现体面劳动是落实以人为本的要求

以人为本，就是要把人类的生存作为根本。以人为本，不仅主张人是发展的根本目的，而且主张人是发展的根本动力。一切为了人，一切依靠人，二者的统一就构成以人为本的完整内容。落实到实际工作中，以人为本就是要以广大人民的根本利益作为我们一切工作的出发点和落脚点，不断提高人民群众的生活水平和幸福感，促进人的全面发展。而要做到这点，就必须尊重劳动、尊重知识、尊重人才、尊重创造，尊重和保护一切有益于人民和社会的劳动，不论是体力劳动还是脑力劳动，不论是简单劳动还是复杂劳动，一切为我国社会主义现代化建设做出贡献的劳动，都应该得到承认和尊重。因此，实现体面劳动是落实以人为本的要求。

2. 劳动者实现体面劳动是时代精神的体现

时代精神是每一个时代特有的普遍精神实质，是一种超脱个人的共同的集体意识。让劳动者实现体面劳动既是改革创新的时代精神在社会建设方面的体现，又是激发劳动者创新精神和创新潜力

---

① 彭远威，张锋兴，李卫东. 高职生劳动教育教程 [M]. 桂林：广西师范大学出版社，2020：116－121.

的重要举措。而体面劳动就是为应对经济全球化所带来的种种机遇和挑战而实施的重要社会政策和措施,其目的就是要通过体面劳动的落实,来激发广大劳动者的创新意识和创新精神,提高企业的创新能力,充分调动广大劳动者的创新能力和全社会的创新活力,充分体现改革创新、与时俱进的时代精神,促进经济和社会的创新发展。

3. 劳动者实现体面劳动是社会建设的重要基石

党的十九大提出经济、政治、文化、社会、生态文明建设五位一体的总体布局,其中在社会建设方面,要坚持在发展中保障和改善民生,在发展中补齐民生短板,促进社会公平正义,在幼有所育、学有所教、劳有所得、病有所医、老有所养的基础上不断取得新进展。而体面劳动、尊严生活不仅与社会建设的目标高度一致,而且是社会建设的坚实基础。因为实现体面劳动,意味着劳动者不仅要有一份工作,而且要有平等的就业机会、安全的工作条件和合理的收入、充分的社会保障;意味着要尊重劳动,尊重劳动者的尊严和权利,落实劳动者"主人翁"地位,使每个劳动者通过体面的、有尊严的劳动来主宰自己的命运。因此,没有体面劳动,就不能充分发挥广大人民群众的聪明才智和建设社会主义的积极性,社会建设就无从谈起;没有有尊严的生活,就不能满足人民日益增长的美好生活需要,和谐社会的建设就会失去动力和活力。

4. 劳动者实现体面劳动也是尊重和保障人权的重要举措

尊重和保障人权是民主政治的基本要求,也是我们党执政的基本目标。劳动者权利是人权的重要组成部分,而保护劳动者权利不仅是体面劳动的重要内容,也是体面劳动的基本要求。体面劳动至少涉及劳动者三个方面的权利:一是工作中的基本人权,关系着人道主义和劳动者的尊严与自由的权利,是体面劳动的前提和必要条件;二是就业和社会保障,属于生存权,关系着劳动者及其家庭的生存,是体面劳动的主要内容;三是社会对话,属于知情权和参与权,是保障劳动者实现体面劳动的基本手段。

四、体面劳动的基本要求

体面劳动意味着劳动者能得到充分而有效的社会保护。充分而有效的社会保护既是体面劳动的重要内容,又是实现体面劳动的重要条件,是劳动者的基本权利,因而也是实现体面劳动的基本要求。体面劳动的社会保护主要包括社会保障和职业健康安全两个方面的要求。其中社会保障包括针对劳动者失业、养老、疾病、生育、工伤等方面的社会保险,也包括社会救济、社会福利等措施;职业健康安全则主要包括为劳动者提供在职业和卫生方面安全的工作环境、劳动工具、工作设施和工作条件。

劳动者的权利得到有效的保护,既是体面劳动的基本要求,也是实现体面劳动的前提,更是尊重劳动和劳动者的具体体现。体面劳动者的权利主要包括如下内容。

(一)政治民主权

劳动者享有由宪法等法律法规规定的各项政治权利,在企业也应具有表达权和对经营情况的知情权。

(二)劳动报酬权

劳动者付出的劳动应当得到相应的合理报酬。

(三)劳动保障权

所有用人单位都要按照《中华人民共和国劳动法》(《中华人民共和国劳动合同法》)的有关规定与劳动者签订劳动合同,为劳动者做好养老、养老、医疗、工伤、生育、失业等社会保险。

(四)知情参与权

生产经营状况、发展状况、重大事项,特别是劳动者对用人单位的重大事项等应有知情权;用人单位要定期向劳动涉及劳动者切身利益的重大事项公开通报，并就涉及劳动者利益的决策、决策、制度等重大事项在出台前先征求工会或劳动者的意见。

（五）事业发展权

对于劳动者的技能、素质提升和个人的成长进步，用人单位应提供必要的条件、合理的经费和相应的设施，为劳动者提供成长发展平台，让劳动者实现自己的人生价值。

（六）法定的休息休假权

劳动者的工作时间要严格按照劳动法规定执行，不得超时，在国家法定的休息休假日、节假日应得到休息，确实需要加班时，应征得劳动者同意，并按照规定发放加班工资或予以调休。

（七）劳动安全保护权

用人单位应给劳动者提供安全的工作设施、劳动工具和工作环境，劳动者有对自己的劳动环境和工作条件提出合理要求的权利。

（八）就业择业权

政府和企业要创造更多体面的工作岗位，保障劳动者的就业权、充分尊重劳动者意愿，给劳动者充分的择业自主权，不能使劳动者被迫接受不可以接受的工作。

（九）精神文化权

用人单位应为劳动者创造幸福快乐的工作和生活环境，丰富劳动者业余文化和体育生活，满足劳动者的精神文化需求。

（十）成果共享权

实现体面劳动必须强调全员性，惠及广大劳动者，让劳动者能够共享社会和企业的发展成果。劳动者要得到合理的劳动报酬既是劳动者的基本权利，也是劳动者体面生存和发展的基本条件。只有公平合理的收入分配机制，才能保证劳动者体面地劳动、有尊严地生活。[①]

五、践行体面劳动

幸福是奋斗出来的，梦想不会自动成真，大学生实现体面劳动是要通过努力拼搏奋斗践行获得。体面劳动在近年出现的"就业难"问题上还继续存在，这里的"难"表现在大学生想要找到一份谋生的工作尤其是想找到一份"好"工作的"难"，这里的"好"工作就是对体面劳动的诉求。大学生要想实现体面劳动，就要对自己有正确的认知，正确认识就业，树立体面劳动的价值观，在大学学习期间，强化体面劳动意识，掌握专业技术技能，努力提高实现体面劳动的能力。

（一）树立正确的体面劳动价值观

大学生在校期间要积极践行社会主义核心价值观，树立社会主义劳动价值观。体面劳动价值观对大学生择业就业乃至社会的价值导向有着至关重要的作用。一些高校毕业生希望自己刚走出校园就找到高薪水的理想工作，但现实往往不尽如人意，出现"高不成，低不就"的现象，这与没有正确自我定位、正确认识劳动有关。我们想要体面劳动，必须树立体面劳动的价值观念，培养社会主义体面劳动价值观。要合理地调整择业期望值，认识到自己的优势和不足，一切从自身实际出发理性择业。

（二）切实提高体面劳动的能力

社会主义市场经济中的劳动就业，德智体美劳全面发展的高素质技术技能人才是一个关键因

---

① 教育部职教中心研究所. 劳动教育读本[M]. 北京：高等教育出版社，2021：114—116.

素。体面劳动的主体是劳动者本身,而全面提高劳动者的素质是实现体面劳动的关键。劳动者要想在劳动中得到尊严和体现自身价值,就需要不断提升职业化、专业化水平,培养自己的专业技能、人文素养、职业精神,提高劳动能力和素质,从而提高在劳动力市场上的竞争力。

(三)积极参与体面劳动实践

五月是"劳动精神"充分彰显的月份。"五一"国际劳动节一批劳模受奖,大国工匠们也在媒体的宣传下出现在公众视野,彰显了劳动价值和优秀劳动者的风采,推动体面劳动成为全社会的共同追求和价值取向。作为接受高等教育的青年大学生,面对新时代劳动教育浪潮,立足新时代,了解自己的责任与义务,在实践中积极培养正确的劳动习惯和劳动品质,积极参与党史学习教育,学史明理、学史增信、学史崇德、学史力行,树立服务人民,奉献社会的崇高理想,切实提高职业素养、提升专业技术技能,积极投身实现体面劳动的社会实践中。①

第二节　劳动权益

维护劳动者合法权益既能够保护劳动者合法劳动行为,形成尊重劳动的文化氛围,也有助于企业人力资本的积累,保障企业可持续发展,是我国构建和谐社会、实现中华民族伟大复兴的中国梦不可或缺的重要组成部分。在党的十九大报告中,"更高质量和更充分就业""人人都有通过辛勤劳动实现自身发展的机会""构建和谐劳动关系""鼓励勤劳守法致富"等重要表述无不展现出国家保护劳动权益和着力改善民生的决心。

一、劳动权益的内涵

劳动权益是劳动者合法、合理的权利与利益的简称,指的是劳动者作为人力资源的所有者,在劳动关系中,凭借从事劳动这一客观存在而获得的应享有的权益,包括就业权、劳动报酬权、休息权、劳动安全卫生权、社会保险权、职业技能培训权以及法律规定的其他劳动权益等。保护劳动者权益就是要保护劳动者的这些合法、合理的权益,这些权益能否得到有效地保护直接关系到劳动者的生存和发展,影响劳动者体面劳动的实现。

1. 就业权。凡是有劳动能力的公民,均应当获得平等就业和选择职业的权利,并能够不受歧视地自主选择职业。

2. 劳动报酬权。劳动者在合法履行劳动义务之后,有权获得与其劳动力价值对等的劳动报酬权益。

3. 休息权。过度劳动或透支式劳动都不利于劳动者身心健康,对于可持续劳动过程会带来负面影响,因而依照法律相关规定,劳动者享有依法休息休假的权益,包括法定节假日、病假、产假等。

4. 劳动安全卫生权。劳动者在劳动的过程中有权获得安全的工作环境以及必要的劳动保护用品,以保障本人的安全和健康的权利,获得劳动安全卫生保护的权益。

5. 社会保险权。用人单位和劳动者必须依法参加社会保险并缴纳社会保险费,获得社会保险和福利的权益。

6. 职业技能培训权。从事技术工种的劳动者具有接受职业技能培训的权益,这既是技能提升和工作效率提高的需要,也是保护劳动者身心健康的需要。

努力改善劳动者在劳动就业、社会保障、劳动安全等方面的条件,保障劳动者特别是大学毕业

---

① 彭远威,张锋兴,李卫东.高职生劳动教育教程[M].桂林:广西师范大学出版社,2020:122-123.

生的合法权益，有利于推动发展和谐劳动关系促进社会公平公正，促进包容性增长，促进体面劳动的实现。劳动者权益得到充分而有效的保护，既是体面劳动的重要内容，也是劳动者实现体面劳动的重要保证。

二、大学生劳动权益保护

我国党和政府高度重视对劳动者权益的保护。近年来，我国已经颁布了多部法律法规来保护劳动者的合法权益，在劳动者权益保护方面取得了举世瞩目的成绩。但是我们也应该看到，在劳动关系中，劳动者仍然处于劣势地位，加上劳动者维权意识不足、维权能力不够，劳动者权益受损的现象仍然存在，主要表现在劳动者工作环境安全缺乏保障、企业用工不规范、企业薪酬发放不及时和不到位、劳动者休息休假的权利得不到保障、同工不同酬、性别歧视等。保护劳动者的合法权益，需要从法律维权、工会维权、社会维权、企业尽责等多个方面共同努力，建立劳动和谐社会。

大学生具有"劳动者"身份，理应合法享有相应的劳动权益，但作为兼有"在校学生"与"劳动者"双重身份的大学生，很难与用人单位形成持久而稳固的劳动关系，这既成为一些用人单位逃避相关责任的借口，也是大学生自身维权意识不足的重要原因。部分大学生法律意识淡薄，对自身劳动义务认知不到位，认为与用人单位签订的就业协议不具备法律效力而肆意违约。对自身权益、应尽法律义务的不明晰既不利于大学生维护自身合法权益，同时也损害了用人方的利益，不利于维护社会公共秩序。因此，培养大学生合法劳动意识，既要积极履行自身劳动义务，又要善于运用法治思维保护自身的合法权益。

（一）大学生劳动权益保护的特殊性

大学生"特殊劳动者"的身份增加了将其充分纳入法律保护的难度。大多数情况下，大学生需要边完成学业边参加劳动，这就使得他们很难提供连续且稳定的劳动，这种非持续性或非全日制劳动的形式为劳动合同签订带来了困难，即使签订劳动合同，其条款往往也只是一些原则性说明，进而成为其劳动权益维护的重要障碍。

用人单位对于大学生兼职劳动的预期不稳定，用对待普通劳动者的方式为大学生提供必要劳动培训或保障的动力不足。在校大学生能否顺利毕业、毕业后是否会继续留下来工作等，都是用人单位雇佣大学生时所担心的问题。用人单位考虑时间较短，出于节约成本考虑，在法律层面也较少为其缴纳相关劳动保险。

大学生与用人单位双方合同缔约能力不对等。在兼职或实习劳动关系中，大学生明显处于弱势地位，使得他们在兼职与实习过程中不敢主张自己的合法权益，当自身合法权益受到侵害时也不会像普通劳动者那样主动寻求法律保护。[①]

（二）兼职中的劳动权益

大学生兼职活动形式多样，在时间上也有很强的自由性，大多发生在寒暑假或节假日期间。大学生在兼职过程中遭遇权益侵害，时常出现劳动报酬被压低、休息保障不充分、被故意延长工作时长、故意拖欠或克扣工资、被安排高强度工作等方面，甚至出现用人单位无视兼职大学生劳动期间受伤的情况，大学生兼职中的合法劳动权益保护不甚乐观。

根据大学生兼职的法律性质可将大学生兼职种类划分为非全日制用工与劳务关系用工两种。非全日制用工形式与企业正式员工的全日制工作形式相对应，一般为大学生到企业兼职；劳务关系用工相比于非全日制用工形式更加灵活，劳动具有短时性的特点，如发传单、促销或家教等兼职活动。在两种用工关系的兼职中，兼职大学生都享有自愿订立劳动合同、约定工时限制、获得工资保障以及享受特殊工伤赔偿的权益。

---

① 赵鑫全，张勇. 新时代大学生劳动教育[M]. 北京：机械工业出版社，2021：175-178.

一是大学生与用人单位双方在平等协商的基础上应自愿订立劳动合同。二是大学生在兼职时有权与用人方约定兼职期间工时限制。三是大学生兼职有获得工资保障的权利。四是大学生兼职期间有权享有与工伤保险对等的工伤赔偿。

（三）就业实习中的劳动权益

大学生就业实习，是指已修完学校规定学分即将毕业但尚未拿到毕业证和学位证的大三或大四学生，以就业为目的提前进入工作岗位工作。与兼职的情况不同，大学生就业实习的特点在于利用学籍时间，着眼于提升自身的实践能力与就业能力，而不是单纯地利用课余时间赚取劳动报酬。一般而言，大学生就业实习是基于学校的实践安排，而兼职则属于个人行为。随着劳动力市场就业压力增大，实习已成为大学生择业就业的重要途径，通过实习既能够提升大学生的实践能力，帮助其提前适应职场，同时有助于促进产教融合。然而由于实习生身份与人事关系的特殊性，许多企业为降低用工成本，在规章制度、岗位职责等方面按照本单位正式员工的要求管理实习生，而在享有对等的劳动权益方面却尽显苛刻。①

目前，我国劳动权益保障体系中虽然尚未形成针对大学生群体的劳动权益保障条款，但在已有法律法规中已体现出对大学生群体合法劳动权益的重视。《中华人民共和国劳动合同法》是保障大学生就业权益的基本法律条文，大学生就业中的劳动权益主要包括劳动合同的签订、依法明确试用期限以及订立清晰的合同条款。2016年教育部等五部门联合印发的《职业学校学生实习管理规定》以及2019年教育部印发的《关于加强和规范普通本科高校实习管理工作的意见》（简称《意见》）对职业院校、普通高校学生实习期间工作时间和休息休假权、获得实习报酬权以及对实习过程中发生疾病、伤亡等情况的处理等都做了规定与说明，如"接收学生顶岗实习的实习单位，应参考本单位相同岗位的报酬标准和顶岗实习学生的工作量、工作强度、工作时间等因素，合理确定顶岗实习报酬，原则上不低于本单位相同岗位试用期工资标准的80%，并按照实习协议约定，以货币形式及时、足额支付给学生"。

实习生在就业实习过程中通常发挥"顶岗"的作用，能够胜任一般工作的要求，但"实习工资"通常低于正式员工。鉴于实习生身份的特殊性，企业可以不为实习生缴纳养老保险、失业保险，但应注意要足额缴纳实习期间的工伤保险，切实保障实习生的劳动权益，在就业实习中免受职业伤害。

三、培养合法劳动意识

大学生作为社会主义建设中的公民主体，其合法劳动意识的培养对构建和谐劳动关系、维护社会稳定、促进经济持续健康发展都有无可替代的现实意义。《意见》中也明确提出要"充分认识新时代培养社会主义建设者和接班人对加强劳动教育的新要求"，坚持体现时代特征的原则，强化诚实合法劳动意识。

要学好相关法律法规知识，学好劳动法规知识是前提，用好劳动法规知识才是目的。《中华人民共和国劳动法》《中华人民共和国劳动合同法》规定了劳动者合法权益的基本内容，是大学生在兼职、实习活动中维护自身合法权益的重要法律保障，因此大学生应主动学习法律条文中劳动权益的有关内容。除了学习劳动相关法律法规，大学生应当充分利用学校课程资源，重视相关法律课程的学习。

要深刻地认识到兼职和实习是寻找工作、正式迈向劳动力市场的前奏，要用一个合格劳动者的标准要求自己，既要注重自身劳动权益的合法保护，也要清楚地认识自己在兼职与实习活动中应履行的义务，诚实劳动，辛勤劳动，用实际行动为自己争取更多权益。②

---

① 赵鑫全，张勇．新时代大学生劳动教育［M］．北京：机械工业出版社，2021：181-182．
② 赵鑫全，张勇．新时代大学生劳动教育［M］．北京：机械工业出版社，2021：186-188．

要切实维护合法权益。在兼职、实习与就业的过程中,当自身合法权益受到侵害后,大学生应勇于面对被侵害的情况,运用已有的法律法规知识主动尝试与用人方进行沟通,明确双方的权责,尝试协调解决问题。当个人努力协调无果,大学生还应积极寻求外在帮助。高校是大学生进入社会前法律意识形成和培养的重要场所,也是大学生合法权益受到侵害后的第一道保护阵地。在学校的帮助下与用人方进行沟通协调,借助多方力量共同维护自身的合法权益。

第三节　劳动保险

劳动保险是国家为劳动者提供的一种社会保障制度,是劳动者因为年老、失业、患病、工伤、生育等各种原因不能继续从事劳动或暂时中断劳动,从国家和社会获得物质帮助的一种方法和途径。

目前,由劳动组织为员工进行的保险主要包括五类:养老保险、医疗保险、失业保险、工伤保险、生育保险,其中工伤保险、生育保险由用人单位单独缴纳。劳动保险可以有效保障无收入、低收入以及遭受各种意外灾害的劳动者有生活来源,满足基本的生存需求,帮助他们消除和抵御各种市场风险,避免因生活缺乏基本保障而引发系列的困难和矛盾,从而维护社会的稳定。

劳动保险是一种社会保障制度,旨在为劳动者在遇到年老、患病、工伤、失业、生育等丧失劳动能力的情况下提供国家和社会补偿和帮助。这种制度通过国家立法加以保证,具有强制性质,确保劳动者在遇到上述情况时能够获得必要的物质帮助。具体来说,劳动保险的各项内容如下:

养老保险:确保劳动者在年老或因病丧失劳动能力时,能够依法领取一定数额的费用。

医疗保险:为劳动者及其供养亲属在非因工伤病时提供医疗帮助。

失业保险:在劳动者失业时提供一定物质帮助,促进其再就业。

工伤保险:为因工致伤、致残、死亡的劳动者提供经济赔偿和物质帮助。

生育保险:为女职工因生育提供医疗、休息等物质帮助,包括产假和生育津贴等。此外,劳动保险的某些长期待遇,如退休养老基金等,是通过在全国或地区范围内进行统一筹集、统一支付、统一调剂、统一管理来实现的,这种制度不仅保障了劳动者的基本生活需求,还体现了社会的互助互济精神。

第八章　劳动发展

第一节　劳动伦理

一、劳动伦理的概念

劳动伦理是指关于劳动活动的伦理原则和行为规范，它关注劳动者在劳动过程中的尊严、公平、自由和幸福。这一概念强调劳动不仅是经济活动的一部分，也是道德和社会关系的重要组成部分。具体来说：

尊严的劳动：强调劳动者应受到尊重和公正对待，其工作应被视为有价值和有尊严的。

公平的劳动：涉及劳动条件的公平分配，确保所有劳动者在相同或相似的条件下工作。

自由的劳动：劳动者应有权选择自己的工作方式和条件，以及在工作场所内的自由表达。

幸福的劳动：关注于通过工作实现个人幸福和社会福祉，工作应不仅是为了生存，还应带来满足感和成就感。

此外，劳动伦理还涉及到劳动关系中的和谐与道德化要求，以及劳动者应具备的诚实劳动道德要求。这些方面共同构成了劳动伦理的核心内容，使其成为理解和指导实际劳动关系的重要工具。

二、劳动伦理的特点

劳动伦理的特点主要包括历史性、实践性、普适性和阶级性。具体介绍如下：

历史性：劳动伦理随着历史的发展而演变，不同历史时期对劳动伦理的要求和期望不同。

实践性：劳动伦理是人们在劳动实践中形成和发展的，它指导着人们的劳动行为，确保劳动活动的道德性和正当性。

普适性：劳动伦理适用于所有类型的劳动和所有劳动者，它提供了一套普遍适用的道德准则和行为规范。

阶级性：由于社会阶级的存在，劳动伦理在不同阶级中可能有不同的体现和应用，反映了社会结构和权力关系对劳动伦理的影响。

这些特点共同构成了劳动伦理的复杂性和多样性，使其在不同社会和文化背景下具有不同的表现形式和功能。

三、劳动伦理的内涵

劳动伦理的基本内涵主要有尊严的劳动、公平的劳动、自由的劳动和幸福的劳动4个方面。首先，劳动是受人尊重的，其次劳动是公平的，任何人都可以劳动；而且劳动是自由的，强迫劳动那叫剥削；同时劳动又是幸福开心的，一个连劳动幸福感也没有的人的劳动不是劳动而是任务了。

从劳动伦理维度展开深入探讨，不仅着重从应用层面研究了企业劳动关系的构建，分析了当前我国企业劳动关系不和谐的现状，揭示了企业劳动关系矛盾突出的现象和原因。

提出了构建企业和谐劳动关系的途径，而且从伦理视角，提出了完善劳动关系的法律制度保障、健全劳动关系的长效机制、加强思想文化建设等基本思路，指出构建社会主义和谐劳动关系，应当通过切实维护劳动者的基本权益和正当要求体现出来。

劳动的意义：人类的一切活动（经济活动、政治活动与文化活动）在本质上都是价值的运动，都是各种不同形式的价值不断转化、不断循环、不断增值的过程。

这种价值运动具体表现为：使用价值、劳动潜能、劳动价值与新使用价值的循环回路，所有复杂形式的价值运动最终都可以分解为若干个这样的循环回路，所有复杂的社会现象都是由若干个这样的循环回路有机地组合而成。

四、劳动伦理的义务

劳动伦理的义务主要包括完成劳动任务、提高职业技能、执行劳动安全卫生规程、遵守劳动纪律、遵守职业道德、保守商业秘密和与知识产权相关的保密事项、不从事竞业限制内的活动等。劳动者的义务是他们在劳动关系中必须履行的责任，这些义务不仅关乎劳动者个人的职业行为，也直接影响到用人单位的权益和整个劳动市场的秩序。具体来说，劳动者的义务包括：

1. 完成劳动任务：这是劳动者最基本的义务，意味着劳动者需要按照劳动合同的约定，完成所分配的工作任务。

2. 提高职业技能：劳动者有义务不断提升自己的职业技能，以更好地完成工作任务，提高工作效率和质量。

3. 执行劳动安全卫生规程：劳动者需要遵守劳动安全卫生规程，确保自己在工作过程中的安全和健康。

4. 遵守劳动纪律：遵守用人单位的各项规章制度，维护工作秩序和纪律。

5. 保守商业秘密和与知识产权相关的保密事项：劳动者有义务保护用人单位的商业秘密和知识产权，不泄露相关信息。

6. 不从事竞业限制内的活动：如果劳动合同中有竞业限制的约定，劳动者在合同期内或结束后的一定期限内，不得在生产同类产品、经营同类业务或有其他竞争关系的单位任职，也不得自己从事相关竞争活动。

7. 遵守职业道德：这是指劳动者在工作过程中应遵循的职业道德规范。遵守职业道德是劳动者进行劳动时的必然要求。职业道德是指在一定职业活动中应遵循的、具有自身职业特征的道德准则和行为规范，是在职业范围内长期形成的比较稳定的道德观念、行为规范和习俗的总和。既是对本行业人员在职业活动中的行为要求，同时又是本行业对社会所承担的道德责任和义务。由于职业不同，在特定的职业活动中便形成了各自特殊的职业关系、职业利益和职业义务，以及特殊的职业活动范围和职业活动方式，从而也形成了特殊的职业行为规范和职业道德要求。职业道德是"知"与"行"的有机统一，两个方面密切联系、互相影响。要形成良好的职业道德素质，必须从"知"与"行"两个方面同时努力，这是职业道德建设的一般规律。良好的职业道德能起到维护社会正常运转秩序，维护各行业和各单位信誉与形象，规范和调节职业交往中的各种关系，促进全社会的道德水平提高的作用，所以，要提高全社会的道德水平和公民素质，就要努力提高所有从业人员的职业道德水平。劳动者应当践行以爱岗敬业、诚实守信、办事公道、热情服务、奉献社会为主要内容的职业道德。

（1）爱岗敬业。劳动者应在劳动过程中树立高度的责任感和事业心，保持高昂的工作热情和务实、苦干的精神，培养认真踏实、恪尽职守、精益求精的工作态度，力求干一行、爱一行、专一行。

（2）诚实守信。劳动者应保持诚实，不弄虚作假、不以次充好、不敷衍了事，并做到信守承诺，履行自己应承担的义务。

（3）办事公道。劳动者应以客观公正的态度处理问题，不受任何个人或团体的影响，坚持以事实为依据、以公正为准绳；还应严格按照章程、制度办事，不徇私情、不打折扣、不越权或滥用职权。

（4）热情服务。劳动者应树立服务意识，在劳动过程中用真诚、亲切、关心和细致的态度对待服务对象，尊重、理解对方的需求和问题，并不断提升职业技能，提供更高品质的服务。

（5）奉献社会。奉献是职业道德的最高要求。劳动者应树立奉献社会的职业理想，并通过自己的辛勤劳动为社会、为人民做出贡献。

除此之外，劳动者还应向用人单位如实告知与劳动关系密切相关的信息。对于部分岗位，劳动者还应履行保密义务，签订保密协议等。

这些义务共同构成了劳动伦理的核心内容，旨在维护劳动关系的和谐稳定，保障劳动者和用人单位的合法权益。

第二节　人工智能与未来劳动

目前全世界正在进行一场科技革命。人工智能、机器人、虚拟现实（VR）、增强现实（AR）、宇宙开发等各种爆发性的科技发展正在不断地改变我们的生活。人工智能（Anificial Intellgence，英文缩写 AI）是研究、开发用于模拟、延伸和扩展人的智能的理论、方法、技术及应用系统的一门新的技术科学。人工智能属于计算机科学的一个分支，它企图了解智能的实质，并生产出一种新的能与人类智能相似的方式做出反应的智能机器，该领域的研究包括机器人、语言识别、图像识别、自然语言处理和专家系统等。以人工智能为代表的新技术革命将给整个社会带来翻天覆地的改变，这种影响几乎等同于 20 世纪初机械设备将农耕经济带向工业经济时，社会所经历的根本性变革。

一、人工智能的发展历史

人工智能的思想萌芽可以追溯到 17 世纪中期，莱布尼茨、托马·霍布斯和笛卡尔提出形式符号系统假设，为人工智能研究打开了理论探讨之门。19 世纪 20 年代，英国科学家巴贝奇设计了第一台"计算机器"被认为是计算机硬件亦即人工智能硬件的前身。1956 年 8 月，约翰·麦卡锡、赫伯特·西蒙等不同领域科学家在美国达特茅斯学院发起并组织夏季研讨会，探讨"如何用机器模仿人类智能"，并在会议上首次提出人工智能概念，"达特茅斯会议"也被称为"人工智能的起点"。[①]

二、人工智能的发展类型

人工智能是研究开发能够模拟、延伸和扩展人类智能的理论、方法、技术及应用系统的一门新的技术科学，研究目的是促使智能机器会听（语音识别、机器翻评等）、会看（图像识别、文字识别等）、会说（语音合成、人机对话等）、会思考（人机对弈、定理证明等）、会学习（机器学习、知识表示等）、会行动（机器人、自动驾驶汽车等）。按照智能化水平的高低，人工智能可以分成三大类：弱人工智能、强人工智能和超人工智能。

（一）弱人工智能

弱人工智能只专注于完成某弱人工智能如语音识别、图像计识别和翻译，是擅长于单个方面的个特定的任务，人工智能。它们只是用于解决特定的具体问题，大都是依据相关统计实现一定的智

---

① 赵鑫全，张勇．新时代大学生劳动教育［M］．北京：机械工业出版社，2021：250－251．

能化处理。由于弱人工智能处理的数据归纳出模型，且发展程度并没有达到模拟人脑思维的程度，所以弱人工智能较为单一，属于"工具"的范畴，与传统的"产品"在本质上并无区别。例如，能战胜围棋世界冠军的人工智能 AphaGo，它只会下围棋，如果改为中国象棋则无法应对。

（二）强人工智能

强人工智能属于人类级别的人工智能，在各方面都能和人类比肩，人类能完成的脑力工作它都能胜任。弱人工智能是利用现有智能化技术，来改善人类经济社会发展所需要的一些技术条件和发展功能，而强人工智能非常接近于人的智能，这需要脑科学的突破，国际普遍认为这个阶段要到 2050 年前后才能实现。它能够进行思考、计划、解决问题、抽象思维、理解复杂理念、快速学习和从经验中学习等操作，并且和人类一样得心应手。强人工智能系统包括了学习、语言、认知、推理、创造和计划，目标是使人工智能在非监督学习的情况下处理前所未见的细节，并同时与人类开展交互式学习。由于强人工智能的智能化程度已经可以比肩人类，同时也获得了具有"人格"的基本条件，机器可以像人类一样独立思考和决策。

（三）超人工智能

超人工智能是脑科学和类脑智能能有极大发展后，人工智能成一个超强的智能系统。在几乎所有领域比最聪明的人类大脑都聪明很多，包括科学创新、通识和社交技能。在超人工智能阶段，人工智能已经跨过"奇点"，其计算能力已经远超人脑，甚至已经超越了人类可以想象的范畴。人工智能打破人脑受到的维度限制，其所观察和思考的内容人脑已经很难理解，人工智能将形成一个新的社会。

三、人工智能的发展趋势

以人工智能、大数据、量子信息、生物技术等为代表的新一轮科技革命和产业变革正在催生大量新产业、新业态、新模式，将给世界发展和人类生活带来翻天覆地的变化。一是学科领域交叉渗透，二是经济发展新引擎和竞争新热点，三是带来社会建设的新机遇和新挑战。

展望未来，人工智能和机器人对世界带来的影响将远远超过个人计算机和互联网在过去 30 年间所引发的人类变革。

四、人工智能与未来劳动者

（一）人工智能与人类劳动的关系

随着新一代人工智能的兴起，机器智能越来越接近人类智能，过去专属于人类的劳动，特别是脑力劳动，越来越被智能机器所取代。因此，人工智能给人类劳动带来了巨大的挑战，如挑战人类劳动权利和劳动价值观。但是，对人类来说这种挑战本身也是一种机遇，它让人类从繁重的体力和脑力劳动中解放出来，人类由此获得了一定的解放和自由，并有闲暇去享受生活和全面发展。历史经验告诉我们，技术创新从未带来大规模失业，反倒在经济活动中创造了新的、更多的就业机会，人工智能也不例外。人工智能可能会在所有行业中创造许多新的工作，只是工作就任务的要求会发生很大变化。当然，人工智能带来的对人类劳动的挑战不仅仅是劳动问题，它还将涉及财富分配、公平公正等更多深层次的问题。

（二）人工智能时代劳动者需要具备的能力

人工智能时代，技能人才将被划分为技术的创造者、使用者和协作者。对于技术的创造者来说，需要具备计算思维和数字能力，需要拥有数字学科、技术科学和自然科学、人文科学和商学科的能力；对于技术的使用者来说，需要信息技术、数据分析处理、内容开发、信息技术使用等方面

的能力，需要利用信息技术解决面临的各种问题。①

人工智能是一门极富挑战性的学科，从事这项工作的人必须懂计算机知识，以及心理学和哲学。大学生应该主动拥抱人工智能时代，主动学习相关知识和技能，提升自己的创造力、社交能力、分析能力、思考能力、判断能力、审美能力和学习能力，主动适应社会发展。

（三）人工智能与未来劳动

世界发展日新月异，时代环境不断变化，技术和知识不断更新换代。从社会角度来说，脑力劳动所占的比重越来越大。劳动的支出形式对产业结构，特别是第三产业占比来说至关重要。

利用电子计算机和信息传输系统，收集处理信息，编制和控制生产程序的脑力劳动越来越成为劳动者每天的劳动内容。同时，通信办公和家用电子设备的普及，使人们的生产方式生活方式和自身的价值取向发生了重大变革，脑力劳动飞速发展，开启智能劳动。

互联网、物联网改变着我们的世界，信息时代、智能时代向我们走来，人类的劳动出现了新的变化。身处信息化时代，每天都享受着大数据、云计算带给我们的智能化生活，如今手机功能可谓无所不能，支付宝、微信支付等帮我们摆脱了传统习惯，智能管家解放了人类双手，天眼、GPS帮助我们迅速查找定位，等等。人类的劳动出现新变化，人类的生活方式飞速变化，职业类型不断变迁。在劳动方式上，直接劳动本身不再是物质生产的主要方式，直接劳动主要变成看管和调节的活动，劳动产品不再是单个直接劳动的产品，相反地，作为生产者出现的是社会活动的结合。直接从事劳动的工人减少，更多是参与研发、设计、管理等劳动，脑体结合的劳动者越来越多。这使得人类劳动时间相对减少，劳动者有更多时间钻研创造，劳动的自主性增强。②

（四）人工智能和未来劳动者

随着人工智能技术日趋成熟和应用领域快速扩展，知识、心理、协作、创新等劳动素养的地位将不断提高，大学生施展才华的舞台也会大幅拓展。

人类劳动活动取划分为四类：规则性体能劳动，规则性智能劳动、非规则性智能劳动和非规则性体能劳动。规则性体能劳动主要指一般的体力劳动，工作内容程序化、固定化重复性强，劳动者处在人才链的最底端，主要聚集在农业、建筑业、制造业流水线和部分服务业。规则性智能劳动主要是一般性的事务性工作，工作内容具有一定专业性，程序化和规律性较高，劳动者处在人才链中端，包括文员、会计、人力资源专员。非规则性智能劳动一般是指需要高知识高技能的脑力劳动，工作内容复杂，具有较高专业性，劳动者处在人才链的顶端，专注于对未知领域的探索，需要具有创造性思维方式，如科学家、企业家、艺术家等。非规则性体能劳动一般特指从事体育运动、极限运动、野外救援等特殊领域中的工作，这一类劳动者数量少、工作危险性高，在劳动力总数中占比最小。在未来人工智能时代，劳动变化正在悄然发生。

1. 机器改变世界的趋势正在形成

国际机器人联合会的统计数据显示，目前全球制造企业在生产制造中使用的机器人总数已经超过百万台。互联网技术的支撑使机器人从过去的单台设备应用进入现在"机器人＋互联网"的数字化工厂。机器人不仅可以提高生产效率，还可以有效改善产品质量，降低生产成本。"机器换人"将成为传统制造向智能制造转变的必然趋势。

2. 以人为中心的工作流程正在强化

与机器相比，人类的优势在于创造力、灵活性、评判力、即兴创作以及社交和领导能力。因此，人工智能带来的"机器换人"不是机器替代人类本身，而是充分发挥机器与人各自的优势，用机器运行时间替代人类的劳动时间——尤其是重复性、机械式的劳动时间，让人们从繁重的生产工

---

① 教育部职教中心研究所. 劳动教育读本[M]. 北京：高等教育出版社，2021：215.
② 彭远威，张锋兴，李卫东. 高职生劳动教育教程[M]. 桂林：广西师范大学出版社，2020：23.

作中解放出来，大幅增加个体可支配的闲暇时间，并助力人们自由发展创造力、想象力和控制力，让人更像"人"，而不是像机器一样工作。智能工厂中机器将代替人力完成大多数工作，不再需要工人参与生产，从而实现向"无人工厂"的转变。

3. 劳动者角色的转变正在加速

劳动者的角色正在从机器操作者向问题解决者转变。工业革命以来极度细化的流水线工作让工人变得更像机器人。生产智能化则在很大程度上减轻了劳动者的劳动强度，改善大批劳动者工作环境，实现从"机器人"向"人"的转变。因此，人工智能对规则性体能劳动和规则性智能劳动的替代是基于社会科技进步，而劳动者向着更高智能劳动领域发展，一定要借助人力资本投资才能实现，主要是指国家为了经济发展，在教育经费和技术训练等方面所进行的投资。

人工智能来势汹汹，虽然完全替代人类劳动为时尚远，但智能机器、智慧制造、产业机器人和服务机器人正在逐渐渗透人类的工作领域，代表着高强度、高效率的生产能力以排山倒海之势进入我们的劳动生活。

五、人工智能对未来劳动者的技术技能需求

随着人工智能在生产生活中的应用不断深化，部分工作岗位被替代的趋势无法阻挡，但智能教育、智能物流、智能交通、智能旅游、智能医疗、智慧城市建设等新事物的不断而现同样无法回避，这也将为大学生提供更多就业机遇和平台。未来社会的清晰全景图是无法预知的，但互联网、移动互联网、物联网、云计算、大数据等技术推动人工智能在各个领域加速应用的趋势却是可以肯定的，由此带来的劳动方式变革也是难以避免的。人工智能凭借机器学习和大数据处理能够高效完成重复性劳动，通过海量大数据不断训练和自我学习，提出全新解决方案，大幅提升工作效率，进而对生产、管理、研发、营销等诸多方面产生深刻的影响。在生产环节，大量工业机器人将在很多岗位和领域代替人类劳动者。人工智能在生产制造领域的应用，意味着传统生产方式的革新和智能装备广泛应用于制造流程，推动制造业向智能化转型，产品个性化、定制批量化、流程虚拟化、工厂智能化、物流智慧化等都将成为未来的趋势。

人工智能不仅能极大促进生产力的发展，更重要的是能深刻改变人类的思维观念和生活方式。为了适应和满足未来工作的需要，大学生在社交、创新、学习等方面的能力提升要求也会越来越高。大学生在校学习期间要加强本专业基础知识的学习，系统掌握学科知识体系、知识结构和话语体系，不断提升专业素养。不断提升社交能力、独立思考能力、知识整合能力、终身学习能力、创新创业能力等。利用多媒体和网络信息技术打造的"慕课"等智能化学习环境，通过开放、高效、共建、共享的新型智能交互式学习体系，借助大数据智能在线学习平台，有效打破不同专业学习的界限和壁垒，努力使自己成为一专多能的高素质复合型人才，主动适应社会发展。

数字经济的快速崛起对大学生的信息素养提出更高要求，意味着良好的信息素养将成为大学生走向职场的核心竞争力。信息素养并不是简单的技术应用能力，而是更为综合的一种技能，即人们在管理、学习工作、休闲、娱乐和社交等过程中使用数字通信技术参与社会活动的能力。信息素养不仅是大学生参与数字经济、数字社会和数字文化的前提，也是未来工作对大学生的基本能力要求。

第二篇 健康教育

第九章 现代健康

第一节 健康的概念

健康是人类生存和发展的最基本条件之一，又被称为人生的"第一财富"。拥有健康是我们学习、工作和幸福的先决条件。健康的概念随着社会生产力、科学技术的发展及医学模式的转变而不断地演变和完善。健康是一个全球性问题，是每个国家都需要面对和解决的难题。1948年，世界卫生组织在《阿拉木图宣言》宪章中将健康定义为：健康不仅仅是指机体处于无疾病或虚弱状态，而且是体格、精神都处于完全良好状态。1978年，世界卫生组织将健康定为人类发展的目标，达到尽可能的健康是全世界一项重要的社会性指标。1986年，首届国际健康促进大会对健康的定义做出明确的诠释，其认为健康是一种积极的概念，强调社会和个人的资源以及个人躯体的能力。在随后的1989年，世界卫生组织从生理、心理及社会角度上升到道德角度讨论健康的定义，认为躯体健康、心理健康和社会适应良好和道德健康四个方面才能作为完整的健康观念。1999年，世界卫生组织对道德健康的定义做出解释，认为个体在遵守社会公共道德时，需维护人类共同健康，不仅要为自己的健康承担责任，也要为群体健康承担社会责任。

健康是促进人的全面发展的必然要求，对每个人都有普遍的价值。随着时代的发展，人们对健康认知不断更新，从生理健康到与心理健康并重，到"生理—心理—社会"三位一体的综合观，再到道德健康的提出，使健康概念的内涵得到提升，呈现出四维立体概念，反映了人们对自身本质认知的深化。

健康不仅是没有疾病，还要具备完整的生理和心理状态，以及良好的社会适应能力和道德情操。党的十九大提出，实施健康中国战略。"健康中国"是以人民健康为目标，遵循预防为主、防治结合的原则，以解决危害人民健康的主要问题为重点，向全社会推广健康生活方式，优化健康服务，完善健康保障，从而减少疾病，通过早诊断、早治疗，实现全民健康。2019年7月，全国推进健康中国行动电视电话会议提出，进一步落实大卫生、大健康理念和预防为主方针。"大卫生"指建立卫生体制，提供健康服务，提升国民的健康水平；"大健康"不仅追求的是人的身体健康，还包含精神、心理、社会、环境和道德等方面。2019年发布了《健康中国行动（2019—2030年）》，健康中国行动聚焦当前中国主要健康问题和影响因素，围绕预防和健康促进展开行动，如针对不良

第九章 现代健康

行为与生活方式、环境污染等因素，实施健康知识普及、合理膳食、全民健身、控烟、心理等健康促进行动；预防心脑血管疾病、癌症、慢性呼吸系统疾病、糖尿病四类重大慢性病。健康是人生的第一财富。

一、身体健康

基本标志是身体形态结构正常，生长发育正常，机体结构完整和躯体功能良好的状态，生理生化指标正常，具有良好的健康行为和习惯，对致病因子有较强的免疫力，对伤病有较强的自我修复能力。机体的各个脏器、各个系统能正常发挥其功能作用，保持机体的稳态，具有进行日常生活和社会活动的能力和充沛的精力。人是完整统一的机体，全身所有组织、器官、系统发育状况良好，是健康的基础条件。各器官、系统的功能活动处于良好状态则是健康的具体表现。身体健康是健康人的基础和最重要特征之一。

世界卫生组织认为，人的身体健康主要表现在以下几方面：

(1) 有足够充沛的精力，能从容不迫地应对日常生活和工作压力而不感到紧张。
(2) 处事乐观，态度积极，乐于承担责任。
(3) 善于休息，睡眠良好。
(4) 应变能力强，能适应外界环境的各种变化。
(5) 能抵抗一般性感冒和传染病。
(6) 体重得当，身体匀称，站立时头、肩、臀协调。
(7) 眼睛明亮，反应敏锐，眼睑不发炎。
(8) 头发有光泽，无头屑。
(9) 牙齿清洁，无龋洞，无痛感，无出血症状，齿龈颜色正常。
(10) 肌肉、皮肤富有弹性。

二、心理健康

心理健康的基本含义是指心理的各个方面及活动过程处于一种良好或正常的状态，个体能够适应发展着的环境，具有完善的个性特征；其认知、情绪反应、意志行为处于积极状态，并能保持正常的调控能力。是现代人健康不可分割的重要方面。心理健康的理想状态是保持性格完美、智力正常、认知正确、情感适当、意志合理、态度积极、行为恰当、适应良好的状态。

在一般意义上，心理健康表现为人的心理现象及其活动处于良好的状态。心理健康的内容具有社会历史性。在不同的社会条件下，在不同的历史时期，心理健康的评判标准是不同的。心理健康的基本表现可归纳为：世界观科学，人生积极向上；思维不偏执，认知功能正常；反应适度，情绪稳定，具有精神创伤康复能力；个性无畸形发展，意志品质健全；自我意识正确，自我评价适当。

心理健康的主要表现为：

1. 具有良好的自我意识，悦纳自己。
2. 具有良好的社会适应性。
3. 乐于学习、工作和生活。
4. 乐于交往，人际关系融洽。
5. 具有正常、乐观、稳定的情绪。
6. 具有正常的行为方式。

三、社会健康

社会健康即社会适应性，主要是指具有较好的社会环境适应能力和角色胜任能力，既能克服困难和挫折，适应环境，与外部世界良性互动，又能调适自我，愉快、有效地承担自己应当承担的各种社会角色。

四、道德健康

任何人都生存在一定的社会环境中，都与社会其他人发生各种关系，而对社会环境的适应能力强，以及对与他人的关系处理协调，是健康的主要内容之一。个体在满足自己的健康需要时不能损害他人利益，应具有辨别真伪、善恶、美丑、荣辱等是非观念，能用社会规范的细则和要求支配自己的行为。道德健康是最高层次的健康，其强调通过提升社会公共道德维护人类的健康，要求个人不仅为自己的健康承担责任，而且要对社会群体健康承担社会责任。

一般而言，社会适应良好、道德健康表现为：人际关系协调，有社会责任感，社会角色扮演尽职，行为合乎社会规范。健康具有连续性，从健康、疾病到生命终结，是个逐渐变化的连续过程。

五、健康的四大基石

（一）合理膳食

合理膳食，是健康的基础，不仅可以满足机体每天生理所需的营养素，还有利于自我健康管理和慢性病的预防与控制，促进机体达到营养平衡的目的，对于保持和促进人体健康极为重要。

（二）适量运动

适量运动，指根据个人的身体状况、场地、器材和气候条件，选择适合的运动项目进行运动锻炼，是保持脑力和体力协调，预防、消除疲劳，防止亚健康、延年益寿的一个重要因素。

（三）戒烟限酒

吸烟有害健康众所周知，过量饮酒与多种疾病相关，会增加肝脏的损害，增加痛风、心血管疾病和某些癌症发生的危险。

（四）心理平衡

心理平衡，要求人们要用平和的心态对待人生与事物的得失，讲究内心平衡、和谐。

六、亚健康

健康与疾病之间，并没有一个"非此即彼"的绝对界限。健康与疾病的区别是相对确定的，它们之间还存在一个"中间状态"，即"亚健康"。亚健康状态是指健康状态与疾病界限很不清楚，在一个相当长的时间内，各种仪器和生化检查很难发现阳性结果，人仅仅感到躯体和精神上的不适。其后既可以发展为某种疾病，但也可以仅有种种不适而不发病。在这种状态下人既不属于健康，又难于发现有疾病，是处于健康和疾病的临界状态，即所谓亚健康状态。亚健康状态是健康和疾病相联系的中介环节。一个外表健康的人不一定真正健康，他可能正处于既不属于健康状态也不属于患病状态的亚健康或亚临床状态，包括疾病的潜伏期、慢性病的病前期和恢复期。

根据世界卫生组织关于亚健康的定义，亚健康的状态可分为四种类型：

（一）躯体亚健康状态：主要表现为躯体慢性疲劳，由于劳累过度导致机体抵抗能力下降，出现疲劳、虚弱甚至肌肉疼痛等现象。

（二）心理亚健康状态：主要表现为不明原因的焦虑、不安、恐慌、自卑，时有伴随莫名其妙的烦躁、失眠等现象。

（三）社会适应亚健康状态：主要表现为与他人交往频率下降，人际关系障碍，难以适应工作和学习的压力。

（四）道德亚健康状态：主要表现为世界观、人生观及价值观明显与他人不同，出现损人利己或损人害己的偏差，为人处世发生扭曲。

（五）我国大学生健康状况不容乐观，2016年《国家学生体质健康标准》指出，超重、肥胖和视力高等问题在大学生群体中占有较高的比例，其中，男生高达20%，女生占比7%。而入学体检的视力不良高达75.06%，在校学生的视力不良率居高不下，近视程度持续加深。根据研究表明，我国大学生亚健康发生率为62.3%，目前，约有50%的大学生存在颈椎亚健康问题，超过20%的大学生存在不同程度的心理亚健康症状。因此，重视大学生的健康刻不容缓。

第二节　影响健康的主要因素

人类的健康受各种因素的影响，20世纪70年代加拿大学者从预防保健角度提出的影响健康的四大因素（个人行为与生活方式、环境、生物学和卫生医疗服务）。世界卫生组织指出，对于个人的健康和寿命来说，个人行为生活方式因素约占60%，环境因素占约17%，生物学遗传因素约占15%，卫生医疗服务因素约占8%。由此可见，预防慢性病，生活方式和个人行为是关键。影响健康和寿命的主要因素有以下四个方面：

一、个人行为与生活方式因素

个人行为与生活方式，指人们受到所处的文化、民族、经济、社会、风俗、家庭和同辈等对其生活习惯和行为所产生的影响，包含了危害健康的行为与不良生活方式，它是在一定环境条件下所形成的生活意识和生活行为习惯的统称。

行为与生活方式因素是指由于人们自身的不良行为和生活方式而给个人、群体乃至社会的健康带来直接或间接的影响。据报道，在排名前10位的死因疾病中，不良行为和生活方式在致病因素中的比例，美国占70%，中国占44.7%。由此可见，健康的行为和生活方式在预防疾病、促进健康方面具有很重要的作用。不良行为和生活方式涉及的范围十分广泛，如不合理饮食、吸烟、酗酒、吸毒、药物依赖、久坐而不锻炼等，其中对健康影响最严重的莫过于吸烟、酗酒和滥用成瘾性物质。行为和生活方式对健康的影响可概括为以下公式：

健康程度＝平衡膳食＋情绪稳定＋运动/懒惰＋烟＋酒

行为和生活方式受社会、家庭、经济、文化、民族、风俗等影响，因此不同国家、不同民族，健康生活方式的具体内容不尽相同。世界卫生组织提出了5项健康生活方式：①不吸烟；②不酗酒；③平衡膳食；④锻炼身体；⑤心理平衡。

我国专家提倡的健康生活方式有：①不吸烟，不酗酒；②营养适当，防止肥胖；③坚持锻炼，劳逸结合；④生活规律，善用闲暇；⑤心胸豁达，情绪乐观；⑥与人为善，自尊自重；⑦家庭和谐，适应环境；⑧爱好清洁，注意安全。

二、环境因素

研究表明，人类目前的所有健康问题大都与环境有关。其中，人口增加、环境污染、贫困加剧，是当今世界人类面临的最严重的生存威胁和健康威胁。此外，如居住区的地理位置、生态环境、住房条件、基础卫生设施、就业、邻居和睦程度等都不同程度地影响着人们的健康。社会环境涉及政治制度、经济水平、文化教育、人口状况、科技发展等诸多方面，良好的社会环境是健康的重要保证。环境包括自然环境和社会环境。

（一）自然环境

自然环境是人类和一切生物生存的物质基础。自然环境又称为地球环境，人类与自然环境相互制约、相互依赖，自然环境质量直接影响着人类的健康和生活质量。清新优美的环境给人带来安全丰富的物质享受和舒适愉悦的精神感受，促进人们健康长寿。而环境污染和生态环境的急剧破坏，导致人类的生存条件恶化，严重威胁着人类和其他生物的生存和发展。如绿洲和净水的锐减给人类的健康和生存带来越来越多的不利因素和潜在的危害。

（二）社会环境

包括政治、经济、文化教育等因素，也包括工作环境、家庭环境、人际关系等。人类不仅需要空气、阳光和适宜的温度，而且需要和睦的社会环境、优化的家庭结构、融洽的人际关系等。疾病的发生和转化直接或间接地受社会因素的影响和制约。优越的社会制度、发达的国家经济、较高的文化素养、充裕的社会福利及健全的保健设施，都是有利于健康的因素。反之，贫困和愚昧给健康带来消极和负面影响。

三、生物学遗传因素

遗传是生物的共同属性，也是人们熟悉的生命现象。人体由分子、细胞、组织、器官、系统构成。婴儿从出生开始就能够进行思想沟通，通过不断地发育、成长，完成一系列生命现象，如新陈代谢、免疫反应、修复愈合、再生代偿、生长繁殖等。在这个过程中，遗传是不可更改的因素，但心理因素可以调整，保持一个积极心理状态是增进健康的必要条件。子女的体型、长相、血型等方面都与父母十分相似，这就是生物遗传的结果。决定遗传的物质基础是基因，如果基因在某种条件下发生突变，就可能导致畸形或疾病，并且代代相传。遗传性疾病，是指父母的生殖细胞，也就是精子或卵子里携带缺陷基因，然后传给子女并引起疾病，而且这些子女结婚后还会把病传给下一代。这种代代相传的疾病，医学上称之为遗传病。遗传性是影响健康与疾病发生的重要的机体内部因素之一，有时甚至是决定性因素。目前已知的遗传病有四千多种，如血友病、色盲等。现已查明除了明确的遗传病外，许多疾病如高血压、糖尿病等的发生，也有一定的遗传倾向。

提倡科学婚姻，避免近亲结婚，避免接触导致基因突变的一切危险因素，是预防和减少遗传病的必要措施。

四、卫生服务因素

卫生服务是指卫生机构和卫生专业人员为了防治疾病、促进群众健康，运用卫生资源和各种手段，有计划、有目的地向个人、群体和社会提供必要服务的活动过程。卫生服务利用的合理与否，对人们的健康影响较大。

国家的卫生服务范围、内容与质量，以及医疗卫生条件直接关系到人的生、老、病、死及由此产生的一系列健康问题。发达国家与发展中国家的卫生状况差异明显，多数国家城市好于农村。健全的医疗卫生机构、完备的服务网络、一定的卫生经济投入以及合理的卫生资源配置，均对人群健康有促进作用。相反，则不可能有效地防治疾病，促进人群健康。

第三节　健康促进、健康教育与健康管理

健康促进主要是指通过行政或者组织手段，广泛动员和协调社会各成员、部门以及社区、家庭、个人，使其各自履行对健康的责任，共同维护和促进健康的一种社会行为和社会战略。"健康促进"已经成为当前各个国家应对健康问题的首选策略和核心策略。

一、健康促进

健康促进是一个综合的教育，是调动社会、经济和政治的广泛力量，是改善人群健康的活动过

程，它不仅包括旨在增强个体和群体知识技能的健康教育活动，更包括直接改变社会、经济和环境条件的活动。健康促进包括五个方面的内容。

（一）制定健康促进的公共政策：健康促进的含义已超出了卫生保健的范畴，它涉及多个方面，包括立法、财政、组织、社会开发等。这就要求卫生行政部门建立和实行健康促进政策，目的是使人们更容易做出有利于健康的选择。

（二）创造支持健康的环境：健康促进必须为人们创造舒适、安全、愉快、满意的生活和工作环境。创造支持健康的环境要求系统地评估变化的环境对健康的影响，以保证社会和自然环境有利于健康的发展。

（三）加强社区行为：健康促进工作是通过具体有效的社区活动来实现的，应充分发挥社区力量，挖掘社区资源，让居民积极有效地参与卫生保健计划的制定和执行，以有效地促进健康。

（四）发展个人技能：通过提供健康信息，教育并提高人们做出健康选择的技能，以支持个人和社会的发展，使人们能更好地控制自己的健康和环境，不断地从生活中学习健康知识，有准备地应对人生各个阶段可能出现的健康问题，并很好地应付慢性病和外伤。学校、家庭、工作单位和社区都要帮助人们做到这一点。

（五）调整卫生服务方向：健康促进中的卫生服务责任由个人、社会团体、卫生工作人员、卫生部门、工商机构和政府等共同分担。各机构必须共同努力，建立一个有利于健康的卫生保健系统，优化资源配置，调整卫生服务类型和方向，让最广大的人群受益。

二、健康教育

"人人为健康，健康为人人"是世界卫生组织（WHO）的全球战略目标。健康是基本人权之一，是社会和经济发展的基础，是人类发展的中心。发达国家的政府和卫生部门已普遍认识到健康教育和健康促进是当今社会防治因不良的行为和生活方式所引起的慢性非传染性疾病的最有力手段，是一项投入少、效益高的活动，是降低国家巨额医疗费用的最有效措施。我国卫生部颁发的《社区慢性非传染性疾病的综合防治方案》也明确指出，要"努力推动以社区为基础，以健康教育和健康促进为主要手段的慢性非传染性疾病的综合防治，提高社区居民的健康水平和生活质量"。

健康教育是健康与教育的结合，是一种全民甚至世界范围的卫生意识。健康教育的核心是教育人们树立健康意识、促使人们改变不健康的行为生活方式，养成良好的行为生活方式，以减少或消除影响健康的危险因素。健康教育通过有计划、有组织、有系统的社会教育活动，使人们自觉地采纳有益于健康的行为和生活方式，消除或减轻影响健康的危险因素，预防疾病，促进健康，提高生活质量，并对教育效果作出评价。

健康教育是指通过社会教育活动传播知识和技能，全面提高人们的健康素质，树立健康观念和促进健康行为，从而达到最佳健康状态。健康教育与健康促进是公共卫生体系建设的组成部分，主要运用医学、教育学、行为学、心理学、传播学、社会学和经济学等多学科的知识，在向公众普及卫生保健知识的基础上，动员全社会和多部门的力量，营造有利于健康的环境，通过多种形式的教育活动，增强人们的健康意识和自我保健能力，采纳有利于健康的行为和生活方式。

《"健康中国2030"规划纲要》明确提出"加大学校健康教育力度。将健康教育纳入国民教育体系，把健康教育作为所有教育阶段素质教育的重要内容"。为进一步加强高校健康教育，提升学生健康素养，促进学生身心健康，教育部于2017年发布《普通高等学校健康教育指导纲要》，明确指出要充分发挥健康教育在培育和践行社会主义核心价值观、推进素质教育中的综合作用，帮助学生树立健康意识，掌握维护健康的知识和技能，形成文明、健康的生活方式，提高自身健康管理能力，增强维护全民健康的社会责任感，促进学生身心健康和全面发展。

（一）健康教育的含义

健康教育是通过信息传播和行为干预，帮助个人和群体掌握卫生保健知识，树立健康观念，自

愿选择有利于健康的行为和生活方式的教育活动与过程。其目的包括：

1. 消除或减轻影响健康的危险因素。
2. 预防疾病。
3. 促进健康。
4. 提高生活质量。

（二）健康教育的特点

健康教育有如下特点：

1. 以预防为主，以促进健康为目标，强调自我保健；
2. 核心是教育人们树立健康意识，养成良好的行为习惯；
3. 实质是一种行为干预，它提供人们改变行为所必需的知识、技术与服务等，使人们面临促进健康、疾病预防、治疗、康复等各个层次的健康问题时，有能力做出行为选择；
4. 健康教育是一个系统工程，有计划、有组织、有评价，与传统意义上的卫生宣传不同。传统的卫生宣传通常只指知识的单向传播，不注重宣传结果的评价和反馈。

健康教育的着眼点是促进个人或群体改变不良的行为和生活方式。行为改变、习惯养成和生活方式的进步是健康教育的重要目标。为此，首先要使个体或群体掌握卫生保健知识，提高认识水平，建立起追求健康的理念，并为此自觉自愿地而不是勉强地来改善自己的行为与生活方式。

健康教育与健康促进互为依存，但二者不可替代。健康教育是健康促进的基础，健康促进如不以健康教育为先导，则是无源之水；而健康教育如不向健康促进发展，其作用就会受到极大限制。与健康教育相比，健康促进融健康教育、行政措施、环境支持于一体，它不仅涵盖了健康教育信息传播和行为干预的内容，还强调了行为改变所需要的组织支持、政策支持、经济支持等环境改变的各项策略。

三、健康管理

（一）健康管理的概念

疾病，特别是慢性非传染性疾病的发生、发展过程及其危险因素具有可干预性。每个个体都会经历从健康到疾病的发展过程。一般来说，是从健康状态到低危险状态，再向高危险状态发展，然后开始早期病变，出现临床症状，最后形成疾病。这个过程有长有短，有的需要几年到十几年，甚至几十年的时间，这与人们的遗传因素、社会和自然环境因素、医疗条件以及个人的生活方式等都高度相关，其间变化的过程常常不易察觉。

健康管理，是通过系统检测和评估可能发生疾病的危险因素，帮助人们在疾病形成之前进行有针对性的预防性干预，进而成功地阻断、延缓甚至逆转疾病的发生和发展进程，实现维护健康为目的的全面管理过程。

（二）健康管理的特点

健康管理，不仅是一套方法，更是一套完善、周密的程序。通过健康管理，达到掌握一套自我管理和日常保健的方法，改变不合理的饮食习惯和不良的生活方式，减少用药量、医疗费，改善血脂、血糖、血压、体重，从而降低和排除慢性疾病风险的目的。

健康管理具有如下主要特点：

1. *以控制健康危险因素为核心，包括可变危险因素和不可变危险因素。*

可变危险因素，是可以通过自我行为改变的因素，这些因素可控，如不合理饮食、缺乏运动、吸烟酗酒等不良生活方式，高血压、高血糖、高血脂等异常指标因素。不可变危险因素，是指不受个人控制的因素，如年龄、性别、家族史等。

2. 三级预防并举。

一级预防（即无病预防，又称病因预防）是在疾病（或伤害）尚未发生时针对病因或危险因素采取措施，降低有害暴露的水平，增强机体对抗有害暴露的能力，从而预防疾病（或伤害）的发生或至少推迟疾病的发生。二级预防（即疾病早发现、早诊断、早治疗），又称为临床前期（或症候前期）预防，是在疾病的临床前期做好早期发现、早期诊断、早期治疗的"三早"预防措施。通过早期发现、早期诊断进行适当的治疗，来防止疾病临床前期或临床初期的变化，使疾病在早期就被发现和治疗，避免或减少并发症、后遗症和残疾的发生，或缩短致残的时间。三级预防（治病防残），又称临床预防，可以防止伤残和促进功能恢复，提高生存质量，延长寿命，降低病死率。

3. 健康管理的过程为环形运转循环。

健康管理的实施环节为健康监测、健康评估和健康干预。健康监测，即平时注意收集自身的健康信息，这是持续实施健康管理的前提和基础；健康评估，是预测各种疾病发生的危险性，这是实施健康管理的根本保证；健康干预，即采取行动控制危险因素，这是实施健康管理的最终目标。通过这三个环节不断循环运行，达到减少或降低危险因素的个数和级别，保持低风险水平的目的。

（三）大学生健康管理

大学生的日常生活方式，包括饮食结构、工作、睡眠、运动、文化娱乐、社会交往等诸多方面。过重的压力造成精神紧张，不良的生活习惯，如大学生不必要的应酬、过多的吸烟、过量饮酒、缺乏运动、过度劳累等，都是危害大学生健康的不良因素。

大学生学习和生活当中，长时间坐位、运动不足、长期使用计算机等，可以导致颈、腰肌劳损、颈椎病、腰椎间盘突出、便秘、痔疮、皮肤损害等；过量饮用咖啡、浓茶、酒、吸烟，学习过度紧张、压力过大、睡眠不足、睡眠质量差等，也都会不同程度地导致健康受损。长此以往会出现各种各样的病症。

健康管理是一种追本溯源的预防医学。对于大学生而言，增强自我健康管理意识，对与生活方式相关的健康危险因素进行评估监测，并进行适当个性化干预，将会大大降低大学生在学习期间患病的风险，降低医疗费用，提高大学期间的生活质量。

第十章 营养与健康

合理膳食是保证健康的基石。《健康中国行动（2019—2030 年）》中指出，我国居民营养健康状况明显改善，但仍面临营养不足与过剩并存、营养相关疾病多发等问题。不良饮食结构和饮食习惯是引起肥胖、心脑血管疾病、糖尿病及其他代谢性疾病和肿瘤的危险因素。

大学生是国家的栋梁，其营养改善与膳食结构的正确调整，关系到大学生身体素质的提高。然而许多大学生由于对饮食营养重要性认识不足或不良的饮食习惯而出现营养素缺乏或营养过剩的问题，成为中国学生的体质健康水平难以尽快提高的瓶颈。对于大学生来说，需要加强对我国居民膳食科学知识的学习，学会使用我国居民平衡膳食宝塔、平衡膳食餐盘等支持性工具，合理搭配，促进健康。

2015 年的调查显示，我国居民人均每日食盐摄入量为 9.3g（世界卫生组织推荐值为 5g）；居民家庭人均每日食用油摄入量 42.1g［《中国居民膳食指南》（以下简称《膳食指南》）推荐标准为每天 25～30g］；居民膳食脂肪提供能量比例达到 32.9%（《膳食指南》推荐值上限为 30.0%）。目前，我国人均每日添加糖（主要为蔗糖即白糖、红糖等）摄入量约 30g，其中儿童、青少年摄入量问题值得高度关注。2016 年全球疾病负担研究结果显示，饮食因素导致的疾病负担占到 15.9%，已成为影响人群健康的重要危险因素。根据《中国居民营养与慢性病状况报告（2020 年）》显示：6 岁以下及 6～17 岁儿童青少年超重肥胖率分别达到 10.4% 和 19.0%，18 岁以上居民超重率和肥胖率分别为 34.3% 和 16.4%，成年居民肥胖或超重已超过一半（50.7%）。合理膳食以及减少每日食用油、盐、糖摄入量，有助于降低肥胖、糖尿病、高血压、脑卒中、冠心病等疾病的患病风险。

第一节 营养学基本概念

一、营养

营养是指人体不断从外界摄入食物，经过消化、吸收、代谢和利用食物中人体需要的物质（养分或养料）以维持机体正常生理功能和活动需要的过程。营养是一种全面的生理过程，而并非指某一种养分。

二、营养素

营养素是为维持机体繁殖、生长发育和生存等一切生命活动和过程，需要从外界环境中摄取的物质。营养素必须从食物中摄取，能够满足机体的最低需求，即生存。来自食物的营养素种类繁多，根据其化学性质和生理作用可将营养素分为七大类，即蛋白质、脂类、碳水化合物、矿物质、膳食纤维、维生素和水。其中蛋白质、脂类、碳水化合物在体内氧化能够产生能量，被称为产能营养素。

根据人体对各种营养素的需要量或体内含量多少，可将营养素分为宏量营养素和微量营养素。宏量营养素包括碳水化合物、脂类和蛋白质这三种产能营养素（经体内氧化后均可以释放能量），以及水和不能被人体吸收的膳食纤维。相对宏量营养素而言，人体对微量营养素需要量较少，包括矿物质和维生素。根据在体内的含量不同，矿物质又可分为常量元素和微量元素。常量元素是指在体内的含量大于0.01%的矿物元素，微量元素则是指在体内含量小于0.01%的矿物元素。维生素则可根据溶解性分为脂溶性维生素和水溶性维生素。

三、合理营养

合理营养是指全面而平衡的营养。"全面"是指摄取的营养素种类要齐全；"平衡"是指摄取的各种营养素的量要适合，与身体的需要保持平衡。合理营养可维持人体的正常生理功能，促进健康和生长发育，提高机体的劳动能力、抵抗力和免疫力，有利于某些疾病的预防和治疗。缺乏合理营养将产生障碍以致发生营养缺乏病或营养过剩性疾病（如肥胖症和动脉粥样硬化等）。

第二节　营养素对人体的主要作用

食物中含有人体所需的各种营养素，从食物中汲取营养素，用以维持人体生命和正常的生长发育，是保证工作、学习和健康的必要条件。

一、蛋白质

蛋白质是由氨基酸组成的化学结构复杂的一类有机化合物。蛋白质是食物的物质基础，没有蛋白质就没有生命。是人体赖以生存的基础营养素，约占人体的17%。人体的细胞组织、内分泌素、酶等，都由蛋白质组成，是调节物质代谢、提高机体免疫力和调节各种生理功能中不可缺少的。蛋白质在调节水盐代谢和维持人体酸碱平衡方面也起着非常重要的作用，蛋白质起到运送营养素的作用，促进营养素的吸收和运转。

根据蛋白质的营养效能把蛋白质分为三类：①完全蛋白质：完全蛋白质指动物蛋白（酸性）含必需氨基酸的蛋白质，其成分与人体蛋白质相似，能满足人体生长发育和健康需要，维持正常的生理活动。一般动物性食品中含这种蛋白质。含完全蛋白质的食物有乳品、禽蛋、大豆等。②半完全蛋白质：能维持成人的健康，但缺少促进儿童生长发育的某种氨基酸，如小麦和谷类的蛋白质（缺少赖氨酸）。③不完全蛋白质：不完全蛋白质指植物蛋白（碱性）缺少必需的氨基酸，如玉米胶蛋白、肉皮和蹄筋中的蛋白。

蛋白质的基本构成单位为氨基酸，其由许多氨基酸以肽键连接在一起，并形成一定的空间结构的大分子，蛋白质被分解时的次级结构称肽。蛋白质由于其分子中氨基酸的种类、数量、排列次序和空间结构的千差万别，就构成了无数种功能各异的蛋白质。蛋白质是由22种氨基酸组成的，其中13种是体内合成的氨基酸，8种是成年人体内无法合成的也称作人体必需氨基酸（婴儿为9种）。食物中的蛋白质在胃内开始消化，小肠是蛋白质消化的主要部位。

（一）蛋白质的生理功能

蛋白质是生命活动的体现者，是生命体中含量最多的有机物，是人体最重要的生命物质。

1.蛋白质的主要功能是维持人体组织的生长、更新和修复。婴幼儿、儿童和青少年的生长发育都离不开蛋白质；成年人的身体组织也通过不断地分解和合成蛋白质进行更新。蛋白质不足，儿童的生长发育会受到影响；成年人会出现体质下降，易患疾病；患病者会导致病后不易恢复，甚至恶化，影响健康。

2.蛋白质是构成人体组织、细胞和体液的主要成分。人体中新陈代谢所需要的起催化作用的酶，调节生长、代谢的各种激素，以及具有免疫功能的各种抗体都是由蛋白质构成的。除此之外，蛋白质还对人体维持体内正常酸碱平衡和水分的正常分布都有着重要的作用。

3. 供能作用。所供能量占总能量的8%～15%。当食物摄入的蛋白质和氨基酸组成及比例不符合人体需要，或蛋白质摄入过多，超出人体所需蛋白质时，多余的食物蛋白质会被当作能量来源，通过氧化分解释放出热量。在人体正常新陈代谢中，陈旧破损的组织和细胞中的蛋白质会分解释放出热量，每克蛋白质会释放出16.7kJ（4kcal）热能。

（二）蛋白质的主要来源

蛋白质的主要来源是动物蛋白（瘦肉、奶、鱼、蛋）和植物蛋白（花生、米、大豆、面）。动物性食品蛋白质中，畜、禽、肉和鱼类蛋白质含量为16%～20%，蛋类为11%～14%，鲜乳为2.7%～3.8%。植物性食品蛋白质含量较高的是干豆类，为20%～40%，花生、核桃等坚果类为15%～30%，薯类为2%～3%，谷物类为7%～10%，植物性蛋白质生理价值一般较动物性蛋白质低，但对于我国居民来讲，植物性蛋白质是重要的蛋白质来源。

（三）蛋白质的摄入

优质蛋白质是指最适合于构成人体蛋白质的必需氨基酸的量和比例，生物利用价值较高的蛋白质。一般动物蛋白质优于植物蛋白质。豆类蛋白质优于其他植物，米、面食品与大豆混合食用，可提高豆类物质利用率，称为蛋白质互补作用。蛋白质富含于乳、蛋、肉、鱼、禽及豆类等中。

蛋白质摄入要适量，过多易致便秘、食欲缺乏；过少易致抵抗力下降、肌张力下降、水肿、贫血、消瘦。婴幼儿生长发育迅速，不仅需要满足新陈代谢所需，还需满足生长发育所需，故婴幼儿所需蛋白质较成人多，婴幼儿食物中应有50%以上的优质蛋白。我国2013版《中国居民膳食营养素参考摄入量》中规定，居民膳食蛋白质的推荐日摄入量（RNI值）为男性65g/d，女性55g/d。

当人体出现疾病时，体内蛋白质被大量消耗，人体对蛋白质的有效利用率也随之减少，人体会出现不同程度的蛋白质缺乏，手术、放化疗也会对身体正常组织造成不同程度的损伤，这些组织损伤的恢复也需要大量的蛋白质来补充。饮食过程中提高蛋白质吸收及利用率有如下方法：采用两种或两种以上食物蛋白质混合食用，让含有的氨基酸取长补短，相互补充达到较好的比例，从而提高蛋白质的利用吸收率。例如，采用玉米面、面粉、大豆面混合做成混合面的食物就会大大提高蛋白质的吸收利用率，这是因为玉米面、面粉中赖氨酸含量较低，蛋氨酸较高，而大豆面中所含氨基酸恰恰相反，二者同时食用可以相互补充。

二、脂肪

脂类是脂肪和类脂的总称，是一种不溶于水而溶于有机溶剂的化合物。脂肪，又名中性脂肪，是由一分子甘油和三分子脂肪酸组成的三酰甘油（甘油三酯）。类脂与脂肪化学结构不同，但理化性质相似。在营养学上较重要的类脂有磷脂、糖脂、胆固醇、脂蛋白等。由于脂类中大部分是脂肪，类脂只占5%并且常与脂肪同时存在，因此营养学上常把脂类统称为脂肪。脂肪酸是构成三酰甘油的基本单位，是由碳、氢、氧三种元素组成的一种化合物，包括短链脂肪酸（碳链中碳原子为2～6个）、中链脂肪酸（碳链中碳原子为8～12个）和长链脂肪酸（碳链中碳原子14个及以上）；按脂肪酸饱和程度可分为饱和脂肪酸、单不饱和脂肪酸和多不饱和脂肪酸；按脂肪酸空间结构可分为顺式脂肪酸和反式脂肪酸。

（一）脂肪的生理功能

1. 能量供给。脂类是人体储能和供能的重要物质。人体每天所需能量的20%～30%由脂类供给，每克脂肪在体内彻底氧化分解可释放37.7kJ能量，当糖类不足时，体内主要的能量来源于脂类。

2. 储存能量。当人体摄入过多能量时，不管是哪种形式的营养素，都可以脂肪的形式储存下来，如皮下脂肪等。这类脂肪因受营养状况和人体活动的影响而增减，当人体需要时，脂肪细胞中的酯酶立即分解三酰甘油释放出甘油和脂肪酸，该物质进入血液循环后，与食物中被吸收的脂肪一起分解释放出能量，以满足人体的需要。

3．维持正常体温。一部分脂类储存于皮下组织，可以起到防止热量散失、保温的作用，使体温达到正常并保持恒定。

4．保护作用。体内的一部分脂肪分布在内脏周围，能够缓冲撞击，减少脏器间的摩擦，很好地起到固定和保护内脏的作用，使内脏器官免于外力的伤害。

5．脂类是构成人体细胞和组织的重要成分。不仅人体的脑神经、肾脏、血浆等组织中含有大量的脂类，构成生物膜也必须有磷脂、糖脂、胆固醇等脂类的参与。此外，部分维生素的吸收也要依靠脂类才能完成。

6．脂类可以转变为多种重要代谢产物。脂类的分解代谢可以为人体提供生命活动必需的脂肪酸；胆固醇可以转化为胆汁酸、维生素 D 和类固醇激素等活性物质。

（二）脂肪的主要来源

脂肪主要来源于各种植物油及动物脂肪，坚果中的油脂也很高，可作为膳食脂肪的辅助来源。

植物性食品如大豆、花生、芝麻等含油较丰富；另外，蘑菇、蛋黄、核桃、大豆、动物脑、心、肝、肾等富含磷脂；乳脂、蛋黄是婴幼儿脂类的良好来源。一般的谷物、果蔬类食物油脂含量甚微，作为油脂的来源没有实际意义。

动物性食物脂肪含量视品种、部位而异，与乳、蛋一样，会受气候、饲养条件的影响，不同品种的肉类脂肪含量不同，如猪肉平均脂肪含量为 59.8%，牛肉为 10.2%，鸡肉为 2.5%；同一动物的脂肪含量也会因组织部位不同而含量差异较大，如肥猪肉为 90.8%，瘦猪肉为 15.3%～28.8%，猪肚为 2.7%，猪肝为 4.5%，猪肾为 3.2%。

亚油酸主要来源于植物油、坚果类（核桃、花生）食物中，亚麻酸主要存在于深海鱼油及坚果类食物中。婴儿期的多不饱和脂肪酸主要来源于母乳，母乳能够提供足够的亚油酸和亚麻酸。

（三）脂肪的摄入

成人脂肪摄入量一般应控制在总能量摄入 20%～30% 的范围内，即相当于每天 50g～80g。因日常摄入的畜禽肉蛋奶类所含的动物脂肪已有 25g～50g，中国营养学会建议烹调用植物油需控制在每天 25g 左右。《中国居民膳食指南科学研究报告（2021）》中指出，高脂肪摄入可增加肥胖风险，减少总脂肪摄入可有助于减轻体重。减少脂肪的摄入有利于降低体重、BMI、腰围和体脂百分比；另外，反式脂肪摄入过多会导致心血管疾病死亡风险升高 14%，进一步计量效应关系分析显示，每增加 1% 来自反式脂肪的能量，心血管疾病死亡风险增加 6%。限制脂肪尤其是反式脂肪的摄入，降低烹调用油量，是预防上述疾病的重要措施。不要认为所谓植物油是"好的脂肪"就可以多吃，炒菜时可以随意加，要注意过犹不及，油淋、油焖、油炸更不可取。

三、碳水化合物

碳水化合物是含醛基或酮基的多羟基碳氢化合物及其缩聚产物和某些衍生物的总称，也称为糖类。是提供人体热能的重要营养素。1 克葡萄糖在体内氧化可产生约 4 kcal 的能量，碳水化合物是大脑神经组织和肌肉的主要能源。目前我国居民膳食中碳水化合物所提供的能量占全天总能量的 55%～65% 为宜。碳水化合物是生物世界三大基础物质之一，也是自然界最丰富的有机物。食物中碳水化合物的合成主要源于植物体内的光合作用。在不同的国家或同一国家不同的个体和人群，碳水化合物摄入有着很大的差别，分别占总能量的 40%～80%。碳水化合物摄取水平的不同，导致饮食结构的差异，这种差异对人体健康有着重要影响。

(一) 碳水化合物的分类

综合化学、生理和营养学考虑，根据其聚合度，可将碳水化合物分为糖、低聚糖和多糖三类。

1. 糖。糖包括单糖、双糖和糖醇三类。其中，单糖由3～7个碳原子组成，一般具有甜味，可溶于水，能被人体直接吸收。常见的单糖有葡萄糖、果糖和半乳糖，它们都是6碳糖。双糖由两分子单糖缩合而成，有甜味，可溶于水，可被人体吸收，天然存在于食品中。常见的双糖包括蔗糖、乳糖、麦芽糖和海藻糖等。糖醇是单糖还原后的产物，常见的糖醇包括山梨醇、甘露醇、麦芽糖醇及木糖醇。其共同特点是在肠道内吸收过程缓慢，对血糖影响小，且其代谢不需要胰岛素参与，因此可用于糖尿病人食品的甜味剂。

2. 低聚糖。低聚糖又称寡糖，为3～9个单糖分子通过糖苷键连接而成的小分子多糖。寡糖的甜度通常只有蔗糖的30%～60%，多数具有良好的溶解性、热稳定性和耐酸性。常见的低聚糖有异麦芽低聚寡糖，如麦芽糊精、低聚果糖；大豆低聚糖，如棉子糖、水苏糖等。

3. 多糖。多糖是由10个或10个以上单糖组成的大分子糖。营养学上比较重要的多糖是淀粉及非淀粉多糖（纤维素、半纤维素等）。

4. 淀粉是由多个葡萄糖构成，能被人体所消化吸收的植物多糖。淀粉主要储存在植物细胞中，尤其是根、茎和种子类食物，如薯类、豆类和谷物中都含有丰富的淀粉。淀粉是人类碳水化合物的主要来源，也是最丰富的能量营养素。

(二) 碳水化合物的生理功能

1. 供能，储能。糖类物质是人体最主要、最经济的能量来源。它在体内可迅速氧化，及时提供能量。1g糖类物质可产生16.7kJ（4kcal）能量。葡萄糖在体内释放能量较快，供能也快，是神经系统和心肌的主要能源，也是肌肉活动时的主要燃料，对维持神经系统和心脏的正常功能，增强耐力，提高工作效率都有重要意义。

2. 构成一些重要生理物质。糖类物质是细胞膜的糖蛋白、神经组织的糖脂以及传递遗传信息的脱氧核糖核酸（DNA）的重要组成成分。碳水化合物以糖脂、糖蛋白和蛋白多糖的形式，分布于细胞膜、细胞器膜、细胞质以及细胞间基质中。糖和脂形成的糖脂是细胞与神经组织的结构成分之一。此外，糖蛋白还参与抗体、某些酶和激素等的构成。

3. 调节脂肪代谢，具有抑制酮体生成的作用。脂肪代谢过程中必须有糖类物质存在才能完全氧化而不产生酮体，酮体是酸性物质，血液中酮体浓度过高会发生酸中毒，膳食中充足的碳水化合物可防止该现象发生，因此称为碳水化合物的抗生酮作用。

4. 糖原有保肝解毒作用。肝内糖原储备充足时，肝细胞对某些有毒的化学物质和各种致病性微生物产生的毒素才有较强的解毒能力。

5. 节约蛋白质。糖类物质的摄入充足时，人体首先使用它作为能量来源，从而避免将宝贵的蛋白质用来提供能量。

(三) 碳水化合物的食物来源

碳水化合物的主要来源为谷类、根茎类、杂豆类和部分坚果、水果、蔬菜等。

谷类含碳水化合物为70%～80%，根茎类为15%～25%，豆类为21%～60%。动物性食品除肌肉和肝脏含有极少量糖原外，只有乳类提供一些碳水化合物（乳糖，约5%）。

(四) 碳水化合物的摄入

中国营养学会推荐中国居民碳水化合物可接受范围为总热能摄入的55%～65%，相当于300g或主食谷物薯类400g左右，并尽量少吃纯热能食物精制白糖及含糖饮料、糕点等（供能比控制在10%以下即50g以内）。对于碳水化合物的来源，应包括复合糖类淀粉、不消化的抗性淀粉、非淀粉多糖和低聚糖等碳水化合物；应限制纯能量食物如糖的摄入量，以保障人体能量和营养素的需要及改善胃肠道环境和预防龋齿。

四、矿物质

矿物质,是地壳中自然存在的化合物或天然元素。又称无机盐,是人体内无机物的总称,是构成人体组织和维持正常生理功能必需的各种元素的总称,是人体必需的七大营养素之一。矿物质和维生素一样,是人体必需的元素,矿物质是无法自身产生、合成的,每天矿物质的摄取量也是基本确定的,但随年龄、性别、身体状况、环境、工作状况等因素有所不同。

矿物质在体内的生理功能主要有:①构成组织和细胞的成分。②调节细胞膜的通透性,维持正常渗透压及酸碱平衡。③参与神经活动和肌肉收缩。④构成酶的辅基、蛋白质、维生素和激素和核酸等的成分,或参与酶系的激活。

一般将含量占人体重量0.01%以上的矿物元素称为常量元素(或宏量元素),包括钙、镁、钾、钠、磷、氯、硫7种。含量占人体重量0.01%以下的元素称为微量元素,主要有铁、碘、铜、锌、钴、锰、钼、硒、铬、镍、硅、氟、锡、钒等14种。

人体内除去碳、氢、氧、氮以外的元素称为矿物质,包括无机盐和微量元素。它们本身并不供能,主要在构成人体的物质和调节体内生理、生化功能方面发挥着重要作用。在体内的含量大于体重0.01%的元素称为宏量元素(常量元素),包括钙、磷、钾、钠、镁、氯、硫7种,都是人体必需的元素。含量小于体重0.01%的元素称为微量元素,种类很多,目前人们认为必需的微量元素有14种,它们是锌、铜、铁、铬、钴、锰、钼、锡、钒、碘、硒、氟、镍、硅。微量元素在体内含量虽小,但有很重要的生理功能。矿物质元素不仅参与机体组织的构成,还可作为酶的辅因子广泛地参与代谢与生理功能的调节。由于矿物质缺乏是一种隐性无饥饿感的缺乏,因此缺乏较为普遍和严重。

(一)钙

钙是人体含量最多同时缺乏也非常普遍的一种常量元素。人体内99%的钙沉积于骨骼和牙齿中,充足的钙摄入对于维持骨骼、牙齿正常的结构与功能至关重要。余下极少量的溶解性钙离子维持着神经—肌肉的正常生理活动和心跳,或调节酶的活性。食物中钙的吸收率仅为20%~30%,并随年龄的增长而下降,且谷物中的植酸、蔬菜(菠菜、苋菜、竹笋等)中的草酸等都会与钙结合形成不溶性钙而无法吸收。长期严重的钙缺乏会导致生长发育迟缓、佝偻病、骨质疏松症,儿童、孕妇、老年人尤其是绝经后的妇女更为敏感。

1. 钙的食物来源。奶和奶制品是食物中钙的最好来源,不但含量丰富,而且吸收率高。此外,豆类、绿色蔬菜、坚果也是较好的食物钙来源。少数食物如虾皮、海带、发菜、芝麻酱等含钙量特别高。

2. 钙的摄入。我国2013版《中国居民膳食营养素参考摄入量》中规定,居民膳食钙的RNI值:18岁以上居民为800 mg/d。几乎所有人群钙的可耐受最高摄入量都为2000 mg/d。2002年《我国居民营养与健康状况调查报告》显示,我国居民钙摄入量达到或超过适宜摄入量(AI)值的比例仅为2.8%,全国有近80%的居民钙摄入量低于AI值的60%。《中国居民营养与慢性病状况报告(2015)》中提示2012年居民钙缺乏依然存在。《中国居民膳食指南科学研究报告(2021)》中指出,我国居民奶类平均摄入量一直处于较低水平,各人群奶类及其制品消费率均较低,各人群消费量均低于推荐摄入量水平,奶类摄入不足是我国居民钙摄入不足比例较高的主要原因。

(二)铁

成年人体内含有4g~5g铁元素,根据其在体内的功能状态可分为功能性铁和储存铁两部分。功能性铁存在于血红蛋白、肌红蛋白和一些酶中,约占体内总铁量的70%。其余30%为储存铁,主要储存在肝、脾和骨髓中。铁是合成血红蛋白的主要原料之一,血红蛋白的主要功能是把新鲜氧气运送到各组织，铁缺乏时不能合成足够的血红蛋白，导致缺铁性贫血。铁还是体内参与氧化还原反应的一些酶和电子传递体的组成部分，如过氧化氢酶和细胞色素都含有铁。

1. 铁的食物来源。动物内脏（特别是肝脏）、血液、鱼、肉类都是富含血红素铁的食物。深绿叶蔬菜所含铁虽然不是血红素铁，但是其摄入量多，仍然是我国居民膳食铁的重要来源。

2. 铁的摄入。我国 2013 版《中国居民膳食营养素参考摄入量》中规定，居民膳食铁的 RNI 值（mg/d）：18 岁以上居民为 12（男）、20（女）。铁的 UL（mg/d）：18 岁以上人群为 42。2002 年《我国居民营养与健康状况调查报告》显示，我国居民平均每标准人日铁摄入量为 23.2mg，超过了 RNI 值。过去的 20 年间，我国居民的平均日铁摄入量呈下降趋势。我国的另一项全国性研究——2000 年中国总膳食研究结果显示，我国人均铁摄入量为 13mg/d，达到中国营养学会推荐的最新膳食摄入量。《中国居民营养与慢性病状况报告（2015）》中提示，2012 年我国居民铁缺乏依然存在。我国居民铁的主要来源是米及其制品、面及其制品、蔬菜、豆类等植物性食品，肉类、蛋类等动物性食品较少。

(三) 锌

人体含锌 2~3g，广泛分布于全身组织，目前已经发现有 50 多种酶含锌或与锌有关。锌是很多金属酶的组成成分或酶的激活剂，如碱性磷酸酶、碳酸酐酶、乙醇脱氢酶、乳酸脱氢酶、谷氨酸脱氢酶、胸腺嘧啶核苷激酶等，这些酶对维持人体正常的代谢有重要的作用。研究表明，锌是 RNA 聚合酶和 DNA 聚合酶呈现活性所必需的，与 RNA、DNA 和蛋白质的生物合成有关，因此，人体生长发育、伤口的愈合等都需要锌的参与。

1. 锌的食物来源。动物性食物是锌的主要来源，牛、猪、羊肉中锌含量为 20~60mg/kg（ppm），蛋类为 13~25mg/kg，牛奶及奶制品为 3~15mg/kg，鱼及其他海产品为 15mg/kg，牡蛎含锌量最高，可达到 1000mg/kg。

2. 锌的摄入。我国 2013 版《中国居民膳食营养素参考摄入量》中规定，居民膳食锌的 RNI 值（mg/d）18 岁以上人群为 12.5（男）、7.5（女）。正常人血锌值应为 13.94μmol/L，如低于 11.48pmol/L，则视为缺锌。2002 年《我国居民营养与健康状况调查报告》显示，我国居民平均每标准人日锌摄入量为 11.3mg，低于推荐的适宜摄入量 AI 值 12.5mg/d，城市居民略高于农村居民。城乡居民锌摄入量随年龄增加呈明显的上升趋势，且男性锌摄入量明显高于女性。各地居民的锌摄入量均较低，缺锌已成为人们健康生活的一个隐患。

(四) 碘

人体含碘 20~50mg，其中 70%~80% 存在于甲状腺内。碘是甲状腺素的重要成分，甲状腺素是一种重要的激素，在促进生长和调节新陈代谢方面有重要作用。成年人膳食和饮水中长时间缺碘可能会发生甲状腺肿大，患者的甲状腺细胞数目增多、体积增大，力图代偿性地从血液中吸收较多的碘。孕妇、哺乳期妇女缺碘会导致胎儿和新生儿全身严重发育不良，身体矮小，智力低下，称为先天性甲状腺功能减退症（矮小症）。膳食和饮水的含碘量与地质情况有关，因而甲状腺肿大和呆小症呈地区性分布，是一种地方病，世界不少地区存在碘缺乏问题，我国也不例外。

1. 碘的食物来源。我国已将消灭碘缺乏病列入国家计划，强制性推行碘化食盐，并取得了重大成果。富含碘的食物主要是海产品，如海带、紫菜、海鱼、海虾等。

2. 碘的摄入。我国 2013 版《中国居民膳食营养素参考摄入量》中规定，居民膳食碘的 RNI 值（μg/d）18 岁以上人群为 120，孕妇早、中、晚期为 230，乳母为 240。碘的 UL 值（μg/d）18 岁以上人群及孕妇、乳母为 600。

(五) 硒

人们对硒的认识最早是从它的毒性开始的。早在 20 世纪 30 年代便发现在高硒地区放牧的牲畜出现腹泻、呼吸困难、虚脱甚至因呼吸衰竭而死亡，经研究证实是由当地牧草中硒含量过高所致。1957年美国科学家发现硒可以预防动物肝脏坏死，并确认硒是动物必需的微量元素。20世纪70年代我国科学家发现克山病（一种地方性心肌病）与人群缺乏硒有关，补充硒可预防克山病，从而证明硒也是人体必需的微量元素。

1. 硒的食物来源。硒的形式分为有机硒和无机硒，所谓无机硒，即以无机盐形式存在的硒，主要指亚硒酸钠。所谓有机硒，是指生物体内的氨基酸硒，硒代蛋氨酸、硒代半胱氨酸不仅生物学活性高出许多，而且更容易被吸收，从尿、粪中丢失得少，在体内保留时间长。为提高硒的营养水平，有专家推荐，应增加膳食植物硒蛋白为主的富硒食品及营养补充食品。我国的传统富硒食品有富硒大米、富硒鸡蛋、富硒牛乳、富硒茶等；另有研究表明我国补硒保健食品可分为三代产品：第一代为亚硒酸钠，第二代为酵母硒、硒化卡拉胶、纳米硒，第三代为甲基源硒，如植物硒蛋白和甲基硒代半胱氨酸，产品中主要含有甲基硒代半胱氨酸、谷酰基甲基硒代半胱氨酸，原料主要为累硒能力强的壶瓶碎米荠、花椰菜、富硒大蒜等。食物中硒含量较高的食物有海产品、鸡蛋、瘦肉、杏仁、坚果类、黄豆、紫菜等。

2. 硒的摄入。2013版《中国居民膳食营养素参考摄入量》提高了硒膳食参考摄入量，从成年男子每人每天50μg增加到每人每天60μg。我国居民膳食硒的RNI值（μg/d）具体规定如下：18岁以上人群为60。2002年《我国居民营养与健康状况调查报告》显示，我国居民平均每标准人日硒摄入量为39.9μg/d，低于推荐的适宜摄入量RNI值60μg/d。城市居民高于农村居民，大城市硒的摄入量最高，为53.7μg/d，其他地区均未达到推荐的适宜摄入量。我国另一项大型研究项目《中国总膳食研究》显示，有50%人群达不到硒的膳食参考摄入量。

五、维生素

脂溶性维生素包括维生素A、D、F、K，水溶性维生素包括B族维生素和维生素C。

维生素，是维持机体正常生理功能及细胞内特异代谢反应所必需的一类低分子有机化合物。其在体内含量极微，但在机体的生长、发育、代谢等过程中起着重要的作用。维生素是维持人体正常生命活动所必需的营养素，有14种。维生素一般以其本体形式或以能被机体利用的前体形式存在于天然食品中，由于大多数的维生素在机体内不能够合成，也不能够大量贮存于机体组织中，虽然需要量很小，但必须由食物提供。根据溶解性，维生素分为脂溶性维生素和水溶性维生素两大类。脂溶性维生素包括维生素A、维生素D、维生素E、维生素K，它们能溶解于脂肪或有机溶剂；水溶性维生素包括维生素C、维生素B1、维生素B2、维生素B6、维生素B12、烟酸、泛酸、叶酸、胆碱、生物素，它们能溶解于水。

（一）维生素A和胡萝卜素

维生素A是维生素家族中第一个被发现的成员，多存在于哺乳动物和鱼的肝脏、蛋类及乳品中。一些植物性食物中虽然不含维生素A，但是含有胡萝卜素，后者可以在体内转变为维生素A，因此称为维生素A源。各种黄、绿色蔬菜，如胡萝卜、菠菜、油菜、南瓜等富含胡萝卜素。维生素A可维持皮肤、黏膜的健康，维护正常视力，防止夜盲症。我国成人维生素A推荐摄入量，男性为每天800μgRAE/d（维生素A活性当量），女性为700μgRAE/d。维生素A（不包括胡萝卜素）的可耐受最高摄入量，成人为300μgRAE/d。

（二）维生素D

维生素D不仅可以来源于食物，还可以通过阳光中的紫外线照射皮肤，在体内自制产生，素有"太阳维生素"的美称。维生素D能调节钙和磷的代谢，帮助人体吸收钙质维护骨骼和牙齿的健康。维生素D主要存在于海水鱼、肝脏、蛋黄等动物性食品及鱼肝油制剂中，人乳和牛乳的维生素D含量较低，一般的植物性食物、水果和干果类食物中含维生素D极少。膳食维生素D的摄入量很难估计,在钙、磷供给量充足的条件下,儿童、少年、成人、孕妇、乳母维生素D的推荐摄入量均为10μg/d。维生素D的可耐受最高摄入量11岁以上均为50μg/d。

(三) 维生素E

维生素E又称生育酚,易溶于乙醇与脂溶剂,不溶于水,对氧敏感,易于氧化破坏,特别是在光照及热、碱和铁或铜等微量元素存在下,可加速其氧化。

维生素E是一种很强的抗氧化剂,在体内可保护细胞免受自由基损害;维生素E还可以保持红细胞的完整性;维生素E可调节体内某些物质的合成,如通过嘧啶碱基参与DNA的生物合成过程;此外,维生素E还参与精子的合成,与生殖能力有关。维生素E主要存在于各种油料种子及植物油中,谷类、坚果类、绿叶蔬菜、肉蛋奶及鱼肝油中也含有。我国现行成人维生素E的适宜摄入量是14mg/d(总生育酚),可耐受最高摄入量是700mg/d。有人建议维生素E摄入量需要考虑膳食能量的摄入量或膳食多不饱和脂肪酸的摄入量,成人膳食能量为8360~12540kJ(2000~3000kcal)时,维生素E的供给量为7~11mg;或每摄入1g多不饱和脂肪酸,应摄入0.4mg维生素E。

(四) 维生素B族

维生素B族包括维生素B1、维生素B2、泛酸、烟酸、维生素B6、维生素B12、叶酸、生物素等。其共同特点是能帮助蛋白质分解旧的物质,合成新的物质。其特性是维持不同器官的健康,例如,维生素B1维持神经系统的需要,能协助细胞生成参与新陈代谢,帮助指甲、头发等生长;维生素B2缺乏造成特殊的上皮损伤、脂溢性皮炎、神经紊乱等损害;烟酸缺乏会导致癞皮症,前驱症状如疲劳、乏力、工作能力减退、记忆力差及经常失眠,典型症状是皮肤炎、腹泻和痴呆,即"三D"症状;叶酸缺乏将影响核酸代谢,尤其是胸腺嘧啶核苷的合成,以致红细胞成熟受阻等。

维生素B1的需要量与机体能量消耗的增加成正比,当硫胺素摄入量低于0.16mg/1000kcal(4180kJ)时可出现脚气病的临床症状。中国营养学会在2013年公布的硫胺素推荐摄入量成年男性为1.4mg/d,女性为1.2mg/d。维生素B2的需要量也与能量摄入量成正比。我国成人膳食核黄素的推荐摄入量男性为1.4mg/d,女性为1.2mg/d。中国营养学会2013年公布的烟酸推荐摄入量,成年男性为15mgNE/d,女性为12mgNE/d,可耐受最高摄入量为35mgNE/d。我国成人叶酸的推荐摄入量为400μgDFE/d,成人、孕妇及乳母可耐受最高摄入量为1000μgDFE/g。

(五) 维生素C

维生素C是维生素家族中最重要的成员之一,具有抗维生素C缺乏病的功效,故曾称之为"抗坏血酸"。维生素C主要参与体内多种氧化还原反应,参加细胞间黏合物质的形成,并与红细胞生成有关,它可以增强抗病能力,促进伤口愈合。维生素C还是"解毒剂",能减轻砷、汞对肝脏的毒害,防止铅、苯中毒。一些科学研究表明,维生素C有抗癌作用,其机制为它能阻断致癌物亚硝胺的生成,合成透明质酸抑制物以防止癌细胞繁殖,并能减轻抗癌药物的不良反应。维生素C是人体需要量最多的维生素,维生素C每日推荐膳食供给量:成人为100mg/d,可耐受最高摄入量均为2000mg/d。维生素C需要量因生活条件波动较大。例如,和非吸烟者相比较,吸烟者血清中维生素C水平显著低下,需要量约增加50%;在寒冷、炎热、强烈的紧张状态等情况下,为了保持血清维生素C的正常水平,都需要增加其摄入量。

由于大部分维生素在体内不能合成或合成量很少,无法满足机体的需要,因此必须从食物中摄取,当某种维生素长期摄取不足或损失过多时,会导致疾病的发生。例如,当机体缺乏维生素A时,将导致夜盲症、眼干燥症;缺乏B族维生素时,会引发腹泻、消化系统腹胀、脚气、结石、皮疹、口腔溃疡、白内障;缺乏维生素C会引发动脉硬化、维生素C缺乏病、皮下出血、胆固醇升高、免疫力下降、过敏;缺乏微生物K可引发出血不止;维生素D缺乏引起儿童佝偻病、成人软骨病;缺乏维生素E可引发关节炎、易老化以及膀胱萎缩。

六、水

水是人体中最重要的营养素，水作为介质，人体内新陈代谢的一切生物化学反应都必须在水中进行。水在人体内分布很广，各组织器官和体液中都含有水，是人体内数量最多的成分，占人体组织的50%～80%。水是维持生命活动最基本的物质，是人体含量最多、没有水任何生物都不能够生存，水是生命的源泉。

（一）水的生理功能

水的生理功能主要有：①组成人体体液。②参与并促进人体内代谢反应。③调节人体体温。④运输载体。⑤维持机体酸碱平衡。⑥润滑作用。⑦提高膳食的营养价值。⑧提高机体工作效率。

（二）水的摄入

在我国2016年颁布的《中国居民膳食指南》中，明确指出"足量饮水"。在温和气候条件下生活的轻体力活动的成年人每日最少饮水1500～1700ml。

水的需要量与机体的新陈代谢和能量需要有关。儿童的活动量、环境温度和食物的特性也影响着水的需求量。一般按体重计算，年龄越小，需水量越多，婴儿新陈代谢旺盛，需水量较多，约需150ml/（kg/d），以后每增加3岁减少25ml/（kg/d），至成人需40～45ml/（kg/d）。机体水的摄入量不足时，血黏度增加，长期会引发高血压，还会影响排泄，导致尿少、废物积存、结石、代谢中毒，继而引发多种疾病；水摄入过多则可导致水中毒。

七、膳食纤维

膳食纤维（Dietary Fiber），不能够被机体消化的可食用的一大类碳水化合物，普遍存在于谷类、蔬果、豆类食品中，其成分主要源于植物细胞壁，包括纤维素、半纤维素、果胶、树胶、木质素等，分为可溶性膳食纤维和不溶性膳食纤维。过去曾认为它们是无营养价值的废料，近年来发现很多慢性疾病（如便秘、高脂血症、冠心病、肥胖等）与膳食中膳食纤维的多寡有关。因此也有人将其从碳水化合物中单列出来作为第7种营养素。

膳食纤维的主要生理功能有：①膳食纤维具有较强的吸水性，可吸收肠道内的水分，使粪便体积增加并使之变软，预防便秘，预防结肠癌。②预防糖尿病，提高葡萄糖耐受力。③膳食纤维还可抑制胆固醇的吸收，加速其排出，降低血清胆固醇，预防冠心病。④预防胆结石。⑤降低心血管疾病发病率。⑥提高机体免疫力。⑦防止能量过剩，预防肥胖，控制体重。

日常生活中可从谷类、新鲜蔬菜、水果中获取膳食纤维，但过多摄入也会干扰矿物质如铁、锌、钙、镁等的吸收。膳食纤维制品主要有两种：一是富含膳食纤维的谷类制品，如全麦面包；二是用膳食纤维强化的配方食品等。常用的膳食纤维种类有米糠、麸皮粉、豌豆纤维、水溶性膳食纤维、苹果和梨的食物纤维、番茄粉、花生壳粉等。

第三节　大学生营养指导

一、中国居民膳食指南

膳食指南是以良好科学证据为基础，为促进人类健康，所提供的食物选择和身体活动的指导；是从科学研究到生活实践的科学共识。在各国，膳食指南都是营养专家根据营养学原则，结合国情，教育居民采用平衡膳食，以达到合理营养促进健康目的的指导性意见和公共政策基础。膳食指南的作用一方面在于引导居民合理消费食物保护健康；另一方面，这些原则可以成为政府发展食物生产及规划、满足居民合理的食物消费的根据。

在世界范围内，膳食指南作为公共卫生政策的组成部分已有百年以上的历史。它是由早期食物指南，历经膳食供给量和膳食目标等阶段演变而来的。其背景是在工业化后群众体力活动减少、脂肪摄入增多及其他营养素摄入量的改变导致心血管等慢性疾病增加而对膳食模式提出建议。

2021年2月25日，中国营养学会组织编写的《中国居民膳食指南科学研究报告（2021）》（以下简称《报告》）正式发布。《报告》指出，中华人民共和国成立70多年来，我国的营养保障和供给能力显著增强，人民健康水平持续提升，人均期望寿命从35岁提高到77.3岁，居民营养不足与体格发育问题持续解决，主要表现在居民膳食能量和宏量营养素摄入充足，优质蛋白摄入不断增加，居民平均身高持续增长，农村5岁以下儿童生长迟缓率显著降低，这些都是食物供应充足、膳食质量提高的主要贡献。

二、大学生营养需要

一般来说，我国大学在校生年龄大多数在18～24周岁，即青春期的后期。这一特定年龄段的年轻人，处于身体发育成熟、完全定型的关键时期，为日后承担繁重的脑力、体力劳动，适应各种环境的变化以及心理的发展奠定了坚实的物质基础。

步入青春期后，会出现身高和体重的第二次突增，身高增长速度加快，一般持续2～3年，每年可增长2～3cm，个别可增长10～12cm，身高的增长标志着骨骼的生长。在身高增长的同时，体重也迅速增加，青春期前体重以每年平均2～4kg增加，进入青春期可增长至5～8kg增加，体重的加速增长标志着骨骼、肌肉、脂肪和内脏的迅速生长。进入青春期后，女性体内脂肪含量增加至22%，而男性仍然保持在15%，而此时男性增加的瘦体重（即去脂体重）为女性的1.5～2倍。

进入青春期，不但身高、体重迅速增长，而且神经系统和内脏器官的生理功能都在迅速增强。①脑：青春期脑对人体的调节功能大大增强，推理与论证能力都得到了很大的提高，易接受新生事物。②心脏：心肌增厚，心缩增强，心功能显著提高。③肺脏：10岁时肺活量只有1400ml左右，14～15岁时肺活量已明显增大到2000～2500ml，到20岁时可达到2800ml。

青少年时期对各营养素的需要量在突增期时达到最大值，随着机体发育的不断成熟，需要量逐渐有所下降，生长发育中青少年的能量、蛋白质均处于正平衡状态，对能量蛋白质的需要量与生长发育速率相一致，蛋白质提供的能量占总能量的12%～14%，脂肪的摄入量占总能量的25%～30%，碳水化合物的摄入量占总能量的55%～65%。大学生的身体特征为，各器官机能逐渐趋于成熟期，脑力和体力的活动更频繁，思维能力活跃更敏捷，记忆力较强，用脑较多。因此，确保大学生科学合理的营养及平衡膳食至关重要。大学生膳食中应该以动物蛋白为主，植物蛋白为辅。

青春期骨骼生长迅速，这一时期的骨量的增加量占到成年期的4%左右。青少年期的钙营养状况决定成年后的峰值骨量，每日钙摄入量高的青少年的骨量和骨密度高于钙摄入量低者，进入老年期后骨质疏松性骨折的发病危险性降低。因此，11～18岁青少年钙的适宜摄入量（AI）从儿童期的800mg/d增加到1000mg/d。补钙和补碘对即将步入成年期的大学生尤为重要，平时饮食中应选用鸡蛋、大豆、牛奶、虾皮、海带、紫菜以及各种海鱼等富含钙、碘的食物。

青春期男生比女生会增加更多的肌肉，肌蛋白和血红蛋白需要铁来合成，而青春期女生还要从月经中丢失大量铁，需要通过膳食增加铁的摄入量。由于生长发育迅速，特别是肌肉组织的迅速增加以及性的成熟，青少年体内锌的储存量增多，需要增加锌的摄入量，肉类、海产品、蛋类等都是锌的良好来源。大学生使用眼睛的时间较长，要注意增加有益眼睛、保护视力的维生素A和核黄素的摄入，其常见于牛奶、猪肝、鸡蛋及黄绿色蔬菜等食物中。

第四节　大学生合理膳食

一、大学生常见营养问题

大学不仅是学习科学知识、强身健体的重要时期，而且是养成良好饮食习惯的重要时期。但是在平时的学习生活中，大学生们的饮食结构存在诸多不合理的现象。现代生活的快节奏和功利思想使得大学生们养成了极不科学的饮食习惯，使得大多数的大学生处于亚健康状态，造成了大多数学生记忆力减退，注意力难以集中，学习效率低下等问题，这不仅影响自身健康，而且影响民族体质。因此，提高大学生的营养健康水平具有重要的现实意义。

（一）糖类物质摄入过多

根据《中国居民膳食指南科学研究报告（2021）》显示，我国含糖饮料销售呈逐年上升趋势，城市人群游离糖摄入有42.1%来自含糖饮料和乳饮料，儿童青少年含糖饮料和乳饮料的消费率在30%和25%以上，明显高于成人，大学生亦是含糖饮料的主要消费人群。此外，大学生常有用零食代替正餐的习惯，而包装食品如糕点、甜点、冷饮等则是添加糖的另外一个主要来源。目前我国人均每日添加糖（主要为蔗糖即白糖、红糖等）摄入量约30g，其中儿童、青少年摄入量问题值得高度关注。2014年调查显示，3～17岁常喝饮料的儿童、青少年，仅从饮料中摄入的添加糖提供的能量就超过总能量的5%，城市儿童远远高于农村儿童，且呈上升趋势（世界卫生组织推荐人均每日添加糖摄入低于总能量的10%，并鼓励控制到5%以下或不超过25g）。

（二）脂类物质摄入过多

2015年调查结果显示，我国烹调用油的摄入量仍然过高，特别是农村居民烹饪食用油增长幅度较大。目前，在外就餐成为普遍饮食行为，外卖点餐行为在年轻人，尤其是大学生中较为普遍。调查研究发现外卖点餐中前十位常购买的菜肴多为油炸食品、动物类菜肴，对于长期食用外卖餐和在外就餐的人群来说，存在油盐过度消费、膳食结构不合理等问题。高盐、高糖、高脂等不健康饮食是引起肥胖、心脑血管疾病、糖尿病及其他代谢性疾病和肿瘤的危险因素。2016年全球疾病负担研究结果显示，饮食因素导致的疾病负担占到15.9%，已成为影响人群健康的重要危险因素。2012年全国18岁及以上成人超重率为30.1%，肥胖率为11.9%，与2002年相比分别增长了32.0%和67.6%。

（三）饮食结构不合理

1. 偏爱零食

大学生中喜欢吃零食的情况非常普遍，尤其是女生更加偏爱零食。零食所提供的能量、营养素不如正餐均衡、全面，而且多数零食味道浓厚，过于香甜或咸鲜，脂肪和糖盐的含量较高，既影响大学生进食正餐的胃口，又容易造成钙、铁、锌、碘、维生素等多种营养素的缺乏。

在日常生活中，油炸食品其香味诱人，成为很多大学生常常选择的食品，但油炸食品不断受到健康组织和营养专家的质疑，主要是由于：①油炸食品在制作过程中往往加入含铝的膨化剂，长期食用，铝在脑细胞中沉积，对大脑有不利影响；②富含碳水化合物的食品经高温煎炸后会分解出丙烯酰胺，它可以诱发良性或恶性肿瘤；③食品的烹制用油，往往重复应用，导致脂类过氧化物积聚，这些物质可促使脑细胞早衰。同时，人体摄入的油过多，容易发胖，从而导致高血压、糖尿病等疾病。

2. 全谷物、深色蔬菜、水果、大豆类摄入不足

我国居民膳食结构以谷物为主，但谷物为精制米面，全谷物及杂粮摄入不足，只有20%左右的成人能达到日均50g以上；蔬菜以浅色蔬菜为主，深色蔬菜约占蔬菜总量的30%，未达到推荐的50%以上水平；人均水果摄入量较低，与合理膳食要求相比，存在很大差距。大豆类食品是我国传统健康食品，但目前消费率低，消费量不足，约有40%的成年人不常吃大豆类食品。

3. 饮食不规律

进入大学后，大学生的日常饮食由学生们自己掌握。很多大学生的生活习惯不科学，主要表现在：①大多数学生都没有固定吃三餐的习惯，而且大部分都不在学校食堂用餐。大学生中很多人不重视吃早饭，但是吃夜宵、吃零食的现象比较普遍，三餐分配不合理，各餐热量摄入的分布不均匀。②很多大学生在进入大学后，喜吃冷饮，嗜糖现象明显，高校男女大学生糖摄入量普遍大大超过标准供给量，这使得他们体重增加，有减肥的想法，其中女生居多。③大学生经常以喝饮料代替牛奶和水果，经常暴饮暴食等。没有良好的学习、生活习惯同样也直接导致了学生的饮食习惯的不科学、不规律。

二、大学生合理膳食建议

中国营养学会根据膳食指南的核心推荐内容和基本原则，结合我国居民膳食的实际状况，将平衡膳食的原则转化成各类食物的重量，形象地绘制中国居民平衡膳食宝塔，便于人们在日常生活中实行。膳食宝塔共分为五层，包含每天应吃的主要食物种类。膳食宝塔各层位置和面积不同，这在一定程度上反映出各类食物在膳食中的地位和应占的比重。

(一) 平衡膳食

膳食的平衡，就是指每天的饮食中，主、副食品各占多大比重。科学地说，是指我们每天饮食中，摄入的热量和各种营养素的量，以及总热量中脂肪、糖类、蛋白质所提供的热量分别占多大的比例。大学生虽属成人，但实际上青年人的肝、脑、脾等脏器到20岁才达到其最大重量，心、肺等各器官的功能才逐渐成熟和健全。进入大学，进行大量脑力与体力劳动，必须及时补充能量和各种营养素。

(二) 三餐定时定量

大学生应养成良好的就餐习惯，一日三餐所提供的营养均为满足人体生长、发育和各种生理、体力活动的需要。应做到三餐定时定量，少食多餐，品种多样化，做到早起床，按时进餐，餐后适当休息。

(三) 多吃谷物，供给充足的能量

谷类食物含有丰富的碳水化合物，它是提供人体所需能量的最经济、最重要的食物来源，也是提供B族维生素、矿物质、膳食纤维和蛋白质的重要食物来源，在保障儿童青少年生长发育、维持人体健康方面发挥着重要作用。

然而，近30年来，我国居民膳食模式正在悄然发生着变化，居民的谷类消费量逐年下降，动物性食物和油脂摄入量逐年上升，导致能量摄入过剩；谷类过度精加工导致B族维生素、矿物质和膳食纤维丢失而引起摄入量不足，这些因素都可能增加慢性非传染性疾病的发病风险。

因此，坚持以谷类为主，特别是增加全谷物摄入，有利于降低2型糖尿病、心血管疾病、结直肠癌等与膳食相关的慢性病的发病风险，可减少体重增加的风险。增加全谷物和燕麦摄入具有改善血脂异常的作用。

新膳食指南建议我国居民的平衡膳食，应做到食物多样，每天的膳食应包括谷薯类、蔬菜水果类、畜禽鱼蛋奶类、大豆坚果类等食物。除了烹调油和调味品，平均每天摄入12种以上食物，每

周 25 种以上食物。

若量化一日三餐的食物"多样"性，其建议指标为：谷类、薯类、杂豆类的食物品种数平均每天 3 种以上，每周 5 种以上；蔬菜、菌藻和水果类的食物品种数平均每天 4 种以上，每周 10 种以上；鱼、蛋、禽肉、畜肉类的食物品种数平均每天 3 种以上，每周 5 种以上；奶、大豆、坚果类的食物品种数平均每天 2 种，每周 5 种以上。

按照一日三餐食物品种数的分配，早餐至少摄入 4~5 个品种，午餐摄入 5~6 个食物品种；晚餐 4~5 个食物品种；加上零食 1~2 个品种。

所谓以谷类为主，就是谷类食物所提供的能量要占膳食总能量的一半以上；以谷类为主，也是我国人平衡膳食模式的重要特征，是平衡膳食的基础，一日三餐都要摄入充足的谷类食物。

在家吃饭，每餐都应该有米饭、馒头、面条等主食类食物，各餐主食可选不同种类的谷类食材。采用各种烹调加工方法将谷物制作成不同口味、风味的主食，可丰富谷类食物的选择，易于实现以谷物为主的膳食模式。

在外就餐，特别是聚餐时，容易忽视主食。点餐时，宜先点主食或蔬菜类，不能只点肉菜或酒水；就餐时，主食和菜肴同时上桌，不要在用餐结束时才把主食端上桌，以免发生主食吃得很少或不吃主食的情况。

全谷、杂豆、薯类推荐选择如下。

全谷物是指未经精细化加工或虽经碾磨/粉碎/压片等处理仍保留了完整谷粒所具备的胚乳、胚芽、麸皮及其天然营养成分的谷物。

我国传统饮食习惯中作为主食的稻米、小麦、大麦、燕麦、黑麦、黑米、玉米、裸麦、高粱、青稞、黄米、小米、粟米、荞麦、薏米等，如果加工得当，均可作为全谷物的良好来源。

与精制谷物相比，全谷物及杂豆类可提供更多的 B 族维生素、矿物质、膳食纤维等营养成分及有益健康的植物化合物，全谷物、薯类和杂豆的血糖生成指数远低于精制米面。

（四）保证足够的鱼、蛋、奶、豆类和新鲜蔬菜、水果的摄入

食物与人体健康关系的研究发现，蔬菜、水果的摄入不足，是世界各国居民死亡前十大高危因素。新鲜蔬菜和水果能量低，微量营养素丰富，也是植物化合物的来源。蔬菜水果摄入可降低脑卒中和冠心病的发病风险以及心血管疾病的死亡风险，降低胃肠道癌症、糖尿病等的发病风险。奶类和大豆类食物在改善城乡居民营养，特别是提高贫困地区居民的营养状况方面具有重要作用。在各国膳食指南中，蔬果、奶、豆类食物都作为优先推荐摄入的食物种类。

蔬菜和水果富含维生素、矿物质、膳食纤维，且能量低，对于满足人体微量营养素的需要，保持人体肠道正常功能以及降低慢性病的发生风险等具有重要作用。蔬果中还含有各种植物化合物、有机酸、芳香物质和色素等成分，能够增进食欲，帮助消化，促进人体健康。

奶类富含钙，是优质蛋白质和 B 族维生素的良好来源；奶类品种繁多，液态奶、酸奶、奶酪和奶粉等都可选用。我国居民长期钙摄入不足，每天摄入 300g 奶或相当量乳制品可以较好地补充不足。增加奶类摄入有利于儿童青少年生长发育，促进成人骨健康。

大豆富含优质蛋白质、必需脂肪酸、维生素 E，并含有大豆异黄酮、植物固醇等多种植物化合物。另外，坚果富含脂类和多不饱和脂肪酸、蛋白质等营养素，是膳食的有益补充。

实现膳食指南的推荐目标并不难，只要我们认真计划一日三餐，就可以在一段时间里达到上述推荐目标。简单的实施办法有：①餐餐有蔬菜。每餐吃一大把蔬菜，其中深色蔬菜占 1/2；巧烹饪，保持蔬菜营养。②天天吃水果。吃多种多样的时令鲜果，每天一个；选择多种多样的奶制品，把牛奶当作膳食组成的必需品。③常吃大豆和豆制品。豆腐、豆干、豆浆、豆芽、发酵豆制品都是不错的选择。④坚果有益健康但不可过量食用，最好一周控制在 50g~70g。

鱼、禽、蛋和瘦肉含有丰富的蛋白质、脂类、维生素 A、B 族维生素、铁、锌等营养素，是平衡膳食的重要组成部分，是人体营养需要的重要来源。根据 2012 年全国营养调查结果计算此类食

物对人体营养需要的贡献率，满足人体营养需要 20％以上的营养素有蛋白质、维生素 A、维生素 B2、烟酸、磷、铁、锌、硒、铜等，其中蛋白质、铁、硒、铜等达到 30％以上。但是此类食物的脂肪含量普遍较高，有些含有较多的饱和脂肪酸和胆固醇，摄入过多可增加肥胖、心血管疾病的发生风险，因此其摄入量不宜过多，应当适量摄入。

烟熏和腌制肉风味独特，是人们喜爱的食品，但由于在熏制和腌制过程中，易遭受多环芳烃类和甲醛等多种有害物质的污染，过多摄入可增加某些肿瘤的发生风险，应当少吃。

（五）少盐少油，控糖限酒

我国多数居民目前食盐、烹调油和脂肪均摄入过多，这是高血压、肥胖和心脑血管疾病等慢性病发病率居高不下的重要因素，因此应当培养清淡饮食习惯，成人每天食盐不超过 6g，每天烹调油 25g～30g。过多摄入添加糖可增加龋齿和超重发生的风险，推荐每天摄入糖不超过 50g，最好控制在 25g 以下。

大量饮酒会造成胃肠道功能损伤、食欲下降、食量减少等情况，甚至导致多种营养素缺乏，严重时还会造成酒精性肝硬化。过量饮酒还易造成事故及暴力事件的增加，对个人健康及社会稳定都具有一定的危害性，大学生更不应过量饮酒。成人如饮酒，一天饮酒的酒精量男性不超过 25g，女性不超过 15g。

第十一章　睡眠与健康

充足的睡眠、均衡的饮食和适当的运动是国际社会公认的三项健康标准。适当的睡眠既是维护健康和体力的基础，也是获得生产力的保证。世界卫生组织调查表明，27%的人有睡眠问题，据我国六个城市的市场调研显示，成年人一年内的失眠率高达57%。当代大学生学习及就业竞争压力较大，在一定程度上影响了其睡眠质量。此外，当代大学生还处于科技迅速发展的时代，电子产品的普及使很多大学生沉迷于网络游戏，致使睡眠不足的问题日趋严重。

第一节　健康睡眠

一、睡眠的定义

睡眠是抑制过程控制脑神经的结果，其过程与消除白天疲劳、促进新陈代谢、休整机体功能和积贮新的能量密切相关。此外，行为学上将睡眠定义为知觉解除对周围环境反应的一种可逆性行为状态。睡眠在行为方面按照四个标准确定：肌肉运动减少；对刺激反应减弱；姿势相对保持不变（人类通常是闭着双眼躺着睡觉）；相对易可逆性。

1972年，一位法国的神经精神科医师Christian Guilleminault认为睡眠只是身体内部需要的反映，感官活动及身体的物理运动在睡眠时会停止，但若给予合适刺激便可使其醒来。现代医学界则普遍认为睡眠是一种主动过程，目的是恢复精力而作出合适的休息，由专责睡眠及觉醒的中枢神经管理。在睡眠时，人脑并没有停止工作，只是换了模式，使身体可以更有效储存所需的能量，并对精神和体力作出补充。睡眠亦是最好的休息方法，既能保持身体健康和补充体力，亦可提高工作能力。

睡眠是生命所必需的过程，是一种重要的生理需求，机体维系健康的重要保证，是反映机体身心健康的重要指标。人的一生有三分之一的时间是在睡眠中度过的。大学生是一个特殊的群体，大学生正处于增长知识和完善人格的重要时期，面临着来自学习、就业、家庭、社会变迁等各方面的压力，承受着各种各样的困扰。睡眠状况的好坏直接影响到大学生的身心健康和学习、工作效率。长期的情绪紧张、心理负荷过重将造成大学生睡眠质量下降。

夜间睡眠不止于夜，亦是日间生活的重要保障，人生的1/3在睡眠中度过，睡得好是健康的标志，睡不好是疾病的征兆。随着生活节奏的加快及生活方式的改变，睡眠障碍和睡眠不足对于人类健康的威胁日益增长，睡眠问题不仅是一个医学问题，而且已经成为一个影响人民健康、工作效率、家庭幸福、社会和谐的社会问题，涉及医疗、经济、军事、生产、民生和社会生活各个方面。

睡眠是人类生命活动必需的生理和心理过程，是受睡眠觉醒中枢主动调节的一种周期性的可逆的静息现象。这种静息现象可描述为：①没有主观意志控制的运动：即没有行走、谈话、写作等。②以卧姿为主：一般情况入睡时常常都是躺着，例外的情况很少。

如果一个人双手倒立，我们可以肯定地说他没睡着。③对刺激的反应减弱：入睡后机体对低强度的声音和触摸等本能的反应性减弱，而清醒时能立即感觉到同样强度的刺激。④可逆的：机体能

够很容易从睡眠中觉醒，这一点是睡眠与昏迷或死亡的本质区别。根据睡眠的本质特征可将睡眠划分为非快速眼动相睡眠和快速眼动相睡眠两部分。

二、睡眠的功能

睡眠大致有以下几个方面的基本功能：

（一）睡眠可以恢复和调整体力，消除生理疲劳。通过睡眠能够有效地适应生存环境。

（二）睡眠可以保护大脑皮质，促进激素分泌和脑发育，防止神经过度疲劳，很多激素也在睡眠中分泌明显变快。

（三）睡眠增强机体的新陈代谢，延年益寿。保护皮肤，促进美容。

（四）提高机体免疫能力，增强记忆。睡眠促进免疫细胞分裂、分化。

（五）保证有效的信息加工，提高认知能力。

（六）有利于保持良好的情绪。睡觉醒来，神清气爽，精神饱满，心情变好。俗语说：宁扰醉汉，不扰睡汉。

三、睡眠障碍因素

睡眠障碍是心理学研究的重要内容之一。大学生的心理障碍多是由来自遗传、社会、学校、家庭的各种压力所致。

（一）遗传因素由于生物遗传与生长发育程度等因素，造成学生间出现个体形态上的差异，比如外貌、身高等差异。有些学生由于心理素质较差、强烈的自尊等，不能正确认识自身缺陷而导致心理失衡，产生自卑、嫉妒等负面情绪。

（二）社会环境因素随着我国社会的转型，大学生面临着各种竞争的压力，使他们感到前途迷茫，从而产生极大的失落感。大学生由于思想不成熟，缺乏经验，智力支持不足，导致对信息的加工处理能力不强，使理论与现实产生激烈的矛盾冲突，这些矛盾和冲突得不到及时解决，就会产生心理障碍或心理问题。

（三）学校教育因素由于当代大学生绝大多数都是独生子女，不少人缺乏生活自理能力，过不惯集体生活，从而普遍感到孤独寂寞，压抑和焦虑。大学生学习方式、方法与中学相比较也发生了很大变化，而且大学生面临着各种复杂的人际关系，大学生们来自不同的地区，文化背景、价值观念也不尽相同，其个性、习惯的差异更显突出，这些都容易导致人际关系方面的摩擦与冲突。

（四）家庭影响因素如家庭教养方式、父母的文化程度、家庭经济状况、父母社会地位等。他们所承受的心理负担明显不均衡，每个同学面临的心理负担强度和内容都有

较大的差异，极易导致心理上的不平衡。另外，在个性与心理健康的研究中显示，个性不稳定的人容易出现心理问题，个性稳定的人不容易出现心理问题。

四、改善睡眠的食品

改善睡眠的方法也多种多样，但是要让大学生们一下改变长久以来形成的习惯和生物钟也不是一件容易的事，因此可以通过其他方式来提高我们的睡眠质量。

例如，适当饮食能促进睡眠和提高睡眠的质量。与咖啡中所含的咖啡因可以提神一样，有些食物则可以激发睡意，促进睡眠。血清素，是一种单胺类神经递质，由一种叫作色氨酸的氨基酸在大脑中转换而成，是负责调节机体睡眠、性欲和体温等特定身体过程的一种重要的神经递质。因此，从营养学的角度来说，可以多食用富含色氨酸的食物，以促进睡眠和提高睡眠质量。

富含色氨酸的食物有：热牛奶、小米、香菇、葵花籽、海蟹、黑芝麻、黄豆、南瓜子、肉松、油豆腐、鸡蛋等。热牛奶，一直被认为是具有放松和诱导睡眠的睡前饮品，现代科学也已经验证牛奶中富含色氨酸。一些经常晚睡或者熬夜、失眠的大学生可以在睡前尝试吃一些上述食物，以帮助

提高睡眠质量，保证第二天有充沛的精力学习。

五、促进睡眠的方法

为了弥补睡眠不足，不妨尝试一下小睡。小睡是指每天正式睡眠醒来后再小睡 20 分钟，俗称"回笼觉"，其效果比晚上早睡要好得多。有关医学专家总结了一套"助眠 14 法"，只要从现在做起，即可帮你重返梦乡。

（一）早上在晨光中散步，会缩短睡眠周期，使你晚上上床之后容易入睡。因为阳光的照射会使大脑里的松果体早一些分泌褪黑素，强烈的人造光也有同样的效果。相反，如果发觉你晚上入睡太早，不妨在下午或傍晚多接受些阳光照射，这会延长你的睡眠周期，推迟入睡时间。

（二）锻炼能缩短睡眠周期。一个夜间型的人，其思维通常在午夜以后变得活跃。然而，当他白天锻炼，如骑了一整天的自行车后，他的睡眠周期就会缩短，夜间早点上床睡觉，一定睡得更香，第二天起得也很早。

（三）在夜晚适当升高体温，会有利于睡眠。进行至少 15 分钟的桑拿浴或热水浴，都可以达到这种效果。

（四）白天睡觉不宜超过 1 小时，也不宜在下午 4 点钟以后睡觉，否则到了晚上就没有困倦感。

（五）避免在晚饭后食用含咖啡因的各种食品和饮料，如巧克力、咖啡、茶等，因为咖啡因会兴奋大脑而引起失眠。

（六）晚上少喝水，饮水过多会使整个夜晚上厕所次数增多，从而影响睡眠。

（七）在上床一小时之前，停止强脑力活动，可看一些简易读本或喜剧电视片，使大脑轻松一下。也可以考虑处理一些琐碎的家庭杂务等，然后洗漱上床。

（八）在医生的指导下，补充镁、钙、复合维生素 B 等，可使睡眠更好些。

（九）等到感觉困了才上床。不要在床上看电视、吃东西、看书或玩手机。如果上床 15 分钟后仍不能入睡，干脆下床来读一些轻松的书，不要躺在那里翻来覆去。待在床上，翻来覆去不睡觉，结果只会是将床和失眠联系起来。

（十）安装一个隔音的窗户，挂上厚厚的窗帘，保证卧室是完全隔音的。

（十一）如果早上的阳光能进入卧室，睡觉时可考虑戴上眼罩。

（十二）除非有要紧的事，晚上最好关掉电话，早上再打开，以免在午夜或清晨被意外电话声干扰。

（十三）放松身心。如肌肉放松法、功能反馈疗法、瑜伽功等。例如，上床以后，仰卧在床上，先晃动、放松一条腿，进行几次慢速的腹式深呼吸；放松另一条腿，再进行几次使你更放松的呼吸。接着放松手臂、肩和颈部，再放松面部肌肉，尤其是眼和嘴的肌肉。每放松一次肌肉群就深呼吸一次，在不知不觉中，你就进入了梦乡。

（十四）每天早晨在同一时间起床，以便形成固定的睡眠规律。

第二节　睡眠不足与睡眠障碍的危害

2021 年中国睡眠研究会发布《2021 年运动与睡眠白皮书》。当下我国有超过 3 亿人存在睡眠障碍，依据世界卫生组织标准，下面一项或几项同时存在，即可定义为失眠。

（1）连续一个月每周至少有 3 天出现上床 30 分钟无法入睡。

（2）每天睡眠时间不足 6.5 小时。

（3）在睡眠过程中夜间醒来次数超过 3 次，醒后难于入睡。

（4）多梦，噩梦的情节如同电视连续剧一样。

（5）次日起床后伴有嗜睡、疲劳、精神状态不佳、认知功能下降等。

（6）每个人每天睡眠时间的长短，要根据不同的年龄、性别、体质、性格、环境因素等而定。

一、睡眠不足与睡眠障碍

睡眠不足，指没有达到正常的睡觉时间。

睡眠障碍，指睡眠量不正常，以及在睡眠中出现异常行为的表现，即睡眠和觉醒正常节律性交替紊乱的表现。睡眠障碍可由多种因素引起，常与躯体疾病有关，包括睡眠失调和异态睡眠。

长期睡眠不足和睡眠障碍，会导致大脑功能紊乱，对身体造成多种危害，严重影响身心健康。

睡眠障碍有多种类型，主要有失眠、梦游、梦魇、过度睡眠等。

（一）失眠症在睡眠时间不能安静入睡统称为失眠，主要表现为入睡困难、睡眠不深或频繁觉醒、早醒、多梦等。失眠者在睡眠障碍中所占比例最大，是最常见的睡眠障碍。

（二）睡眠倒错（睡眠觉醒节律障碍）个体的"睡眠—觉醒"的节律与所在环境的要求和大多数人所遵循的节律不符，在应当睡眠的时段失眠，在应该清醒的时段嗜睡，患者明显感到苦恼和社会功能受损，表现为白天昏昏欲睡，而夜间兴奋不眠。

（三）梦游症患者熟睡后，1小时内不由自主地起床在室内走动，或到户外活动，做一些无意义的单调运动或习惯性杂事。梦游时患者神志不完全清醒，在有人提问时，可含糊应答，遇到强烈刺激时可以惊醒，但醒后对起床进行的活动不能记忆。

（四）梦魇睡眠中出现噩梦，梦中见到可怕的景象或荒诞的故事情节，梦境体验十分生动，通常涉及对生存、安全或自尊造成威胁的主题，以至于患者在梦中惊恐万分，会出现呼叫、呻吟、突然惊醒并伴心悸、呼吸急促、出汗等症状。

（五）过度睡眠指在足够睡眠时间以外仍经常疲乏欲睡，有的学生喜欢赖床、睡懒觉，每天睡眠的时间甚至超过10个小时，但起床后仍然觉得犯困、乏力。

二、睡眠不足的危害

（一）影响大脑思维。通常情况下，在熬夜后第二天上课常会感到头昏脑胀、注意力无法集中，甚至出现头痛的现象。不仅如此，长期熬夜、失眠对记忆力也会有无形的损伤。实验证明，人的大脑要思维清晰、反应灵敏，必须有充足的睡眠，如果长期睡眠不足，会使人心情忧虑焦急。大脑得不到充分的休息，会影响大脑的创造性思维和处理事务的能力，大大降低工作和学习效率。

（二）影响正常发育。现代研究认为，青少年的生长发育除了遗传、营养、锻炼等因素外，还与生长素的分泌有关。生长素的分泌同睡眠密切相关，在人熟睡后生长激素有一个大的分泌高峰，随后又有几个小的分泌高峰，而在非睡眠状态，生长素分泌会减少。大学生要发育好、长得高，必须保证充足的睡眠。压力、偏食、睡眠不足等不良生活习惯，会令黑色素增加。晚上10点左右及早上6点左右是新陈代谢的最好时机，如果睡眠时间不稳定，皮肤的代谢率也降低，会导致黑色素降解下降。

（三）"催人老"。睡眠不足会导致黑眼圈、眼袋、皮肤干燥。夜晚是人体的生理休息时间，该休息而没有休息，就会因为过度疲劳造成眼睛周围的血液循环不良，引起黑眼圈、眼袋或是白眼球布满血丝。晚上11时到凌晨3时是美容时间，也就是人体的经脉运行到胆、肝的时段。这两个器官如果没有获得充分的休息，会表现在皮肤上，容易出现粗糙、脸色偏黄、黑斑、青春痘等问题。

（四）导致各种疾病。经常睡眠不足，会使人心情忧虑焦急，免疫力降低，从而导致各种疾病发生，如神经衰弱、感冒、胃肠疾病等。此外，相关研究还表明，睡眠不足或不规律除了让人们眼睛胀涩、嗜喝咖啡、在下午的课堂上打盹之外，还会增加多种重大疾病（如癌症、心脏病、脑血管疾病、糖尿病和肥胖症等）的患病风险。

三、睡眠障碍的危害

随着现代社会生活节奏的日益加快，社会经济的不断发展，睡眠问题已经成为困扰人们生活的突出性问题。不少人由于多种原因睡眠严重不足、透支，睡眠健康问题普遍存在，这已成为人类健康的一大隐患。

睡眠障碍是指睡眠量不正常以及睡眠中出现异常行为的表现

也是睡眠和觉醒正常节律性交替紊乱的表现，包括夜间入睡困难、睡眠质量差、早醒、昼夜节律紊乱、异态睡眠、睡眠相关运动障碍和睡眠相关呼吸障碍。睡眠障碍的国际分类标准一共有三类：第一类是大家比较熟悉的睡眠不足症状，包括失眠、入睡困难、早醒和继睡困难；第二类，也是最引人注目的，国际上首次把赖床也纳入睡眠障碍中在临床上被称为发作性睡病；第三类是不正确的睡眠形式，如打鼾、呼吸暂停、惊梦、惊跳、梦游和莫名其妙夜醒等。

长期睡眠障碍不仅可以引起脑力（如记忆力、反应能力、注意力等）、体力、免疫力下降，还可能促发早衰、引起疾病，使情绪不稳定（如烦躁、欣快、抑郁等），对于青少年来说，可能影响其正常的生长发育。严重断眠可引起死亡。具体来说，

（一）对循环系统的影响

可导致心脏负担加重，长期处于疲劳状态，心脏泵血功能下降，导致机体缺氧，容易出现心律失常、心绞痛、心肌梗死等情况。

（二）对消化系统的影响

良好的睡眠对胃肠道有调节作用，消化酶的产生也是有规律的，当在深度睡眠状态时胃肠道蠕动功能会变慢，使胃肠道得到休息。如果失眠，胃肠道会一直处在工作中，容易引起胃肠道功能紊乱，产生腹胀、食管反流等消化功能不良的症状，影响消化吸收。

（三）对免疫系统的影响

自然睡眠是由中枢神经系统介导的心理生理过程，当睡眠受到干扰时，调节免疫系统的效应系统就会发生变化，从而导致炎症反应异常增加，导致机体容易受到细菌等感染，并可能出现感冒等情况。

（四）对代谢系统的影响

近年来有证据表明，睡眠在调节体重、神经内分泌信号及胰岛素和葡萄糖稳态方面起着重要作用。睡眠不足时，葡萄糖代谢也会受到干扰，少睡者体内葡萄糖清除率和胰岛素释放能力均会降低。除睡眠时长影响外，睡眠质量的下降同样可导致类似结果。提示睡眠障碍会导致体内代谢障碍，使罹患肥胖、胰岛素抵抗及2型糖尿病的风险增加。

（五）对神经系统的影响

睡眠障碍与神经系统疾病密切相关。睡眠障碍可通过多种机制影响神经系统的各个方面，参与疾病的发生与发展。睡眠障碍已被确定为脑卒中的独立危险因素。此外，间歇性缺氧亦可促进动脉粥样硬化发生。除对卒中的影响外，睡眠障碍还可影响神经系统可塑性及增加胶质细胞的激活，从而导致神经系统疾病的发生。

（六）对心理健康的影响

睡眠障碍是诱发心理问题的重要因素。多数人在睡眠不足、睡眠质量下降时会出现情绪不稳、低落、烦躁、注意力不能集中，并影响他们在学习、工作、人际交往上的表现，从而加重心理问题，形成恶性循环。

（七）对皮肤的影响

长期睡眠不足会导致皮肤黯淡，出现皱纹，还会带来黑眼圈等问题。

（八）对生殖系统的影响

人体中的多种性激素，都是在熟睡状态产生的，即晚上 10 点到早上 6 点。在此时间段里，没有处于睡眠状态，将无法顺利产生性激素从而出现内分泌紊乱、月经不调等症状。

第三节　大学生睡眠的自我调节

睡眠有补充人体的能量，增强自身抵抗力，促进人体的正常发育，使人体得到充分的休息等作用。睡眠对于保护人的心理健康与维护人的正常心理活动极其重要。

一、睡眠的作用

（一）消除疲劳，恢复体力，睡眠是消除身体疲劳的主要方式。

（二）保护大脑，恢复精力，睡眠不足者，容易表现出烦躁、激动或者精神萎靡，注意力涣散，记忆力减退等。

（三）天然"补药"，促进健康，睡眠是天然的"补药"，睡眠充足有益于人的身体健康。

（四）增强免疫力，康复机体，睡眠能增强机体产生抗体的能力，从而增强机体的抵抗力。

（五）促进生长发育。

（六）延缓衰老，促进长寿。

二、保证睡眠的措施

（一）规范睡眠时间。根据需要起床的时间往前推 8 个半小时，就是需要上床睡觉的时间。尽量每天都在同一个时间段睡觉，这样身体代谢才会更加有规律，排毒活动才能有条不紊地进行。周末也不要赖床到中午，甚至整天睡觉，生物钟一旦在双休日被打乱，很容易造成恶性循环，出现失眠、食欲不振、浮肿等症状。

（二）保证 8 小时睡眠。大多数人需要 6~8 小时的睡眠来获得充足的运动能量，保证健康的饮食和保持苗条的身材。晚上 11 点到凌晨 2 点这段黄金时间，身体的新陈代谢最旺盛，能够有效消除疲劳，排出体内毒素。如果你不好好把握这段时间，身体代谢将会变差，体内毒素排不出去，长期堆积对健康危害极大。

（三）不摄入兴奋性物质。含咖啡因等提神兴奋的饮料睡前禁止饮用，茶、苏打水也不要喝，这些饮料会让机体越来越精神。一点点的红酒能够促进睡眠，不过不要过量，酗酒会让人昏睡，到了第二天还有头痛的烦恼。

（四）养成良好睡前习惯。睡前不要进行太激烈的运动，如果让大脑处于兴奋状态，就难以按时入睡。睡前尽量从事阅读、听轻音乐、沐浴等让身体放松的活动，这样更易入睡。晚上爱上网、玩手机的学生要注意时间，不要一玩到高兴时忘记了睡觉。

（五）按时睡觉。每天要按时睡觉，人类最佳睡眠时间应是晚上 10 点至清晨 6 点，老年人稍提前为晚 9 点至清晨 5 点，儿童为晚 8 点至清晨 6 点。处于发育期间的青年同学至少要保证 7~8 小时的睡眠时间。由于学业负担和丰富的课余生活，大学生为了学习赶夜车或为娱乐牺牲睡眠时间的情况较为普遍。青年学生需要有良好的时间管理策略，对时间的分配进行规划，并有较强的处理事务和自制能力，保证在最佳睡眠时间准时入眠。

（六）做好睡眠准备。睡前切勿进食、饮用刺激性饮料、情绪过度激动、过度娱乐与言谈等，保持心情的平稳与安适。

（七）注意睡姿。身睡如弓效果好，向右侧卧负担轻。研究显示，由于人体的心脏多在身体左侧，"睡如弓"向右侧卧可以减轻心脏承受的压力。同时双手尽量不要放在心脏附近，避免因为噩梦而惊醒。此外不要蒙头大睡或张大嘴巴，睡时用被子捂住面部会使人呼吸困难，导致身体缺氧；张嘴吸入的冷空气和灰尘会伤及肺部，胃部也会受凉。

（八）适宜的睡眠环境。睡眠时光线要适度，周围的色彩尽量柔和，通风但不能让风直吹，尽量防止噪声干扰。大学生生活在集体宿舍，因此营造好的睡眠环境就需要大家发挥人际沟通与协调能力，使得不同生活习惯的同学能大致协调同步。

（九）选择好的睡眠用品。选择一个适合自己的好床垫、枕头是舒适睡眠的第一要素，好的床垫、枕头不仅可以有效支撑身体的压力，还可以缓冲在睡眠中因为翻身造成的震动。专家指出：舒适的睡眠床垫，睡前要摸摸床垫上是否有异物，有的话要立即拿掉；其次床垫不能过硬，床垫过硬会磨损脊椎，对脊椎发育影响甚大。枕头要柔软适度、舒适。

三、大学生睡眠建议

（一）创造适宜睡眠的环境

良好、舒适的环境能够使人感到身心愉悦和放松，是促进高质量睡眠的必要因素。为了提高睡眠质量，我们可以从创造适宜睡眠的环境开始，为良好、高质量的睡眠奠定基础。

1. 安静的环境：安静的环境是睡眠的必要条件。任何人在嘈杂喧闹的环境中都是难以入睡的。如果卧室窗口朝向街道闹市或噪声难以避免时，需要尝试加强隔音设备。同时，室内适当布置，如果室内环境安静而优美，会给人一种心旷神怡的感觉，增添舒适、愉快的心情而易于睡眠。

2. 适当的卧具：适当的卧具如床铺、被褥、枕头等能够促进睡眠质量的提高。床铺需要软硬适宜，床单需要柔软舒适，被子需要柔软保暖，枕头要高低适当。卧具的材质十分重要，如腈纶、尼龙、的确良等材质容易起静电，使得睡眠体验差。此外，卧具还需要经常洗晒以保持卫生和舒适。

3. 适宜的光线和温度：睡眠时应当保持周围环境光线和温度适宜。强烈的光线会影响睡眠，因而通常应保持室内灯光关闭或调暗，窗帘应以冷色、深色为主，能起到遮光作用，并有幽暗感。室内的温度过高或过低都会使人感到不适而影响睡眠，必须予以适当控制，室温一般以 26℃ 左右最佳。

4. 保持室内空气新鲜：白天室内阳光充足，可以开窗使空气流通，以驱除潮湿及秽浊之气。睡前宜开窗换气，睡时可关上，但也可留点小缝以透气。空气流通，就能保持空气新鲜，使得氧气充足，有利于恢复大脑细胞的活力和皮肤的呼吸功能，镇静安神，促进睡眠。

（二）减少手机依赖

随着智能手机的普及，手机依赖现象越来越严重。手机依赖指过度使用手机而导致手机使用者心理、社会功能受损的痴迷状态。手机依赖会对使用者的身心健康、工作、学习和生活产生多种负面影响。手机依赖的判断标准主要体现在以下三方面：①对手机的滥用，不该用的时候也频繁使用。②过多地使用手机影响了工作、生活和学习。③手机不在身边或停机时，身体会出现一系列心理和生理的不适反应。手机依赖会对大学生的身心健康造成不良影响，更会影响睡眠质量。手机依赖和睡眠质量有明确的关系，手机依赖越严重，睡眠质量越差。已有研究表明，电子屏幕发出大量的蓝光，睡前长时间浏览荧幕会显著抑制自身褪黑素的分泌。对于现代人尤其是大学生的手机依赖应当引起高度重视，并进行一定的预防干预，减少手机的依赖，提高睡眠质量。

（三）适当增加体育锻炼，增加睡眠动力

睡眠动力与连续保持清醒的时间及适量运动相关。连续保持清醒的时间越长，睡眠动力越大，

越容易进入睡眠状态。失眠人群不要过早躺在床上酝酿睡意，可等到有困意后再上床睡觉。建立床和睡觉的良性条件反射，有助于提高睡眠动力和睡眠效率。建议除睡觉外，其他时间不要待在床上，不要在床上做与睡眠无关的事情，如躺在床上玩手机、看电视等。《2021年运动与睡眠白皮书》指出，适量运动有助于提升睡眠，运动人群失眠困扰比例仅为10%。大学生应培养科学的运动习惯，每天保证充足的睡眠时间，工作、学习、生活、娱乐均要按作息规律进行，注意起居有常。

（四）建立睡眠节律

睡眠节律也就是我们通常说的生物钟，大脑皮层的兴奋和抑制两种状态的自我调节形成了人的睡眠节律。固定睡觉时间和起床时间，养成定时上床和定时起床的良好习惯，长期坚持就能形成自己的生物钟。睡眠时间可以根据自己的习惯来制定，这样既可以适应昼夜兴奋与抑制交替节律和生物钟规律，也可以使自己的生活规律化、正常化、定时起居作息，到睡眠时间自然困倦思睡，到起床时间自然清醒起床，成为习惯，生活正常有序，心态安定自然，既有助于良好的睡眠，也有助于强身健体、祛病延年。

第十二章 环境与健康

第一节 环境污染及其来源

环境是指以人类为主体的外部世界,是人类生存发展的物质基础。人与环境,像鱼和水一样密不可分。环境创造了人类,人类依存于环境,受其影响,不断与之相适应;人类又通过自身的生产活动不断改造环境,使人与自然更加和谐。

生活环境对人类的生存和健康意义重大,适宜的生活环境,可以促进人类的健康长寿,反之,如果对人类生产和生活活动中产生的各种有害物质处理不当,使环境受到破坏,不仅损害人类健康,甚而还会导致人类健康近期和远期的危害,威胁子孙后代。

环境污染,现在多指由于人为的因素,环境受到有害物质的污染,致使自然环境发生变化,并超出了其自净能力,从而破坏了生态平衡,使生物的生长繁殖和人类的正常生活受到有害影响,影响到人类健康的现象。

环境污染产生的原因:随着世界人口的迅速增加以及工业化的迅速发展,人类对自然资源的毁灭性的开发与利用,使环境污染问题愈来愈严重,已经开始威胁人类的生存。扰乱与破坏了生态系统和人类的正常生产和生活条件的现象。

环境污染源主要有以下几方面:
(1) 工厂排出的废烟、废气、废水、废渣,以及产生的噪声。
(2) 人们生活中排出的废烟、废气、脏水、垃圾,以及产生的噪声。
(3) 交通工具(所有的燃油车辆、轮船、飞机等)排出的废气和产生的噪声。
(4) 大量使用化肥、杀虫剂、除草剂等化学物质的农田灌溉后流出的水。
(5) 矿山废水、废渣。
(6) 机器噪声,电磁辐射,二氧化碳污染。
(7) 空气中主要污染物有二氧化硫、氮氧化物、粒子状污染物、酸雨。

第二节 环境污染与危害

流行病学研究显示,人类的疾病 70%~90%与环境有关。人类要健康长寿,就必须建立和保持同外在环境的和谐关系。人类健康的基础是人类的生存环境,只有生物多样性丰富和稳定以及持续发展的生态系统,才能保证人类健康的稳定和持续发展。环境污染是人类健康的大敌,生命与环境最密切的关系是:生命利用环境中的元素建造了自身。

空气污染主要是由工业生产中散发出来的尘埃、烟灰等有害气体对空气的污染。目前,空气中的污染物已达一百多种。

一、室内空气污染的种类及危害

室内空气污染是指室内各种化学的、生物的、物理的污染物在室内积聚扩散造成室内空气质量下降,危害人类生活、工作和健康的现象。室内空气质量的好坏直接影响人类的健康。有专家指出人体患病超过40%是由于室内环境污染所致。

(一)烟草烟雾污染

吸烟的烟雾是最普遍的室内空气污染。吸烟有害健康已为绝大多数公众所接受。现在已知烟草烟雾中至少含有3800种成分,其中大多数为致癌物及有害物质,例如,镉、氮氧化物、苯并(a)芘、烟碱、多环芳烃、一氧化碳、亚硝酸胺和颗粒物等。吸烟可引起肺癌、慢性阻塞性肺部疾患、心脏病和脑卒中等。

(二)室内装饰和装修污染

随着人们生活水平的提高,无论是个人住房还是公共场所都进行不同程度的室内装饰和装修。在建筑材料、涂料、油漆、胶合板材、家具等装修材料中,会不断散发出500余种有毒有害化合物,尤其是在新装修的居室内,不少装饰材料会散发出氨、甲醛、苯和苯系物、放射性氡等一系列致癌物质。

苯和苯系物主要来自室内装修和家具中的涂料、油漆、稀释剂、香蕉水、黏合剂。苯是无色、无味液体,严重的致癌物质。通风不良时,轻度中毒可造成嗜睡、头疼、头晕、恶心、呕吐、胸部紧束感;重度中毒可出现视物模糊、震颤呼吸浅而快、心律不齐、抽搐和昏迷。

天然石块、建筑砌块,由含放射性核素较高的矿渣制作的建筑材料中,都有不同浓度的氡。当室内空气中氡的浓度低于建筑物结构中氡浓度时,建筑物中氡就会向室内空气扩散。氡是天然放射性惰性气体,无色、无味,对人体的放射性危害占人一生中所受全部辐射伤害的55%以上,其诱发肺癌的潜伏期在15年以上,被列为使人致癌的19种重点物质之一,是除吸烟外引起肺癌的第二大因素。由于产地、地质结构和生成年代不同,建筑材料的放射性也不同。经检测,主要是镭、钍等放射性元素在衰变中产生放射性物质,其中花岗岩超标最多。

(三)厨房污染

厨房是人们室内生活不可缺少的一部分,也是室内污染最为严重的地方。厨房中的污染物主要来源于煤灶、柴灶、煤气灶、液化石油气灶、电灶、电磁灶中燃料的燃烧。煤、柴、煤气、液化石油气等燃料在燃烧过程中,都产生一氧化碳、二氧化碳、二氧化硫、氮氧化物、醛类、苯并芘、可吸入颗粒物等污染物。这几种污染物均具有很大毒性。二氧化硫刺激呼吸道,可导致气管炎、肺气肿甚至诱发癌症。一氧化碳是无色、无味、无刺激性气体,长时期吸入人体可造成缺氧以致死亡。煤烟的长期接触也可以大大提高人们患肺癌的可能性,尤其对于女性而言。在上述几种燃料中,煤燃烧产生的总污染负荷最大,其中散煤又高于型煤;而苯并芘这种强致癌污染物以液化石油气产生最高。电灶、电磁灶产生的总污染负荷要比固、气燃料轻得多,但电化学反应所产生的氮氧化物污染却不容忽视。当厨房密闭时,氮氧化物浓度可能达到200g/m3,这时可引起肺水肿、中枢神经系统损害,对心肝肾及造血组织产生不良影响。

(四)其他室内空气污染

1. 人体通过汗液蒸发、皮肤脱落、呼吸道呼吸等新陈代谢过程,能排放出数百种气溶胶、化学物质和粉末,造成室内空气污染。

2. 居室内地毯和空调中滋生的各种细菌、霉菌和螨虫等有害生物,呼吸道患者散发的病原菌以及饲养宠物携带的病菌,它们附着在尘埃上,随空气流动而传播疾病。

3. 使用各种电子产品,如B超检查、放射线和放射线同位素检查以及使用各种家具电器,如微波炉、电视机、电脑音响、抽油烟机、电话等过程中，易产生电离辐射、噪声、振动、加速电磁场，对人体也具有一定的影响。复印机、打印机、传真机等现代办公设施，产生臭氧和辐射污染4。人们为了杀死室内的苍蝇、蚊子、蟑螂等害虫，经常使用各种喷雾杀虫剂。尽管国家已制定严格的生产标准尽量减少杀虫剂中对人体健康的影响，但是通过空气直接吸入或食入附着了杀虫剂的各种化学物质对人体健康未知的或潜在影响是可能存在的。

二、水污染对健康的危害

水污染主要是指由工厂排出的未经净化处理的污水、生活污水、垃圾和各种有害物质流入、渗入水中，使江、河、湖、海遭到污染。

对人体的直接危害：人们直接饮用受污染的水，会导致各种肠胃疾病，严重受污染的水会直接导致特异性疾病的发生，甚至危及生命。

对人体的间接危害：通过食物链，有害的水浇灌农作物，污水中的水产类、食用有害物质的动物等最后由人类来食用，会危及人类的健康。

三、噪声污染对健康的危害

噪声污染是指由生产、交通、生活中发出的超常规的振动。

避免污染对人类造成的危害，必须从自己做起，从现在做起。远离对人类有害的污染，养成健康的身体。

第三节　大学校园环境与健康

学校是学生每天上课学习、活动和休息的地方。校园环境的清洁和美化能使人保持轻松的心情，有利于身体健康，也有利于学习和生活。如果校园环境卫生条件差，不但令人感到不快，而且容易引起疾病发生、流行和蔓延。

一、养成良好卫生习惯

养成良好的卫生习惯，爱护校园环境，校园环境卫生的好坏直接影响到教师和学生的工作、学习和生活。"学校是我家，清洁靠大家"，没有任何一个学生希望在一个垃圾遍地的环境中学习、生活，共创美好学校环境是我们每个学生的责任。

二、营造良好宿舍环境

在大学期间，每个人都有很多时光在寝室中度过。高中学生经过三年的刻苦攻读走进大学后，宿舍变成了大家休息，学习、娱乐及进行其他文化生活的场所。宿舍成员来自五湖四海，每个学生在饮食习惯，生活习惯、性格、思维意识形态等方面都能各有不同，而且在宿舍里人员集中，生活时间长，舍友之间较容易产生矛盾，使学生的正常学习生活受到干扰。因此，构建一个温馨、美好的"家"，对每一个当代大学生来说意义都是非常深远的。

营造一个良好的大学生宿舍寝室环境，需要学校和学生一起共同努力。每个学生都要承担自己的任务，爱护自己的宿舍，将宿舍寝室环境维护好、营造好。

第十三章 运动与健康

《"健康中国2030"规划纲要》提出了健康中国建设的目标和任务。运动是促进健康、预防疾病的有效手段。据调查显示,我国大学生的耐力、速度、爆发力、力量素质状况不容乐观,已经成为制约建设健康中国体育强国的重要因素。因此,了解运动与健康的关系,开展科学的体育锻炼,对于促进大学生形成运动健康理念,提高大学生健康素养具有重要作用。

第一节 运动与身心健康

健康是人类生存和发展最基本的条件,也是人类共同追求的目标,用健康的身心享受生活,提高生命质量,是现代人新的生活理念。

一、生命在于运动

随着社会经济与科学技术的不断发展,社会文明程度不断提高,人们的生活观念也在不断转变。现今,人们生活节奏快,竞争激烈,整天忙于工作、学习,加上科技的进步,生活逐渐电子化,日常进行运动的机会越来越少,很多人(包括很多大学生)由于缺少运动而导致身体处于亚健康状态,各种疾病日益显现出来。因此,运动对于人类健康的重要性尤显突出,如今,运动正逐渐成为包括大学生在内的人们日常生活的一个重要组成部分。

二、人体身心健康的表现

世界卫生组织提出人体健康的标准包括机体和精神的健康状态,其表现可归纳为"五快""三良好""十准则"。

(一)"五快"

1. 消化快。进食时有食欲,有良好的胃口,能吃多种食品,对食物不挑剔。
2. 便得快。大小便通畅,有便意,能很快排泄完大小便,且感觉很好。
3. 睡得快。按照睡眠规律与习惯,上床后能很快入睡,且睡得香甜沉稳,醒后头脑清醒,精神饱满。
4. 说话快。思维敏捷,语言流畅,表达正确,且富有哲理。
5. 走得快。腿脚灵活,行走轻快自如。

(二)"三良好"

1. 有良好的个性与人格胸怀坦荡,豁达乐观,自信心强,向上求善。
2. 有良好的处世能力,能适应复杂的社会环境,对事物的认识客观、现实;具有较好的自控能力,遇事拿得起,放得下,不钻牛角尖。
3. 有良好的人际关系,有与人为善、助人为乐的精神,人际关系好。

(三)"十准则"

这十条标准是对一般人而言的,对不同年龄的人有所差异,不能等同要求。

1. 有充沛的精力,能从容不迫地担负本职工作和应对日常生活,而且不感到过度疲劳与紧张。
2. 责任心强,乐于承担家庭与社会的责任,态度积极向上。
3. 睡眠好,食欲好。
4. 应变能力强,能适应自然环境和社会环境,并能适应这些外界环境的各种变化。
5. 能够抵抗一般性的感冒和传染病。
6. 体重适当,身材匀称,各部位动作协调。
7. 眼睛明亮有神,眼睑不易发炎。
8. 牙齿无龋齿,不疼痛,牙龈颜色正常,无出血化脓现象。
9. 头发有光泽。
10. 肌肉丰满,皮肤有弹性。

三、大学生身心健康特点

大学生正处于青少年的转型时期,在生理及心理上有着与其他年龄不同的特点。

(一) 大学生的身体形态特点

我国大学生身体形态发展特点表现为:(1) 虽有缓慢生长,但基本趋向稳定;(2) 身体各部分的长度、宽度、围度的生长发育基本完成,各部分的受力及运动负荷接近或达到最佳水平,为身体形态均衡发展提供了物质前提;(3) 男生较壮实,女生较丰满,男女差别显著。

大学生已经经历了人生最后一个生长发育的高峰期,身高、体重、胸围、肩宽、头围、骨盆等外部形态已逐渐转入缓慢发展阶段。骨骼已基本骨化并坚固。在此年龄阶段,由于性激素的作用,肌纤维变粗,向横径发展。肌肉中的水分逐渐减少,蛋白质、脂肪、糖和无机物含量逐渐增多。肌肉的横断面,肌肉重量和肌肉力量都明显增加,生理发育已逐渐成熟,能承受较大的负荷,能担负繁重的脑力和体力劳动,接近成年人水平。

(二) 大学生时期身体机能的特点

1. 心血管系统:大学生的心脏在形态结构和功能作用上均已达到成年人水平。心脏重量为300~400g,心脏容积在240~250ml,心跳频率每分钟65~75次,血液量占体重的7%~8%,每搏输出血液量约为60ml。大学生的脉搏随年龄增长日益稳定,大学生心脏发育日趋完善,心缩力量增强,收缩压增高,这些都是血液供应适应机体负荷增加的需要。对绝大多数男女生来说,心脏系统可以承受各项剧烈的体育锻炼活动。

2. 呼吸系统:大学生的呼吸系统已达到成年人水平。青年初期心肺的结构和机能迅速生长发育,呼吸频率逐渐减慢,呼吸深度相应增加。有资料表明,青年中期呼吸频率每分钟16次左右,男女大学生平均肺活量分别是3500~4000ml和2500~3000ml。心脏和肺是人体血液循环和气体交换的动力器官,从生理学角度看,大学生这些器官达到健全程度,可以进行旺盛的新陈代谢,能保证繁重的脑力劳动和剧烈的体育运动中能量的消耗与补充。

3. 神经系统。神经系统是人体发育最早、最快的、成熟最早的系统。大学生正处在脑细胞建立联系的上升期,经过教学训练,特别是专业学习和实践活动,皮层细胞活动量迅速增加,神经元联系扩大,第二信号系统最高调节能力极大增强,第一和第二信号系统的联系完善起来,为思维发展创造了良好的物质条件。因此,大学时期是智力水平增高、记忆功能增强、抽象思维获得重大发展、分析综合能力明显提高的时期。

(三) 大学生心理发展的主要特点

大学生的心理状态也正处于从基本成熟到完全成熟的特殊阶段,最为突出的是自我意识的发展，自我意识是对自我在环境中存在的一种领悟，是对自我价值、自我地位、自我能力的一种评价或判断。自我意识随着大学生的生理发育而逐渐发展起来，对自己更有自信，更具有独立感，除了自我意识外，情感与性意识的发展最为突出。这一阶段也是世界观形成的关键阶段，能适应各种困难的环境变化，为心理素质的健康发展奠定了基础。

四、体育锻炼对大学生身心健康的影响

运动，能让机体有一颗有效率、活泼而富有弹性的心脏；运动，能让心脏、肺脏以及身体的肌肉得到强化；运动，可以提高机体的免疫力；运动，可以使四肢灵活、关节柔软、走路轻松、改善血压、排除毒素；运动，可以调节人体的紧张情绪、陶冶情操、舒展身心。运动，能促进良好人际关系的发展，融洽关系，培养团结协作精神。运动，能提高敏捷性、集中注意力、磨练意志、勇敢顽强。运动，能使人们在心理上感觉年轻。运动，能培养合作与竞争意识。运动，能增强自信，更加乐观积极向上；运动，能有效地保持健康、匀称的身材。

（一）体育锻炼对运动系统的影响

1. 骨骼

加强锻炼可促进骨的良好发育。运动产生的肌肉张力和机械应力作用于骨骼上，不仅刺激成骨细胞的生成，使骨量和骨密度增加，而且增加骨的弹性，使其抗弯曲、挤压和扭转能力增强。另外，运动时肌肉的收缩和舒张作用，对骨膜起按摩作用，改善骨组织的血液供应，促进骨骼营养物质的吸收。

2. 肌肉

运动可使肌纤维增粗，弹性增加，粗壮有力，肌肉更加发达、结实健壮，匀称健美。同时，运动可使肌肉发生生理学变化：①生化成分改变，肌肉中水分减少，蛋白质增多。②肌肉中，肌糖元（提供乳酸能），磷酸肌酸，肌红蛋白的增加，使肌肉对疲劳的耐受力提高。③肌肉对神经系统的刺激发生的反应速度和准确性及各肌肉之间的协调性有很大改善。④肌肉中毛细血管大量开放，平时每平方毫米开放 80 条，运动中开放 2000～3000 条，使肌肉血液供应充足，可长时间工作。

3. 关节

使关节中和肌腱韧带增厚，使韧带的弹性和伸展性增强，从而关节变得更为结实，活动范围大，提高动作的灵活性和伸展性，不易发生创伤。

（二）体育锻炼对神经系统的影响

神经系统的功能控制和调节其他系统的活动，使人体成为一个有机整体，大脑是神经系统最高级的部位，是思维和意识活动的物质基础。体育锻炼对疲劳的大脑具有使其休息、进行保护的作用，消除因脑力紧张所引起的一系列躯体潜在的病理状态。长期的动力与静力训练后，运动终板核（神经细胞末梢终止在肌纤维的部位，即神经肌肉的接头）数量增加，终板底盘变大，神经纤维的粗度有所增加，终末分支日益复杂化，有利于精细、复杂、微小的动作。在学习中，大脑皮层的神经系统细胞开始兴奋，由于学习时间长，兴奋过久，神经细胞就会疲劳，学习的效率就会降低，出现头晕、脑胀等现象，这时要到运动场去跑跑步、做做操、打打拳或做其他体育活动，此时中枢神经系统发出指令，让大脑皮层控制运动系统的神经细胞兴奋起来，从而使原先学习时已经疲劳的神经细胞得到抑制从而得到休息。

（三）体育锻炼对心血管系统的影响

1. 运动使心肌发达、心壁增厚

运动时，心脏排血加快，使得心肌得到锻炼，心肌发达、有力、收缩力量大，排出血量多，来

满足运动时的需要。心脏凭借自身的跳动，每天要将全身的血液排送 1500～2000 次，输出的血液为 6000～8000L，长期的、有规律的体育锻炼能改善心肌供血，使心肌收缩力加强，每搏输出量增加，因而提高心血管系统的功能。心脏的强健与否，是生命攸关的大事。

2. 每搏输出量增加，血管口径变大，毛细血管增多

长期参加体育锻炼的人心跳慢而有力，心脏每搏输出量增加，心跳频率降低，血压维持在较低水平。血管弹性较好，血压较低，促进静脉血液回流加快，可减少脂质在血管壁的沉积，可预防高血脂等疾病。可避免心肌梗死。随着心血管系统功能的增强，使人体的毛细血管会增多，从而增加了血液流动的通道，供血量也大大增加，运动时冠状动脉口径比平时可大 2～3 倍，保证各肌肉组织有足够的氧可以利用。

（四）体育锻炼对呼吸系统的影响

运动时呼吸肌得到锻炼，呼吸加深，肺活量增大。一般人呼吸浅而急促，每分钟 17～19 次，呼吸差只有 5～8cm；经常锻炼可使呼吸深而缓畅，每分钟 8～12 次，呼吸慢而深，呼吸差可达 9～16cm。由于吸进的氧气多，就能使呼吸肌有较长时间的休息，通过体育锻炼肺活量可增大 20％ 左右。

（五）体育锻炼对心理健康的影响

1. 促进个性心理的健康发展

人的个性心理主要包括气质、性格、能力和兴趣。体育锻炼在不同的运动项目中从不同的层次和角度促进个性心理的发展。运动能提高人的注意力和坚忍、自制、果断、勇敢等意志品质。

2. 培养勇敢进取精神，提高抗压能力

长期进行体育运动可以使大学生的意志品质、自信心得到锻炼，体育运动竞赛对于人的精神意志具有积极的磨炼作用，使其自信心、心理抗压能力不断提高。

3. 强化审美心理

经常参加锻炼的人，在心理上会得到一种美的享受。因为现代体育运动是健、力、美的高度统一，在运动中形成和谐的韵律、鲜明的节奏和巧妙的配合，使技艺的惊险性、造型的艺术性与熟练配合的默契性融为一体，对人的审美体验和审美心理起着潜移默化的影响，给人以美的教育，培养鉴赏美、创造美的能力。

第二节　运动锻炼原则与方法

自觉愉悦、积极锻炼首先应该树立"科学锻炼有益健康"的信念，自觉克服各种怕动、懒惰和对体育锻炼的麻痹或恐惧心理，以自觉、愉悦和积极的心态，开展各种形式的体育锻炼活动。作为现代大学生应有主动参加体育锻炼的意识，要充分认识到适量运动对身心健康的必要性和重要性。

一、运动锻炼的基本原则

运动锻炼原则是体育锻炼过程中必须遵守的基本行动准则和要求，是人们在长期的体育锻炼实践基础上所积累的各种经验，也是体育锻炼活动基本规律的反映。其主要包括从实际出发的原则、循序渐进原则、持之以恒原则、全面锻炼原则。

（一）从实际出发的原则

从实际出发的原则是指锻炼身体应从个人的实际情况和外界环境条件的实际出发，确定锻炼目

的、选择适宜的运动项目、合理地安排运动时间和运动负荷。这是增强身体素质及提高运动水平必须遵循的原则。①从自己的实际情况出发：由于性别、年龄、体质和健康状况的差异，体育锻炼要根据自己的实际情况有目的地选择和确定运动项目、练习方法，合理地安排锻炼的时间和运动负荷。在每次锻炼前，都要评估自己当时的健康状况使运动项目的难度和强度不要超过自己身体的承受能力。违反人体发展这一基本规律，只能损害身体健康。②要从外界环境条件的实际出发：参加体育锻炼时，要根据季节、气候、场地、器材等外界条件，按照科学锻炼的方法，合理选择运动项目、练习时间、运动负荷，才能收到良好的锻炼效果。

（二）循序渐进原则

循序渐进原则主要是指在安排锻炼内容、难度、时间及负荷等方面要根据人体发展规律和超量负荷原理，有计划、有步骤地逐步提高要求，使人体在不断适应的同时，体质逐步得到增强。①运动负荷的循序渐进：运动负荷的增加要由小到大，逐步提高。体育锻炼的开始阶段或中断锻炼后恢复锻炼时，强度宜小，时间宜短，不要急于求成。②练习内容上的循序渐进：在每次练习时，应先从动作简单、强度不大的内容开始练习，然后逐渐增加动作难度和运动负荷。体育锻炼只有遵循人体生理、心理发展的基本规律，根据自己的身体健康状况，科学地安排适宜的运动负荷和练习内容，才能收到良好的锻炼效果。

（三）持之以恒原则

锻炼身体要有连续性和系统性，只有经常参加体育锻炼，安排适合自己兴趣、爱好的运动项目，科学地制订健身计划，才能不断有效地增强体质。科学实验表明：不经常参加体育锻炼或中断体育锻炼的人，会使原有的身体机能、素质和运动技术水平明显下降。持之以恒、坚持不懈体育锻炼需要经常、反复、持久地进行，才能逐步取得进展、提高。

（四）全面锻炼原则

全面锻炼原则是指通过体育锻炼使身体形态、机能、身体素质和心理品质都得到全面而和谐的发展。体育锻炼选择的练习内容和方法应力求全面影响身体，使各种身体素质和身体各器官系统的机能得到全面发展。练习内容和练习手段应多样、丰富，应避免长期局限于只锻炼身体某部位、只发展某种身体素质的练习。

上述四个锻炼身体的基本原则是相互联系、相互促进的，日常所见的过度疲劳，除由于大运动量训练以及激烈比赛后发生外，有不少是体育锻炼者急于求成或不考虑自身条件盲目进行所致。过度疲劳导致了机体功能紊乱和代谢异常，还容易发生运动损伤。大学生在锻炼中要学会观察、判断过度疲劳的状况，及时处理，避免过度疲劳对身体健康造成损害。在参加体育锻炼时，只有全面贯彻执行科学锻炼身体的原则，才能使身体得到全面发展，不断提高健康水平。

二、体育锻炼的方法

在体育锻炼时我们不仅要遵循体育锻炼的基本原则，还应掌握正确的锻炼方法，以达到体育锻炼的目的。

（一）重复锻炼法

在运动锻炼的过程中，多次重复同一练习，两次（组）练习间安排相对充分休息，从而增加负荷的锻炼方法叫重复锻炼法。其关键是一次练习后，间歇时间应当充分，这样可以有效提高锻炼者的无氧、有氧混合代谢能力，提高各种技术应用的熟练性与机体的耐久性。重复次数的多少不同，对身体的作用就不同，重复次数越多，身体对运动反应的负荷量就越大。运用重复锻炼法的关键是掌握好负荷的有效价值（最有锻炼价值负荷量下的心率），并据此调节重复的次数。通常认为，普通大学生的负荷心率在130～170次/min的范围内较为适宜。如果重复次数持续增加，可能使身体承受的负荷超过极点,乃至破坏身体的正常状态而造成损害。

(二) 间歇锻炼法

在运动锻炼的过程中,对多次锻炼时的间歇时间作出严格规定,使机体处于不完全恢复状态下,反复进行锻炼的方法叫作间歇锻炼法。其关键是间歇时间严格控制,使机体处于不完全恢复状态,要求每次练习的负荷时间较长、负荷强度适中。此方法可使锻炼者的心脏功能明显增强,通过调节负荷强度,可使机体各机能产生与锻炼项目相匹配的适应性变化,提高有氧代谢供能能力,增强体质。

同重复锻炼方法一样,间歇的时间也要依据负荷的有效价值去调节。一般来说,当负荷反应(心率)指标低于有效价值标准时应缩短间歇时间,而高于有效价值标准时可延长间歇时间。实践中,一般心率在130次/min左右时,就应再次开始锻炼。间歇时不要静止休息,而应边活动边休息,如慢速走步、放松手脚、伸伸腰或做深而慢的呼吸等。

(三) 连续锻炼法

在锻炼的过程中,为了保持有价值的负荷量而不间断地连续进行运动的方法叫作连续锻炼法。此方法要求负荷强度较低、负荷时间较长、无间断地连续进行运动。从增强体质出发,需要间歇就停一会儿,需要连续就接二连三地进行下去,因而不能仅讲究间歇,还要讲究连续。连续、间歇、重复都是在整个锻炼过程中实现的,且各有其独特的作用,连续的作用在于持续保持负荷量不下降,维持在一定的水平上,使身体充分地受到运动的作用。不断地对锻炼的内容、时间、动作速率等提出新的要求,可有效地调节生理负荷,使机体不断产生适应性变化,达到更好地锻炼身体的目的。

连续锻炼时间的长短,同样要根据负荷价值有效范围而确定,通常认为在140次/分左右的心率下连续锻炼20~30min可使机体的各个部位长时间地获得充分的血液和氧的供应,因而能有效地发展有氧代谢能力,发展耐力素质。

(四) 循环锻炼法

循环锻炼法是练习前,设立几个不同的练习点(或称作业站),练习者按照既定顺序和路线,依次完成每个练习点的练习任务,即一个点上的练习一经完成,练习者就迅速转移到下一个点,下一个练习者依次跟上。练习者完成了各个点上的练习,就算完成了一次循环。这种练习方法就叫循环锻炼法。其结构因素有:每个点的练习内容、每个点的运动负荷、练习点的安排顺序、练习点之间的间歇、每遍循环之间的间歇、练习的点数与循环练习的组数。

循环锻炼法对技术的要求不高,且各项目都采用比较轻度的负荷练习,因此练起来简单有趣,可有效地提高不同层次和水平的练习者的运动情绪和积极性;可以合理地增大锻炼过程的密度;可以随时根据情况加以调整,做到区别对待;可以防止身体局部负担过重,延缓疲劳的产生,交替刺激不同的体位,有利于综合锻炼,从而达到身体全面发展的效果。大学生既要发展四肢,也要发展躯干;既要运动胸背部,又要运动腰腹部;既要追求形态的健美,也要注意机能、素质的全面发展。为此,就必须科学地搭配运动项目,一般选择6~12个已被锻炼者掌握的简单易行的项目为宜。

三、提高身体素质的方法

(一) 力量素质

1. 力量素质的定义

力量素质是指人体神经肌肉系统在工作时克服或对抗阻力的能力。肌肉工作时以收缩产生的拉力克服阻力。肌肉工作所克服的阻力包括外部和内部阻力。外部阻力，如物体重量摩擦力及空气的阻力等；内部阻力，如肌肉的黏滞性，各肌肉间的对抗力主要来源于运动器官，如骨骼、肌肉、关节囊、韧带、腱膜、筋膜等组织的阻力。

2. 力量素质的分类

按力量素质与运动专项的关系，可分为一般力量与专项力量；按力量素质与运动员体重的关系，可分为绝对力量和相对力量；按完成不同体育或活动所需力量素质的不同特点，可分为最大力量、快速力量和力量耐力。

（1）绝对力量：肌肉中总的和所能表现出来的最大可能的潜力。它可用电刺激测量，也可用肌肉生理横断面来评定。

（2）相对力量：将几种力量（向心力、离心力）相对于练习者自身体重做比较，相对力量即每千克自身体重上发挥的最大力量，它用于比不同个体之间力量的能力差异。

（3）最大肌肉力量：肌肉通过最大随意收缩抵抗无法克服阻力过程中所表现出的最大力值。

（4）快速力量：肌肉以最快的速度和尽可能高地发挥力量的能力，是力量与速度的有机结合。在日常训练中常常使用"爆发力"一词，爆发力是快速力量的一种表现形式，是指张力已经开始增加的肌肉以最快的速度克服阻力的能力。

（5）力量耐力：肌肉静力性或动力性的工作形式在抗大负荷过程中抵抗疲劳的能力。

3. 力量练习的方法

国内外学者一般按肌肉的工作形式和具体的练习效果划分力量练习的方法。它主要由静力性练习方法、等张性练习方法、等动性练习方法、退让性练习方法、超等长练习方法、电刺激方法和组合练习方法组成。

（1）静力性（等长）练习方法：肌肉以等长收缩的形式使人体保持某种特定位置，或对抗固定不动阻力练习的形式称为静力性练习。例如，马步站桩、控腿、双杠上的直角支撑、倒立或举起一定重量并在某一位置上保持一段时间，都属于静力性练习。运用静力性练习方法发展力量时，一般采用最大限度的力量。但为了防止肌肉的拉伤，不能在收缩一开始就达到最大的紧张度，而应逐渐用力，在第 3 秒钟时才达到最大限度，而后保持 2～3s。对一次静力性力量训练课的总时间和练习数量，一般不应超过 20～25min（含休息时间在内）。一次训练课的练习数量一般是 5 个，最少 3 个，最多 8 个。

（2）动力性（等张性）练习方法：使肌肉做向心收缩或离心收缩所进行的负重或不负重的练习称为动力性练习。例如，负重做深蹲、负重深蹲起、肋木举腿（举起和慢放下）、腿捆沙袋跑步等发展腿部力量；以引体向上、卧推杠铃、俯立侧平举等动作发展上肢力量；以负重体前屈、负重转体等动作发展腰背力量等，都属于动力性练习。

（3）等动练习方法：等动练习是借助等动练习训练器材在动力状态下完成的练习方法。在这种类型的训练中，运动速度是相对稳定的，在动作的任何一个阶段，表现出接近最大或最大的力量。在等动状态下，可使肌肉在动作的整个过程中使肌肉承担适宜的负荷量，因而可取得一般负重练习所达不到的效果。

（4）退让性练习方法：使肌肉产生离心收缩的力量练习方法称为退让性练习方法。退让性练习对神经肌肉系统产生超量负荷，且刺激时间长，因此可使肌肉特别是最大力量得到明显增长。

（5）超等长练习方法：肌肉先被迫迅速进行离心收缩，紧接着迅速转为向心收缩的练习称为超等长练习方法。体育运动中不少动作在发力时（如跳跃或投掷）都是这样进行的。离心收缩后紧接着进行向心收缩能发挥更大力量的原因是：肌肉是弹性体，拉长后张力增大；肌肉牵张反射，肌肉迅速拉长时张力增大，被拉长得越快，它所产生的张力越大，在这当中伸长的幅度更重要。

超等长练习方法主要有以下三种形式：①各种快速跳跃练习，如最大速度连续跳、双或单腿连续跳不同高度的栏架、带助跑或不助跑的跨步跳或单级跳；②不同高度和形式的跳深练习；③利用专门器械等。

（6）递增阻力练习法：根据肌肉在收缩过程中肌肉拉力的变化在开始收缩时最大，随着肌肉缩短而减少的现象，为了使肌肉在拉力减少时也能受到较大阻力的训练，普遍采用橡皮带、拉力器等器具。因为橡皮带或拉力器被拉得越长（在弹性限度内）产生的阻力（回弹力）越大，所以能使肌肉缩短而肌拉力减少时仍能受到较大阻力的训练。

（7）组合练习法：将上述几种练习方法进行不同组合的方法为组合练习方法，这种练习方法可使运动员在一次训练课中获得多种训练效果。如50%的动力性练习＋25%退让性练习＋25%静力性练习；75%向心收缩练习＋15%离心收缩练习＋10%静力性练习；等等。

（二）速度素质

1. 速度素质的定义及分类

速度指人体快速运动的能力。快速运动反映着机体运动的加速度和最大速度的能力。

（1）反应速度。反应速度是有机体对各种信号刺激（声、光）的快速应答能力。例如，短跑、游泳等周期性竞速项目运动员主要接受听觉信号，而乒乓球运动员则主要通过接受视觉信号作出技战术反应。

（2）动作速度。动作速度是指人体或人体某一部分快速完成动作的能力。动作速度是技术动作不可缺少的要素，表现为人体完成某一技术动作时的挥摆速度、击打速度、蹬伸速度、踢蹬速度等，此外还包含在单位时间里连续完成单个动作时重复的次数（即动作频率）。

（3）移动速度。移动速度是指人体在特定方向上位移的速度。以单位时间内机体移动的距离为评定指标。从运动学上讲，是距离（S）与通过该距离所用的时间（t）之比。

2. 速度素质的练习方法

（1）反应速度的练习。反应速度的练习包括简单反应速度和复杂反应速度的练习。简单反应速度练习的特点是通过练习尽量缩短感觉（视、听、触）—动作反应的时间。复杂反应速度练习的特点则是尽量缩短感受（视、听、触）—中枢分析选择判别—动作反应的时间。

在体育运动实践中，简单反应速度往往受到中枢神经系统的兴奋程度，注意力的集中程度，肌肉组织的准备状态，动作技术的掌握程度，对信号特征、时间特征的感受与辨别能力，遗传因素等的制约。简单反应速度练习的方法一般有以下几种。

①完整练习：利用已经掌握的完整的单个动作或组合动作，尽可能快地对突然出现的信号或突然改变的信号作出应答反应，以提高反应能力。例如，反复完成蹲踞式起跑；根据特定信号改变动作方向；对已知对手的运动作出不同的反应动作；对快速运动目标作出迅速反应等。

②分解练习：由于简单动作反应是通过具体的、有目的的运动动作及其组合来完成的，因此采用分解练习能充分利用动作速度向简单反应速度转移效果。分解练习是相对完整练习而言的，就是分解回答反应的动作，使之处于较容易或更为简单的条件下，提高分解动作的速度来提高简单反应速度。③变换练习：通过改变练习的形式完成练习。改变练习的形式主要包括两方面内容。第一，改变对刺激信号的接收形式，如由视觉接收的刺激信号改变成听觉触觉的形式。第二，改变回答反应的动作形式。利用变换练习，既能有效地提高人体各感受器官的功能和缩短简单反应的时间，又能提高练习积极性，避免兴奋不必要的扩散，提高练习效果。

（2）动作速度的练习方法。动作速度寓于具体的动作之中。在动作速度的练习中，专项要求不同，动作速度练习的任务和内容也有区别，因此，动作速度和动作技术的完善程度紧密联系在一起。动作速度的培养，必须通过技术水平的巩固与提高以及有关身体素质的发展才能实现。

①完善技术练习：动作速度的提高，在很大程度上取决于完善的动作技术，因为动作幅度大小、工作距离长短、工作时间多少以及动作的方向、角度与部位等都与动作速度大小有着极为密切的关系。在技术练习中，人体协调性会得到相应的提高。那么完成动作时，人体各肌肉群之间，肌

肉活动与内脏活动之间，各内脏活动之间就会表现出同时或前后配合协作一致的现象，这将有利于在发展动作速度时最大限度地减少人体内部的阻力（如被动肌肉群的阻力、人体运动时内脏器官的阻力等），从而提高动作速度。

②利用助力练习：利用助力练习指在动作速度练习中，利用外界自然条件的助力和人为因素的助力来发展动作速度。外界自然条件的助力是指利用风的方向或水的流向，如自行车运动员顺风骑、速滑运动员顺风滑、短跑运动员顺风跑和游泳运动员顺水游等。这种方法对提高动作速率既经济又有效。人工因素的助力可分为机械助力和人为助力，机械助力是由专门机械设备的牵引形成的，如摩托车的牵引、牵引机的牵引等。人为助力是教练员或他人直接或间接施加给运动员顺运动方向的力，帮助运动员提高动作速率或完成某一技术环节的动作速度。

③利用后效作用练习：利用后效作用练习是利用动作加速和器械重量变化而获得的后效作用来提高动作速度。

④加大难度练习：加大难度练习主要是通过缩小练习完成的空间与时间界限，用特定的要求来促使动作速度的发展。例如，在球类小场地快速完成练习。由于运动活动中动作速度表现的平均水平和快速动作的完成，在相当程度上受专项活动持续时间和活动场地等影响，因此，在动作速度的练习中，限制练习的时间、空间条件，以最大速度完成动作，从而提高训练效果。

（3）移动速度练习方法。位移速度的快慢不仅和动作技术水平有关，而且和力量、柔韧、速度耐力以及协调性的发展也有着十分密切的关系。从另外一个角度，也可把位移速度看成动作速度、速度耐力与意志力的组合。因此，位移速度练习可采用以下方法。

（1）力量练习：力量练习是提高位移速度的基本方法之一。常用的发展位移速度的力量练习有负重杠铃、各种单双足跳、多级跳和跳深等形式。力量水平特别是爆发力水平的提高对位移速度的提高具有相当重要的意义。不过，在力量练习中应注意以下几点。

①力量练习时，以提高速度力量为主，通常是强调负重力量练习的速度，力争快速完成。

②注意采用极限和次极限负荷强度，以提高快肌纤维的功能。练习的次数与组数不宜过多。

③通过力量练习提高肌肉、韧带的坚韧性，防止在速度训练中受伤。

④力量练习后应有 2~6 周的减量练习阶段，以便通过"延缓转化"把所提高的力量能力转移到速度能力上去。

⑤多做一些超等长的力量练习（如多级跳、跳深等），以提高肌肉收缩时的快速力量。

（2）重复练习：重复练习是指以一定的速度，多次练习。这种方法对提高人体在快速移动中克服各种内外阻力以及速度耐力十分重要。采用重复练习时要重视以下问题。

①练习强度：位移速度属极限强度，应以高强度进行位移速度的练习，强度一般可控制在 90%~95%，在此之前要安排一些中等或是中上强度的练习作为适应。在高度练习中，运动员高度集中注意力，最大限度地动员肌肉力量，并加大动作速度与幅度，发挥最高速度水平。

②练习量：位移速度练习要保证一定时间，但不宜太长。高强度练习一般持续时间在 20s 以内，以距离 30~60m，游泳 10~15m，速滑 100~200m 为宜。次数和组数的确定应根据运动员高速度出现与保持的时间，以及克服疲劳和机体的恢复能力来决定。一般来说，极限负荷时间短，一组 6~7 次，重复 5~6 组。非极限负荷时间长，重复次数与组数减少。

③间歇安排：应以机体相对得到恢复为标准。间歇时间的长短主要和练习持续时间有关。一般来说，练习持续时间 5~10s，则各次练习间休息 1~2min，组间间歇 2~5min；若练习持续时间 10~15s，各次练习间休息 3~5min，组间间歇 10~20min。

④肌肉的放松能力：在重复练习中，肌肉在极限强度负荷下完成最快的收缩功能，容易疲劳，恢复较慢。因此，在练习中要重视提高肌肉的放松能力，也就是肌肉主动消除疲劳的能力。大量材料表明，放松能力对速度运动项目的影响越来越大。

（3）步频、步幅练习：步频和步幅是影响位移速度的两个主要因素。尤其是步频受肌纤维类型和神经活动灵活性制约，步幅受腿的长度、柔韧性、后蹬技术力量的制约。目前，通过人为条件发展步频、步幅的手段很多，如牵引机、加吊架的领先装置、转动跑道、惯性跑道等。

（三）耐力素质

1. 力素质的定义

耐力素质是指机体在一定时间内保持特定强度负荷或动作质量的能力。"一定时间"是指不同专项对运动时间的规定性。保持特定运动强度或动作质量是耐力水平的体现。耐力水平的提高表现为更长时间保持特定强度或动作质量，或在一定时间内承受更高强度的能力。

2. 耐力素质的分类

（1）按人体的生理系统分类，耐力素质可分为肌肉耐力和心血管耐力。肌肉耐力也称为力量耐力。心血管耐力又分为有氧耐力和无氧耐力。有氧耐力是指机体在氧气供应比较充足的情况下，能坚持长时间工作的能力。有氧耐力训练的目的在于提高运动员机体吸收、输送和利用氧气的能力，促进有机体的新陈代谢。无氧耐力是指机体以无氧代谢为主要供能形式，坚持较长时间工作的能力。

（2）根据肌肉工作的力学特征，可分为静力性耐力（如立姿步枪射击）及动力性耐力。

（3）依耐力素质对专项的影响，耐力素质又可分为一般耐力和专项耐力。一般耐力是指对提高专项运动成绩起间接作用的基础性耐力；专项耐力是指与提高专项运动成绩有直接关系的耐力，具体地讲是指持续完成专项动作或接近比赛动作的耐力。

3. 发展耐力素质的方法

中长跑运动员耐力训练的主要内容包括有氧耐力训练和无氧耐力训练，有氧耐力训练方法包括有氧基础练习、有氧间歇跑、长距离反复跑等，无氧耐力训练包括无氧间歇跑、间歇短跑、长距离变速越野跑等。发展耐力素质的基本途径有两个：一是增强肌肉力量、提高肌肉耐力的训练；二是提高心肺的功能。可安排室外较长时间的走、跑、跳绳、爬山、游泳、滑冰、各种球类运动等。同时，应注意量力而行、循序渐进，避免过度疲劳。

（1）有氧耐力训练方法。首要选用强度小，负荷时刻长的各种操练办法。操练中常选用的具体办法和手法包含以下几种。①4000～12000m匀速跑。心率控制在150次/min，坚持匀速跑。②越野跑：使用公园、山川或环境较好的当地进行30min以上的越野跑，心率控制在150次/min摆布。使用环境调节心境，降低疲劳感。③10min跳绳：使用跳绳进行耐力训练。在10min内坚持跳动频率不变，但可改换跳动办法，进行单脚跳或双脚跳。

（2）无氧耐力训练方法。无氧耐力训练方法即选用负荷时刻短、操练密度大、间歇时刻短的操练办法专门操练。经常使用以下几种办法和手法。

①30m、60m、100m冲刺跑。②400m、800m变速跑。③跳木马提膝一左、右侧滑步扶地。

（3）跑步训练耐力的方法。

①持续训练法：这种训练总负荷量较大，持续时间较长（不少于30min），没有明显间歇，练习强度较小，比较恒定，负荷强度控制在平均心率一般控制在140～160次/min，优秀者可在160～170次/min。②间歇训练法：一次练习的负荷时间至少在5min以上，负荷强度中等（控制在平均心率160次/min左右），当每组间歇时要求在机体尚未完全恢复时就进入下一次练习，一般以心率下降至120次为确定间歇时间的依据。整个训练的持续时间至少保持30min以上。

（四）柔韧素质

1. 柔韧素质的定义及分类

柔韧素质是指人体各个关节的活动幅度以及肌肉、肌腱和韧带等软组织的伸展能力。柔韧素质包括两个方面的含义：一是关节活动幅度的大小；二是跨过关节的肌肉、肌腱、韧带等软组织的伸展性。关节的活动幅度主要取决于关节本身的装置结构。跨过关节的肌肉、肌腱、韧带等软组织的伸展性，则主要通过合理的训练获得，柔韧素质分为以下几类。

（1）柔韧素质从其与专项的关系看，可分为一般柔韧性与专项柔韧性。一般柔韧性是指为适应一般技能发展所需要的柔韧素质；专项柔韧性是指专项运动特殊需要的柔韧性，由于专项柔韧性是具有较强选择性的，因此，同一身体部位具有的柔韧性由于项目的需求不同，在幅度、方向等表现上也有差异。

（2）柔韧素质从其外部运动状态的表现看可分为动力性柔韧性和静力性柔韧性。动力性柔韧性是指肌肉、肌腱、韧带根据动力性技术动作需要，拉伸到解剖学允许的最大限度能力，随即利用强有力的弹性回缩力来完成所要完成的动作。所有爆发力前的拉伸均属于动力性柔韧性。静力性柔韧性是指肌肉、肌腱、韧带根据静力性技术动作的需要，拉伸到动作所需要的位置角度，控制其停留一定时间所表现出来的能力。动力性柔韧性建立在静力性柔韧性的基础上，但必须有力量素质的表现。静力性柔韧性好，动力性柔韧性不一定好。

（3）从完成柔韧性练习的表现上看，柔韧素质又分为主动柔韧性和被动柔韧性。主动柔韧性是人主动运动中表现出来的柔韧素质水平。被动柔韧性则是在一定外力协助下完成或在外力作用下（如教练员协助运动员做压腿练习）表现出来的柔韧水平。主动柔韧性不仅反映对抗肌的可伸展程度，而且也可反映主动肌的收缩力量。一般来说，主动柔韧性比被动柔韧性要差，这种差距越小，说明柔韧素质的发展水平越均衡。

2. 柔韧素质的练习方法

对柔韧的训练可分为主动柔韧性练习和被动柔韧性练习两种。主动柔韧性是指依

靠相应关节周围肌群的积极工作，完成大幅度动作的能力。被动柔韧性是指舞者被动用力（或借助外力）时，关节所能达到的最大活动幅度，如压腿、扳腿等练习。被动柔韧性练习是发展主动柔韧性的基础。

（1）主动练习法。主动练习法是指不依靠外力而通过肌肉的主动收缩来增加关节灵活性的锻炼方法，可以分为主动动力性练习和主动静止性练习。主动动力性练习特点有动作次数的重复，有负重或不负重的，如各种踢腿、摆腿、肢体绕环、甩腰、扩胸等练习。主动静力性练习是一种依靠自身肌肉的力量，使动作达到最大幅度并保持静止姿势的练习，如双杠直角支撑、体前屈、左右分腿、前后分腿、劈叉等练习。

（2）被动练习法。被动练习法是指依靠外力的作用，增大关节灵活性的一种方法。也可以分为被动动力性和被动静力性两种方法。被动动力性是依靠他人的助力来拉长肌肉和韧带的练习。如后举腿练习时，借助力抬高后举的幅度；坐立向前屈体时，用人在背部向前抱压等练习。被动静力性练习是借助外力保持固定的姿势，如借助力保持体前屈、借助力向前、后、侧抬腿等练习。

（五）灵敏素质

1. 灵敏素质的定义

灵敏素质是指迅速改变体位、转换动作和随机应变的能力。灵敏素质是指人体在各种突然变化的条件下，能够迅速、准确、协调、灵活地完成动作的能力，是人各种运动技能和身体素质在运动中的综合表现。灵敏素质是运动技能、神经反应和各种素质的综合表现。在对抗性体育活动中（如篮球、足球等），灵敏能力是非常重要的。灵敏是人体各种运动能力在运动过程中的综合体现，良好的灵敏性不但有助于更快、更多、更准确、更协调地掌握技术和练习手段，而且可以使已有的身体素质充分、有效地运用到实践中去。

2. 发展灵敏协调素质的方法

由于灵敏素质是人体综合能力的表现，发展灵敏素质必须从全面提高身体素质的综合能力入手，重点培养掌握动作的能力、反应能力、平衡能力等。主要练习方法有：

（1）固定转换体位的练习，如各种穿梭跑、"8"字跑和折返跑等，这些练习主要发展人体的基本灵敏能力。

（2）在跑、跳中做迅速改变方向的各种跑、躲闪、突然起动以及各种快速急停和迅速转身等练习。

（3）突然发出各种指令信号，练习者接收信号后，迅速做出反应。这种方法主要是提高人体应用灵敏的能力。

（4）器械、体操、武术中的一些复杂动作练习，以及速度、动作、力量、高度、方位等经常变化的不对称练习和各种球类活动。

（5）做复杂多变的综合练习，例如，用"之字跑""躲闪跑""穿梭跑"和"立卧撑"四项组成的综合性练习。

（6）专门练习，如立卧撑跳转180°连续进行、上步纵跳、左右弧线助跑、单腿起跳、旋转360°连续进行等。

（7）变速和变向练习。在跑、跳过程中快速、协调、准确地完成各种动作，如变向、变速、急停、急起、转体等。

（8）其他方式的练习。按各种信号作出应答反应的游戏和各种变向的追逐游戏，专门设计的各种复杂多变的练习，如"躲闪跑""穿梭跑"等。

（六）协调素质

1. 协调素质的定义及分类

协调素质是指运动员机体不同系统、不同部位、不同器官协同配合完成技术动作的能力，协调能力是形成运动技术的重要基础。运动协调能力是综合的神经机能能力，其表现形式即运动协调。人体运动协调能力由反应能力、空间定向能力、本体感知能力、节奏能力、平衡能力、与动作认知有关的认知能力等多种要素构成。

（1）在神经综合控制下，运动协调可以分为肌肉协调与动作协调。肌肉协调通过肌肉的配合来表现。一个动作，不论简单还是复杂，都存在着主动肌、辅助肌、拮抗肌的相互配合协作以及不同动作部位各肌肉间的配合协作。动作协调则是指动作的不同阶段、不同环节相互配合、相互连接的状态。

（2）依据运动员协调能力与其运动专项关系的密切程度，可将其分为一般协调能力和专项协调能力。一般协调能力指运动员完成各种运动活动时所需要的普适性的协调能力，专项协调能力则指运动员完成专项运动时所需要的专门性的协调能力。

2. 协调素质的练习方法

（1）协调素质节奏能力的训练。节奏能力是指运动员在练习过程中，在完成动作的时间和力度上呈现出来的快慢、强弱有序变化的能力。常采用的练习有：①用固定的频率完成不同长度的分段距离。要求在完成每一个分段距离时保持固定的频率。②用高于比赛平均频率完成分段距离和全程。要求练习时首先确定比赛平均速度，然后在完成每分段距离时采用高于或低于比赛的频率，如1分钟多或者少2、4、6个动作，来提高运动员控制节奏的能力。③完成3~4个分段距离，保持成绩，增加频率。要求第一个分段距离用比赛速度来完成，下一个分段距离与上一次练习相比，多增加一个周期动作或减少一个周期动作。

（2）协调素质空间定向能力的训练。空间定向能力是指运动员对外界物体或现象的空间位置的判断及其对自身运动的空间位置判断的能力。空间定向能力的主要评价指标就是对技术动作的精确控制水平。

控制动作的精确性作为完成某一技术动作的关键因素对运动员的空间定位能力起着决定性作用。

（3）协调素质时间感知能力的训练。时间感知能力是指运动员对完成练习在时间维度上准确判断的能力。时间感知能力的培养常采用以下方法。①变速完成比赛距离的练习。预先设定练习目标（如时间目标），如规定行进速度为最大速度的95％、90％、85％、75％、70％。要求运动员尽可能按规定的速度完成练习。②要求运动员在练习距离中规定的段落里按比赛速度行进，并逐渐增加规定段落的距离。

练习后要求运动员将实际练习速度与主观感觉速度进行对比，以提高运动员的时间感知能力。

（4）协调素质距离感知能力的训练。距离感知能力是指运动员对距离的准确判断与控制能力。该能力对田径项目中需要准确助跑的跳跃和掷远运动项目有着重要作用。

对于要求有准确助跑的运动项目来讲，由于场地、气候、运动员身体状态等各种原因都会影响助跑的准确性，因此训练运动员的助跑准确性时，加强运动员的距离感成为重要的内容。例如，提高运动员最后4～5步控制步幅，准确起跳的能力成为像跳远这样要求有准确助跑运动项目运动员训练的关键。

另外，可以通过固定投掷距离的方式提高运动员肌肉控制能力，即通过投准的方式提高运动员控制器械的能力。该练习对铁饼、标枪等项目运动员距离感的提高有积极作用。

（5）协调素质专门感觉能力的训练。专门感觉能力是在完成各种各样的专门练习的过程中得到发展的。专门感觉能力与运动项目的运动方式以及运动环境密切相关。例如，自行车的车感；游泳运动员的水感；划船、帆船运动员的船感；篮球运动员的球感等都是通过从小在相应的环境里或通过从小驾驭器械的训练中获得的。

第三节　运动处方

1969年，世界卫生组织开始使用"运动处方"术语，并且这一术语逐渐在国际上得到认可。所谓运动处方，是指康复医师或体疗师，对从事体育锻炼者或病人，根据医学检查资料（包括运动试验和体力测验），按其健康、体力以及心血管功能状况，用处方的形式规定运动种类、运动强度、运动时间及运动频率，提出运动中的注意事项。运动处方是指导人们有目的、有计划和科学地锻炼的一种方法。

一、运动处方的内容

运动处方的内容应包括运动种类、运动强度、运动时间、运动频率、运动进度及注意事项等。

（一）运动处方的运动种类

运动处方的运动种类可分为三类，即耐力性（有氧）运动、力量性运动及伸展运动和健身操。

1. 耐力性（有氧）运动

耐力性（有氧）运动是运动处方最主要和最基本的运动手段。在治疗性运动处方和预防性运动处方中，主要用于心血管、呼吸、内分泌等系统的慢性疾病的康复和预防，以改善和提高心血管、呼吸、内分泌等系统的功能。在健身、健美运动处方中耐力性（有氧）运动是保持全面身心健康、保持理想体重的有效运动方式。

有氧运动的项目有步行、慢跑、走跑交替、游泳、自行车、跳绳、划船、滑水、滑雪、球类运动等。

2. 力量性运动

力量性运动在运动处方中，主要用于运动系统、神经系统等肌肉、神经麻痹或关节功能障碍的患者，以恢复肌肉力量和肢体活动功能为主。在矫正畸形和预防肌力平衡被破坏所致的慢性疾患的康复中，通过有选择地增强肌肉力量，调整肌力平衡，从而改善躯干和肢体的形态和功能。

3. 伸展运动和健身操

伸展运动和健身操较广泛地应用在治疗、预防和健身、健美各类运动处方中，主要的作用有放松精神、消除疲劳，改善体形，防治高血压、神经衰弱等疾病。

伸展运动和健身操的项目有太极拳、保健气功、五禽戏、广播体操等。

（二）运动处方的运动强度

1. 耐力性（有氧）运动的运动强度

运动强度是运动处方的核心及设计运动处方中最困难的部分，需要有适当的监测来确定运动强度是否适宜。运动强度是指单位时间内的运动量，即：运动强度＝运动量/运动时间。而运动量是运动强度和运动时间的乘积，即：运动量＝运动强度×运动时间。运动强度可根据最大吸氧量的百分数、代谢当量、心率、自觉疲劳程度等来确定。

（1）最大心率的百分数在运动处方中常用最大心率的百分数来表示运动强度，通常提高有氧适能的运动强度宜采用70％～85％HRmax，这一运动强度的范围通常是55％～70％VO2max。

（2）代谢当量是指运动时代谢率对安静时代谢率的倍数。1MET是指千克体重，从事1min活动消耗3.5ml的氧，其活动强度称为1MET［MET＝3.5ml/（kg·min）］。1MET的活动强度相当于健康成人坐位安静代谢的水平。任何人从事任何强度的活动时，都可测出其吸氧量，从而计算出MET数，用于表示其运动强度。在制定运动处方时，如已测出某人的适宜运动强度相当于多少MET，即可找出相同MET的活动项目，写入运动处方。

（3）除去环境、心理刺激、疾病等因素，心率与运动强度之间存在着线性关系。在运动处方实践中，一般来说达到最大运动强度时的心率称为最大心率，达到最大功能的60％～70％时的心率称为"靶心率"或"运动中的适宜心率"，日本称之为"目标心率"，是指能获得最佳效果并能确保安全的运动心率。为精确地确定各个病人的适宜心率，须做运动负荷试验，测定运动中可以达到的最大心率或做症状限制性运动试验以确定最大心率，该心率的70％～85％为运动的适宜心率。用靶心率控制运动强度是简便易行的方法，具体推算的方法有：

①公式推算法。以最大心率的65％～85％为靶心率，即：靶心率＝（220－年龄）×65％（或85％）。经常参加体育锻炼的人，可用：靶心率＝180－年龄。

例如，年龄为20岁的健康人，其最大运动心率为：220－20＝200次/min，适宜运动心率为：下限为200×65％＝130次/min，上限为200×85％＝170，即锻炼时心率在130～170次/min之间，表明运动强度适宜。

②耗氧量推算法。人体运动时的耗氧量、运动强度及心率有着密切的关系，可用耗氧量推算靶心率，以控制运动强度。大强度运动时相当于最大吸氧量的70％～80％（即70％～80％VO2max），运动时的心率为125～165次/min；中等强度运动相当于最大吸氧量的50％～60％（即50％～60％VO2max），运动时的心率为110～135次/min；小强度运动相当于最大吸氧量的40％以下（即小于40％VO2max），运动时的心率为100～110次/min。在实践中可采用按年龄预计的适宜心率，结合锻炼者的实践情况来规定适宜的运动强度。

③自感用力度。自感用力度是Borg根据运动者自我感觉疲劳程度来衡量相对运动强度的指标，是持续强度运动中体力水平可靠的指标，可用来评定运动强度；在修订运动处方时，可用来调节运动强度。自感用力度分级运动反应与心肺代谢的指标密切相关，如吸氧量、心率、通气量、血乳酸等。

2. 力量性运动的运动强度和运动量

力量练习的运动强度和运动量：力量练习的运动强度以局部肌肉反应为准，而不是以心率等指标为准。

在等张练习或等动练习中，运动量由所抗阻力的大小和运动次数来决定。在等长练习中，运动量由所抗阻力和持续时间来决定。

在增强肌肉力量时，宜逐步增加阻力而不是增加重复次数或持续时间（即大负荷、少重复次数的练习）；在增强肌肉耐力时，宜逐步增加运动次数或持续时间（即中等负荷、多次重复的练习）。在康复体育中，一般较重视发展肌肉力量，而肌肉耐力可在日常生活活动中得到恢复。

3. 伸展运动和健身操的运动强度和运动量

（1）有固定套路的伸展运动和健身操的运动量：有固定套路的伸展运动和健身操，如太极拳、广播操等，其运动量相对固定。例如，太极拳的运动强度一般在4～5MET或相当于40％～50％的最大吸氧量，运动量较小。增加运动量可通过增加套路的重复次数或动作的幅度、架子的高低等来完成。

（2）一般的伸展运动和健身操的运动量可分为大、中、小三种。小运动量是指做四肢个别关节的简单运动、轻松的腹背肌运动等，运动间隙较多，一般为8～12节；中等运动量可做数个关节或肢体的联合动作，一般为.14～20节；大运动量是以四肢及躯干大肌肉群的联合动作为主，可加负荷，有适当的间歇，一般在20节以上。

（三）运动处方的持续时间

1. 耐力性（有氧）运动的运动时间

运动处方中的运动时间是指每次持续运动的时间。每次运动的持续时间为15～60min，一般须持续20～40min；其中，达到适宜心率的时间须在15min以上。在计算间歇性运动的持续时间时，应扣除间歇时间。间歇运动的运动密度应视体力而定，体力差者运动密度应低；体力好者运动密度可较高。

运动量由运动强度和运动时间共同决定（运动量＝运动强度×运动时间），在总运动量确定时，运动强度较小则运动时间较长。前者适宜于年轻及体力较好者，后者适宜于老年及体力较弱者。年轻及体力较好者可由较高的运动强度开始锻炼，老年及体力较弱者由低的运动强度开始锻炼。运动量由小到大，增加运动量时，先延长运动时间，再提高运动强度。

2. 力量性运动的运动时间

力量性运动的运动时间主要是指每个练习动作的持续时间。例如，等长练习中肌肉收缩的维持时间一般认为6s以上较好。短促最大负荷练习是负重伸膝后再维持5～10s。在动力性练习中，完成一次练习所用时间实际上代表动作的速度。

3. 伸展运动和健身操的运动时间

成套的伸展运动和健身操的运动时间一般较固定，而不成套的伸展运动和健身操的运动时间有较大差异。例如，24式太极拳的运动时间约为4min；42式太极拳的运动时间约为6min；伸展运动和健身操的总运动时间由一套或一段伸展运动和健身操的运

动时间、伸展运动和健身操的套数或节数来决定。

（四）运动处方的运动频率

1. 耐力性（有氧）运动的运动频率

在运动处方中，运动频率常用每周的锻炼次数来表示。运动频率取决于运动强度和每次运动持续的时间。一般认为每周锻炼3～4次，即隔一天锻炼一次，这种锻炼的效率最高。最低的运动频率为每周锻炼2次。运动频率更高时，锻炼的效率增加并不多，而有增加运动损伤的倾向。小运动量的耐力运动可每天进行。

2. 力量性运动的运动频率

力量练习的频率一般为：每日或隔日练习1次。

3. 伸展运动和健身操的运动频率

伸展运动和健身操的运动频率一般为每日1次或每日2次。

（五）运动处方的运动进度

一般根据运动处方进行适量运动的人，经过一段时间的运动练习后（大概6～8个星期），心肺功能应有所改善。这时，无论在运动强度和运动时间方面均应逐渐加强，因此运动处方应根据个人的进度而修改。在一般情况下，运动训练造成体能上的进展可分为三个阶段：初级阶段、进展阶段和保持阶段。

1. 初级阶段

初级阶段指刚刚开始实行定时及有规律运动的时候。在这个阶段不适宜进行长时间、多次数和强度大的运动，因为肌肉在未适应运动就接受高强度训练很容易造成受伤。因此，对于大部分人来说，最适宜采取强度较低、时间较短和次数较少的运动处方。

2. 进展阶段

进展阶段指运动员经过初级阶段的运动练习后，心肺功能已有明显的改善，而改善的进度则因人而异。在这个阶段，一般人的运动强度都可以达到最大摄氧量的40％～85％，运动时间亦可每2～3周便加长一些。这个阶段是运动员体能改善的明显期，一般长达4～5个月时间。

3. 保持阶段

保持阶段在训练计划大约进行了6个月之后出现。在这个阶段，运动员的心肺功能已达到满意的水平，而他们亦不愿意再增加运动量。运动员只要保持这个阶段的训练，就可以确保体魄强健。这时，运动员亦可以考虑将较为刻板沉闷的运动训练改为一些较高趣味的运动，以避免因沉闷放弃继续运动。

（六）注意事项

1. 耐力性（有氧）运动的注意事项

用耐力性（有氧）运动进行康复和治疗的疾病多为心血管、呼吸、代谢、内分泌等系统的慢性疾病，在按运动处方进行锻炼时，要根据各类疾病的病理生理特点、每个参加锻炼者的具体身体状况，提出有针对性的注意事项，以确保运动处方的有效原则和安全原则。一般的注意事项应包括以下几方面。

（1）运动的禁忌证或不宜进行运动的指征。在耐力性（有氧）运动处方中，应有针对性地提出运动禁忌证。例如，心脏病人运动的禁忌证有：病情不稳定的心力衰竭和严重的心功能有障碍；急性心包炎、心肌炎、心内膜炎；严重的心律失常；不稳定型、剧增型心绞痛，心肌梗死后不稳定期；严重的高血压；不稳定的血管栓塞性疾病等。

（2）在运动中应停止运动的指征。在耐力性（有氧）运动处方中应指出须立即停止运动的指征，如心脏病人在运动中出现以下指征时应立即停止运动：运动时上身不适，运动中无力、头晕、气短，运动中或运动后关节疼痛或背痛等。

（3）运动量的监控。在耐力性（有氧）运动处方中，须对运动量的监控提出具体的要求，以保证运动处方的有效和安全。

（4）要求做充分的准备活动。明确运动疗法与其他临床治疗的配合，例如，糖尿病患者的运动疗法须与药物治疗饮食治疗相结合，以获得最佳的治疗效果。运动的进行时间应避开降糖药物血浓度达到高峰的时间，在运动前、中或后，可适当增加饮食，以避免出现低血糖等。

2. 力量性运动的注意事项

（1）力量练习不应引起明显疼痛。

（2）力量练习前、后应做充分的准备活动及放松整理活动。

（3）运动时保持正确的身体姿势。

（4）必要时给予保护和帮助。

（5）注意肌肉等长收缩引起的血压升高反应及闭气用力时心血管的负荷增加。有轻度高血压、冠心病或其他心血管系统疾病的患者，应慎做力量练习；有较严重的心血管系统疾病的患者忌做力量练习。

（6）经常检修器械、设备，确保安全。

3. 伸展运动和健身操的注意事项

（1）应根据动作的难度、幅度等，循序渐进、量力而行。

（2）指出某些疾病应慎采用的动作。例如，高血压病患者、老年人等应不做或少做过分用力的动作及幅度较大的弯腰、低头等动作。

（3）运动中注意正确的呼吸方式和节奏。

二、运动处方的制定

随着康复体育的不断发展及运动处方应用范围的扩大，运动处方的种类也不断增加，常见的分类有：

（一）按锻炼的对象和作用分

1. 治疗性运动处方以治疗疾病、提高康复效果为主要目的。
2. 预防性运动处方以增强体质、预防疾病、提高健康水平为主要目的。
3. 健身、健美运动处方以提高身体素质、运动能力、健美为主要目的。

（二）按锻炼的器官系统分

1. 心血管系统康复的运动处方。
2. 运动系统康复的运动处方。
3. 神经系统康复的运动处方。
4. 呼吸系统康复的运动处方。

（三）运动处方制定的基本原则

1. 因人而异

运动处方必须因人而异，切忌千篇一律。要根据每一个参加锻炼者或病人的具体情况制定出符合个人身体客观条件及要求的运动处方。不同的疾病，运动处方不同；同一疾病在不同的病期，运动处方不同；同一个人在不同的功能状态下，运动处方也应有所不同。

2. 有效

运动处方的制定和实施应使参加锻炼者或病人的功能状态有所改善。在制定运动处方时，要科学、合理地安排各项内容；在运动处方的实施过程中，要按质、按量认真完成训练。

3. 安全

按运动处方运动，应保证在安全的范围内进行，否则便可能发生危险。在制定和实施运动处方时，应严格遵循各项规定和要求，以确保安全。

4. 全面

运动处方应遵循全面身心健康的原则，在运动处方的制定和实施中，应注意维持人体生理和心理的平衡，以达到"全面身心健康"的目的。

（四）运动处方的制定程序

运动处方的制定应严格按照运动处方的制定制度进行，首先应对参加锻炼者或病人进行系统的检查，以获得制定运动处方所需要的全面资料。

运动处方的制定程序包括：一般调查、临床检查和功能检查、运动试验及体力测验、制定运动处方、实施运动处方、运动中的医务监督、运动处方的修改步骤。

1. 一般调查

通过运动处方的一般调查可了解参加锻炼者或病人的基本健康状况和运动情况，一般调查应包括：询问病史及健康状况、了解运动史、了解健身或康复的目的、了解社会环境条件等。

（1）询问病史及健康状况。询问病史及健康状况应包括既往病史、现有疾病、家族史、身高、体重、健康状况、疾病的诊断和治疗情况，女性还须询问月经史和生育史。

（2）了解运动史。在一般调查中应了解参加锻炼者或病人的运动经历、运动爱好和特长、运动情况（是否经常参加锻炼、运动项目、运动量、运动时间、运动中后期的身体反应等）、在运动中是否发生过运动损伤等。

（3）了解健身或康复的目的。应了解参加锻炼者或病人的健身或康复的明确目的及对通过运动来改善健康状况的期望等。

（4）了解社会环境条件。了解参加锻炼者或病人的生活条件、工作环境、基本的经济状况、可利用的运动设施和条件、有无健身和康复指导等。

2. 临床检查和功能检查

运动处方的临床检查主要包括运动系统的检查、心血管系统的检查、呼吸系统的检查、神经系统的检查等。

3. 运动试验

运动试验是评定心脏功能、制定运动处方的主要方法和重要依据。运动试验方法的选择应根据检查的目的和被检查者的具体情况而定。最常用的运动试验是用逐级递增的运动负荷的方法测定，测定时采用活动平板（跑台）和功率自行车。递增负荷运动试验（简称GXT），是指在试验的过程中，逐渐增加负荷强度，同时测定某些生理指标，直到受试者达到一定运动强度的一种运动耐量试验。

4. 体力测验

体力测验必须是运动负荷运动无异常的人才能进行。体力测验包括运动能力（肌力、柔韧性等）测验和全身耐力测验。全身耐力测验的运动方式采用有氧运动，包括走、跑、游泳三种方式。较多采用的有定运动时间的耐力跑（如12min跑测验）。

5. 制定运动处方

（1）运动目的：通过有目的的锻炼达到预期的效果。由于每个人的情况千差万别，运动处方的目的有健身的、娱乐的、减肥的、治疗的等多种类型。

（2）运动项目：在运动处方中，为锻炼者提供最合适的运动项目关系到锻炼的有效性和持久性。选择运动项目，要考虑运动的目的，是健身的还是治疗的；要考虑运动条件，如场地器材、余暇时间、气候等；还要结合体育兴趣爱好等。

（3）运动强度：运动强度指运动时的剧烈程度，是衡量运动量的重要指标之一，可用每分钟的心率次数来表示大小。一般认为，学生心率120次/min以下为小强度，120～150次/min为中强度，150～180次/min或180次/min以上为大强度。测量运动强度的简单办法是：测量运动后10s脉搏乘以6，就是1min的运动强度。

①适宜运动强度范围，可用靶心率来控制：以本人最高心率的70%～85%的强度作为标准。

靶心率＝（220－年龄）×（70%～85%）。如20岁的靶心率是140～170（次/min）。

②最适宜运动心率，计算公式：

最大心率＝220－年龄

心率储备＝最大心率－安静心率

最适宜运动心率＝心率储备×75%＋安静心率

例如，某大学生20岁，安静心率为70次/min，他的最大心率为220－20＝200次/min，心率储备为200－70＝130次/min，最适宜运动心率为130×75%＋70＝167.5次/min。

（4）运动时间：运动时间指一次锻炼的持续时间。它与运动强度紧密相关，强度大，时间应稍短；强度小，时间应稍长。有氧锻炼一般在30min左右就可以达到较好的效果。

（5）运动频度：运动频度指每周的锻炼次数。

关于运动频度，日本的池上晴夫研究表明，1周运动1次，肌肉酸痛和疲劳每次发生，运动后1～3天身体不适，效果不蓄积；1周运动2次，酸痛和疲劳减轻，效果有点蓄积，不明显；1周运动3次，无酸痛和疲劳；效果蓄积明显；1周运动4～5次，效果更加明显。可见，1周运动3次以上，效果才明显。

（6）效果检查。由于个人情况千差万别，在实行运动处方的过程中，可能会有不合适的地方，应在实践中及时检查和修正，以保证锻炼的效果。

三、运动损伤的主要原因与预防原则

（一）运动损伤的主要原因

1. 对预防运动损伤认识不足，盲目性。
2. 缺乏准备运动或准备运动不正确。

（二）运动损伤的预防原则

做好准备活动，加强保护和自我防护。准备活动量的心率控制在90～100次/分，时间为20分左右。准备活动结束与正式运动之间相隔1～4分钟即可。

自我保护方法：摔倒时应该曲肘、低头团身，以肩背着地，顺势滚地，而不要直臂撑地，避免骨折或关节脱位。从高处跳下时，要以前脚掌着地，以增加缓冲作用避免脑震荡、胸腰椎压缩性骨折。

四、运动损伤的救护原则

运动损伤后有出血、骨折，参照"现代创伤救护"有关内容进行处理。

（一）损伤处理"三不宜"

1. 不宜随便搬弄伤肢，尤其头颈部、腰部。
2. 不宜随便按摩或热敷伤处。
3. 不宜随便处理伤口。

（二）急性闭合型软组织损伤的分期处理

1. 早期（伤后24～48小时内）：止血、冷敷、加压包扎、制动。
2. 中期（伤后24～48小时以上）：热敷、按摩、理疗、中药外敷。
3. 后期：注意功能恢复，尤其是骨折后功能性恢复训练，防止废用性萎缩。

五、运动生理卫生若干问题

（一）跑步到终点时不宜马上停止，防止引起重力性休克。

（二）天气炎热时运动中及运动后不宜立即大量饮水及饮料。正确方法为少量饮水或漱漱口，润润口腔黏膜。

（三）剧烈运动后不宜立即进食冷饮冷食。否则易引起胃肠痉挛和腹泻。一般在运动后要休息约 30 分钟。

（四）剧烈运动后不宜立即洗冷热水澡，一般在运动后要休息约 30 分钟。

第四节　体质健康测量与评价

一、大学生体质测量综合评价

《"健康中国 2030" 规划纲要》指出，青少年学生每周参与体育活动达到中等强度 3 次以上，国家学生体质健康标准达标优秀率 25% 以上。2014 年 7 月 18 日，教育部公布了最新修订的《国家学生体质健康标准》（以下简称《标准》）。学生体测成绩达到或超过良好，才有资格参与评优与评奖。身高、体重、肺活量、50m 跑、坐位体前屈都是必测项目，除此之外，男生须测 1000m 跑和引体向上，女生须测 800m 跑和 1 分钟仰卧起坐。《标准》还指出，体测的学年总分由标准分与附加分之和构成，满分为 120 分。标准分由各单项指标得分与权重乘积之和组成，满分为 100 分；附加分根据实测成绩，对引体向上、仰卧起坐等加分指标进行加分，满分为 20 分。各组学生按总分评定等级，90 分及以上为优秀，80 分至 89.9 分为良好，60 分至 79.9 分为及格，59.9 分及以下为不及格。

表 13－1　单项指标与权重

测试对象	单项指标	权重（%）
大学生	体重指数（BMI）	15
	肺活量	15
	50m 跑	20
	坐位体前屈	10
	立定跳远	10
	引体向上（男）/1min 仰卧起坐（女）	10
	1000m 跑（男）/800m 跑（女）	20

注：体重指数（BMI）=体重（kg）/身高（m^2）。

二、体质测试方法

（一）身高

1. 测试目的

测试学生身高，与体重测试相配合，评定学生的身体匀称度，评价学生生长发育的水平及营养状况。

2. 测试方法

受试者赤足，立正姿势站在身高测量计的底板上（上肢自然下垂，足跟并拢，足尖分开成60度角）。足跟、骶骨部及两肩胛区与立柱相接触，躯干自然挺直，头部正直，耳屏上缘与眼眶下缘呈水平位。测试人员站在受试者右侧，将水平压板轻轻沿立柱下滑，轻压于受试者头顶。测试人员读数时双眼应与压板水平面等高，记录员复述后进行记录。以厘米为单位，精确到小数点后一位。测试误差不得超过 0.5cm。

（二）体重

1. 测试目的

测试学生的体重，与身高测试相配合，评定学生的身体匀称度，评价学生生长发育的水平及营养状况。

2. 测试方法

测试时，秤应放在平坦地面上，调整 0 点至刻度尺水平位。受试者赤足，男性受试者身着短裤；女性受试者身着短裤、短袖衫，站在秤台中央。读数以千克为单位，精确到小数点后一位。

（三）肺活量

1. 测试目的

测试学生的肺通气功能。

2. 测试方法

使用干燥的一次性口罩，肺活量计主机放置平稳的桌面上，检查电源线及接口是否牢固，按工作键液晶屏显示"0"即表示机器进入工作状态，预热 5 分钟后测试为佳，告知受试者不必紧张，并且要尽全力，令被测试者面对仪器站立，受试者进行一两次较平日深一些的呼吸动作后，学会深吸气（避免耸肩提气，应该像闻花似的慢吸气），手持吹气口嘴，将吹气口嘴紧贴嘴和鼻夹（口嘴或鼻避免漏气），屏住气，以中等速度和力度吹气效果最好，向口嘴处慢慢呼出至不能再呼为止。面对肺活量计站立吹 1～3 次，看仪表有无反应，防止此时从口嘴处吸气，测试中不得中途二次吸气。吹气完毕后，液晶屏上最终显示的数字即为肺活量毫升，每位受试者测三次，每次间隔 10s 左右，选取最大值作为测试结果。以毫升为单位，不保留小数。

（四）50m 跑

1. 测试目的

测试学生速度、灵敏素质及神经系统灵活性的发展水平。

2. 测试方法

受试者至少两人一组测试。站立起跑，受试者听到"跑"的口令后开始起跑，发令员在发出口令的同时要摆动发令旗，计时员视旗动开表计时，受试者躯干部到达终点线的垂直面停表。以秒为单位记录测试成绩，精确到小数点后一位，小数点后第二位数按非零进 1 原则进位，如 10.11s 读成 10.2s 记录之。

（五）800m 或 1000m 跑

1. 测试目的

测试学生耐力素质的发展水平，特别是心血管呼吸系统的机能及肌肉耐力。

2. 测试方法

受试者至少两人一组进行测试，站立式起跑。当听到"跑"的口令后开始起跑。计时员看到旗动开表计时,当受试者的躯干部到达终点线垂直面时停表。以分、秒为单位记录测试成绩,不计小数。

(六)立定跳远

1. 测试目的

测试学生下肢爆发力及身体协调能力的发展水平。

2. 测试方法

受试者两脚自然分开站立,站在起跳线后,脚尖不得踩线(最好用线绳做起跳线),两脚原地同时起跳,不得有垫步或连跳动作,丈量起跳线后缘至最近着地点后垂直距离,每人试跳三次,记录其中成绩最好的一次,以厘米为单位,不计小数。

(七)引体向上

1. 测试目的

测试男学生的上肢肌肉力量的发展水平。

2. 测试方法

受试者跳起双手正握杠,两手与肩同宽成直臂悬垂。静止后,两臂同时用力引体。

(八)一分钟仰卧起坐

1. 测试目的

测试女学生的腹肌耐力。

2. 测试方法

受试者仰卧于垫子上,两腿稍分开,屈膝呈 90 度角左右,两手指交叉贴于脑后。另一同伴压住其踝关节,以固定下肢。受试者坐起时两肘触及或超过双膝为完成一次,仰卧时两肩胛必须触垫,测试人员发出"开始"口令的同时开表计时,记录 1min 内完成次数。1min 到时,受试者虽已坐起但肘关节未达到双膝者不计该次数,精确到个位。

(九)坐位体前屈

1. 测试目的

测量学生在静止状态下的躯干、腰、髋等关节可能达到的活动幅度,主要反映这些部位的关节、韧带和肌肉的伸展性和弹性及学生身体柔韧素质的发展水平。

2. 测试方法

受试者两腿伸直,两脚平蹬测试纵板坐在平地上,两脚分开 10～15cm,上体前屈,两臂伸直向前,用两手中指尖逐渐向前推动游标,直到不能前推为止。测试计的脚蹬纵板内沿平面为 0 点,向内为负值,向前为正值。记录以厘米为单位,保留一位小数。测试两次,取最好成绩。

三、大学生体质测试项目评价标准

身体形态是评定学生体质的重要标准,也是进行体育锻炼的一个重要指标。常见的身体指标的测量,一般可用身高标准体重这种测试手段。身高标准体重是将身高和体重综合起来,评定学生的身体匀称度,评价学生生长发育的水平及营养状况。计算办法:体重指数(BMI)=体重/kg/身高(m^2)(表 13—2 至表 13—6)。

表 13-2 大学生体重指数（BMI）单项评分表

单位：kg/m

等级	单项得分	大学男生	大学女生
正常	100	17.9～23.9	17.2～23.9
低体重	80	≤17.8	≤17.1
超重		24.0～27.9	24.0～27.9
肥胖	60	≥28.0	≥28.0

表 13-3 大学一、二年级男生体质健康标准

等级	单项得分	肺活量	50m 跑	坐位体前屈	立定跳远	引体向上	1000m 跑
优秀	100	5040	6.7	24.9	273	19	3′17″
	95	4920	6.8	23.1	268	18	3′22″
	90	4800	6.9	21.3	263	17	3′27″
良好	85	4550	7	19.5	256	16	3′34″
	80	4300	7.1	17.7	248	15	3′42″
及格	78	4180	7.3	16.3	244		3′47″
	76	4060	7.5	14.9	240	14	3′52″
	74	3940	7.7	13.5	236		3′57″
	72	3820	7.9	12.1	232	13	4′02″
	70	3700	8.1	10.7	228		4′07″
	68	3580	8.3	9.3	224	12	4′12″
	66	3460	8.5	7.9	220		4′17″
	64	3340	8.7	6.5	216	11	4′22″
	62	3220	8.9	5.1	212		4′27″
	60	3100	9.1	3.7	208	10	4′32″
不及格	50	2940	9.3	2.7	203	9	4′52″
	40	2780	9.5	1.7	198	8	5′12″
	30	2620	9.7	0.7	193	7	5′32″
	20	2460	9.9	—0.3	188	6	5′52″
	10	2300	10.1	—1.3	183	5	6′12″

表13-4 大学三、四年级男生体质健康标准

等级	单项得分	肺活量	50m跑	坐位体前屈	立定跳远	引体向上	1000m跑
优秀	100	5140	6.6	25.1	275	20	3′15″
	95	5020	6.7	23.3	270	19	3′20″
	90	4900	6.8	21.5	265	18	3′25″
良好	85	4650	6.9	19.9	258	17	3′32″
	80	4400	7	18.2	250	16	3′40″
及格	78	4280	7.2	16.8	246		3′45″
	76	4160	7.4	15.4	242	15	3′50″
	74	4040	7.6	14	238		3′55″
	72	3920	7.8	12.6	234	14	4′00″
	70	3800	8	11.2	230		4′05″
	68	3680	8.2	9.8	226	13	4′10″
	66	3560	8.4	8.4	222		4′15″
	64	3440	8.6	7	218	12	4′20″
	62	3320	8.8	5.6	214		4′25″
	60	3200	9	4.2	210	11	4′30″
不及格	50	3030	9.2	3.2	205	10	4′50″
	40	2860	9.4	2.2	200	9	5′10″
	30	2690	9.6	1.2	195	8	5′30″
	20	2520	9.8	0.2	190	7	5′50″
	10	2350	10	−0.8	185	6	6′10″

表13-5 大学一、二年级女生体质健康标准

等级	单项得分	肺活量	50m跑	坐位体前屈	立定跳远	仰卧起坐	800m跑
优秀	100	3400	7.5	25.8	207	56	3′18″
	95	3350	7.6	24	201	54	3′24″
	90	3300	7.7	22.2	195	52	3′30″
良好	85	3150	8	20.6	188	49	3′37″
	80	3000	8.3	19	181	46	3′44″
及格	78	2900	8.5	17.7	178	44	3′49″
	76	2800	8.7	16.4	175	42	3′54″
	74	2700	8.9	15.1	172	40	3′59″
	72	2600	9.1	13.8	169	38	4′04″
	70	2500	9.3	12.5	166	36	4′09″
	68	2400	9.5	11.2	163	34	4′14″

大学劳动教育与健康教育

等级	单项得分	肺活量	50m跑	坐位体前屈	立定跳远	仰卧起坐	800m跑
	66	2300	9.7	9.9	160	32	4′19″
	64	2200	9.9	8.6	157	30	4′24″
	62	2100	10.1	7.3	154	28	4′29″
	60	2000	10.3	6	151	26	4′34″
不及格	50	1960	10.5	5.2	146	24	4′44″
	40	1920	10.7	4.4	141	22	4′54″
	30	1880	10.9	3.6	136	20	5′04″
	20	1840	11.1	2.8	131	18	5′14″
	10	1800	11.3	2	126	16	5′24″

表13-6 大学三、四年级女生体质健康标准

等级	单项得分	肺活量	50m跑	坐位体前屈	立定跳远	仰卧起坐	800m跑
优秀	100	3450	7.4	26.3	208	57	3′16″
	95	3400	7.5	24.4	202	55	3′22″
	90	3350	7.6	22.4	196	53	3′28″
良好	85	3200	7.9	21	189	50	3′35″
	80	3050	8.2	19.5	182	47	3′42″
及格	78	2950	8.4	18.2	179	45	3′47″
	76	2850	8.6	16.9	176	43	3′52″
	74	2750	8.8	15.6	173	41	3′57″
	72	2650	9	14.3	170	39	4′02″
	70	2550	9.2	13	167	37	4′07″
	68	2450	9.4	11.7	164	35	4′12″
	66	2350	9.6	10.4	161	33	4′17″
	64	2250	9.8	9.1	158	31	4′22″
	62	2150	10	7.8	155	29	4′27″
	60	2050	10.2	6.5	152	27	4′32″
不及格	50	2010	10.4	5.7	147	25	4′42″
	40	1970	10.6	4.9	142	23	4′52″
	30	1930	10.8	4.1	137	21	5′02″
	20	1890	11	3.3	132	19	5′12″
	10	1850	11.2	2.5	127	17	5′22″

第十四章　健康危险行为预防

健康危险行为指个人或群体在偏离个人、家庭、学校、社会的期望方向上表现出的给健康、完好状态乃至终身生活质量造成直接或间接损害的行为。1989年美国疾病预防控制中心建立青少年健康危险行为监测系统，并把这些行为分为六类。

我国根据国情和各地实际情况进行了相应的修改完善，将其分为七类：
(1) 非故意伤害行为（如车祸、溺水）。
(2) 故意伤害行为（如打架、自杀、自伤等）。
(3) 物质成瘾行为（如吸烟、饮酒、吸毒等）。
(4) 精神成瘾行为（如网络成瘾）。
(5) 危险性行为（如艾滋病感染、性行为过早、多名性伴侣）。
(6) 不良饮食行为（如偏食、不吃早餐、爱吃零食）。
(7) 缺乏体育锻炼行为（如体育锻炼时间短或强度不够等）。

据调查，在发达国家，有高达75%的青少年死亡是由健康危险行为引起的。大学时期是青少年走向独立的重要时期，预防健康危险行为，树立科学、文明和健康的生活方式，对于其未来的成长与成才具有重要作用。

第一节　吸烟与健康

我国是世界上最大的烟草生产国和消费国，每年因吸烟导致死亡的人数已超过100万，如不加以干预，至2050年将突破300万，严重的烟草流行状况和不容乐观的流行趋势，已经成为重大健康与社会问题。

近年来，电子烟的"流行"也将吸烟这一健康危险行为推向更广泛、更年轻的群体，严重损害青年人的健康。因此，控制吸烟是维护人类健康的一项非常重要的措施。

一、吸烟现状与二手烟暴露

（一）吸烟现状

近些年来发达国家烟草产量及消费增长缓慢，发展中国家成为世界烟草产量及消费量增长的主要来源。世界卫生组织2019年的数据表明，目前全世界吸烟人数约有11亿，其中约80%的烟草消费者生活在低收入和中等收入国家。我国吸烟人数超过3亿，约占全世界吸烟总人口的30%，15岁以上人群吸烟率为26.6%，这些人群中男性吸烟率高达52.9%。

（二）二手烟暴露

二手烟，亦称被动吸烟、环境烟草烟雾，是指由卷烟或其他烟草产品燃烧端释放出的及由吸烟者呼出的烟草烟雾所形成的混合烟雾。二手烟也是危害最严重、最广泛的室内空气污染之一，是全球重大死亡原因。

全世界范围内约有40%的青少年、33%的成年男性和35%的成年女性不吸烟者遭受二手烟暴露的危害。在我国约有7.4亿不吸烟者遭受二手烟暴露的危害，暴露率高达68.1%。

二、香烟中的有害成分

烟草在燃烧的过程中，能够产生7000多种化学物质，其中已查明对人体有害的有250种，致癌物近70种，比如尼古丁、焦油、一氧化碳、胺类、酚类、放射物、汞、砷等。

（一）尼古丁

尼古丁，又称烟碱，是高度成瘾性物质，其成瘾性仅次于海洛因。所有的烟草制品中都含有一定量的尼古丁。尼古丁不含氧，为无色、油状物质，具有挥发性，易溶于水，毒性剧烈，服两三滴就足以使人致死，吸入少量于肺中，会使人感到头痛、眩晕、昏睡。

尼古丁还可引起血管收缩、血压升高、心跳加快，引起冠状动脉痉挛、血管内膜受损，诱发心绞痛和心肌梗死。

（二）烟焦油

烟焦油是香烟在高温缺氧条件下不完全燃烧的产物，含有多种致癌和促癌物质。烟焦油随着烟流进入吸烟者的呼吸道，可黏附在咽、喉、气管和支气管黏膜表面，约有90%以气溶胶微粒的形式被带到肺中，诱发支气管炎、哮喘和慢阻肺等疾病，每支卷烟含5~15毫克不等，内含多种致癌和促癌物，可黏附在气管、肺泡和黏膜上，影响各器官功能，长期可以致癌，是引起肺癌和喉癌的主要原因。焦油还是吸烟者牙齿和手指发黄的原因。最新研究表明，所谓"低焦油含量"的卷烟并不安全，不会因为改吸这类卷烟而降低烟草导致疾病的风险。

（三）一氧化碳

一种无色无味的气体，每支卷烟可产生20~30毫升。它与血红蛋白的亲和力比氧高出260倍，会破坏血液输送氧气的功能，从而影响到全身器官。冬季在门窗紧闭的情况下，吸一支烟即可使本人和全家人血液中的碳合血红蛋白分别升高7倍和6倍。一氧化碳会促使胆固醇蓄积量增多，加速动脉粥样硬化，损害血管内皮功能，增加血液黏稠度，导致血栓形成，增加氧化应激和炎症反应，诱发或加剧心血管疾病。其通过肺部进入血液后，可置换出向心脏和全身组织输送的氧气，引起头痛、头昏、无力，最终可导致心脏病，甚至心肌梗死。

（四）多种有毒化合物

香烟燃烧产生的多种有毒化合物，如苯并芘、甲醛、氰化钾、丙烯醛等有毒物质，可严重损坏支气管黏膜，使支气管和肺部发生感染。苯并芘、甲醛是高致癌物质。苯并芘是吸烟过程生成的多种已知的致癌物之一。苯并芘随焦油烟雾进入吸烟者呼吸道中，在加氧酶和羟化酶作用下，生成可以攻击DNA（脱氧核糖核酸）的多环芳烃环氧化物，该致癌环氧化物可随血液进入其他器官和组织，诱发基因突变，导致多器官与多组织癌症，如肺癌、口腔与鼻咽癌、食管癌、胃癌、肝癌和肾癌等。

（五）放射性物质

烟草种植中施用含铀的磷肥后，烟草中的铀可分解出钋、镭、氡等放射性同位素。吸烟时可被吸入肺部并沉积在体内，这些射线不仅对肺，而且对肝、肾都会造成损害，是重要的致癌物质。

（六）有害金属

烟草中含有镉、汞、铅、砷等多种有害金属。如镉是强致癌物，并可引起呼吸道哮喘、肺气肿；进入生殖系统，可杀死精子，引起男性不育；进入骨骼，可引起骨骼脱钙、变形、变脆，极易骨折。

（七）其他有害物质

丙酮、氨、有机磷、亚硝胺、萘等都是香烟燃烧后产生的有毒有害物质，吸入这些物质会对呼吸道造成刺激，引起呼吸道疾病，同时也有致癌或加速癌变的作用。

三、吸烟对健康的危害

吸烟有害健康是不争的医学事实。根据世界卫生组织报告，全球每6秒钟就有一个人死于吸烟相关疾病，每3个吸烟者中就有1个死于吸烟相关疾病，吸烟者的平均寿命比非吸烟者短10年。

（一）吸烟与呼吸系统疾病

据世界卫生组织的统计，世界上的前八大致死疾病中，6种疾病（脑血管病、缺血性心血管病、下呼吸道感染、肺结核、慢性咳嗽性肺病、肺癌）都与吸烟有关。由此可见，烟雾会损害全身各个脏器、血管，不过首当其冲的，还是呼吸系统。

1. 吸烟危害呼吸系统的机理

（1）吸烟危害气管。吸烟可刺激呼吸道黏膜，使气管纤毛变短、消失，支气管膜水肿充血，黏液腺肥大增生，杯状细胞数增多，导致分泌物（痰）增加，气管上皮细胞发生改变（如原位癌）。吸烟者的气管末梢会萎缩，杯状细胞、鳞状上皮细胞会化生，平滑肌细胞会收缩，平滑肌会肥大，支气管周围会纤维化。总之，吸烟引起气道狭窄，增加呼吸阻力。

（2）吸烟危害肺功能。吸烟会破坏肺泡，减少肺部小动脉的数量。短期吸烟会导致气道急性收缩，长期吸烟会降低肺的通气功能，引起呼吸道过敏，增加碳氧血红蛋白，降低动脉血氧饱和度。吸烟会抑制气管纤毛运动，降低气管自我清洁的效率，引起酸碱代谢异常，降低巨噬细胞功能，导致免疫力下降，从而影响肺的防御、代谢功能。

（3）吸烟导致基因突变。比如，烟雾中的苯并芘能够引起抑癌基因 p53 的突变，进而引起癌症。

2. 吸烟引起的呼吸系统疾病

（1）肺癌。诸多流行病学调查均已证实，吸烟是引发肺癌的高危因素。而且，吸烟次数越多、烟龄越长、开始吸烟时的年龄越小，患上肺癌的可能性也就越高。吸烟引起的肺癌包括但不限于鳞状上皮癌、大细胞癌、小细胞癌、腺癌。吸烟虽然不是导致肺癌的唯一因素（还有大气污染、职业接触、遗传），但是是个人最容易控制的一种。

（2）慢性阻塞性肺病、肺气肿。慢性阻塞性肺病的主要特征是多年渐进的通气受限，起初症状不明显，但呼气的困难会越来越严重，最终导致患者几乎无法走动，需要每天长时间吸氧治疗，拖累心脏。而且，对慢性阻塞性肺疾病的治疗，只能控制其发展，不能逆转病情（除非移植一个肺）。在我国，慢性阻塞性肺疾病每年导致百万人死亡。绝大多数慢性阻塞性肺疾病与吸烟有关。慢阻肺患者戒烟，短期可改善肺功能，长期可延缓肺功能的下降。

（3）慢性支气管炎。慢性支气管炎与呼吸道长期受刺激有关，烟雾当然是其中一种，此外还有污染、感染等。吸烟者呼吸系统的免疫机能较差。因此，吸烟者患上慢性支气管炎的概率，是不吸烟者的2~8倍。慢性支气管炎可引起小气道阻塞，呼气流速下降，部分患者会发展成慢性阻塞性肺疾病，严重影响日常生活。

（4）诱发哮喘。烟雾中的许多化学物质能够刺激、伤害人体的呼吸道黏膜，因此，即便是短暂的接触也能够诱发哮喘频繁发作。

（二）吸烟与恶性肿瘤

烟草烟雾中含有69种已知的致癌物，这些致癌物会引发机体内关键基因的突变，正常生长调控机制失调，最终导致细胞癌变和恶性肿瘤的发生。证据表明，吸烟可导致肺癌、口腔和鼻咽部恶性肿瘤、喉癌、食管癌、肝癌、胰腺癌、胃癌、膀胱癌和宫颈癌，而戒烟可以明显降低这些癌症的发病风险，并明显改善疾病预后。此外，有研究表明吸烟还可以导致结直肠癌、乳腺癌和急性白血病。

（三）吸烟与心脑血管疾病

吸烟与心脑血管疾病息息相关。

1. 吸烟后由于肾上腺素和去甲肾上腺素的分泌增加，可使心跳加快，血压升高。

2. 吸烟可造成动脉粥样硬化。吸烟会损伤血管内皮功能，导致动脉粥样硬化改变，使血管腔变窄，动脉血流受阻，俗话说，"人与动脉同寿"，如果动脉出现问题，心、脑、肾等全身器官都会受到影响，一旦出现堵塞，后果不可想象，心肌梗死、脑梗、肾栓塞、肠道栓塞都会接踵而来。

3. 吸烟可诱发猝死。冠心病患者吸烟，可能促使心室颤动的发生，而这正是引起猝死的最主要原因。

4. 吸烟可导致血栓闭塞性脉管炎，而且吸烟量越多，脉管炎越重。

5. 促使血液形成凝块，易导致血栓。

6. 吸烟可降低人体对心脏病先兆的感应能力。尼古丁会抑制人体正常的痛感，影响人们对心脏病的"报警器"——心绞痛的感知，以致突发心肌梗死甚至猝死。

7. 吸烟可影响血脂、血糖，已有大量证据表明，心脑血管疾病是糖尿病的第一"等危症"，血糖受损等于直接伤害心脑血管健康。

由于种种不良影响，吸烟者冠心病发病率增加3～4倍，心肌梗死发病率增加20%，脑出血及脑梗死是不吸烟者的3.75倍和3.73倍。曾有人说，心血管病人吸烟，等同于追逐死亡。冠心病患者如果戒烟，死亡率可以降低36%。此外，戒烟还能帮心血管患者省钱，国外的医药经济学研究表明，相较于控制血压、血糖和血脂上的花费，戒烟是最经济的干预手段。

（四）吸烟与免疫系统疾病

吸烟使呼吸道更容易被感染，因为烟草烟雾具有免疫抑制作用，可以进入并破坏脆弱的肺组织从而增加患支气管炎或肺炎等呼吸系统疾病的风险。此外，吸烟会损害和破坏血液中的抗体，导致吸烟者体内的抗体减少，从而遭受更为严重的感染，病程可能迁延不愈。吸烟也可能使一些患有严重或慢性肺病的吸烟者产生自身免疫反应，加重病情。

（五）吸烟与糖尿病

近年来的研究表明，吸烟是糖尿病发生的独立危险因子，两者之间存在剂量反应关系，而且吸烟还可促进糖尿病患者心血管疾病、肾病、肺功能损害及足部溃疡的发生。其机制可能是由于吸烟使拮抗胰岛素的激素分泌增加，影响细胞胰岛素信号转导蛋白的合成，抑制胰岛素的生成，长期吸烟还可引起脂肪组织的再分布，上述因素均可增加胰岛素抵抗。研究表明，吸烟可以导致2型糖尿病，吸烟量越大，初始吸烟年龄越小，吸烟年限越长，发病风险越高。吸烟可以增加糖尿病大血管和微血管并发症的发生风险，而戒烟可以降低吸烟者的2型糖尿病发病与死亡风险。

（六）吸烟与生殖和发育异常

烟草烟雾中含有多种可以影响人体生殖及发育功能的有害物质。吸烟会损伤遗传物质，对内分泌系统、输卵管功能、胎盘功能、免疫功能、孕妇及胎儿心血管系统及胎儿组织器官发育造成不良影响。女性吸烟可以降低受孕概率，导致前置胎盘、胎盘早剥、胎儿生长受限、新生儿低出生体重以及婴儿猝死综合征；在妊娠期间吸烟还会导致新生儿先天畸形以及儿童身体、智力发育迟缓。此外，吸烟还可以导致男性勃起功能障碍、精子和精液质量降低，女性异位妊娠和自然流产。

(七)吸烟与心理健康

吸烟同样会对吸烟者的心理健康状态产生影响。吸烟者会对烟草产生躯体依赖和心理依赖。烟草中的尼古丁是一种具有精神活性的物质，使用后可使部分人产生"欣快"感，并可暂时改善一些个体的工作表现和认知能力、延长注意力集中时间、减轻焦虑和抑郁等情绪，但其与海洛因、甲基苯丙胺和可卡因等物质一样具有高度成瘾性，并且也会造成同样的戒断症状，在戒烟时产生阻力，具体表现为强烈的戒断反应和心理上强烈渴求吸烟，这也是戒烟很困难的原因所在，其中一些戒断症状包括焦虑、抑郁、心率降低、恶心、呕吐、体重增加、易怒和好斗等。

(八)其他

除危及个人健康外，烟雾还会造成周围空气中有害物质的增加，污染空气，使家人、同事"被动吸烟"，引起他人支气管炎和肺炎的发生，削弱其心肺功能。吸烟还可能引发火灾，造成严重的经济损失。

四、吸烟的认识误区

在吸烟这件事情上，很多人有过误区，这些错误认知很容易让人心存侥幸，从而产生"吸烟没那么大危害"的心理。

(一)"新型卷烟"降低疾病风险

随着时代的发展，为了迎合大众消费的需求，烟草制造商在传统卷烟的基础上开发了很多新型香烟，比如"爆珠烟""低焦油卷烟""中草药卷烟"等。《中国吸烟健康危害报告2020》中写道，不存在无害的烟草制品，只要吸烟即有害健康。研究表明，相比普通卷烟，吸"低焦油卷烟"并不会降低吸烟带来的危害，"中草药卷烟"与普通卷烟一样会对健康造成危害。烟草业设计和推出"低焦油""低危害"卷烟，并加入中草药等添加物的目的在于提高卷烟的吸引力，从而诱导吸烟或削弱吸烟者戒烟的意愿。

(二)二手烟暴露不存在危害

值得注意的是，二手烟暴露没有所谓的"安全水平"，即使短时间暴露于二手烟之中也会对人体的健康造成危害。在室内环境中，如在另一个房间、大厅或楼梯间吸烟，仍然可以通过空气传播二手烟，并且二手烟可以在房间里停留数小时，无论是加装排风扇、空气净化器，还是使用空气清新剂清洁空气和使建筑物通风，都无法避免非吸烟者遭受二手烟危害，唯一能够有效地避免非吸烟者暴露于二手烟的方法，就是在室内环境中完全禁烟。

(三)低焦油低危害

烟草商为了获取更大利益而打造出"低焦油卷烟"的商品。很多吸烟者认为焦油这一烟草中的有害物质减少就能减少吸烟带来的危害。但实际情况是害处不减反增，因为低焦油卷烟会产生补偿吸烟现象，焦油量降低后，吸烟者为维持血液中尼古丁浓度会采取"补偿行为"，他们会吸得更深、量会更多，随着吸烟次数和量的增加，吸入烟草中的其他有害物质也会增加。另外，低焦香烟中的致癌物可能更多。有实验证明，吸烟者尿液中发现的尼古丁副产品和致癌物质含量没有因为所吸卷烟的焦油量而有所不同。并且，在"低焦油卷烟"中有害致癌物质（亚硝胺代谢物）含量反而随着所吸卷烟焦油量的下降而上升。此外，焦油量降低不代表其他致癌物质含量也降低。毒理学的研究证明：焦油量下降时，焦油中的某些强致癌物并未减少，如亚硝胺类、稠环芳烃。

(四)电子烟为安全替代品

电子烟被认为是相对健康的香烟替代品，正成为青少年和年轻人中的前卫趋势。然而，世界卫生组织提出，虽然目前与电子烟相关的具体风险水平尚未进行最终估算，但是电子烟对人体仍然存在一定的危害，没有所谓绝对安全的香烟。

（五）有些人吸了一辈子烟也很健康

这只是一个小概率事件，吸烟有害健康是公认的事实，我们不能因为身边的个别现象作出不明智的判断。吸烟越多，吸烟时间越长，对于身体的损伤就越大，因而越早戒烟对身体就越好。数据显示，如果一个吸烟者在未患上慢性病之前就戒烟，一年后因吸烟致病的机会将降低66％；戒烟10年后患因吸烟而致的严重疾病的概率可以像从未吸过烟的人一样。

（六）吸烟有助于集中注意力

吸烟者易对尼古丁产生依赖，他们在不吸烟的时候就很难集中注意力，甚至会出现焦虑、烦躁的情绪，这其实是由于尼古丁没有及时得到补充导致的。吸烟后在尼古丁的作用下，这种情绪会得到缓解，吸烟者感觉注意力又回来了，这让他们产生了"吸烟有助于集中注意力"的错误认识。实际上，注意力不集中本来就是吸烟造成的，长期吸烟不但不能帮助思考，反而会因降低脑血流量导致智力下降，会进一步影响吸烟者思考问题。

五、防治与戒烟

《成人健康生活方式指南》中提到，吸烟是心血管代谢性疾病独立的危险因素，应避免吸入任何形式的烟草。吸烟不仅仅对身体造成了巨大的伤害，同时还造成了巨大的经济损失，对其的防控与戒除刻不容缓。

（一）防治

1. 个人

每天约有1600名青少年尝试他们的第一支烟。青少年往往会低估烟草的危险性以及成瘾的可能性，并且容易受到不良诱惑从而接触吸烟。烟草厂商的宣传促销，新型烟草产品如电子烟的兴起，父母、公众人物、影视明星等带头吸烟，青少年的逆反心理，对吸烟这一行为的错误认识等，这些因素都使得青少年将烟草仅仅视为另外一种消费品，而不是将其视为一种致死率高的危险致瘾产品。同时，他们还会模仿成人的行为，认为吸烟是一件"很酷"的事从而进行尝试。此外，二手烟对青少年造成的影响也是一个严重的问题。

因此，对于个人，尤其是青少年必须防治吸烟危害。首先，应该做到从家庭做起，父母戒烟或不在其面前抽烟，不送烟、不敬烟、不劝烟，使孩子生活在一个无烟的环境当中，减少二手烟污染，起到榜样作用，并且教育孩子明确吸烟危害，健康生活。其次，青少年自身应培养一定的辨别能力，及时与父母、老师等交流，不要因好奇心、好胜心、"赶时髦"等心理轻易尝试。同时，青少年也不能因为渴望得到同学和朋友圈的认可，害怕被排斥、被孤立而去吸烟，要学会拒绝。

2. 企业

企业为了扩大自己的收入，会向外界进行一系列宣传。年轻人对烟草营销接触得越多，他们就越有可能使用烟草。作为烟草及烟草制品的生产销售方，烟草企业应在其产品上明确吸烟危害，设计醒目图片和文字进行提醒，不能以"低焦油低危害""零尼古丁"等虚假说法欺骗、诱导消费者。

3. 社会

立法是社会有效控烟的关键所在。国家应对控烟进行立法且严格落实执行，加强公共场所禁止吸烟的立法和执法监督，增强公民的控烟意识，做到不在公共场所吸烟，不在有禁烟标识的场所吸烟。创建和扩大无烟场所、无烟环境。对烟草广告及销售进行监管，进一步明确烟草广告的认定标准，加强对以非烟草制品名义进行的烟草品牌广告管理，规范烟草促销和赞助活动，适当进行烟草增税。

各级卫生、教育、妇联等相关部门合作，在学校推行防止青少年吸烟的措施，创建"无烟学校"，将吸烟有害健康的知识编入教材，教育青少年远离烟草，树立健康的生活方式。在学校周边创建"无烟街道"，商店明确不向青少年售烟。

（二）戒烟

个人戒烟可以通过自身意志力管控以及药物辅助以达到效果。

戒烟有两道坎：一是戒烟早期特别是戒烟一个月内产生"戒断反应"，出现一系列痛苦反应，包括烦躁、易怒、注意力不集中、失眠甚至出现食量大增的现象，严重困扰人们的工作和生活；二是戒烟成功后再次吸烟，即戒烟维持期自我管理不足。吸烟者可以通过使用正确的辅助药物，缓解戒断反应的痛苦。养成健康规律的生活习惯更有助于戒烟。有氧运动能够帮助戒除烟瘾。有氧运动（如跑步或游泳）能使身体释放内啡肽，内啡肽在中枢神经系统可以与尼古丁竞争结合受体，使人产生欣快感，消除紧张情绪，抑制烟瘾发作。另外，有氧运动还可以改善心肺功能，增加机体氧的供应，提高血氧分压，加快由于吸烟引起的一氧化碳血红蛋白结合物的解离，减轻机体的中毒症状。

"吸烟为致病之首恶，控烟为防病之首善。"在影响人类健康的重大危险因素中，最可预防的就是吸烟问题。如果控制住吸烟的话，造成人类健康损失的最大可预防危险因素就会因此而祛除。大学生在了解了吸烟的危害后，应积极参与到控烟活动中，将吸烟有害和戒烟方法的知识传播到学校、家庭和社会中，做到自己不吸烟，劝阻他人不吸烟，为减少无辜人民被动吸烟、维护空气洁净和人民身体健康献出一份自己的力量。

第二节　饮酒与健康

我国具有悠久的酿酒历史，饮酒是一种常见的社会行为，在社会交往、婚丧嫁娶和庆贺活动中不可缺少。从"无酒不成席"中就可以体会到饮酒在我们生活中的地位。适当的饮酒可以松弛人们的紧张情绪，振奋精神，增进食欲，帮助消化，舒筋活血，减轻疼痛，因而酒是我们生活中不可或缺的物品。但是，事物都有它的两面性，长期大量饮酒同样会给自身健康、家庭及社会带来不良的后果。

一、大学生饮酒现状及影响因素

过度饮酒及与酒相关的问题已成为世界性的社会公共卫生问题。2016全球疾病负担工作组对195个国家和地区饮酒状况进行了评估，我国15岁以上男性、女性当前饮酒率分别为48%和16%；2017年全球因长期饮酒导致的死亡高达284万人，其中67万人发生在我国。据调查，我国现在15～29岁人均酒消费量比1972—2005年猛增5倍，大学生是最直接的受害者。大学生的过量饮酒不仅会对其造成多器官损伤，而且可能引起暴力、性侵、车祸、自杀等不可挽回的伤害，对个人、家庭、社会造成负担。大学生是社会的特殊群体，处于从校园到社会的过渡期，易受周围环境影响且缺乏自制力，过量饮酒在一定程度上反映个体内心各心理成分的冲突和矛盾认知功能失调，同时，负性情绪、孤独等个性特征是妨碍戒酒的心理因素。

（一）大学生饮酒现状

大学校园内暴饮（过度饮酒）行为是我国严重的公共卫生问题。暴饮指在一次饮酒场合男性喝酒5杯及以上或女性喝酒4杯及以上。据统计，我国大学生一年暴饮比例为23.5%～41.0%。暴饮行为给大学生个体和社会带来了一系列严重后果，包括脑损伤、肝硬化、心脏病、性疾病传播和暴力事件等。

（二）大学生饮酒影响因素

1. 自身因素

（1）性别。男生饮酒率较女生高，且男生首次饮酒的年龄低于女生。这种现象与我国传统文化有着密切的关系，因为在我国的风俗习惯中，对男性饮酒有着一定的宽容性，而对于女性饮酒则大多持有反对的态度。此外，男性首次饮酒年龄低于女性；与男性和女性的心理和生理特征也有着一定的关系，男性常把饮酒作为交友的主要手段，但随着女性独立意识增强和社会心理压力的增加，女性尤其是发达城市的女性饮酒队伍也在不断壮大。

（2）年龄。学生开始饮酒的时间主要在高中和大学阶段。大学生群体由于活动的自由度较高，而且大学时期的业余时间较多，因此大学生群体饮酒的人数也越来越多。大学生处在人生观和价值观初步形成的时期，但是还不够稳固，容易受到社会因素的影响，将饮酒视为一种成熟的标志，甚至对饮酒产生依赖，饮酒的欲望增加，饮酒发生率也升高。

（3）自我效能。自我效能是对自身控制能力的信心。大学生的心理发育尚未完全成熟，在个性方面还有不同程度的好强、冲动等特点，而饮酒是一种自我效能较低的行为，因此很容易发生在大学生群体中。计划行为理论指出，同伴饮酒规范和拒绝饮酒效能感是影响个体饮酒行为的关键社会心理因素。同伴饮酒规范指同伴的饮酒行为促进对个体饮酒行为的塑造。拒绝饮酒效能感指个体对拒绝饮酒的自信度。

（4）饮酒知识、态度。饮酒的知识、态度对于饮酒行为的发生、维持和改变有着重要的作用。大学生对于饮酒的一些注意事项比较熟悉，但对于酒精的营养成分及价值、酒精的代谢、成人适量饮酒的限值等相关知识欠缺，而随着饮酒行为的持续，对于酒精持有的认可程度也会增加，这就从另一个侧面肯定了饮酒行为。

2. 外部环境因素

（1）文化风俗。饮酒在款待亲朋、宴会活动中随处可见，而且已经成为一种普遍的传统习惯，被大众所认可，而且酒具有活血化瘀、舒筋活络等功效，适量饮酒已被视为一种可以接受的行为。因此，受这些传统文化的影响，大学生在成长的过程中已经对饮酒行为有了习惯性的接受，自己参与饮酒行为也就显得水到渠成。

（2）父母与家庭环境。大学生成长过程中，受家庭环境的影响较大，父母对于饮酒行为的认知程度直接影响大学生的态度和行为，父母职业、学历、社会地位和大学生饮酒呈负向关系。如果父母对于子女进行严格的监管，那么他们饮酒的可能性就小，只有父母以身作则才能为学生起到良好的榜样作用。从目前我国大部分家庭教育情况来看，父母对于青少年饮酒行为大多持有宽容的态度，而且自身也经常饮酒，甚至有的家长将饮酒作为一种能力，为孩子创造饮酒的环境。而且很多人喜欢在家里开展聚会和招待亲朋，因而也在无形中增加了孩子饮酒的可能性。

（3）学校环境。学校是除了家庭以外，对学生影响最大的环境因素，学校的风气、校园文化、教师的言行等因素对于大学生的行为都会产生不同程度的影响。良好的教育环境，和谐的师生关系和伙伴关系，都可以有效地预防学生的饮酒行为，而集体生活同时也是导致大学生饮酒行为的重要因素。学校中，如果大多数人认为饮酒能够体现"男子汉气魄""大家都这样"，就容易造成一种错误的导向，使学生对饮酒行为认知发生偏差，导致饮酒行为的日益严重。

（4）大众传媒的影响。互联网技术的快速发展，丰富了大学生获取信息的途径，而多元文化的传入也对大学生很多观念和行为的形成产生了巨大影响。电视、电影中利用频繁出现的饮酒行为，表现时尚、成熟、魅力等，而且在网络、电视等媒体中充斥着各种酒品的广告，这些信息的存在对于大学生产生了一定的误导，大学生对于这种饮酒行为由简单的模仿逐渐深入，最终养成了不良的饮酒行为。

（5）相关政策制定。在我国，对于青少年饮酒行为的限定已经写入法律法规，如《酒类流通管理办法》等文件对于酒类的经营作出了明确规定，禁止向未成年人销售酒品，但是这仅仅出于对销售行为的限制，却无法针对大学生饮酒行为作出有效的限制与管理，对于大学生饮酒行为无法实施全面干预，因此也使得大学生饮酒行为愈演愈烈。

二、饮酒与健康

（一）酒文化

酒是果类或者谷物通过发酵而产生的一种饮料。世界上最早出现的酒是自然酒，然后才有人工酿造的酒。我国的酿酒历史悠久。根据河南贾湖遗址的挖掘判断，在公元前7000年左右的新石器时代，人们就已经学会了酿酒。而在河姆渡遗址中出土了一些酒器，说明至少在公元前7000—前6000年时人们就开始饮酒。而且，从专门的酒器可以看出，在当时已经形成了最原始的酒文化雏形。相传我国在夏朝就有甘美浓烈的美酒了。秦汉时期，酿酒技术有了很大的提高，特别是懂得了用葡萄酿酒。

中华五千年文明中，酒文化是一个特殊的部分。在原始社会，已经形成了酒文化的雏形。随着时代的发展，酒文化在社会的各个领域都存在，它逐渐成为人们情感交流的一种方式，同时在政治、经济、社会活动中，也必不可少。

（一）过度饮酒对健康的危害

"无酒不成宴""酒逢知己千杯少"等饮酒习惯在我国由来已久，随着人民生活水平的提高，饮酒者日益增多，初次饮酒的年龄逐渐年轻化。酒中的主要成分是乙醇，别名酒精，乙醇经胃和小肠0.5～3h被完全吸收，对大多数成年人来说，乙醇的致死量为205～500ml。一次大量饮酒或长期大量饮酒会导致急性酒精中毒和慢性酒精中毒，给身体造成极大的损害，尤其在空腹饮入烈性酒时，乙醇约有80%在小肠迅速被吸收，更易发生急性酒精中毒。

1. 急性酒精中毒

急性酒精中毒已成为广泛关注的公共卫生事件，是急诊科最常见的中毒之一。据统计，急性酒精中毒患者占同期急诊患者的0.5%，占急性中毒患者的49%。急性酒精中毒是指由于短时间摄入大量酒精或含酒精饮料后出现的中枢神经系统功能紊乱状态，多表现为行为和意识异常，严重者损伤脏器功能，导致呼吸循环衰竭，进而危及生命，也称为急性乙醇中毒。

2. 酗酒对心血管系统的损害

长期大量饮酒，会损害心脏，使心肌组织中出现脂肪细胞，导致心脏收缩功能降低。酒精会使心肌失去正常的弹力，导致心脏肥大。长期大量饮酒会导致血压升高，血脂、胆固醇升高，使冠心病发病率增加。

3. 酗酒对消化系统的损害

长期大量饮酒最易损害消化系统，严重者会引起肝脏病变。饮酒时间多于10年与肝硬化形成显著相关。通过病例对照研究发现，饮酒时间越长、总酒精摄入量越大，肝癌发病风险越高，酗酒使肝癌的发病危险增加2.57倍。长期大量饮酒，尤其是空腹饮酒易引起急性胃肠炎，由于酒精对胃黏膜的刺激、损害，易导致消化道出血；过量饮酒可以导致急性胰腺炎，严重者可出现黄疸。

4. 酗酒对神经系统的损害

酒精是中枢神经系统的抑制剂。酒精中毒后，血—脑屏障通透性增高，从而使神经系统受到严重而广泛的损害。对酒精中毒者的大脑病理解剖可见炎症、脑萎缩、脑底基底核中央灰质出血、神经细胞脂肪增生，周围神经可有广泛变性等。因此，酗酒后可出现反应迟钝、判断能力下降、记忆力减退。慢性酒精中毒可出现大脑萎缩和痴呆、脑神经麻痹，有的人还会出现轻重不等的多发性神经炎、肌萎缩或肌麻痹。

5. 长期大量饮酒对身体的其他损害

长期大量饮酒，酒精进入人体，经氧化后产热，进食相应减少，饮食质量下降，妨碍了人体对糖类物质、脂肪和蛋白质的吸收利用，引起营养不良。由于酒精在体内代谢消耗了较多的B族维生素，临床上容易出现周围神经性疾病、口腔溃疡、贫血等。

长期大量饮酒可致呼吸系统免疫能力降低，使饮酒者易患呼吸系统疾病。醉酒时，人处于昏迷状态，易导致吸入性肺炎。长期大量饮酒还可影响性腺、垂体、甲状腺等分泌腺体的功能，从而影响机体的新陈代谢。

孕妇饮酒可直接影响胎儿的发育，使新生儿体重较轻，严重者可导致胎儿酒精中毒综合征。女性慢性酒精中毒会损害卵子，造成卵子染色体异常而引起流产、死胎。男子酒精中毒可造成精子减少或无精子。

酒精可使人的注意力不集中，分析能力和判断能力降低，从而使工作、学习效率降低，大量饮酒也是造成道路交通伤害的重要危险因素。长期大量饮酒可致慢性酒精中毒，出现发作性遗忘、幻觉，严重时可表现出精神、定向力、判断力失常。

三、预防策略

（一）酒精健康推荐值

《成年人健康生活方式指南》建议饮酒者应限制每天的饮酒量，成年男性每天的饮酒量不应超过25g，而成年女性每天饮酒量不应超过15g；成年人应保证每周饮酒量不超过100g；肝肾功能不良、高血压、心房颤动、怀孕者则不应饮酒；糖尿病患者也不推荐饮酒，若饮酒应警惕酒精可能引发的低血糖，避免空腹饮酒；不建议不饮酒者通过少量饮酒预防心血管疾病。

此外，饮酒要重视四个原则：
1. 承认个体差异是饮酒的首要原则。
2. 最佳饮酒时机和良好身体状态是饮酒的先决条件。
3. 注重营养膳食是饮酒的重要因素。
4. 重视饮酒中的禁忌，在不宜饮酒的情况下，绝对禁酒。

（二）大学生饮酒的应对措施

1. 保护行为策略

保护行为策略也叫酒精控制策略。孟菲斯大学的马修·马腾斯等建议设置饮酒界限以减少酒精的摄入量，比如预设最大酒精消耗量上限，哈佛大学的丹·舒格曼等建议选择不参加饮酒的活动，也叫避免酒精游戏，它可以间接减少实际的酒精摄入和确保安全，密苏里州立大学的梅琳达·诺维等建议阻止来路不明的食物的摄取（如不饮用无人看管的酒）。使用保护行为策略可弱化饮酒期望和饮酒行为之间的关系，因此无论在饮酒的次数还是在饮酒的总量方面均会起到重要的作用。运用其可大大减少酒精相关性问题的产生，在降低大学生饮酒率方面有显著的作用。

2. 简易网络干预

网络干预是一种较有吸引力的方法，研究者将它定义为参与者在短时间内完成干预评估并回忆干预内容。由于它的干预成本低、传播效率高和注重保护调查对象的隐私，此策略便于收集个性化信息，并根据信息中存在的问题提供个性化干预以用来阻止饮酒行为加剧或帮助寻求解决方法。可对有饮酒相关问题合并中度抑郁的大学生进行干预。珍妮·萨维格等通过采取以学生饮酒剂量反应水平来制定网上干预措施，效果明显较普通干预好，还可以减少酒精引起的高危性交活动。

3. 简短动机干预

简短动机干预是指经过培训的研究生或持执照的心理学家主持的一个或两个会话时间为10～60分钟的咨询会为受试者提供个性化咨询内容，包括决策平衡信息、变化意愿、目标设定和讨论社会规范。对戒酒者和轻度饮酒者进行简短动机干预可能会阻止或延迟大学生饮酒的发生，阿马罗·霍腾斯认为其可以减少酒精相关问题的产生。该种方法相当于国内的酒精知识讲座和主题班会。这种方法干预效果较好，但是比较浪费时间和人力。

4. 父母的干预

这项措施用于早期干预，主要针对将要进入大学的学生或是大一新生，大学生的父母在家中向其提供饮酒干预措施，一般于学生开学前的一个月内进行。在这期间，他们的父母将收到一本手册，手册上主要的内容包括限制酒精的技能和沟通技巧，有助于大学生避免危险的饮酒环境。大学生只有与父母生活在一起，其父母才能更好地监督他们的饮酒行为，同时也需父母以身作则，起到表率作用，在真正意义上对大学生的饮酒行为起到监督作用。建设健康校园需要大学生自身、家庭和学校共同努力。

第三节　毒品的危害及其防范

近代以来，中国人民曾经饱受鸦片烟毒侵害，毒品给中华民族带来过沉重灾难。当前，国际毒潮持续泛滥，全球制造、走私、贩运、滥用毒品问题更加突出，毒品来源、种类、吸毒人数不断扩大，严重威胁人类健康、发展、和平与安全。受全球毒品蔓延和国内多种因素影响，我国处于毒品问题蔓延期、毒品犯罪高发期、毒品治理攻坚期的基本态势没有发生根本改变，并呈现出境内与境外毒品问题相互交织、传统与新型毒品危害相互交织、网上与网下毒品蔓延相互交织等新特点，毒品来源持续增多，合成毒品滥用突出，毒品种类加速变异，毒品犯罪组织化、网络化、暴力化明显增强，毒品问题的复杂程度和治理难度进一步加大。

一、传统毒品

（一）鸦片

鸦片又叫阿片，俗称大烟，是罂粟果实中流出的乳液经干燥凝结而成。因产地不同而呈黑色或褐色，味苦。起初是作为药用，目前在药物中仍有应用，主要用于镇静和止泻。生鸦片经过烧煮和发酵，可制成精制鸦片，吸食时有一种强烈的香甜气味。吸食者初次吸食会感到头晕目眩、恶心或头痛，多次吸食就会上瘾。长期吸食鸦片的人会极度渴求鸦片，常常表现为不安、流泪、发抖、易怒、抽筋等症状，过度使用还会造成急性中毒，可能会导致呼吸不畅致人死亡。

（二）吗啡

吗啡是从鸦片中分离出来的一种生物碱，在鸦片中的含量为4%～21%，为无色或白色结晶状粉末，其衍生物盐酸吗啡是临床上常用的麻醉剂，有着极强的镇静作用，常给癌症患者使用，以减轻癌症患者的痛苦。吸食吗啡后会产生欣快感，比鸦片容易成瘾。长期使用会引起精神失常、谵妄和幻想，过量使用会导致呼吸衰竭而死亡。历史上它曾被用作精神药品戒断鸦片，但由于其副作用过大，最终被定为毒品。

（三）海洛因

海洛因的化学名称为"二乙酰吗啡"，俗称白粉，它是由吗啡和醋酸酐反应而制成的，镇痛作用是吗啡的4~8倍,医学上曾广泛用于麻醉镇痛,但成瘾快,极难戒断。长期使用会破坏人的免疫功能,并导致心、肝、肾等主要脏器的损害。注射吸食还能传播艾滋病等疾病。海洛因是当今世界流行最广、杀伤力最强的毒品,被称为世界毒品之王,也是我国目前监控、查禁的最重要的毒品之一。海洛因滥用会引起一系列的中毒症状,包括瞳孔缩小、血压降低、心率减慢,严重者还会引起昏迷等症状。

(四)大麻

大麻属于桑科一年生草本植物,分为有毒大麻和无毒大麻。无毒大麻的茎、秆可制成纤维,籽可榨油。有毒大麻主要指矮小、多分枝的印度大麻。大麻类毒品主要包括大麻烟、大麻脂和大麻油,主要活性成分是四氢大麻酚。大麻对中枢神经系统有抑制、麻醉作用,吸食后会使人产生欣快感,有时会出现幻觉和妄想,长期吸食会引起精神障碍、思维迟钝,并破坏人体的免疫系统。

(五)可卡因

可卡因是从古柯叶中提取的一种白色晶状的生物碱。古柯是生长在美洲大陆、亚洲东南部及非洲等地的热带灌木,为南美洲的传统种植物。古柯叶可以入药,有镇痛功效,但从中提取的可卡因是一种对人体伤害极大的毒品。

可卡因具有局部麻醉的作用,只需要0.03%水溶液即能麻醉神经末梢,也是一种强效的中枢神经兴奋剂,可增强人体内化学物质的活性,刺激大脑皮层,兴奋中枢神经,使人表现出情绪高涨、好动、健谈,有时还会让人产生攻击倾向,具有很强的成瘾性,对消化系统、免疫系统都会造成损害。

二、合成毒品

所谓"合成毒品",是相对鸦片、海洛因这一类传统麻醉毒品而言的。鸦片、海洛因主要取材于天然植物,而合成毒品以化学合成为主,直接作用于人的中枢神经系统,有的有兴奋作用、有的有致幻作用,也有的有中枢抑制作用。

(一)冰毒

冰毒即"甲基苯丙胺",冰毒呈洁白的晶体状,因此被贩毒者称为"冰毒"。它对人体中枢神经系统具有极强的刺激作用,毒性强烈。冰毒的精神依赖性很强,吸食后会使人产生强烈的生理兴奋,大量消耗人的体力、降低免疫功能,严重损害心脏、大脑组织甚至导致死亡,还会造成精神障碍,表现为妄想、好斗、错觉,从而引发暴力行为。滥用冰毒者可造成慢性中毒,以静脉注射滥用冰毒者还可能引起各种感染并发症、败血症、艾滋病等,高剂量或者重复使用的人则容易产生中毒性精神病,常表现为幻视、幻听、被害妄想症等。

(二)摇头丸

摇头丸是冰毒的衍生物,以苯丙胺类兴奋剂为主要成分,具有兴奋和致幻双重作用,滥用后可出现长时间随音乐剧烈摆动头部的现象,故称之为摇头丸。外观多呈片剂,五颜六色。服用后会产生中枢神经强烈兴奋,出现摇头和妄动,在幻觉作用下常常引发集体淫乱、自残与攻击行为,并可诱发精神分裂症及急性心脑疾病,精神依赖性强。摇头丸是人工合成的新型毒品,它的外观通常表现为各种颜色、各种图案、各种形状,比如片剂、丸剂、胶囊等。吸食摇头丸会导致心率加快、肌肉紧张、头晕目眩、性欲亢进,还会不自主地手舞足蹈。轻者会导致肾衰竭和肝脏中毒,重者会突发心脏病和肝坏死。

(三)K粉

K粉即"氯胺酮",静脉全麻药,白色结晶粉末,无臭,易溶于水,通常在娱乐场所滥用。服用后听到快节奏音乐便会强烈扭动,产生意识和感觉的分离状态,导致神经中毒反应、精神分裂症状,出现幻听、幻觉、幻视等,对记忆和思维能力造成严重的损害。

(四)三唑仑

三唑仑又名"海乐神""酣乐欣""淡蓝色片",是一种强烈的麻醉药品,口服后可以迅速使人昏迷晕倒,故俗称迷药、蒙汗药、迷魂药。其可以伴随酒精类共同服用,也可溶于水及各种饮料中;见效迅速,药效比普通安定强45～100倍。

三、新型毒品

(一)"阿拉伯茶"

"阿拉伯茶"又叫恰特草,或巧茶,是一种产于东非和阿拉伯半岛地区的植物,因其叶中含有兴奋物质卡西酮,咀嚼后对人体中枢神经产生刺激作用并容易成瘾,又被称为"东非罂粟",是世界卫生组织确定的Ⅱ类软性毒品。

长期咀嚼恰特草会变得逻辑混乱、厌食、免疫力下降,甚至引发心血管疾病。很多国家都禁止恰特草在本国流通,早在2013年,我国就将恰特草列入毒品的严打范围之内。凡种植、持有、贩卖、走私、服食恰特草都属于违法犯罪行为。

(二)"奶茶"

毒品"奶茶",其外包装常伪装成普通奶茶,里面也是白色粉末,主要成分是氯胺酮、MDMA(3,4-亚甲基二氧甲基苯丙胺,摇头丸的主要成分)等多种成分,遇水即溶,用法也和奶茶差不多,倒进水,冲调之后,就可以喝了,"饮毒"工具简单,不受条件限制。致幻效果和摇头丸差不多,毒性很大,效果持续时间长,对吸毒人员更具诱惑,容易传播。这些"奶茶"制作粗糙,上面没有基本成分和食用方法的说明。用手指捻摸,会发现里面是均匀细致的粉末,不是普通的茶叶,打开闻一下,有甜甜的味道。新型奶茶粉一般会出现在歌舞娱乐休闲场所里,如果有人突然拿出奶茶包冲调并且请你喝下时,一定要小心。

(三)"小树枝"

"小树枝"是含有新精神活性物质的一种条状类似树枝的毒品,又称"雅典娜小树枝""维也纳香薰""派对小树枝"等,其中含有我国管制的合成大麻素成分。

(四)"笑气"

"笑气",化学名称一氧化二氮,是一种"无色有甜味"的气体,能刺激人的神经,致人发笑,产生兴奋作用。长期吸食"笑气",会导致机体成瘾、双脚"瘫痪",以及引发精神疾病,甚至死亡。

(五)"彩虹烟"

"彩虹烟"外形和平时的香烟很像,也是由纸盒包装的,但却是一种新型毒品。人在吸食"彩虹烟"的时候,会产生特殊烟雾,色彩斑斓,乍一看还挺酷炫,甚至还自带香气,很容易哄骗青年人。

(六)"开心果"

"开心果"是近两年从泰国流入的一种新型毒品,主要成分是冰毒,其外形是粉红色颗粒,像毒品"摇头丸"。"开心果"其毒性和危害性比"摇头丸"更厉害,一旦沾上,"毒瘾"特大。

(七)"跳跳糖"

"跳跳糖"看上去像糖果,遇水即溶、即冲即饮,与各种饮品混合后口味都不发生变化,甚至香味都相似。这种新型毒品后劲很强，可能持续两天让大脑处于兴奋中。

（八）"神仙水"

"神仙水"是一种无色亦无味的液体，有白色粉末、药片、胶囊几种类型，属于我国的管制类麻醉药品，一般是胶囊状和喷雾状。有"法拉利""美人水"等名字。

（九）"紫水"

"紫水"不同于其他的毒品，原料看似对身体没有任何坏处，甚至还能混合出好看的颜色和水果味的口感，让人容易放松警惕，但却有着较强的成瘾性和戒断症状，对人体的危害不亚于大麻、冰毒。同学外出聚会时，一定要留意。

（十）"红冰"

"红冰"是最近两年国际上新出现的毒品类型。它采用新的工艺，提纯冰毒，其威力至少是普通冰毒的两三倍。吸毒者一旦染毒，便深陷毒瘾，而且用量持续增长，毒瘾很难戒掉，吸毒人称染"红冰"者命不长久，是重点缉毒对象。

（十一）"浴盐"

一种致幻剂，吸食这种叫"浴盐"的毒品后，会让人完全陷入幻觉状态，失去理智，并且将自己想象为超人，并且对其他人进行攻击。

（十二）"0号胶囊"

"0号胶囊"使用后会对人体机能造成伤害，出现亢奋及幻听、幻视等现象，会使安全套使用率在男男性行为中大大降低，从而为性病、艾滋病传播提供了土壤。

（十三）"蓝精灵"

"蓝精灵"，是一种新型的精神活性物质，第三代毒品，具有安眠、镇静、遗忘、肌肉松弛等作用，其中遗忘和催眠的作用最为明显。溶于水，液体是淡蓝色。含在舌头下，舌头就会变蓝，味道有点苦，与酒一起喝，或口含，会让人兴奋。"蓝精灵"放进饮料或者酒里，很难被发现，尿检不能够被检出。少量吸食后，人会出现心动加速、血压升高、肝肾功能衰竭等急性中毒症状。大量吸食，会引起偏执、焦虑、恐慌、被害妄想等反应，严重的会精神错乱，甚至抽搐、休克、脑卒中死亡。

四、毒品的危害

毒品是万恶之源，是人类社会公害，不仅严重侵害人的身体健康、销蚀人的意志、破坏家庭幸福，而且严重消耗社会财富、毒化社会风气、污染社会环境，极易诱发一系列违法犯罪活动。

新型毒品的生理依赖性虽然不如传统毒品明显，但是会表现出很强的精神依赖性，极易上瘾。吸食新型毒品会对大脑神经细胞产生直接的损害作用，导致神经细胞变性、坏死，出现急慢性精神障碍。常导致吸毒者全身骨骼肌痉挛、恶性高热、脑血管损害肾功能严重损伤、急性心肌缺血、心肌病和心律失常，有的会因高度兴奋而痉挛性收缩造成心肌断裂。不少合成毒品成瘾者，为了判断自己是否有毒瘾，会根据传统毒品的症状作为参考依据。但是，传统毒品和新型毒品的戒断症状不一样，这样作为参照既不正确，也没有参考性，只会令人麻痹大意。还有人认为有的毒品是软性毒品，毒性不强，吸吸没事。这些都是对毒品的危害认识不够所导致的，有的新型毒品毒性比传统毒品更高，如摇头丸之类的毒品，虽然叫作软性毒品，但是它们对中枢神经系统的破坏性比海洛因和吗啡等更强，且某些情况下伤害是不可逆的。

（一）危害身心

物质滥用会引起一系列的身体症状和精神障碍。

1. 对人体有直接毒害

毒品会使人产生生理依赖性，毒品作用于人体，使人体机能产生适应性改变，一旦停掉药物，生理功能就会发生紊乱，出现一系列严重反应，称为戒断反应，用药者为了避免戒断反应，就必须定时吸食毒品，并且不断加大剂量，使吸毒者终日离不开毒品。

长期吸食毒品会对人体多器官多系统造成损伤：①损伤中枢神经系统：它可以直接损害大脑的结构、功能，有神经毒性作用，导致吸毒者判断能力下降、注意力分散、多疑、猜忌、记忆力衰退和认知功能损害等，发展到后期，甚至会导致大脑的不可逆的、永久性损伤。②损伤消化系统：吸食毒品可对口腔黏膜和牙齿造成多重损害，可出现口腔溃疡、牙齿发黄及脱落，也可影响颞颌关节的功能。③损伤心血管系统：毒品可以对心血管系统产生直接毒性，吸毒经常引起各种心律失常和缺血性改变。④损伤呼吸系统：反复吸入毒品会使毒品沉积在肺中，对肺脏造成进一步破坏，引起肺部感染，肺部感染也可继发于败血症和心内膜炎，有些毒品可造成特异性呼吸系统损害。除此之外，长期吸毒还会降低人体免疫力，影响肝肾功能等。

2. 戒断反应对人体的危害

许多人在没有金钱继续购毒、吸毒的情况下，突然终止吸毒或减少吸毒量后，会发生严重的戒断反应及各种并发症，常常会引起死亡，甚至会因痛苦难忍而自杀身亡。

3. 引起并发症、传播疾病

通过静脉注射毒品对人体的危害性最大，也最容易引起吸毒过量而死亡。吸毒者用不卫生的注射器向静脉注射毒品，会导致各种疾病的感染，如细菌性心内膜炎、破伤风、败血症、横断性脊髓炎、病毒性肝炎，甚至艾滋病。调查表明，静脉注射毒品与艾滋病两者的并发率极高。

4. 心理、人格改变

毒品进入人体后作用于人的神经系统，使吸毒者出现一种渴求用药的强烈欲望，驱使吸毒者不顾一切地寻求和使用毒品。一旦出现精神依赖后，即使经过脱毒治疗，在急性期戒断反应基本控制后，要完全康复原有生理机能往往需要数月甚至数年的时间。更严重的是，对毒品的精神依赖性难以消除，这是许多吸毒者复吸毒的原因。

吸毒和滥用成瘾性药物者将疏远同学、朋友和家人，脱离社会，丧失对他人、家庭和社会的责任感，为了获取毒品或药品不择手段，开始说谎话骗钱，甚至偷盗、抢劫，通过各种方法购买毒品或成瘾性药物。

（二）危害家庭

吸毒者在自我毁灭的同时，也破坏着自己的家庭。吸毒导致了大量的家庭悲剧。吸毒的高额支出，会使吸毒者债台高筑、亲人离散，甚至达到家破人亡的严重境地。吸毒成瘾后，吸毒者会变得烦躁易怒、厌世，对配偶、子女及家庭情感淡漠。更严重的是，吸毒危及下一代，生活在吸毒家庭中，容易造成孩子心理不健康，行为具有攻击性和反抗性，走上违法犯罪的道路，怀孕妇女吸毒将严重影响胎儿的正常发育，有的致使新生儿先天畸形或染上毒瘾。

（三）危害社会

物质滥用可以对社会产生巨大破坏：吸毒导致身体疾病，影响生产；毒品活动还会破坏生态环境，缩小人类的生存空间。

毒品活动扰乱社会治安：毒品活动加剧诱发了各种违法犯罪活动，扰乱了社会治安，给社会带来巨大威胁。

五、抵御和防范毒品

（1）坚决拒绝同伴吸毒的邀请。吸毒人员第一次吸毒都是受朋友"邀请"。为了解决毒资，很多吸毒者会采取各种手段引诱他人吸毒，如"吸毒能治病""吸食冰毒很时尚，有钱人才玩""偶尔玩一玩不会上瘾，可以彻底释放压力""玩这个就是提神，还可以增加性能力和减肥"等，收到这类邀请时要保持警觉，借故离开，并考虑中止与这些朋友的关系。

（2）在娱乐服务场所要提高警惕。在娱乐场所不接受陌生人提供的香烟和饮料，留意易拉罐等饮料是否有被注射的针眼和开封的迹象，离开座位时最好有人看管饮料和食品，避免因误食毒品而上瘾或遭到性侵犯。怀疑场所内有人吸毒时要稳定自己的情绪，不要因惊慌而加重对方的不正常反应，同时及时抽身报警，避免伤害类事件的发生。

（3）不为他人保管、投递、买卖不明物品。近年来，贩毒集团常常采取诱骗和胁迫的方式，利用怀孕和哺乳期妇女、未成年人、残障人员等人群从事贩毒活动。如果被委托保管、投递、买卖的物品是毒品，在没有证据的条件下，有可能在法律上被认定为贩毒者的同谋。

（4）建立健康的生活方式，不要用毒品来满足某种心理需求。学会有规律的生活、合理安排工作和娱乐时间、正确应对压力、保持良好情绪、建立和谐的家庭和社会关系、平衡营养等。

（5）遵照医嘱，合理用药。不能滥用镇痛、镇静、减肥、安定、止咳类药物，这些药物可能会产生与毒品一样的效果。

六、打击毒品犯罪

毒品犯罪是指违反国家和国际有关禁毒法律法规，破坏毒品管制活动的，应该受到刑法处罚的犯罪行为。我国严厉打击制造、合成和贩卖毒品等犯罪活动，《中华人民共和国刑法》具体规定了十余条，如第三百四十七条规定，走私、贩卖、运输、制造毒品，无论数量多少，都应当追究刑事责任，予以刑事处罚；第三百四十七条规定，非法种植罂粟、大麻等毒品原植物的，一律强制铲除。除此之外，为了防止境外流入毒品，我国部署开展"净边"专项行动，有力遏制了毒品入境内流；集中打击网络涉毒违法犯罪活动，有效遏制了网上涉毒问题发展蔓延。

第四节　药物滥用的危害及防范

一、药物滥用的概念

物质滥用中的药物滥用是 20 世纪 60 年代中期国际上开始采用的专用词汇，它与日常所说的"滥用抗生素""滥用激素"的"滥用"概念截然不同。"药物滥用"是指非医疗目的使用具有依赖性特性的药物，包括偶尔、尝试性地、反复、大量地使用，是指违背公认的医疗用途和社会规范而使用任何一种药物的行为。

药物滥用这种行为往往是自行给药，因而对用药者的健康和社会都会造成一定损害。当今世界，药物滥用在很大程度上已演变成多种类别或品种的药物、物质混合使用的状况。多药滥用是指出于非医疗需要和目的，同时或先后在较短的时间内滥用两种以上的毒品并成瘾的违法行为。多药滥用在国外吸毒人群中较普遍，我国吸毒者也不例外。

二、药物滥用的原因

增强快感，追求更强烈的刺激；黑市毒品不纯，客观上形成多药滥用；减少副作用，如中枢神经兴奋剂与抑制剂兼用，可以减少副作用；由于经济的原因，吸毒者手中拮据，往往要寻觅一些价格低的掺假劣质毒品。

三、药物滥用对人体的危害

吸毒对人体有害,多药滥用更会对人体造成严重的危害。表现为双重成瘾或多重成瘾,如有的海洛因成瘾者既对海洛因成瘾,又对镇静催眠药成瘾,同时还大量吸烟并对烟草成瘾,由此造成海洛因、镇静催眠药以及烟草对人体的双重、多重损害,也给戒毒带来很大的困难。有许多吸毒人员还可因毒品中的掺杂物或污染物而导致多种躯体并发症。如海洛因中最常见掺入盐酸奎,经常注射这类混合毒品者,即使在无菌条件下,注射部位也可引起静脉炎、脓肿和局部组织损伤,并继发组织坏死。长期口服吸入掺杂盐酸奎宁的海洛因可导致双目失明、听力障碍、呼吸和心脏功能受抑制,重者可昏迷致死等。

四、药物滥用的主要形式

使用单一药物,其中混兑有其他药品,如烫吸海洛因时兑入三唑仑;同时使用两种及两种以上药品,如海洛因与冰毒同时使用;在滥用某一种药物以后,交替使用其他不同的药物,如吸食海洛因,又换成可卡因。苯丙胺类兴奋剂滥用者中多药滥用现象也很常见,为避免用药后的不适,一些滥用者常常合并滥用镇静类药物(如巴比妥类),或同时酗酒或滥用海洛因。据我国某些地区的调查,海洛因成瘾者的多药滥用形式主要有以下几种情况。

(一)海洛因与麻醉药品按使用率由高到低依次为哌替啶、二氢埃托啡、阿片酊、丁丙诺啡、芬太尼等,其中哌替啶使用率100%。

(二)精神药品按使用率由高至低依次为安定、阿普唑仑、三唑仑、咪达唑仑(蓝精灵)、氯丙嗪(氯丙嗪)、氯普噻吨等,其中安定使用率为100%,阿普唑仑与三唑仑90%以上。

(三)麻醉性镇痛药、非麻醉性镇痛药依次为奈福泮、曲马多、痛力克、索米痛片、芬必得等。

(四)药物主要有卡西平和镇脑宁。

(五)海洛因与吸烟每个海洛因成瘾者不论男女均吸烟,而且烟瘾都很大。

(六)海洛因与酒精国内海洛因成瘾者大都认为,吸海洛因后就不能喝酒,他们还

(七)把酒量的恢复作为戒毒的成功标志。而国外这类情况却相反,有不少海洛因成瘾者同时滥用酒精。

(八)另外,在国内毒品黑市上还发现海洛因中大量掺入了巴比妥、安定、头痛粉、安纳加等一类物质,这些掺假的白粉被海洛因成瘾者滥用后,被动地引起多药滥用。

第十五章　传染病预防

自人类跨入 21 世纪以来，一连串的传染病疫情频频突袭，不断给人类敲响警钟。新传染病的出现，老传染病的复燃，病原体对抗菌药物耐药性的增加，构成了对人类健康的巨大威胁。因此，我们必须加强对传染病的研究和监控，掌握其发生、发展规律，全球协作，从而有效地预防、控制、诊断和治疗传染病。

第一节　传染病概述

传染病预防是公共卫生领域的一项重要任务。大学校园人群聚集，流动性大，接触面广，是传染病的易发场所。青年学生由于其免疫功能尚不完善，抵御各种传染病的能力较弱，是多种传染病的好发年龄，一旦发生，极易传播和流行，并可扩大到家庭和社会。必须高度戒备地重视传染病的预防和控制。针对传染病流行过程的三个基本环节采取综合性措施，防止传染病传播，对于保护健康意义重大。

一、基本概念

（一）定义

传染病指由具有传染性的病原体及其毒性产物所致的疾病。病原体包括细菌、病毒、立克次体、支原体、螺旋体等微生物和寄生虫，传染病是由各种致病性微生物所引起的，能在人与人、动物与人之间相互传染的疾病。通过感染的人、动物或宿主直接或间接引发并传播传染病。常见传染病主要经呼吸道、消化道、血液及接触传染。它往往有明确的传染源、传播途径、易感人群，具有发病急、传播迅速的特点。一旦有传染病的发生，需要立即进行现场应急处理，控制传染源，切断传播途径，保护易感人群。

（二）分类

我国目前的法定报告传染病分为甲、乙、丙三类，共 40 种。此外，还包括国家卫生健康委员会（原卫生计生委）决定列入乙类、丙类传染病管理的其他传染病，以及按照甲类管理开展应急监测报告的其他传染病。2020 年将新型冠状病毒肺炎（COVID-19）纳入其中。

1. 甲类传染病（2 种）：鼠疫、霍乱。

2. 乙类传染病（26 种）：新型冠状病毒肺炎（COVID-19）、传染性非典型肺炎（SARS）、结核病、艾滋病、梅毒、淋病、狂犬病、病毒性肝炎、流行性脑脊髓膜炎、登革热、血吸虫病、猩红热、流行性出血热、布鲁氏菌病、百日咳、新生儿破伤风、钩端螺旋体病、麻疹、炭疽、流行性乙型脑炎、伤寒、副伤寒、人感染高致病性禽流感、人感染 H7N9 禽流感、疟疾、脊髓灰质炎。

3. 丙类传染病（12 种）：流行性感冒（流感）、感染性腹泻病、棘球蚴病、流行性腮腺炎、丝虫病、流行性斑疹伤寒、地方性斑疹伤寒、麻风病、急性出血性结膜炎、手足口病、黑热病、风疹。

（三）流行过程

传染病的流行过程指它在人群中的发生、发展和转归过程，传染病流行的三个环节分别是：传染源、传播途径、易感人群。

1. 传染源

传染源指体内有病原体生长、繁殖，并能将病原体排出的人或动物。包括患者、病原携带者、受染动物。病原体在传染源的呼吸道、消化道、血液或其他组织中生存、繁殖，并且能够通过传染源的排泄物、分泌物或生物媒介（如蚊、蝇、虱等），直接或间接地传播给健康人。

（1）患者：多数情况下，患者是重要的传染源。患者体内存在大量的病原体，可随患者的分泌物或排泄物排出体外，使易感者感染。

（2）病原携带者：病原携带者是指没有临床症状但携带病原体且能排出病原体的人，包括健康携带者和恢复期带菌者。

（3）受染动物：某些动物间的传染病，如狂犬病、鼠疫等也可传染给人类。这些携带有病原体的动物称为受染动物。

2. 传播途径

病原体离开传染源后侵入新的易感者的途径，包括在外环境（包括宿主）中经历的全过程。传播途径是指病原体离开传染源到达健康人所经过的途径。病原体传播的主要途径有：空气、水、饮食、接触、生物媒介等。不同传染病通常具有不同的传播途径：

（1）空气传播：病原体通过传染源谈话、咳嗽、打喷嚏等方式排出体外后，被易感者吸入并使其感染。该途径主要见于呼吸道传染病，如流行性感冒、肺结核、新型冠状病毒肺炎等。

（2）经水和食物传播：病原体通过粪便排出体外后，污染水和食物，易感者通过摄入这些受污染的水和食物而感染病原体。该途径常见于胃肠道传染病和寄生虫病，如霍乱、痢疾、血吸虫病等。

（3）接触传播：包括直接接触和间接接触两种方式。①直接接触是指易感者与传染源直接接触，病原体不通过任何外界媒介物质，而是通过皮肤、黏膜伤口进入易感者体内造成的传播。例如，狗咬人传播狂犬病，性交过程传播的艾滋病等。②间接接触是指易感者接触被传染源的分泌物、排泄物污染的日常用品而造成的传播。例如，接触被污染的衣物、床单被套等可传播梅毒、淋病等，接触被污染的洗脸用具传播的沙眼等。

（4）虫媒传播：病原体通过节肢动物叮咬、吸血、机械携带传播。例如，蚊传播疟疾、乙型脑炎；虱传播斑疹伤寒；蚤传播鼠疫；苍蝇接触食物时，可将体表或肠道内携带病原体污染食物，传播痢疾。

（5）土壤传播：某些病原体的芽孢、幼虫或虫卵污染土壤，再通过不同方式侵入易感者机体而传播。例如，破伤风、炭疽的病原体的芽孢可长期存活于土壤中，破损皮肤接触这些土壤即可受到感染。

3. 易感人群

易感是指对某些传染病缺乏特异性免疫。对某种传染病缺乏特异性免疫力的人称为易感者。易感人群是指对某种传染病缺乏免疫力而容易感染该病的人群。易感者在人群中所占比例称"人群易感性"；比例越大，人群易感性越高。不同人群的易感性因性别、年龄、职业、是否感染过某传染病等因素的差异而不同。人群易感性高是传染病流行重要的生物学基础。新生儿、易感人群迁入、群体免疫力的自然消退等都会导致人群易感性上升，到一定水平又有传染源和适宜的传播途径存在，就可导致流行。

（四）传染病的特征

传染病与其他疾病的区别主要是具备以下三个基本特征。

1. 有病原体

每一种传染病都由特异的病原体引起，如流行性感冒的病原体是流感病毒；结核病的病原体是结核分枝杆菌。

2. 有传染性

传染是指病原体从患者或者病原携带者体内排出后，通过一定的途径进入易感者体内，从而引起相同的疾病，并造成一定范围内的流行。传染性的强弱，与病原体的种类、数量、传播途径和易感人群的免疫力有关。

3. 有流行病学特征

传染病的发病具有流行性、季节性、地方性、周期性和免疫性。流行性包括散发、流行、大流行、暴发。季节性是指某些传染病在某个季节的发病率显著高于其他季节。例如，胃肠道传染病多在夏秋季高发。地方性是指某些传染病只在某一地区发生，如血吸虫病和棘球蚴病有明显的地方性。周期性是指在一定的周期内发生一次流行。免疫性是指人体感染后能产生特异性免疫力，人体患传染病后，机体能产生针对病原体及其产物的特异免疫，即在一定时间内不会再次感染此种病原体，但感染后免疫的持续时间在不同的传染病中有很大的差异。如麻疹、脊髓灰质炎、乙型脑炎等疾病，感染后免疫力持续时间最长，往往保持终身。而菌痢，感染后免疫力持续时间较短，仅为数月至数年。

二、传染病的预防和控制策略

（一）预防为主

预防为主是我国的基本卫生工作方针。传染病的预防，就是要在疫情尚未出现前，针对可能暴露于病原体并发生传染的易感人群采取措施。

1. 加强健康教育

健康教育是指通过改变人们的不良卫生习惯和行为切断传染病的传播途径。健康教育对传染病预防的成效显著，如安全性行为教育与艾滋病预防，饭前便后洗手与胃肠道传染病预防等，是一种低成本、效果佳的传染病预防方式。

2. 加强人群免疫

免疫预防是控制传染病发生最有效的策略。实践证明，诸多传染病如麻疹、白喉、百日咳、破伤风、乙型病毒性肝炎等都可以通过人群的大规模免疫接种来控制流行，或将这些传染病的发病率控制在极低水平。

3. 改善卫生条件

保护水源，提供安全的饮用水，改善居民的居住环境，加强对粪便管理并进行无害化处理，加强食品卫生监督和管理等，都有助于切断传染病的传播途径，减少传染病的发生和传播。

（二）加强传染病监测

传染病监测是疾病监测的一种，其监测内容包括传染病发病、死亡；病原体类型、特征；媒介昆虫和动物宿主种类、分布和病原体携带者状况；人群免疫水平及其人口学资料等。必要时还应开展对流行因素和流行现况的研究，并评价防疫措施的效果。

我国的传染病监测包括常规报告和哨点监测。常规报告覆盖了甲、乙、丙三类共 40 种法定报告传染病。国家还在全国各地设立了艾滋病、流行性感冒等的监测哨点。

（三）传染病的全球化控制

传染病的全球化流行趋势日益体现了传染病的全球化控制策略的重要性。继 1980 年全球宣布消灭天花之后,1988年世界卫生组织启动了全球消灭脊髓灰质炎行动。中国于2000年正式被世界卫生组织列入无脊髓灰质炎野毒株感染国家。

为了有效遏制全球肺结核流行,2001年世界卫生组织发起了全球"终止肺结核"的一系列活动。其目标是在2050年,使全球肺结核发病率降至百万分之一。此外,针对艾滋病、疟疾和麻风病的全球性策略也在世界各国展开。全球化预防传染病策略的效果正日益凸显。

三、传染病的预防和控制措施

传染病的预防和控制措施应严格遵循《中华人民共和国传染病防治法》的相关规定。

(一)控制传染源

关键在于对传染病患者做到早发现、早治疗、早报告、早隔离,必须严格遵守传染病报告制度。《中华人民共和国传染病防治法》明确规定,当发现甲类传染病、乙类传染病中的SARS、艾滋病、人感染高致病性禽流感、肺炭疽、脊髓灰质炎的患者、疑似患者和病原携带者,城镇应于2h内,农村应于6h内通过传染病疫情监测信息系统进行报告。其余乙类传染病一旦发生,城镇应于6h内,农村应于12h内进行报告。发现丙类传染病和其他传染病,应当在24h内进行报告。对有密切接触史者应采取有效的医学检疫、药物预防和预防接种。对动物传染源也应严格管理。

(二)切断传播途径

切断传染病传播途径的措施多种多样,如大力开展爱国卫生运动,推广全民健康教育,要有效地预防传染病的发生与流行,关键在于切断传染病流行的三个环节形成的传播链,只要控制和消除传染病流行的三个环节,就能有效预防传染病的流行。为此,要切实做到:

1. 教育,普及卫生知识,培养良好的卫生习惯。
2. 加强体育锻炼,增强对传染病的抵抗力。
3. 按规定进行预防接种,提高免疫力。
4. 搞好环境卫生,消灭传播疾病的蚊、蝇、鼠、蟑螂等害虫。
5. 传染病人要早发现、早报告、早诊断、早隔离、早治疗,防止交叉感染。
6. 严格卫生检疫,加强对血液制品的检测,做好一次性注射用品使用后的销毁工作等。
7. 做好消毒是切断传播途径的关键环节,其包括疫源地消毒和预防性消毒两类。

消毒方法分为物理性消毒法和化学性消毒法。前者是指通过洗、刷、擦、煮沸等物理学方法消除和杀死病原体;后者是指应用化学消毒剂如75%乙醇等来杀灭病原体。

(三)保护易感人群

可采取特异性措施和非特异性措施来保护易感人群。前者是指采取疫苗接种,诱导机体产生抗体,对病原体起到特异性免疫作用;后者是指通过合理营养、加强锻炼、劳逸结合等方式提高机体的非特异性免疫力。

(四)预防接种

预防接种是运用免疫学的原理,将人工制备的抗原或抗体通过适宜的途径,对机体进行接种,使机体获得对某种传染病的特异性免疫力。以提高个体或群体的免疫水平,预防和控制相应传染病的发生和流行,这种人工免疫的方法称之为预防接种。预防接种的途径有皮上划痕、注射(皮下、皮内、肌肉注射)、口服、喷雾吸入等四种主要的方法。

预防接种是一项以最小投资,获得最大效益的工作,卫生经济学评价,预防接种后产生的效益往往是投资的数十倍、数百倍,并且产生显著的社会效益。

1. 预防接种的注意事项

(1)接种的途径与剂量。不同疫苗其接种途径、接种对象、年龄及接种剂量各有不同。

（2）疫苗应按照严格的接种时间和顺序进行接种，以获得足够的抗体。由于疾病未接种的儿童，应在身体恢复后及时补种；

（3）接种疫苗禁忌证。WHO对受接种者作出规定，有免疫缺陷者、恶性肿瘤，使用免疫抑制剂，发热或明显身体不适者，神经系统疾病患者，以往接种有不良反应者等为禁忌证

预防接种的不良反应。一般反应：接种24小时后在接种处出现红、肿、热、痛等炎症反应，有时伴有发热、恶心、头晕、腹泻等全身反应，一般都属于正常反应；不需做任何处理，1~2天内可消失。

2. 异常反应

少数人在接种后出现并发症，如晕厥、过敏性休克、变态反应性脑脊髓膜炎、过敏性皮炎、血管神经性水肿。这些反应发生率很低，但后果很严重，可危及生命。

第二节　预防流行性感冒

流感病毒传入人群后，具有较强的传染性，且抗原极易发生变异，加之以呼吸道传播为主，极易引起流行和大流行。流行往往突然发生，迅速蔓延，于2~3周内病例数达高峰，一次流行可持续6~8周。发病率较高，流行过程持续时间较短。一般流感流行在我国北方重于南方。流感在人群蔓延的速度和广度与人口密度有关。流行后，人群重新获得一定的免疫力。

一、流行性感冒概述

流行性感冒简称流感，是由不同类型流感病毒引起的急性呼吸系统传染病，通过飞沫传播，出现急起的高热、乏力、全身酸痛和轻度的呼吸道症状。流感病毒根据病毒中核蛋白和基质蛋白的不同可分为甲、乙、丙三种类型。甲型流感病毒的威胁性最大，最易发生变异，故每隔2~3年即可在世界不同地区引起一次大流行，如2009年由拉丁美洲首先流行，继而全球暴发的甲型H1N1流感。乙型流感病毒传播速度较慢，常引起局部暴发，流行间隔3~7年。丙型流感病毒较稳定，主要以散在形式出现，引发的临床症状较轻。

二、流行性感冒的基本特征

（一）传染源

患者和隐性感染者是流感的主要传染源。从潜伏期末到发病的急性期都具有传染性。此外，受禽流感病毒感染的禽类、家畜等都可能是人类流感的传染源。

（二）传播途径

以空气飞沫传播为主，患者和隐性感染者的鼻涕、口涎、痰液等分泌物中的流感病毒，可通过说话、咳嗽、喷嚏等形式排到空气中，再被易感者吸入而引起感染。也可通过接触受病毒污染的茶具、食具、毛巾等造成传播。

（三）易感人群

人群对流感普遍易感，病后具备不同程度的免疫力。由于不同类型流感病毒和甲型流感病毒不用亚型之间无交叉免疫，加之流感病毒不断变异，因此人一生中可能反复感染发病。

三、流行性感冒的临床表现

流感的潜伏期通常为1~3天。患者的主要症状是急起高热、畏寒、头痛、乏力、全身酸痛，

体温可达 39～40℃，持续 2～3 天。部分患者出现食欲减退、恶心。全身症状缓解后鼻塞、流涕、咳嗽、咽痛等上呼吸道症状仍较严重，持续 3～4 天。

可能出现并发症，常见如原发性病毒性肺炎、继发性细菌性肺炎、病毒和细菌混合性肺炎等。年幼体弱者易继发细菌性感染，发展成支气管炎、肺炎；幼儿患甲 2 型（亚洲型）出现哮吼。

流感各型间临床表现相似，且与其他病毒性急性上呼吸道感染也很难区别，主要根据流行情况诊断。散发病例需依靠病毒学、血清学诊断，末梢血象中白细胞、中性粒细胞减少可与细菌性感染鉴别。

四、流行性感冒的治疗

（一）奥司他韦等可用于临床治疗甲、乙型流感，应尽早服用。

（二）患者应卧床休息，多饮水，增加营养，给予易消化的食物，用温盐水或温水漱口，保持鼻咽部及口腔清洁，防止继发感染。

（三）体温高时可用退热药物，并适当补充液体。

（四）合并有细菌感染者，可酌情应用抗生素。

五、流行性感冒的预防

（一）早期发现。及时报告、隔离和治疗患者有助于控制流行、减少传播。

（二）接种流感疫苗。优先接种人群为患流感后发生并发症风险较高的人群，如婴幼儿、老人、慢性病患者、体弱者等。

（三）抗病毒药物预防。应选择对流行毒株敏感的抗病毒药物。例如，金刚烷胺、金刚乙胺对预防甲型流感有一定效果，但对乙型流感无效，后者可使用中草药预防。

（四）改善个人卫生习惯和注意饮食卫生。例如，咳嗽、喷嚏时用卫生纸掩住口鼻，不随地吐痰，勤洗手，不接触、不食用病（死）禽畜肉，加工、保存食物时生熟分开。

（五）注意生活用具的消毒处理。患者用过的食具、衣物等，应煮沸消毒或阳光暴晒 2 小时以上，住过的房间应进行熏蒸消毒。

（六）保持室内清洁、空气流通。流行期间避免大型集会，减少聚会，尽量少去公共场所，提倡戴口罩。

（七）加强环境的消毒杀菌工作，定期进行喷洒消毒。

（八）注意休息，加强锻炼、增加营养，提高机体的非特异免疫力。

第三节　预防肺结核

结核病是当前全球重要的公共卫生问题。世界卫生组织《2020 年全球结核病报告》指出，2019 年全球估算新发结核病患者 996 万例，结核病死亡例数 141 万。自 2007 结核病持续位列全球十大死因之一，并为传染病中的头号杀手。WHO 指出，我们还需要加大预防力度，减少贫穷、营养不良和 HIV 等影响结核病发病的决定因素，进而实现终结结核病的目标。

一、肺结核概述

结核病是由结核分枝杆菌引起、经空气和飞沫通过呼吸道传播的慢性传染病。结核菌可能侵入人体全身各器官，但主要侵犯肺脏，称为肺结核。结核病又称为痨病和"白色瘟疫"，是一种古老的传染病，自有人类以来就有结核病。病原体是结核分枝杆菌，该菌对环境适应力较强，在适宜环境中可长期存活并保持致病力。排菌的结核患者是主要传染源。由于近年来抗结核药物的大量使用，使原发耐药菌株所致的结核感染越来越多。

二、肺结核的基本特征

（一）传染源

传染源是排菌的肺结核患者或动物（主要是牛）。其中，排菌的开放性肺结核患者是主要传染源，经正规化疗后，随着痰菌排量减少而传染性降低。

（二）传播途径

主要传播途径是经呼吸道飞沫传播，患者通过咳嗽、打喷嚏或说话，喷出含结核菌的唾沫，易感者吸入而形成感染。经结核病流行病学研究表明，一个传染性肺结核病人一年中可能使10~15人感染结核菌。随地吐痰，细菌随尘土飞扬吸入后也可感染结核病。次要传播途径是经消化道，也可经皮肤和泌尿生殖道传播。

（三）易感人群

人群普遍易感。生活贫困、居住拥挤、营养不良的人群，老年人、婴幼儿等免疫力低下的人群以及糖尿病、艾滋病等患者发病率较高。学校肺结核高发年龄为16岁以上的高中生，以高三学生居多。

（四）流行特征

近年来，结核病发病率在发展中国家显著回升。迄今全球仍有1/3人口感染结核菌，每年新发病人约900万，死亡近300万。我国现有结核患者约600万人，每年死亡约25万人，居全部死因的第7位，占全部传染病死亡人数的66.5%。我国肺结核疫情呈现典型"三多"特点：①感染人数多，目前约有5.5亿人感染了结核菌，感染率高达44.5%，高于全球1/3的感染率水平。②患病人数多，现有活动性肺结核患者约500万，患病人数居世界第二位（仅次于印度）。③新发患者多，结核病年发病数100万，发病率78/10万。肺结核的报告发病率位居法定报告的甲、乙类传染病的首位。

三、肺结核的临床表现

肺结核最常见的症状为咳嗽、咯痰2周以上，有一部分患者会出现痰中带血，也有一部分患者会出现午后低热（一般不超过38℃）、盗汗、胸痛、食欲缺乏、疲乏和消瘦无力等症状。

如果发现有人咳嗽、咯痰2周以上，要及时到医院就诊。及时诊治肺结核，患者症状较轻，对身体造成的伤害较小，康复较快。并且，肺结核患者在发现和治疗之前的传染性最强，而一旦开始治疗2~3周后传染性就大大下降，因此及时诊治可大大降低传染家人和亲友的概率。

四、肺结核的治疗

严格实施世界卫生组织建议的"直接观察式短程疗法"。治疗肺结核最常用的药物包括异烟肼（INH）、利福平（RFP）、乙胺丁醇（EB）、吡嗪酰胺（PZA）、链霉素（SM）五种。这也是世界卫生组织推荐的最有效的抗结核药。

肺结核治疗需要多药联用，且治疗周期长，一般为6~8个月，坚持正规治疗绝大部分患者可以治愈。如果症状好转不足疗程就停药，治治停停，容易形成耐药，治疗起来更加困难，治疗期可长达3年，治疗花费可高达5万元。耐药菌如果传染给其他人，一旦发病就会直接成为耐药患者。

五、肺结核的预防

按1991年WHO制定的"结核病控制目标对策"要求，应将早期发现患者、优先治疗痰菌阳性者、提高新生儿卡介苗接种覆盖面等，作为基本控制政策。

（1）新生儿应接种卡介苗。接种卡介苗迄今仍是最重要的被动免疫措施，可显著降低结核病的发病率和死亡率。预防效应接种后第一个5年可达80%，高峰期2.5～5年；10～15年内效果仍达59%。一些偏远地区的从未接种过卡介苗的中小学生，感染肺结核的相对危险度为接种者的14倍。

（2）勤洗手，经常开窗通风，餐具单独使用并定期煮沸消毒，衣服被褥经常日光暴晒等。

（3）嘱咐患者不随便吐痰，不对着别人咳嗽和打喷嚏；咳嗽和打喷嚏时要用双层纸巾遮住口鼻，有痰者将痰吐在纸上集中焚烧；外出时戴口罩。

（4）如果您身边有肺结核患者，要尽快让他离开集体环境接受正规治疗，并对集体环境进行消毒。

第四节　预防病毒性肝炎

病毒性肝炎传染性强，感染率高，呈世界范围流行。病毒性肝炎是由肝炎病毒引起的一种传染性疾病，分为甲、乙、丙、丁、戊五种类型。甲型、戊型肝炎一般通过饮食传播，毛蚶、泥蚶、牡蛎、螃蟹等均可成为甲肝病毒携带物。乙型、丙型和丁型肝炎主要经血液、母婴和性传播。

我国是病毒性肝炎高发区，2004—2015年全国法定传染病报告信息管理系统显示，病毒性肝炎发病率始终位居所有法定报告传染病的第一位。虽然近年来病毒性肝炎发病率已有明显下降，但是仍严重危害着人类健康，给家庭和社会造成了沉重的疾病与经济负担，是我国目前重大的公共卫生问题。

一、病毒性肝炎概述

病毒性肝炎是由不同类型肝炎病毒引起的全身性传染病，主要累及肝脏。病毒性肝炎具有传染性强、传播途径复杂、流行面广泛、发病率较高等特点。临床上主要表现为乏力、食欲减退、恶心、呕吐、肝肿大及肝功能损害，部分病人可有黄疸和发热。有些患者出现荨麻疹、关节痛或上呼吸道症状。本病全世界广泛流行，我国在20世纪50年代后期发病率急剧上升。目前，患者和病毒携带者人数已超过1亿，是我国学校传染病防治领域的工作重点之一。

病原体统称肝炎病毒，包括甲、乙、丙、丁、戊、己六型，我国以甲、乙、丙型肝炎多发。

（一）甲型病毒性肝炎（简称甲肝）：病原体为甲肝病毒（HAV），是存在于粪便中的一种RNA型病毒，属肠道病毒。其抵抗力强，在外环境中耐酸、耐热，以60℃加热1h后只失去部分活性，以100℃加热5min才能全部灭活。

（二）乙型病毒性肝炎（简称乙肝）：病原体为乙肝病毒（HBV），是主要存在于血液中的一种DNA型病毒，有三类抗原系统表面抗原（HBsAg），对应产生表面抗体"抗－HBs"；核心抗原（HBcAg），对应产生核心抗体（抗－HBc）；e抗原（HBeAg），对应产生e抗体（抗－HBe）。

（三）丙型病毒性肝炎（简称丙肝）：病原体为丙肝病毒（HCV），耐力强，可存活25年之久。

（四）丁型病毒性肝炎（简称丁肝）：病原体是一组RNA病毒，外壳是嗜肝DNA病毒表面抗原（人类为HDsAg），内有丁肝抗体（HDAg）和嗜肝DNA病毒HDV等。其是一种缺陷性病毒，复制时需HBV辅佐。

（五）戊型病毒性肝炎（简称戊肝）：病原体是一种HEV颗粒球形体，无囊膜，基因组为线状单正股RNA。

（六）己型病毒性肝炎（简称己肝）：己肝病毒（HFV）的相关机制尚不十分明确。

二、病毒性肝炎的基本特征

不同类型病毒引起的肝炎症状有明显差异。

（一）甲肝：多发于秋、冬季，儿童多见。患者和病毒携带者为主要传染源。潜伏期15～45天。潜伏期末至发病后3～4周为传染期，传播途径以经水和食物传播为主，由粪便污染食物或手引起。水源被污染后也可导致流行。

（二）乙肝：乙型病毒性肝炎（简称乙肝）是由乙型肝炎病毒（HBV）引起的传染病。我国目前有乙肝表面抗原阳性者9300万感染率高居世界之首。病毒存在于血液、唾液、胆汁、尿及粪便中。

1. 经血液传播。如输入乙肝病毒阳性患者的全血、血浆、血清或者其他血制品。
2. 母婴传播。乙肝病毒阳性的母亲直接传播给婴儿。在我国，这种传播方式占全
3. 部传播方式的60%左右，个别地区高达73%。
4. 医源性传播。如医疗器械被乙肝病毒污染后消毒不彻底或处理不当，共用一个注射器或针头均可引起乙肝传播。
5. 性接触传播。乙肝病毒存在于乙肝病人的分泌物中，可以通过性接触传播。近年国外报道，通过对性乱交、同性恋和异性恋的观察，乙型肝炎的性传播是传染乙肝的重要途径，这种传播包括夫妻之间的传播。
6. 生活密切接触传播。对乙肝无免疫力的人与乙肝病毒阳性患者密切接触，可由唾液、汗液、尿液、血液、胆汁及乳汁，污染的器具、食物、物品经破损的皮肤或黏膜而传播。

（三）丙肝：主要因输血而感染，潜伏期50～160天。为保障输血安全，我国各地卫生部门已对各地输血机构、医院的血源进行强制性严格检查，内容包括对血清丙肝抗体的检测。

（四）丁肝：与乙肝传播方式相似，潜伏期尚未明确。

（五）戊肝：流行病学特点与甲肝相似，但传染性较甲肝低。潜伏期14～63天。

（六）己肝：指在散发性急性肝炎、输血后慢性肝炎中不适用现有标准诊断的肝炎患者。

三、病毒性肝炎的临床表现

不同病毒引起的肝炎，其临床表现可主要归纳为以下五类。

（一）急性黄疸型肝炎。病程1～4个月，大多由甲肝病毒引起。病毒侵入肝细胞后使其受损，肝功能降低。因排泄胆红素不全，导致血胆红素浓度增加，引发黄疸；巩膜最明显，严重者皮肤、黏膜都发黄。

（二）急性无黄疸型肝炎。较多见，占全部肝炎病例的50%～90%。发病徐缓，病程中不出现黄疸；其他症状、体征和急性黄疸型肝炎相似，但程度较轻，部分患者无自觉症状，仅体检时发现血清丙氨酸氨基转移酶升高，或肝炎病毒血清学检查阳性，称"无黄疸"或"无症状"型肝炎。

（三）慢性迁延性肝炎。病程超过半年，症状、体征、肝功能异常但多不严重，无自身免疫及其他系统表现。症状仅有食欲减退、乏力、腹胀、便溏、肝区疼痛等，少数甚至毫无症状，体征仅肝脏稍大；少数患者可见血管蛛，可扪及脾脏但无进行性增大；无黄疸，病程持续几年或几十年。

（四）慢性活动性肝炎。病程超过1年，症状、体征、肝功能异常较明显，有时有黄疸、水肿。体征较差，面色晦暗，有较多较大血管蛛；手、脚掌有散在或密集成片的红色斑点，压迫可褪色，称"肝掌"；肝大而硬，脾脏亦大，舌呈紫暗。部分患者有自身免疫现象和多系统损害，如关节炎、皮疹、肾炎、女性月经紊乱、男性性功能减退等，预后不良。

（五）淤胆型肝炎。表现为长期梗阻性黄疸，数月或1年以上。同时伴有肝大、乏力症状，皮肤瘙痒，一般状况良好，食欲稍减退或不明显，预后良好。

四、病毒性肝炎的治疗

（一）急性肝炎

急性肝炎一般为自限性，多可完全康复，以一般治疗及对症支持治疗为主，急性期应进行隔离，症状明显及有黄疸者应卧床休息，恢复期可逐渐增加活动量，但要避免过劳。饮食宜清淡易消化，适当补充维生素。避免饮酒和应用损害肝脏药物，辅以药物对症及恢复肝功能，药物不宜太多，以免加重肝脏负担。一般不采用抗病毒治疗，

急性丙型肝炎则例外，只要检查 HCVRNA 阳性，尽快开始抗病毒治疗可治愈。

（二）慢性肝炎

根据患者具体情况采用综合性治疗方案，包括：①一般治疗：适当休息、合理饮食以及调节心理平衡。②药物治疗：包括改善和恢复肝功能、免疫调节、抗肝纤维化、抗病毒等治疗。

（三）重症肝炎

重症肝炎（肝衰竭）治疗原则：依据病情发展的不同时期予以支持、对症、抗病毒等内科综合治疗为基础，早期免疫控制，中、后期预防并发症及免疫调节为主，辅以人工肝支持系统疗法，争取适当时期进行肝移植治疗。

五、病毒性肝炎的预防

对不同类肝炎可分别有针对性地采取以下预防措施。

（一）甲肝

1. 管理传染源，加强疫情报告，隔离期自发病起算不少于 30 天，对密切接触者医学检疫 40 天。学校食堂餐管人员、饮食行业人员定期体检，患病后及时调离工作岗位，托幼机构儿童患肝炎，痊愈后应继续观察 2 个月。

2. 切断传染途径，注意个人卫生，饭前便后洗手，餐具消毒，保护水源，提供安全饮用水，防止粪便污染；肝炎患者粪便须用 2% 漂白粉浸泡 2h，对污染的衣服、玩具、书、杂物等高温或环氧乙烷消毒。

3. 保护易感者，对于密切接触患者的易感者，应 1 周内注射丙种球蛋白。

（二）乙肝

1. 广泛开展乙肝疫苗预防注射活动，这是目前避免感染乙肝最有效的方法。

2. 严防血制品传播，筛查献血员。尽可能不输血或使用血制品，特别注意在日常生活中外伤有伤口时，伤口应避免接触乙肝病人的血液。

3. 严格无菌操作，注射时使用一次性注射器。对乙肝病人用过的物品应进行消毒最简单的方法是煮沸法。专家告诉我们，将物品在 100℃水中煮沸 15~20 分钟可以将乙肝病毒杀灭。

4. 乙肝病人及无症状乙肝病毒携带者不能直接从事饮食业工作。

5. 要提高道德水平。不吸毒、不卖淫嫖娼，因为乙肝病毒可以通过性行为传播。

6. 在这里要特别指出的是，乙肝不会通过食品和饮水传染，除非十分密切地接触受到感染的体液和有破损的皮肤。

（三）丙肝

1. 针对易感人群使用我国自制丙肝病毒疫苗。

2. 尽量减少不必要的输血，需输血时事先检测血液丙肝病毒抗体，阳性血不能输。

3. 无论是预防还是治疗目的，注射都须严格无菌操作，一次一管一针。

（四）丁肝

1. 预防措施与乙肝相似。
2. 接种乙肝疫苗后产生免疫者也可防止丁肝感染。因此，接种乙肝疫苗者既可预防丁肝病毒感染，也可预防乙、丁肝混合感染。

（五）戊肝

疫苗正在研制过程中，其他预防措施同甲肝。

第十六章　慢性病预防

2019年5月24日于日内瓦召开的世界卫生大会达成共识，决定加快和扩大非传染性疾病（主要是心肺疾病、糖尿病以及癌症）防治行动，实现减少慢性非传染性疾病导致过早死亡人数的全球目标。慢性非传染性疾病是导致过早死亡的首要原因。2022年9月据世界卫生组织发布报告称，目前非传染性疾病导致全世界近四分之三的死亡，每年约有1700万人死于非传染性疾病。世界卫生组织呼吁全球立即加强对于非传染性疾病的重视，并减少传染性疾病导致的过早死亡。

第一节　慢性病概述

一、慢性病的概念

医学上将病程超过三个月的疾病视为慢性疾病。从疾病控制的角度，我国慢性病防治管理的范畴包括慢性非传染性疾病和慢性传染性疾病两大类。慢性非传染性疾病是一类病因不明且复杂、起病隐匿、病程长、病情迁延不愈的非传染性生物病因的疾病总称。慢性病的发生与吸烟、酗酒、不合理膳食、缺乏体力活动、精神因素等有关。慢性病具有病程长、病因复杂、迁延性、无自愈和极少治愈、健康损害和社会危害严重等特点。常见的慢性病主要有高血压、冠心病和脑卒中等心脑血管疾病，癌症，慢性呼吸系统疾病（如慢性阻塞性肺病和哮喘）及糖尿病。

慢性病是一个全球重要公共卫生问题，严重威胁21世纪人们的健康。据世界卫生组织报道，慢性病已成为全球致死和致残的首因。

二、慢性病的危害

慢性病尽管起病隐匿、病程长，但对人的健康危害是严重且不容忽视的。慢性病易造成病人心、脑、肺、肾等生命重要器官的损害，降低其劳动能力和生活质量，导致残疾发生，增加医疗卫生费用，使家庭和社会承受沉重的卫生经济负担，阻碍和限制社会的持续发展。

三、慢性病的流行状况及特点

慢性病已成为当今全球常见的、多发的疾病。我国慢性病的流行呈现出与经济、文化、生活、社会发展呈现相应的特点。

（一）慢性病发病率、死亡率增高

世界卫生组织资料显示，2019年非传染性疾病所致的死亡人数占全球死亡人数的74％。2019年排名前十大死因中有7个是非传染性疾病，即缺血性心脏病、中风、慢性阻塞性肺病、气管癌、支气管癌、肺癌、阿尔兹海默病、糖尿病、肾病。它们所致的死亡占所有死亡的44％，或前十大死因的80％。据中国国家心血管病中心发布的《中国心血管健康与疾病报告2019》显示，中国心血管疾病患病人数约为3.30亿；导致的死亡分别占农村和城市死亡人数的45.91％和43.56％。

全球人类健康最大杀手是缺血性心脏病，占世界总死亡人数的16％。自2000年以来，缺血性

心脏病是导致死亡人数增加最多的，仅2019年增加了200多万人，已达到890万人。中风和慢性阻塞性肺病是第二大和第三大死因，分别占总死亡人数的11%和6%。目前位列主要死因第六位的为气管癌、支气管癌和肺癌，其所致死亡人数已从120万上升至180万。糖尿病在死因顺位中位列第九，根据世界卫生组织报告，2000—2016年期间，糖尿病导致的过早死亡增加了5%，2019年糖尿病直接造成了150万例死亡。随着我国经济的快速发展，人们的饮食结构发生了很大改变，生活方式也越来越静态化，这些都导致我国糖尿病患病率和死亡率日益增高。

癌症严重地影响着人类的健康，是人类的重要死因。世界卫生组织癌症专家指出，2020年全球确诊癌症的患者数达1930万人。在新增癌症病例中，乳腺癌位列第一，占11.7%，已成为全球最常见的癌症，其次是肺癌、结直肠癌。而2020年癌症的死因中排第一位是肺癌，肺癌是我国发病和死亡率最高的恶性肿瘤。其次是结直肠癌、肝癌。

（二）慢性病增长速度加快

随着经济的发展，我国人民生活水平日益提高，科技、文化、娱乐及生活方式的创新和发展，由生活和行为方式以及环境因素所致的慢性病正日益影响人们的健康，人们的疾病谱也相应发生变化。

有研究发现，在1990—2017年我国高发慢性病患病率呈持续增长趋势，其中慢性阻塞性肺病和脑卒中的患病率一直高于全球水平。慢性阻塞性肺病治疗、干预与管理面临巨大的挑战。1990—2005年，我国冠心病患病率低于世界水平，而2006—2017年，我国冠心病患病率反超于全球水平，且增长速度也高于全球。我国糖尿病患病率在1990—2001年低于全球，而在2002—2017年却超过全球水平，但增长速度呈现下降趋势。我国缺血性心脏病患病率在1990—2017年一直低于全球水平，但增长速度高于全球。

（三）慢性病共病现象增多

慢性病的危险因素多为不健康的饮食、不健康生活方式等因素，这些危险因素可能多种因素共同导致一种疾病，也可能一种因素引发多种疾病，使得慢性病存在共病现象，即一个人同时患有两种或两种以上的慢性病，最常见的共病组合为：超重肥胖、高血压、糖尿病、中风和冠心病。在我国中老年人群慢性病的共病率较高，慢性病的共病随年龄增长呈现显著突出现象，而且慢性病共病现象在不同文化程度、生活方式人群中存在差异。

（四）慢性病危险因素增强

不合理的饮食、不健康的生活方式、环境以及遗传等因素，被许多研究发现是慢性病发生发展的危险因素。

随着我国社会经济的快速发展，社会的现代化、城市化，物质变得丰富，人们更倾向于选择精细的食物，高脂高热量的食物；人们因工作更多采取久坐、较少户外运动、熬夜、吸烟饮酒的生活方式；社会竞争激烈，人们承受更多的心理压力；社会工业化、城市化发展对环境生态的影响，环境污染加剧，影响人们的身心健康。这些因素持续侵扰和污染，成为慢性病持续上升的重要原因。

有研究发现，2017年我国因过早死亡导致人群寿命损失（YLL）最多的疾病为脑血管疾病、缺血性心脏病、肺癌、慢性阻塞性肺疾病（COPD）和肝癌，2017年因非致死性疾病导致的寿命损失（YLD）最多的疾病为颈部疼痛、抑郁症、其他原因听力损失、下背痛及脑血管疾病。高血压、吸烟、高钠饮食是造成我国人群疾病负担的前三位危险因素。

四、慢性病的影响因素

我国很多慢性病关键风险指标令人担忧，逾半数男性是吸烟者，超过4/5的青少年没有进行足够的体育锻炼，约20%的成年人患有高血压。这表明行为生活方式等是慢性病的危险因素。

慢性病的发生发展不同于传染性疾病主要受生物学因素所致，而更多与社会因素、心理行为因素等密切相关，如生活方式和行为（饮食、吸烟、过度饮酒、体力活动等）、生物学因素、心理因素和环境因素等。

(一) 生活方式和行为

1. 饮食

饮食是人们生存、发展的必要物质基础。但是，不健康饮食则会危害身体健康，如不吃早饭，饮食过快，摄入过多的糖、盐和油脂等。随着我国经济的发展，物质的丰富，人们生活水平有了很大程度的提高，饮食模式也发生了变化。许多的研究显示饮食危险因素是导致慢性病及死亡的重要原因之一。我国的心血管疾病、代谢性疾病一半以上可归因于饮食危险因素。据一项由牛津大学和北京大学研究人员发表在2021年BMC Medicine的研究发现，对116806名37～73岁的受试者长达5年的随访期间，共有4245名受试者患心血管疾病，包括冠心病、充血性心力衰竭、心肌病和中风等；3629名受试者发生死亡，其中838名因心血管疾病死亡。大量食用精制谷物、含糖饮料、巧克力和糖果等饮食方式，可能与心血管疾病发生和死亡以及全因死亡风险增加有关。饮食不健康，可能会通过引起超重和肥胖、升高总胆固醇或低密度脂蛋白胆固醇水平，以及增加糖尿病和高血压风险等，增加心血管疾病的发生和死亡风险。

2. 吸烟

吸烟行为被大量研究发现是多种慢性病的风险因素。世界卫生组织、世界心脏联合会和澳大利亚纽卡斯尔大学在2020年9月29日世界心脏日前发布的简报称，每年有190万人死于烟草引发的心脏病。他们敦促所有吸烟者戒烟以避免由此造成的心脏病发作，并强调吸烟者比不吸烟者更容易在年轻时出现急性心血管事件。但吸烟者如果立即采取行动戒烟，那么不吸烟一年后患心脏病的风险将降低一半。世界心脏联合会烟草专家组主席爱德华多·比安科（Edwardo Bianco）博士说："鉴于目前有关烟草和心血管健康的证据以及戒烟对健康的益处，如未能向心脏病患者提供戒烟服务可被视为临床不当行为或疏忽。心脏病学会应对各自成员开展戒烟培训，并促进甚至推动控烟宣传工作。"

3. 过度饮酒

过度饮酒损害健康，过度饮酒会影响大脑皮层的功能，引起中枢神经功能障碍，会引起肝细胞代谢紊乱，会对胃黏膜造成损害，导致消化性溃疡、胃炎等疾病，会对心血管系统造成损害，心脏长期受酒精刺激会使心肌纤维变性失去弹性出现动脉粥样硬化的疾病的风险增加。

4. 体力活动不足

中国慢性病前瞻性研究组对我国体力活动水平与疾病的关系进行了调查分析，结果显示在调整性别、年龄、地区、经济收入、文化程度、饮酒、吸烟、新鲜水果摄入、静坐时间、自报健康状况等混杂因素后，与过去1年总体力活动水平最低的20%成年人相比，研究对象中体力活动水平最高的20%人群的急性冠心病事件发病风险降低；个体急性冠心病事件、缺血性脑卒中、出血性脑卒中、缺血性冠心病的风险及死于冠心病的风险随着体力活动水平的增加而降低。体力活动降低冠心病发病风险大多是通过改变血液中的代谢产物（主要为脂质和脂蛋白亚类、支链氨基酸、炎性产物）而发挥保护作用，体力活动对健康的保护作用已得到公认。

(二) 生物学因素

生物学因素包括基因、病毒、细菌感染、疾病等已被许多研究发现与慢性病的发生有关联。例如，我国研究发现，肺癌与多基因遗传有关，根据19个遗传变异位点建立的肺癌多基因遗传风险评分（PRS-19）可前瞻性预测个体的肺癌发病风险，与低遗传风险人群相比，高遗传风险人群在10年队列随访期间肺癌发病率增加了96%。20世纪80年代，科学家发现宫颈癌发生与人乳头状瘤病毒（HPV）有关。胃溃疡也被证明与幽门螺杆菌密切相关。长期严重的胃溃疡也被发现是胃癌的危险因素。慢性病之间互为危险因素也被许多研究所发现，如高血压与心血管疾病发生相关，肥胖、糖尿病也是心血管疾病的危险因素。

（三）心理因素

现代社会竞争压力剧增，人际矛盾冲突频发，人们心理负担日趋增大。心理矛盾、困惑、烦恼、痛苦等都影响人们的身心健康。情绪不稳定（抑郁、焦虑等）、人格障碍、认知偏差、不成熟的防御机制等心理因素长期影响人们健康，有研究发现冠心病的发生与 A 型行为（富有竞争性、争强好胜、急躁等）有关；糖尿病患者大多具有优柔寡断、多疑、不自信、退缩应对方式的心理状态；以长期过度压抑负性情绪为主要表现的 C 型行为被认为是癌症倾向型人格。激烈愤怒等冲动情绪易诱发心肌梗死、脑卒中等疾病。

（四）环境因素

环境因素包括自然环境和社会环境。空气、水、土壤、室内环境等污染与人的健康息息相关。2013 年 10 月，世界卫生组织下属国际癌症研究机构报告指出，大气污染 PM2.5 对人类致癌。对空气颗粒物的长期暴露可引发心血管病和呼吸道疾病以及肺癌。当空气中 PM2.5 的浓度长期高于 10，将会导致死亡风险的增加。PM2.5 浓度每增加 10，人类总死亡风险可上升 4%，心肺疾病所引发的死亡风险将上升 6%，肺癌所致的死亡风险则将上升 8%。

社会经济发展水平、工业化、城市化、人口老龄化、社会居住状况、社会文化习俗以及科技水平等构成社会环境，这些与社会生活方式变化、社会竞争、工作压力、人际冲突、心理负担等交织在一起影响人类的健康，导致慢性病的流行。

五、慢性病的预防

（一）慢性非传染性疾病的预防原则

慢性非传染性疾病谱的构成以心脑血管疾病、呼吸系统疾病、内分泌疾病和各种癌症为主，如高血压、糖尿病、脑卒中、慢阻肺、哮喘及各种恶性肿瘤；此外，还包括运动系统慢性疾病，如颈椎病、腰椎病、骨关节病以及口腔疾病和精神疾病。

2017 年国务院办公厅颁布了《中国防治慢性病中长期规划（2017－2025 年）》，确定了到 2025 年，实现全人群全生命周期健康管理，力争 30～70 岁人群因心脑血管疾病、癌症、慢性呼吸系统疾病等慢性病导致的过早死亡率较 2015 年降低 20%。有效控制慢性病疾病，逐步提高居民健康期望寿命，保障人民的健康。

（二）慢性病的预防措施

慢性病的发生是危险环境的暴露、不良生活行为方式、不健康饮食以及遗传易感性等多因素共同作用的结果。慢性病的大部分致病危险因素是可以通过采取预防策略和措施避免或者减轻健康危害的。慢性病是完全可以预防的，而预防又是最经济、最有效的健康策略。"上医治未病"，医学的发展不只局限于治疗疾病，也应能预防疾病的发生发展。我国政府明确将人民的健康作为一种权利纳入各项政策中，并强调"以健康为中心"，提升人民的生活质量为目标，指出防病治病的医学基本原则是关口前移，坚持预防为主。

为降低人群慢性病的患病率、死亡率以及卫生负担，针对慢性病发生发展的危险因素，需要有效的、有针对性的预防策略和措施。慢性病的发生发展是一个渐进的过程，在此过程人与慢性病的关系、特征及主要内容因疾病的发展阶段不同而各异，因此，对慢性病的防控不同阶段有不同的防控主题和内容。

第十六章 慢性病预防

1. 病因预防

病因预防即为一级预防,也为源头预防,强调在疾病尚未发生时针对致病因素或危险因素采取预防措施,防止疾病发生。一级预防是预防慢性病发生的根本措施。世界卫生组织提出人类健康基本原则为"合理膳食、适量运动、戒烟限酒、心理平衡",这也是慢性病一级预防的原则。日常生活中,改变不良行为,选择健康的生活方式,戒烟、限酒、合理膳食、进行适当的体力活动,保持心理健康,就能防止或减少多种慢病的发生。

构建健康的生活方式是预防慢性病的关键:①均衡饮食,多吃蔬菜、水果;②生活有规律,以平常心态处世;③适量运动;④戒烟、限酒。

当前我国慢性病主要是高血压、冠心病、脑卒中、癌症、糖尿病和慢性呼吸系统疾病,影响这些疾病的共同危险因素包括烟草使用,过度饮酒,缺乏运动,不健康饮食、高盐高脂,超重和肥胖等。我国学者基于世界卫生组织慢性病的预防控制精神,借鉴国外的慢性病防控的经验,并结合我国慢性病的流行情况,提出了中国"慢性病风险10指标",即吸烟、饮酒、体力活动不足、不健康饮食、肥胖、高血压、高血糖、高胆固醇血症、高甘油三酯血症和高同型半胱氨酸血症。可见,慢性病的危险因素多为不健康的生活方式和行为等因素,而这些危险因素是完全可以预防、控制和矫正的。因此,我国慢性病一级预防策略主要是减少烟草使用,控制饮酒,健康合理膳食,增加运动和活动,避免肥胖,健康心理等。世界卫生组织指出,如果消除慢性病危险行为因素,80%的心脏病、中风和2型糖尿病,以及40%的癌症是可以预防的。因此,加强人们对慢性病危险因素认识、戒除和预防,把好慢性病防控第一道关尤为重要,也会收获事半功倍的效果。

为了实现一级预防的策略,我们需要从个人和社会层面对人们开展慢性病防控的健康教育,使人们了解慢性病的相关知识,并建立健康意识;通过建立慢性病健康促进的公共政策,创设健康的支持性环境,扩展社区慢性病防控的能力,提升个人健康促进技能和社区卫生服务的质量。例如,禁止在公共场合吸烟;警示吸烟的危害;强令禁止烟草广告;禁止酒类广告促销和赞助;提高零售酒类税收;通过大众传媒的知识传播,提高公众对饮食和身体活动的意识,降低盐量摄入和食品中的盐含量;降低食物中的反式脂肪等。

2. 高危人群的预防

高危人群的预防是二级预防,也称为"三早"预防,是对处于疾病潜伏期的高危人群采取措施防止其疾病的进展。"三早"即早发现、早诊断、早治疗。通过及早发现高危人群疾病的潜隐,及早明确疾病诊断,可及早治疗,以遏制疾病于萌芽阶段,防止或减缓疾病的发展,这是防控慢性病发展和避免或减轻危害的第二道防线。

然而,慢性病的病因大多不十分清楚,尚在探究明确过程中,因此仅依靠一级预防试图完全防控慢性病的发生是不现实的。同时,慢性病的发生发展大多是致病因素长期作用于机体,进一步演化的结果,这一特点提供了对慢性病早发现、早诊断、早治疗的可能,并且"三早"预防也是可行的。二级预防可通过对高危人群开展普查、筛检、定期健康检查等方式来实现,对疾病早期筛查,及早发现、及时治疗,将增进人们的健康,大大减少家庭和社会卫生经济负担。

对高危人群二级预防的重点是发现存在慢性病危险因素高暴露的人群,早期发现高危人群可能潜隐的疾病,并能对潜隐的疾病作出准确的早期诊断,为早期治疗提供可能。因此,早期发现是早期诊断的基础,而早期诊断奠定早期治疗,进而达到对疾病预防控制的目的。二级预防的策略主要包括三方面内容:一是从组织和个人角度建立疾病早期预防的意识,通过对慢性病的普查、筛检、定期健康检查以及人们的自我监护,及早发现慢性病隐匿和初期患者;二是培训医务人员有关慢性病的病因及症状的最新知识,以提升医务人员的诊断水平;三是研究和开发慢性病诊断、检测的方法和技术,以帮助医务人员及时准确地明确慢性病的诊断。

3. 临床预防

临床预防亦称三级预防,是对疾病期的慢性病患者采取措施控制疾病的恶化,降低疾病的严重程度，减少并发症，防止伤残，促进功能恢复，提高生存质量，延长寿命，降低病死率的过程。因此，慢性病临床预防的目的是防止慢性病的病情恶化，提高患者生命质量，降低病死率。

临床预防的主要内容包括对慢性病患者的对症治疗和康复治疗。慢性病的对症治疗是指医务人员采取医疗手段改善患者的症状，减少疾病的不良反应，控制病情的进展，防止旧病复发，预防并发症和疾病所致的伤残发生等。慢性病的康复治疗是医务人员通过康复的技术和方法促进患者机体功能的恢复，降低残疾，增强生活自理能力，提高生活质量的过程。康复治疗包括功能康复、心理康复、社会康复和职业康复。在促进慢性病患者机体的功能恢复和提升代偿能力基础上，重视慢性病患者心理的健康，指导其面对疾病的现实，接纳自我，建立生活的新的希望和方式，提升生活技能，积极参与社会生活，增加人际交往和恢复工作，以达到患者病而不残、残而不废，获得其现实的生活质量。

总之，慢性病诊断容易，定期进行健康检查能及早发现慢性病，通过及时治疗，促进康复，减少并发症和伤残的发生，慢性病的病因预防、高危人群的预防以及临床预防反映了针对慢性病发生发展和转归的不同阶段的预防和控制，以实现预防慢性病的发生，遏制疾病的发展，防止疾病严重不良后果的目的，提高生活质量，保障人民的健康，增进人民的幸福感。

第二节　预防高血压

高血压是最常见的慢性病之一，高血压已成为影响人类健康的重大公共卫生问题和社会问题。世界高血压联盟从 2006 年开始把每年的 5 月 17 日设定为世界高血压日。高血压是一种严重慢性病，同时又是心血管疾病、肾脏疾病以及其他疾病的风险因素。高血压是全球过早死亡的一个主要原因。因此，对高血压的预防和控制至关重要。全球卫生目标之一是到 2025 年使高血压患病率比 2010 年降低 25％。

一、高血压的定义及危害

（一）高血压的定义

原发性高血压是以体循环动脉压持续升高高于正常值为主要临床表现的心血管综合征，通常简称为高血压。

在未使用降压药物的情况下，非同日 3 次测量诊室血压，收缩压（SBP）≥140mmHg 和（或）舒张压（DBP）≥90mmHg，可诊断为高血压，SBP≥140mmHg 和 DBP＜90mmHg 为单纯收缩期高血压。患者既往有高血压史，目前正在使用降压药，血压虽然低于 140/90mmHg，仍视为高血压。高血压是最常见的一种慢性病，是心脑血管病最主要的危险因素。我国人群监测数据显示，心脑血管疾病死亡占总死亡人数的 40％以上。据 2012—2015 年全国调查，18～24 岁、25～34 岁、35～44 岁的青年群体中高血压的患病率已分别达到 4.0％、6.1％、15.0％，应引起广大青年的高度重视。

《中国高血压防治指南（2018 年修订版）》指出，目前我国采用正常血压（SBP＜120mmHg 和 DBP＜80mmHg），正常高值〔SBP120～139mmHg 和（或）DBP80～89mmHg〕，高血压〔SBP≥140mmHg 和（或）DBP≥90mmHg〕，进行血压水平分类，适用于 18 岁以上的任何年龄的人群。

高血压人群中多数为原发性高血压，少数为继发性高血压。有资料表明，继发性高血压占高血压人群的 5％～10％。大学生群体高血压患病率为 2.92％～4.36％。目前我国高血压的定义为在未使用降压药物的情况下，非同日 3 次测量血压，若收缩压≥140mmHg 和（或）舒张压≥90mmHg，则为高血压。

根据血压升高水平，进一步将高血压分为 1 级、2 级和 3 级（表 16-1）。动态血压监测（AB-PM）的高血压诊断标准为：平均 SBP/DBP24h≥130/80mmHg；白天≥135/85mmHg；夜间≥120/70mmHg。家庭血压监测（HBPM）的高血压诊断标准为≥135/85mmHg，与诊室血压的 140/90mmHg 相对应。

表 16-1 血压水平分类和定义

分类	SBP（mmHg）	DBP（mmHg）
正常血压	<120	<80
正常高值	120～139 和（或）	80～89
高血压	≥140 和（或）	≥90
1 级高血压（轻度）	140～159 和（或）	90～99
2 级高血压（中度）	160～179 和（或）	100～109
3 级高血压（重度）	≥180 和（或）	≥110
单纯收缩期高血压	≥140 和	<90

注：当 SBP 和 DBP 分属于不同级别时，以较高的分级为准。
※摘自《中国高血压防治指南（2018 年修订版）》P8.

由于诊室血压测量的次数较少，血压又具有明显波动性，需要数周内多次测量来判断血压升高情况，尤其对于 1 级、2 级高血压。如果有条件，应进行 24 小时动态血压监测或家庭血压监测。

（二）高血压的健康危害

高血压是由许多病因引起的且持续进展的心血管综合征，可导致心脏和血管功能与结构的改变，并常与其他心血管病危险因素共存，成为心脑血管疾病重要危险因素。其可引发心脏、脑和肾等器官功能性或器质性改变，甚至导致这些器官的功能衰竭。

1. 脑出血或脑梗死

高血压所致最主要的脑部并发症为脑出血和脑梗死。持续性高血压可使脑小动脉痉挛、硬化，致微动脉瘤形成。高血压患者常因血压波动、情绪激动、用力等情况下脑微动脉瘤突然破裂出血，脑出血患者常表现为突然晕倒、呕吐和出现意识障碍。依脑出血部位不同可出现偏瘫、口角歪斜、中枢性发热、瞳孔大小不等症状，若血液侵入蛛网膜下隙可出现颈项强直等脑膜刺激征象。脑出血严重导致脑水肿，脑组织受压、推移、软化、坏死，引发出血性脑卒中，则治疗周期长，病死率高。

高血压也可引起脑梗死（又称缺血性脑卒中），高血压使脑小动脉痉挛、硬化，血管腔狭窄，致脑部血液供应障碍，造成局部脑组织缺血、缺氧性坏死。脑梗死多见于 60 岁以上伴有脑动脉硬化的老人，临床症状复杂，轻者可以完全没有症状，也可以表现为反复发作的肢体瘫痪或眩晕；重者不仅肢体瘫痪，甚至可出现急性昏迷、死亡。一般脑梗死预后较脑出血好，但病情严重的脑梗死预后不佳。

2. 心血管相关疾病

高血压病可导致心脏损害。血压持续升高可加重左心室后负荷，导致心肌肥厚，促使心腔扩大，严重者甚至致反复心衰发作。高血压也是冠心病的主要危险因子，常合并冠心病，可出现心绞痛、心肌梗死等症状

3. 肾脏损害

原发性高血压可造成肾损害。持续血压高引起肾小动脉痉挛、硬化。随病情进展可出现夜尿增多伴尿电解质排泄增加，高血压致严重肾损害时可出现慢性肾衰竭症状、尿毒症。但是，我国高血

压病人死于尿毒症者仅占高血压死亡病例的1.5%～5%。

4. 视网膜改变

动脉血压升高是引起高血压眼底病理生理改变及出现临床症状的主要病因。视网膜小动脉早期发生痉挛，随着病程进展出现硬化。血压急骤升高可引起视网膜渗出和出血。

有关资料显示，超重、肥胖者高血压患病率较体重正常者要高2～3倍。原发性高血压病，还是发生脑卒中的危险性疾病。高血压致死、致残率高，对人类造成的危害极大，其幸存者超过50%的人生活往往不能自理。

二、高血压的临床症状及诊断

（一）高血压的临床症状

1. 常见症状

（1）头痛、头胀：高血压常致头痛，其部位是以全头部自觉疼痛为主，少见为固定部位疼痛。其疼痛以发胀、冲逆、昏沉、钝痛等表现为主，有时有恶心、想吐感。头痛表明高血压进展程度需重视。

（2）眩晕：高血压引起的眩晕，女性多于男性。高血压引起的眩晕，尚不会严重到失去身体平衡。若轻度眩晕，且失去平衡感，并频频出现，则需要特别重视，警惕脑卒中的前兆。

（3）心悸、气促：当心跳异于平常所致的不适感或心慌感则为心悸，或伴随有气促（呼吸频率异常增快）。由高血压所引起的心肌肥大、心力衰竭，使心脏的功能异常。若稍有运动便会有心悸、气促发生。

（4）耳鸣：由高血压或脑动脉硬化等引起的耳鸣，往往发生于双耳，并且耳鸣严重，持续时间较长。

（5）四肢麻木：高血压患者有四肢麻木的现象。这与血压的长期增高导致四肢血管痉挛、硬化，供血不足有关。

2. 常见体征

高血压的体征一般较少，血管杂音、周围血管搏动征、心脏杂音等是常见体征检查项目。临床上多重视检查背部、颈部两侧肋脊角、上腹部脐两侧、腰部肋脊处的血管杂音情况。

（二）高血压的诊断

1. 病史

全面详细了解患者病史，主要包括：

（1）家族史。询问患者有无高血压、脑卒中、糖尿病、血脂异常、冠心病或肾脏病的家族史，特别是一级亲属发生心脑血管病事件时的年龄。

（2）病程。初次发现或诊断高血压的时间、场合、血压最高水平。既往高血压患者了解其患病的时间、既往及目前使用的降压药物种类、剂量、疗效及有无不良反应。

（3）症状及既往史。询问患者目前及既往有无脑卒中或一过性脑缺血、冠心病、糖尿病、血脂异常、肾脏疾病等症状及治疗情况。

（4）继发性高血压的信息。问询患者既往是否曾有肾炎、贫血等；是否长期应用升高血压的药物。

（5）生活方式。了解患者饮食习惯如盐、酒及脂肪的摄入量，吸烟饮酒状况、运动及体力活动量、睡眠习惯等情况。

（6）心理社会因素。包括家庭婚姻状况、工作压力、文化程度以及有无精神创伤史等。

2. 体格检查

体格检查主要包括：血压、脉率、体重指数（BMI）、腰围及臀围等测量等。

一次测量血压并不能反映被测者真实的血压水平，不能作为诊断高血压的标准。高血压是慢性疾病，血压的波动及其并发症是致死致残的重要原因。因此，对血压的监控是预防高血压及并发症最重要且有效的途径，是高血压诊断、评估、治疗及科学研究的重要方法。规范化、标准化测量操作是准确测量血压的关键。

血压的测量：规范的测量血压，首先需要被测者做好准备工作，包括在安静、舒适温暖的环境下测量，被测者在测量前30分钟内不要做运动，测量前1小时不能喝咖啡、进食、吸烟，不能使用鼻塞的药物，在测量前休息至少5分钟，宜排空大小便。高血压的监测主要有以下三种方式。

（1）诊室血压测量。医护人员在标准条件下按统一规范对被测者进行血压测量即为诊室血压测量，是目前诊断高血压、进行血压水平分级以及观察降压疗效的常用方法。《中国血压测量指南》指出诊室血压为目前常用的较为客观、准确的血压测量方法，是高血压诊断的标准。

诊室血压的测量一般以右上肢为准。目前推荐临床采用自动式示波法血压计取代水银柱式血压计，自动测量患者上臂收缩压、舒张压和脉压，其异常血压切点为140/90mmHg，这种测量方法优化了目前诊室血压测量技术，减少了测量误差。

诊室血压测量时应当注意：①测量被测者的上臂应裸露，袖带下缘与其肘前间隙间距为2~3cm；②被测者的上臂、血压表的零点及其心脏应处在同一水平线，偏高或偏低均会致血压值偏差；③测量时应同一手臂反复多次测（一般2次即可），间隔1分钟，取多次数值的均值作为实际血压。

（2）家庭自测血压。家庭自测血压即在家庭中自我测量的血压。这种方式有利于了解常态下的血压水平，获取患者日常状态下的血压信息，更能反映患者的真实血压水平，也可避免"白大褂"效应。但是，家庭自测血压不能测量夜间血压，不能了解血压的昼夜波动规律。对于精神焦虑的患者，因反复测量易导致其焦虑，带来暂时的血压增高，增加了误诊或过度用药的风险。

患者家庭自测血压时应注意：①测量前静坐3~5分钟后测量血压；②每天早晨和晚上测量血压，每次测2~3遍，取平均值；③血压控制平稳者，可每周1天测量血压；④对初诊高血压或血压不稳定的高血压患者，建议连续家庭测量血压7天（至少3天），每天早晚各一次，每次测量2~3遍，取后6天血压平均值作为参考值；⑤所有血压读数应尽可能向医生提供，使医生得到完善的血压记录，以便正确地指导患者调整降压药物的剂量。

（3）动态血压监测（ABPM）。动态血压监测又称24小时血压测量，是通过血压记录仪，在预定的时间点自动记录受检者日常生活状态下的血压。经相关的软件程序对记录的原始数据分析和统计学处理后，形成图、曲线和综合报告。ABPM能提供受检者24小时血压测量数据、波动情况及变化趋势，可记录包括日常活动及睡眠时的血压。ABPM因实时记录患者血压值，可全面、准确地反映患者的血压整体情况，帮助医生明确诊断高血压，制订针对性治疗方案，以有效控制血压。

动态血压不是所有患者必须施行的，它有其适应证：①疑似白大衣高血压；②疑似隐匿性高血压；③异常24小时血压模式（包括日间高血压、夜间高血压、午睡/餐后低血压等）；④评估高血压疗效。有助于评估高血压疗效及判断预后，预测心血管病急性事件和死亡的效应较诊室血压更强。

3. 诊断要点

临床上诊断高血压：在未服用抗高血压药物情况下，重复测量静息状态肱动脉血压≥140/90mmHg（诊室血压）。动态血压正常值：24小时平均值＞130/80mmHg，白昼平均值＞135/85mmHg，夜间平均值＞120/70mmHg。正常情况下，夜间血压均值比白昼血压值低10%~15%。

三、高血压的流行状况及特征

(一) 全球高血压的流行状况

来自世界卫生组织的资料显示，2015年全球18岁及以上成年男性年龄标化的高血压患病率为24.1%，女性为20.1%。全世界估计共有11.3亿人患有高血压，大多数患者生活在中低收入的国家。在全球范围内，高血压患病率居高不下，治疗控制率仅为32.5%，仍普遍较低。全球每年约有1700万人死于心血管疾病，其中940万人死于高血压并发症。高血压导致全球至少45%的心脏病死亡和51%的脑卒中死亡。2017年资料显示，全球高血压疾病负担，高收缩压（≥140mmHg）相关的年死亡率从1990年的97.9/10万增长至2015年的106.3/10万，损失的伤残调整生命年（DALYs）从9590万人年增长至14304万人年。高血压所致的死亡占全球总死亡人数的14%。高血压是人口过早死亡的一个主要原因。

(二) 我国高血压的流行状况

我国居民高血压患病率总体呈上升趋势，《中国居民营养与慢性病状况报告（2020年）》显示，我国18岁及以上居民高血压患病率为27.5%，其中18~44岁、45~59岁和60岁以上居民高血压患病率分别为13.3%、37.8%和59.2%。目前成人高血压患病人数估计为2.45亿。高血压是导致冠心病、脑卒中等心血管疾病、死亡的主要原因之一。在全球我国高血压疾病负担最为沉重，25岁及以上人群因高收缩压引起的死亡数从1990年的70.4万增长到2015年的179.2万，DALYs已从1990年的1310.4万人年增长至2015年的3275.1万人年。2013年我国卫生总费用为31869亿元，而其中高血压所致的卫生经济负担占6.61%。

人群高血压患病率随年龄增长而显著增高，大学生高血压情况已引起关注。2012—2015年全国调查显示，18~24岁、25~34岁的青年高血压患病率分别为4.0%、6.1%，男性高于女性，北方高于南方，大中型城市高血压患病率较高。

高血压患者的知晓率、治疗率和控制率是反映高血压防治状况的重要评价指标。2015年调查显示，18岁以上人群高血压的知晓率、治疗率和控制率分别为51.5%、46.1%、16.9%，较1991年和2002年明显增高。2004—2009年中国慢性病前瞻性研究（CKB研究）结果显示，我国成年女性知晓率、治疗率和控制率均高于男性，城市高血压治疗率显著高于农村；南方地区居民高血压患者的知晓率、治疗率和控制率高于北方地区；少数民族居民的高血压治疗率和控制率低于汉族。尽管我国居民高血压知晓率、治疗率和控制率均有所改善，但与发达国家相比仍处于较低水平。我国高血压的防控工作依然任重道远。

四、高血压的影响因素

原发性高血压的病因为多因素，被认为是遗传和环境因素交互作用的结果。遗传、饮食、肥胖、吸烟饮酒、心理压力等被认为是高血压的危险因素。

(一) 遗传因素

高血压具有明显的家族聚集性。早期的人群水平研究发现，亲属间的高血压相关系数为0.1~0.3，双亲一子代间的相关系数略小于同胞间。家系或同胞的研究发现个体的血压差异具有显著的遗传性，遗传力在20%~80%。弗明翰社区纵向研究发现，收缩压和舒张压的遗传力为50%~60%。有研究显示，约60%的高血压患者有高血家族史。父母均患高血压的子女患高血压的发病概率高达46%。父母一方患高血压，子女发病率高达28%；父母血压正常，子女高血压发病率仅为3%。双生子研究发现，单卵双生子间血压相关程度比双卵双生子间更显著。

(二) 高钠、低钾饮食

动物实验证实钠与高血压有关。人群研究发现钠盐（氯化钠）摄入量与血压水平和高血压患病率呈正相关，而钾盐摄入量与血压水平呈负相关。膳食中钠/钾比值与血压的相关性甚至更强。我国14组人群研究表明，膳食中钠盐摄入量平均每天增加2克，收缩压和舒张压分别增高2.0mmHg和1.2mmHg。高钠、低钾膳食是我国大多数高血压患者发病的主要危险因素之一。临床高血压的干预治疗研究显示，限制食盐摄入可显著降低血压。有研究对25~55岁的居民实验发现，每天减少1.3g钠摄入，可使其收缩压降低5mmHg。另有研究发现，高血压患者每天减少50mmol的钠盐摄入，可降低收缩压4mmHg，舒张压2.5mmHg；血压正常者可降低收缩压2.0mmHg，舒张压1.0mmHg。钠盐增高血压的机制可能是钠盐摄入过多可引起血管平滑肌肿胀，致血管管腔变细，外周血管阻力增加，同时血容量增加，易加重心脏负荷和肾负担，进而引起肾排钠障碍，血容量负荷增加，导致血压升高。

（三）超重和肥胖

肥胖被认为是原发性高血压的独立危险因素。身体脂肪含量与血压水平呈正相关。有研究指出，人群中体重指数（BMI）（体重指数＝体重/身高2）与血压水平呈正相关，BMI每增加3单位，4年内男性发生高血压的风险增加50%，女性增加57%。我国24万成人随访资料表明，BMI≥24kg/m者发生高血压的风险是正常者的3~4倍。身体脂肪的分布与高血压发生也有关。腹部脂肪聚集越多，血压水平就越高。男性腰围≥90cm或女性≥85cm，发生高血压的风险是腰围正常者的4倍以上。

（四）吸烟与饮酒

吸烟是心血管疾病的危险因素。研究发现，高血压患者中，吸烟者白天、夜间的收缩压和舒张压均高于不吸烟者，尤其是夜间血压明显高于不吸烟者。吸烟是影响血压增高的可能原因，吸烟可能降低动脉弹性，导致血压升高；吸烟可使交感神经末梢释放去甲肾上腺素增加而使血压增高，同时可通过氧化应激损害一氧化氮介导的血管舒张引起血压增高。吸烟增加高血压患病率，与吸烟年限、吸烟量等相关。

过度饮酒被认为是高血压的危险因素。有研究显示平均每天饮酒>50ml者，比不饮酒者收缩压和舒张压分别高3~4mmHg和1~2mmHg，而且血压上升的幅度随饮酒量的增加而上升，男性持续饮酒者比不饮酒者4年内高血压发生危险增加40%。大量饮酒可能激活交感神经兴奋，导致血压升高，也可能影响肾素－血管紧张素－醛固酮系统，导致血压升高。

（五）精神压力

精神压力也是高血压的危险因素。精神压力可能来自家庭经济、社会竞争、工作强度、疾病、过度疲劳、人际矛盾冲突等。流行病学研究调查发现，从事航空空中调度人员的血压显著高于航空公司后勤人员的血压。横断面研究和纵向研究的荟萃分析显示，焦虑症、精神紧张是原发性高血压的危险因素。精神心理因素可能通过交感神经系统、肾素－血管紧张素－醛固酮系统、下丘脑－垂体－肾上腺轴等系统的失调导致血压的增高。

（六）其他危险因素

除了以上高血压发病的主要危险因素外，其他危险因素还包括体力活动不足、糖尿病、血脂异常、生活作息不规律以及大气污染等。

五、高血压的预防

有关高血压防控的全球目标是到2025年将高血压患病率相较2010年降低25%。高血压的防控重在预防，通过健康教育和生活心理行为管理可实现避免高血压的发生；通过体检、血压监控、生活心理行为管理达到遏制高血压的发展，通过规律用药、血压监控、生活心理行为管理以降低高血压的危害，减少急性心血管事件发生，提高生活质量。

(一)预防原则和策略

1. 一级预防

一级预防又称病因预防或发病前期预防,是针对疾病"易感期"而采取的预防措施,即无病防病,控制危险因素,是防治高血压的核心。一级预防的重点在于健康教育和行为干预,主要针对高血压的危险因素,目的在于减少发病率,逆转或控制高血压的发生、发展。针对高血压的病因及危险因素,在人群中大力宣传高血压的危害、危险因素以及防控知识,引导人们建立健康的生活方式和行为习惯,培养疾病预防意识。做到合理膳食,减轻体重,适量运动,心理平衡。

2. 二级预防

二级预防又称临床前期预防或发病期预防,即在疾病的临床前期做到早发现、早诊断、早治疗,从而使疾病能够得到早治愈而不致加重和发展。对于高血压易感人群以及临床前期高血压人群开展预防控制工作。高血压危险人群包括易感人群,如有高血压家族史者、不健康生活方式和行为习惯者、长期工作压力者等是高血压的易感人群以及临床前期高血压人群,针对危险人群,除高血压防控知识的宣教外,还需开展体检、血压监控、生活方式和行为干预等防控工作,以防止高血压的发生和发展。

3. 三级预防

三级预防又称临床预防或发病后期预防,此期疾病已有明显的症状和体征,积极治疗可防止疾病恶化,预防并发症和病残的发生。对高血压患者进行规范化药物治疗,并指导其改变不健康生活方式和行为习惯,同时扩展社区卫生服务,定期监控和随访高血压患者的血压以及治疗和保健状况,防止高血压病情恶化以及并发症发生,降低急性心血管病事件,改善患者生活质量。

(二)预防措施

1. 建立健康的饮食习惯

为预防高血压的发生,需要采取健康的饮食模式:

(1)适当控制钠盐及高饱和动物脂肪、反式脂肪的摄入:高钠饮食会令高血压患者的血压升高,每人每日钠盐摄入量不超过6g为宜,饮食清淡;少食或不食含钠盐量较高的各类加工食品,如咸菜、火腿、香肠以及各类炒货;减少味精、酱油等含钠盐的调味品用量;少食高胆固醇食物(如牛、猪、羊肥肉以及动物内脏);少食反式脂肪食物(如油炸食物、糕点、人工奶油等);增加新鲜蔬菜和水果的摄入量。

(2)补钾:黄豆、番茄酱、菠菜、比目鱼和小扁豆等富含钾的食物可降低血压。

(3)补镁:麦片、糙米、杏仁、榛子、利马豆、菠菜和牛奶等富含镁的食物有利于控制血压,可以降低中风和妊高症的发病率。

(4)多喝牛奶:含钙高的食物能够有降压的作用,牛奶是含钙较高的食品,且吸收良好。

(5)甜菊:甜菊不仅可以降低血压,而且热量低,对糖尿病患者尤为适用。

(6)多吃芹菜:芹菜含钾较高,坚持每天吃4根芹菜,可以使血压下降12%~14%。

(7)多吃鱼:鲑鱼、金枪鱼、鲱鱼、鲫鱼、比目鱼等含有丰富的蛋白质、富含有助于降低血压的ω-3脂肪酸。

(8)多吃核桃等食物:核桃、亚麻籽、豆腐、大豆、菜籽油等含有丰富的α-亚麻酸等必需脂肪酸,有助于降低血压。

(9)正确使用调料:茴香、薄荷、黑胡椒等,不仅可以为食物提鲜,还可减少食盐的用量,有助于降低血压。

(10)每天一瓣蒜:大蒜中的大蒜素能缓解高血压。

（11）多吃豆类、芦笋等富含叶酸的蔬菜：可降低血压。

2. 规律运动或充分体力活动

规律的体育锻炼可产生重要的预防和治疗作用，降低血压，改善糖、脂代谢等，控制体重。每天可进行30分钟左右的有氧运动，或每周至少进行5天中等强度身体活动，如步行、慢跑、骑车、游泳、跳舞等。同时，每天进行力所能及的日常体力活动，如洗衣、做饭、打扫室内卫生等。运动和体力活动可锻炼人的心、肺、血管功能，血液中氧气的携带量也会大大增加，促进心血管系统更有效、快速地把氧传输到身体的各部位，促使心跳、血压和血管壁的弹性更强，有利于心血管功能。运动和体力活动还可缓解紧张和焦虑，改善情绪。

3. 戒烟限酒

为维护健康的血压，应戒烟限酒。吸烟对心肌梗死的危害巨大，当吸烟量设为1时，危害指数为4，当吸烟量为2时，危害指数高达9。如果吸烟量每日少于5支时，吸烟的危险度相对较小，如果吸烟者不能彻底戒烟，可减少每日吸烟量至5支以下。因此，要树立健康意识，自觉地戒烟限酒，维护和促进心血管健康。

4. 减轻精神压力，保持心理健康

冥想、心理治疗及肌肉放松都可以减轻精神压力，稳定情绪，维护心理健康，减少对血压的负面影响。

5. 血压的监控和管理

为防患于未然，需要人们定期体检，监控血压，进行生活方式和行为以及心理的自我管理和调适。已诊断为高血压者，需要进行规律的药物治疗，同时仍需监控血压，进行生活方式和行为以及心理的自我管理，以避免高血压病情进展、恶化，防范并发症。

第三节　预防冠心病

以冠心病为主的心血管疾病已成为全球头号死因。近年来，冠心病的发病率和患病率增高，并且呈现年轻化趋势。冠心病严重影响人们的健康和生活质量。世界卫生组织指出，"大多数心血管疾病可以通过面向全民的战略，解决诸如烟草使用、不健康饮食和肥胖、缺乏身体活动和有害使用酒精等危险因素而得到预防"。

一、冠心病的概念及危害

（一）冠心病的概念

冠状动脉粥样硬化性心脏病指冠状动脉发生粥样硬化引起血管狭窄或阻塞，导致冠状动脉供血不足，心肌缺血缺氧或坏死而引起的心脏病，简称冠心病。

（二）冠心病的危害

冠心病对人体的健康危害很大，慢性冠心病患者由于心脏血管长期狭窄，会导致心脏肌肉慢性缺血，心肌营养不良，最终发展成心脏扩大、心力衰竭，出现胸闷、憋喘、气短等症状，影响日常活动，造成生活质量下降。此外，冠心病急性发作时容易导致急性心肌梗死、猝死，在全部猝死的患者中，心脏性猝死约占75%，其中最常见的病因就是急性心肌梗死，即心脏血管完全闭塞。

以往，冠心病多发生于40岁以上的成人。然而，近年来有研究表明，冠心病的发病呈年轻化趋势，一项病理生理学研究证实，动脉粥样硬化始发自少儿期，并随着年龄的增长逐渐加重，至20

岁以后可造成不可逆的病理损伤，已成为威胁人类健康的主要疾病之一。

二、冠心病的临床症状、分型及诊断

（一）冠心病的临床症状

冠心病的临床症状表现为胸腔中央发生一种压榨性的疼痛，即胸骨后的压榨感、闷胀感，伴随明显的焦虑，持续3～5min，并可迁延至颈、颌、手臂及胃部，休息或含服硝酸甘油可缓解。发作的其他可能症状有眩晕、气促、出汗、寒战、恶心及昏厥，严重患者可能因为心力衰竭而死亡。在青年人群冠心病患者中，由于通常无明显征兆，起病急，突发猝死的发生率较高。

（二）冠心病的分型

根据冠状动脉的部位、范围、血管阻塞程度和心肌供血不足的发展速度、范围和程度的不同，将冠心病分为以下几种类型。

1. 心绞痛型

以发作性的胸骨后疼痛为特点，由一过性心肌供血不足引起。

2. 心肌梗死型

冠状动脉闭塞时导致心肌急性缺血性坏死，表现为剧烈的胸痛，胸痛部位与心绞痛部位一致，但持续时间更久，疼痛更重，休息和含服硝酸甘油不能缓解。伴有低热、烦躁不安、呼吸困难、濒死感，持续时间30min以上，常达数小时。发现这种情况应该立即就诊。

3. 无症状型

有的冠心病患者有心慌、胸闷、憋气、胸痛等症状，而有些人没有什么症状，只有在体检或因其他疾病就诊时，经心电图检查发现有ST段压低，T波低平或倒置等心肌缺血的心电图改变。

4. 缺血性心肌病型

表现为心脏增大、心力衰竭、心律失常，由心肌长期缺血导致心肌纤维化引起。

5. 猝死型

猝死型指由于冠心病引起的不可预测的突然死亡，在急性症状出现以后6h内发生心搏骤停所致。主要是由于缺血造成心肌细胞电生理活动异常，而发生严重心律失常所致。

（三）冠心病的诊断

1. 实验室检查

血糖、血脂检查可了解冠心病危险因素；胸痛明显者需要检查血清心肌损伤标志物；查血常规判断有无贫血。

2. 心电图检查

约半数人静息时的心电图在正常范围内。绝大多数人心电图在心绞痛发作时可出现暂时性心肌缺血引起的ST段位移。

3. 心电图运动负荷试验

心电图运动负荷试验是发现早期冠心病的一种检测方法，平均敏感性为68.0%，平均特异性为77.0%。

4. 多层螺旋CT冠状动脉成像（CTA）

进行冠状动脉二维或三维重建，用于判断冠脉管腔狭窄程度和管壁钙化情况，对判断管壁内斑块分布范围和性质也有一定的意义。

5. 冠状动脉造影（CAG）

经皮冠状动脉造影术是目前诊断冠心病的"金标准"。

6. 超声心动图

超声心动图可以对冠心病后期病人的室壁活动异常进行定性和定量分析，可对心肌梗死作出定位诊断并对心肌梗死面积进行评估。此外，超声心动图对心肌梗死的并发症有较高的检出率。

三、冠心病的流行状况及特征

随着社会经济高速发展和居民生活条件日益改善，生活方式不科学和人口老龄化进程加快，冠心病发病率持续上升，已经成为居民死亡的首要原因。据世界心脏联盟的统计，全球每死亡3个人中就有1人是因为心血管疾病，全球每年因心脏病和中风死亡的人数高达1750万，占疾病病因死亡率的50%以上。在欧美等发达国家，仅冠心病的病死率就已超过所有癌症死亡率的总和。美国等冠心病高发国的冠心病死亡率占心脏病死亡的60%左右，标化死亡率为130/10万至200/10万，我国的冠心病死亡率为20/10万至30/10万，但近年来有上升趋势。据国家统计资料显示，我国冠心病的患病率、发病率、死亡率近几十年来持续上升，由20世纪60年代的病因死亡率的第十位跃居第一位，每年我国死于心脑血管疾病的人约有250万，约占总因病死亡率的50%。目前我国心脑血管病患者已经超过2.7亿人，40岁以上的人群中约有57%患有不同程度的心脑血管疾病。有资料显示，目前我国冠心病的发病率比20年前翻了一番，冠心病患者已逾千万。

四、冠心病的影响因素

（一）高血压与冠心病

高血压是一种常见病，也是一种严重危害人类健康的疾病。有研究表明，血压越高，患心肌梗死、心力衰竭的机会越多。我国一项前瞻性的研究表明，收缩压每增加10mmHg，冠心病的相对风险增高28%，出血性脑卒中的相对危险增高54%，缺血性脑卒中的相对危险增高47%。舒张压每增加5mmHg，冠心病的发病的相对风险增高24%；而舒张压每降低5mmHg，脑卒中的相对风险降低44%。

高血压促进动脉粥样硬化，多发生于大、中动脉，包括心脏的冠状动脉、头部的脑动脉等。高血压致使血液冲击血管内膜，导致管壁增厚、管腔变细，管壁内膜受损后易出现胆固醇、脂质沉积，加重了动脉粥样斑块的形成。据统计，我国约有1亿高血压病患者，每年新发心肌梗死约60万人，心脑血管病死亡人数约260万，平均每小时死亡300人。心脑血管发病和死亡人群日益呈现年轻化趋势，15岁以上高血压患病率约为14%，比30多年前增加了1倍。

（二）糖尿病与高血压

糖尿病是冠心病的一个重要的独立危险因素，糖尿病患者冠心病的发病率较无糖尿病者高2～4倍。临床研究发现，糖化血红蛋白每增加1%，冠心病事件增加10%～18%。美国心血管病协会的资料也显示，糖尿病患者合并心血管疾病的比例约为50%，而其中新诊断的糖尿病患者合并心血管疾病的比例为25%。对2型糖尿病随访10年发现，心血管病死亡率是对照组的3倍。口服葡萄糖耐量试验（OGTT）2小时血糖升高5mmol/L者，冠心病的相对危险性为1.97，与平均动脉压升高20mmHg所构成的危险性相当。

（三）高脂血症与高血压

高脂血症是由于人体内脂肪代谢或运转异常，使血浆中一种或多种脂质成分超出正常范围，也称为高脂蛋白血症。血脂异常是重要的心血管病危险因素之一，它加速动脉粥样硬化进程，最终引发心、脑、肾等多种脏器缺血或梗死。血液中高浓度的胆固醇能直接损害动脉内皮细胞，使内皮细胞水肿、剥落，血脂通过血管受损部位侵入动脉内膜及中层。堆积的脂质促进平滑肌增生并吞噬脂质，同时附着在血管壁的吞噬细胞也大量吞噬脂质，最终形成泡沫细胞。如果不能减少有害因素，则脂质、泡沫细胞不断堆积，平滑肌细胞持续增生，胶原纤维及细胞外基质大量合成，最终形成动脉粥样硬化斑块，使血管腔狭窄或阻塞。

在目前的实验室可检测的指标中，总胆固醇（TC）、甘油三酯（TG）、极低密度脂蛋白（VLDL－C）、低密度脂蛋白（LDL－C）、载脂蛋白B（ApoB）水平升高和高密度脂蛋白（HDL－C）、载脂蛋白A（ApoA）降低易促发动脉粥样硬化，增加心血管事件和死亡率。从临床角度，可以简单地把高脂血症分为以下四型：

（1）高胆固醇血症：血清中总胆固醇（TC）水平升高。英国有学者以18000名政府雇员为研究对象，经过10年的追踪观察，发现全组的血胆固醇水平从低到高与冠心病的危险性呈直接和连续的正相关性。

（2）高甘油三酯血症：血清中甘油三酯（TG）水平增高。目前一般认为，单纯高甘油三酯血症也是冠心病的独立危险因素。哥本哈根的一项队列研究表明，2906名无明显心血管病的男性居民在随访8年后发生冠心病的危险性随基线甘油三酯水平升高而增加。荟萃分析也同样显示，无论是在男性还是在女性中，TG都是冠心病的独立危险因素。

（3）低的高密度脂蛋白血症：血清中高密度脂蛋白（HDL－C）水平降低。对19项前瞻性流行病学调查分析，发现其中15项研究的结果都显示，血清中HDL－C水平与冠心病的发生率呈显著负相关。

（4）混合性高脂血症：血清中总胆固醇（TC）与甘油三酯（TG）水平均增高，常伴有血清中低密度脂蛋白（LDL－C）水平的降低。当高甘油三酯血症伴有高胆固醇血症、高低密度脂蛋白血症或低高密度脂蛋白血症时，冠心病事件和死亡率增加更明显。

此外，高甘油三酯血症所伴随的各种代谢紊乱也可能会增加患冠心病的危险性。

（四）吸烟和饮酒

吸烟和酗酒属于不良生活习惯。吸烟不仅使冠心病的发生率增加2~6倍，而且使肺癌的发病率增加，使其人均寿命较不吸烟者减少20年。

1. 吸烟

目前已公认吸烟是心血管病最重要的危险因素之一。研究表明，在心肌梗死的年轻人中，吸烟是唯一与冠心病和心肌梗死发病相关的危险因素。吸烟者冠心病发病率是不吸烟者的3.5倍，且开始吸烟的年龄越早、每天吸烟的支数越多、吸烟期限越长以及将烟吸入得越深越多，则健康危害性越大。另一项研究表明，当吸烟量为1~5支/日时，急性心肌梗死的危险性增加40%。戒烟可以降低冠心病的死亡率，但降低的程度与戒烟的期限、戒烟前每日吸烟量和吸烟的期限有关。戒烟一年后，冠心病的危险性可减少一半；戒烟10年以上，患冠心病的危险性才接近于未吸烟者。

2. 饮酒

饮酒与心血管疾病的关系虽然一直存在争议，但是大量饮酒或酗酒肯定对人健康有害。长期大量饮酒可致心肌变性、坏死及纤维化。临床发现，部分年龄45岁以下的急性心肌梗死病人，是在大量饮酒后1~2小时突然胸痛而就诊，且这些人原未发现明显病变，可推测大量饮酒可能引起其冠状动脉痉挛而诱发急性心肌梗死。饮酒对心血管的危害性还因为饮酒时进食脂肪过多，引起高甘油三酯血症和血液黏稠度增加，这也会造成动脉粥样硬化和血栓形成，大量饮酒常致心动过速，增加心肌耗氧量，甚至诱发心绞痛发作。

（五）年龄和性别

1. 年龄

年龄是不可改变的心血管危险因素，也是重要的冠心病危险因素。WHO将男性＞55岁、女性＞

65岁定为心血管危险因素之一。但近年的调查研究发现，动脉硬化存在低龄化现象，在35岁以下的肥胖青年人群中患冠心病的比例在增加。冠心病和其他动脉粥样硬化性疾病是一种终生进展性疾病。

2. 性别

冠心病的患病率显示存在性别差异。有研究显示女性脉压升高所导致冠心病发病风险较男性高。女性进入更年期后，由于雌激素水平下降，冠心病的发病率明显上升，甚至超过男性。

（六）遗传因素

大量研究显示有冠心病家族史者发生冠心病的风险较无家族史者高，且发病年龄较低。父母患冠心病者，其子女患病率较一般人高2~6倍。同卵双生子冠心病的发病风险高于异卵双生者。

（七）其他因素

1. 肥胖

冠心病发病率随体重指数（BMI）的增加而增加，BMI>26者较正常体重组冠心病发病率增加1.9倍。

2. 饮食不当

水果、豆类、蔬菜、全谷类食物等摄入不足，会增加冠心病发病风险。饮咖啡不仅可以引起兴奋、失眠、心跳加快、心律失常，而且会使血液中胆固醇增高，易诱发冠心病。

3. 缺乏运动

适当的体育锻炼能防止动脉粥样硬化的发生，而长期缺乏体育锻炼的脑力劳动者易患冠心病。体力活动少的人比经常运动的人冠心病发病率高2.5~4倍。长时间静坐而缺少适当活动者，神经紧张、内分泌紊乱、血浆脂质浓度升高，儿茶酚胺及皮质激素水平增高，血压上升，冠状动脉内皮损伤，易患冠心病。

4. 情绪不稳定

有研究显示，长期精神紧张、心理压力大、抑郁、焦虑等是患冠心病的危险因素。有对超过4000名健康个体平均10年的随访前瞻性研究发现，抑郁症是心血管疾病患病率和死亡率有关的独立危险因素。有重性抑郁的患者得冠心病的风险是无抑郁个体的4倍以上。抑郁可使冠心病患者的心血管事件的发生率增加，抑郁也使因心血管事件所致的死亡率上升。因此，保持情绪稳定，注重心理健康，可预防控制冠心病。

五、冠心病的预防

冠心病是可以预防的。随着科学技术的发展，对冠心病的预防已经积累了丰富的经验，取得了显著的成果。冠心病的预防应重点放在防止健康人发生冠状动脉粥样硬化上，即冠心病的一级预防；对已患有冠心病的患者，重点是防止冠心病的进一步发展，即冠心病的二级预防；对已发生心肌梗死的冠心病患者应进行三级预防。一级预防是根本性的预防，是防止冠心病发生；二级和三级预防是为了防止冠心病进展、严重，降低致残率和死亡率。

（一）一级预防

一级预防是通过控制冠心病的危险因素，以防止冠状动脉粥样硬化的形成。其主要策略为大力开展对冠心病认识、危害以及危险因素的健康教育，使人们自觉地采取健康的生活方式，防范冠心病的发生。

1. 健康教育

疾病预防控制中心、社区卫生服务中心以及医疗卫生机构在人群中以多种方式大力开展对冠心病的病因、危害以及危险因素等健康教育，使人们能充分认识冠心病，建立自我保健意识。

2. 健康的生活方式

指导人们建立健康的生活方式。合理膳食，限制钠盐的摄入，低脂饮食，多吃新鲜的蔬菜、水果，戒烟限酒，有规律地运动，进行适当的体力活动，控制体重。

2000年世界卫生组织提出了"合理膳食、戒烟限酒、心理平衡、体育锻炼"的健康促进新准则。我国卫生部门参照国外经验，汇集我国大多数保健专家学者的意见，结合中国的特色，总结出了我们应该推行的健康生活方式，就是要做到"八项注意"，即合理膳食、规律起居、保证睡眠、劳逸结合、性爱和谐、戒烟限酒、适量运动、心理平衡。

（1）合理膳食：《中国居民膳食指南》2016年版指出，合理膳食的原则以平衡为主，并以膳食宝塔的方式形象地呈现人对营养素的要求层次，各类食物在膳食中的地位和应占的比重。水是膳食的重要组成部分，是一切生命必需的物质，其需要量主要受年龄、环境温度、身体活动等因素的影响。在温和气候条件下，轻体力活动的成年人每日至少需饮水1500ml。谷薯类食物位居底层，每人每天应该摄入250～400g；蔬菜和水果占据第二层，每天应摄入蔬菜300～500g和水果200～350g；鱼虾、畜禽肉、蛋等动物性食物位于第三层，每天应摄入120～200g，其中鱼虾等水产品40g～75g，畜禽肉40～75g，蛋类40～50g；奶类和豆类食物合占第四层，每天应摄入奶类及奶制品300g，大豆类及坚果类25～35g；第五层塔尖是盐和油脂类，每天油应不超过25～30g，盐不应超过6g。各类食物的摄入量一般是指食物的生重。各类食物的组成是根据中国营养调查中居民膳食的实际情况计算的，因而每一类食物的重量不是指某一种具体食物的重量。

（2）作息规律，睡眠好：来自《欧洲心脏杂志》上的一项基于英国生物数据库的孟德尔随机研究发现，睡得太少（≤6h）是多种心血管病的潜在致病危险因素，包括高血压、冠心病、心肌梗死、肺栓塞、慢性缺血性心脏病。我国的一项研究也显示，睡眠时间短以及经常性失眠均会显著增加冠心病患病风险。而长睡眠时间以及早睡早起睡眠习惯与冠心病之间没有因果关联。可见，睡眠不足是冠心病的风险因素。而一些大学生以及其他年轻人常因学习、工作、娱乐等熬夜，也可能因心理压力和负担而失眠，久而久之，易导致心血管疾病事件发生，如猝死、心肌梗死等。因此，睡眠时间适当，睡眠质量高，规律作息是非常重要的有利于身心健康的生活方式。要有好的睡眠，需养成良好的睡眠习惯。要规律地就寝和起床，不要在床上看电视、玩手机，不要常躺在床上睡前思考人生、悔过。睡前不要喝咖啡、茶或抽烟等，有睡意时才上床睡觉，若上床20min还不能入睡，不要焦躁，可起床看看书、听听音乐，有了睡意再上床睡觉。如果连续2周以上无法入睡，应及时找专业医生进行咨询与治疗。

（3）戒烟限酒：吸烟是冠心病的重要危险因素。冠心病与吸烟之间呈明显的正比关系。国内外大量研究发现，主动吸烟或是被动吸入二手烟都会增加冠心病、脑卒中、心力衰竭等心血管病发病和死亡风险，开始吸烟时的年龄越小，年限越长，吸烟量越大，并且不存在安全吸烟剂量，心血管病的患病风险越大。而戒烟可降低冠心病、脑卒中等心血管病发病和死亡风险。戒烟时间越长，对心血管健康好处越大。

饮酒与心血管病之间的关系复杂。一项有关长期队列研究的荟萃分析发现，适量饮酒可以降低缺血性心脏病发生风险。但饮酒过量会增加脑卒中、心房颤动和心力衰竭发生的风险。饮酒必须限量。酒精对心血管的作用与饮用量有关。适量饮酒可扩张血管，降低血压，增加血液流速，有助于防止血管内斑块形成。过多饮酒，尤其是酗酒，不仅会扩张血管，而且会加快心率，增加心肌的收缩，其净效应会使血压升高，心肌耗氧量增加，严重者会诱发急性心肌梗死。世界卫生组织建议安全饮酒界限为男性每天不超过40g，女性不超过20g。中国营养学会发布的《中国居民膳食指南（2016）》建议，每天摄入酒精量为成年男性＜25g，成年女性＜15g。

（4）适量运动：许多研究表明适当运动可延缓随年龄增长而带来的生理和机能衰退，规律运动，可加速体内脂肪、糖、蛋白质的分解，运动能使血液中胆固醇等的含量减少，防治高脂血症；运动还可扩张冠状动脉，改善心脏血液灌注，并促进侧支循环形成。提高心肺功能，减轻心脏负担，可有效地预防心血管病，增强机体免疫功能。《中国健康生活方式预防心血管代谢疾病指南》指出，健康成年人每周进行至少 150min 中等强度身体活动，可具有明显的健康获益，能够降低全死因死亡、冠心病、脑卒中、高血压、糖尿病、焦虑和抑郁的发生风险，提高睡眠质量、认知功能和生活质量。

3. 保持健康的心理

冠心病是身心疾病，心理社会因素在冠心病的发生发展中有着重要的影响。研究显示，抑郁、持久性心理压力、焦虑等心理问题或精神疾病会增加心血管代谢疾病风险，而积极心理能够促进心血管健康。保持乐观和积极的生活态度有助于降低冠心病、脑卒中的发病和死亡。

（二）二级预防

冠心病的二级预防是指对冠心病的高危人群以及临床前的潜隐患者，采取有效措施及早发现、及早诊断和及早治疗，以防止冠心病的发生和发展。

针对冠心病高危人群以及临床前的潜隐患者的危险因素，主要可以通过定期体检、治疗控制冠心病相关疾病等措施来防止冠心病的发生和发展。

1. 体检

定期体检，及早发现冠心病的危险因素，并加以预防和控制，以防范冠状动脉粥样硬化的发生，预防冠心病。

2. 控制高血压

对已有高血压的人群，规范长期降压治疗，以避免引起冠状动脉的损伤。同时，针对高血压采取的减盐、戒烟限酒、运动、控制体重等防控措施，可以预防控制冠心病的发生。

3. 防治高血脂

对已有高血脂的人群，需要指导其采取以下措施：①控制饮食，降低血脂，这是降低血脂最主要和最有效的方法。食用低脂食物，如各种瘦肉、牛奶、蔬菜、豆制品等，尤其是多吃含纤维素多的食物，可以减少肠道内胆固醇的吸收。少食用能引起血脂升高的食物，如禽蛋类、肥肉、动物内脏（脑、肝、心、肾、肠）、动物油等。尽量不食用糖类或甜食。②加强体力活动和体育锻炼，可增强机体代谢，有利于血脂的运输和分解。③控制体重（肥胖是引起血脂增高的重要因素）。④戒烟限酒（吸烟和饮酒是高血脂的危险因素）。⑤心理减压。情绪紧张、过度兴奋可引起血液胆固醇及甘油三酯含量增高。

4. 控制血糖

血糖长期异常增高，机体内糖代谢失衡，进而引起脂质代谢紊乱，易导致心血管脂质沉积，诱发动脉粥样硬化发生，进而导致冠心病。因此，控制血糖也是防范冠心病的重要措施之一。可以通过平衡膳食，合理营养，避免过多的能量摄入，增加体力活动，控制体重，注意血糖监测，了解血糖以及其他导致血管病变的危险因素情况。

（三）三级预防

冠心病的三级预防是指对冠心病患者采取积极有效的治疗措施，防止病情进展，防止并发症的发生，提高生存质量，降低死亡率。

临床上主要通过采取降脂、抗凝、控制血压等措施以防止动脉粥样硬化的发生和发展，针对梗死和猝死的一些易患因素加以防范。

总之，对冠心病患者及时科学规范的药物和医学技术（如介入治疗）的治疗，同时采取健康的生活方式，完善人格，保持乐观良好的心理，以控制冠心病的进展，预防控制心力衰竭、心脏破裂、心肌梗死等，提高生活质量，降低致残致死率。

第四节　预防糖尿病

糖尿病是常见病、多发病，是严重威胁人类健康的世界性公共卫生问题。世界卫生组织指出超过4.2亿人患糖尿病，预计到2030年将上升到5.78亿，且一半2型糖尿病患者未被确诊。在我国，儿童和青少年2型糖尿病的患病率有增高趋势，已成为超重和肥胖儿童和青少年的关键健康问题。因此，对糖尿病的预防控制显得尤为重要。

一、糖尿病的概念及危害

（一）糖尿病的概念

糖尿病是一组由多病因引起以慢性高血糖为特征、由于胰岛素分泌和（或）利用缺陷所引起的代谢性疾病。我国古代称糖尿病为"消渴病"。最早的医书《黄帝内经》中就描述了消渴症患者的病症。例如，《素问·气厥论》中有"肺消者，饮一溲二"，《素问·奇病论》中有"口甘，消渴"。《灵枢·五味》指出"咸走血，多食之，令人渴……咽路焦，舌本干而善渴"。《素问·痹论》中有"肝痹者，夜卧则惊，多饮数小便，上为饮如怀"。这些基本上反映了消渴病即糖尿病的多饮、多尿、多食的临床特征。

（二）糖尿病的健康危害

糖尿病是一种慢性、终身性疾病。糖尿病易导致人体各组织器官，特别是眼、肾、心脏、血管、神经的慢性损害和功能障碍。糖尿病并发症常见为各种感染性疾病、微血管病变、动脉粥样硬化心血管疾病、神经系统并发症等，是致死、致残的主要原因。糖尿病可引起机体长期碳水化合物、脂肪、蛋白质代谢紊乱，可引起多器官系统的损害，导致眼、肾、神经、心脏、血管等器官慢性病变、功能减退及衰竭。糖尿病导致过早死亡风险增加，是过去40年里唯一一种早亡风险在增高的非传染性疾病。

糖尿病不仅给患者造成了身体上的损害，使得生活质量降低，生存寿命缩短，还给个人、家庭及社会带来了沉重的经济负担。2000—2019年，全球糖尿病死亡人数增加了70%，男性糖尿病死亡人数增加了80%。在东地中海区域，糖尿病死亡人数增加了一倍多，是世卫组织各区域中增幅最大的。中华医学会糖尿病学分会在2007—2008年开展的糖尿病经济负担调查发现，相较于正常血糖人群，糖尿病患者住院天数增加了1倍，就诊次数增加了2.5倍，医疗花费增加了2.4倍。与病程在5年之内者相比，病程超过10年的糖尿病患者医疗费用增加了近3倍。

二、糖尿病的分型、临床症状及诊断

（一）糖尿病的分型

按病因可将糖尿病分为1型糖尿病、2型糖尿病、妊娠糖尿病和特殊类型糖尿病四种类型。临床常见的是1型糖尿病和2型糖尿病。

1. 1型糖尿病（TIDM）

1型糖尿病的病因和发病机制目前还不确定，可能是一种自身免疫性疾病，与身体内的免疫系

统破坏胰腺制造胰岛素的能力有关。主要特征是胰岛β细胞数量显著减少和消失所导致的胰岛素分泌显著下降或缺失。1型糖尿病又称胰岛素依赖型糖尿病，主要特点是患者体内无法生成足够的胰岛素，导致胰岛素不足或缺乏。1型糖尿病必须每天通过使用胰岛素来维持其血糖正常。此类型约占糖尿病患者总数的5%，多发生于儿童或青少年。

2. 2型糖尿病（T2DM）

2型糖尿病又称非胰岛素依赖型糖尿病，病因和发病机制亦未明确，其病理生理学特征是胰岛素调控葡萄糖代谢能力下降（即胰岛素抵抗），伴随胰岛β细胞功能缺陷所致的胰岛素分泌减少（或相对不足）。此类型患者自身能够产生胰岛素，但细胞无法对其作出反应，使胰岛素的效果大打折扣。通常主要是由于胰岛素抵抗，合并有相对性胰岛素分泌不足所致的一类疾病，临床上称之为胰岛素抵抗或者胰岛素分泌相对不足，因此患者体内的胰岛素可能处于一种相对缺乏的状态，从而致血糖异常升高。2型糖尿病是最常见的一种类型，可发生在任何年龄段，但多见于成人，常在40岁以后起病，起病多隐匿，症状较轻，易被患者忽视。患者体型偏胖。大多数2型糖尿病患者不需要用胰岛素，可以通过长期服用降糖药来刺激体内胰岛素的分泌。

（二）糖尿病的临床症状

1. 典型症状

糖尿病最典型的症状是"三多一少"，即多食、多饮、多尿、体重下降。这主要是由于胰岛素分泌不足或胰岛素抵抗导致糖尿病患者对血糖利用障碍，使能量不能有效地被利用，体内细胞处于饥饿状态而引起多食。患者若因饥饿进食增多，又会加重机体高血糖，加剧多尿、多饮症状。由于糖利用障碍，致使人体只能靠分解体内脂肪和蛋白质来维持所需要的能量，从而导致患者体重下降（消瘦），精神不振，劳动能力降低。

（1）多尿：糖尿病患者尿量和排尿次数明显增多。每次排尿量多，泡沫多，尿渍颜色呈白色，发黏。健康人24h尿量一般是1000～2000mL，平均1500mL，每日排尿次数在5次左右。糖尿病患者24h尿量为3000～4000mL，甚至可达10000mL，排尿多达十几次，且夜尿的次数多，尿量也多。这是由于糖尿病患者的高血糖，当其超过肾糖阈值时糖就从尿中排出，血糖越高，尿糖越多，排尿就越多，如此形成恶性循环。

（2）多饮：糖尿病患者饮水增多。通常表现为口渴、心烦、饮水量以及饮水次数明显增加。由于糖尿病多尿使体内水分大量流失，而细胞内脱水，刺激口渴中枢，以饮水来做补充，因此患者排尿多，饮水自然增多。同时，因为高血糖导致了渗透性利尿，使机体因丢失大量水分而处于"高渗"状态（当人体血液中的葡萄糖升高时，就会吸收周围组织中的水分，医学上称为"高渗"状态），从而刺激口渴中枢引起口渴、多饮等症状。

（3）多食：糖尿病患者约有一半会有多食症状。由于糖尿病患者摄入食物后，机体内糖分不能被充分利用，则随着尿液排出体外，从而使体内能量缺乏，机体处于饥饿难忍的状态，因此促使患者食量大增，且进食后没有饱腹感。有些人一日吃四五顿饭仍有饥饿感。吃得越多，血糖越高，尿中排出的糖也越多，饥饿的感觉越厉害。如果一个人食量增加，但体力越来越差，则高度警惕发生糖尿病的可能性。

（4）体重减少：糖尿病患者表现出消瘦。由于糖尿病患者糖的利用障碍，葡萄糖不能进入组织细胞，使人体"能源"供应减少，就会觉得饿。为满足机体平衡的需要，机体需要不断地分解身体里的脂肪和蛋白质，使其转化成葡萄糖来提供能量。机体的脂肪和蛋白质消耗增多，就会导致体重下降，使人日渐消瘦，而且体质也下降。由于身体大量的脂肪、蛋白质不断被分解，因此患者尽管吃得很多，体重却减轻。由于代谢紊乱，水电解质失衡，能量不能正常释放，患者常感到精神不振、全身乏力。

需要注意的是一些糖尿病患者可能早期没有症状，有些患者体重下降不明显，甚至早期常常表现为肥胖，很容易让这些潜隐的患者忽视自己的健康问题。很多糖尿病患者到中后期，"三多一少"症状会陆续地出现。如果发现自己或家人有上述的"三多一少"症状，特别是具备不明原因的消瘦，则表明病情在发展。应立即到医院内分泌科找专科医生检查，明确诊断，并及早采取综合防治措施，控制病情进展。

2. 不典型症状

2型糖尿病多数起病缓慢，是经过很长时间逐渐发展起来的，早期可能没有任何不适症状，"三多一少"症状较轻或不典型，而表现出一些其他症状。

（1）易疲乏：约2/3的糖尿病患者多有乏力的症状，甚至超过消瘦的人数。主要是由于血糖不能进入组织细胞，细胞缺乏能量所致。

（2）伤口经久不愈：糖尿病患者存在外周血管病变，影响伤口周围组织的血供，同时糖尿病患者营养丢失严重，易导致其伤口难以愈合。

（3）反复尿路感染：女性生理上因尿道较短，比男性易发生尿路感染。若患有糖尿病血糖控制不佳时，尿中含糖量较高，尿道易成为病原微生物（细菌、霉菌等）的最佳滋生地，增加尿道感染的机会。

（4）胆道感染：糖尿病并发胆囊炎的发病率甚高，有时可伴有胆石症，有时胆囊会发生坏疽及穿孔。

（5）手足麻木：糖尿病患者可能存在感觉神经障碍，引起四肢末梢部位皮肤感觉异常，引起末梢神经炎，表现为手足对称性的麻木，伴有灼热感、蚁走感（虫爬样）、针刺样疼痛，感觉减退或消失。也有患者会表现出走路时踩在棉垫上的感觉。在糖尿病晚期，末梢神经炎的发病率会更高。

（6）皮肤瘙痒：糖尿病可引起患者皮肤瘙痒，往往使人难以入睡，皮肤反复长疖子。这可能是由于高血糖刺激患者皮肤神经末梢而引起的皮肤瘙痒，尤其是女性阴部瘙痒，常为糖尿病首发的症状，而且病情更为严重。

（7）视力障碍：糖尿病可引起患者视网膜病变以及白内障等眼睛各部位的并发症，导致视力下降，恶化较快。有时会引起急性视网膜病变、急性视力下降甚至失明。糖尿病所致的视力障碍发病率随病程与年龄的增加而增加。其中，糖尿病性视网膜病变对视力损害最为严重，常因视网膜出血而造成视力突然下降。已患有白内障、青光眼等眼疾的人需警惕糖尿病的发生。

（8）性功能障碍：糖尿病因长期高血糖可引起血管病变、神经系统病变和心理障碍等，从而导致性功能障碍，特别是男性患者以勃起功能障碍最多见。有资料显示，糖尿病患者发生勃起功能障碍的占60%以上。女性患者常表现为性欲减退、性冷淡、月经失调等。

（三）糖尿病的诊断

1. 实验室检查

（1）尿糖测定：尿糖阳性是诊断糖尿病的重要依据。

（2）血糖测定和口服葡萄糖耐量试验（OGTT）：血糖升高是诊断糖尿病的主要依据，也是判断糖尿病病情的主要指标。当血糖高于正常范围而又未达到糖尿病诊断标准时，须进行OGTT。口服葡萄糖耐量试验OGTT是一种葡萄糖负荷试验，以了解胰岛β细胞功能和机体对血糖的调节能力。OGTT是诊断糖尿病的确诊试验，广泛应用于临床实践中。

OGTT的检测方法是在无摄入任何热量8h后，清晨空腹，口服溶于250～300ml水内的无水葡萄糖粉75g或标准馒头100g。糖水在5min内服完。从服糖第一口开始计时，于服糖前和服糖后0.5h、1h、2h、3h分别在患者前臂采血测血糖。试验过程中，受试者不喝茶及咖啡、不吸烟、不做剧烈运动。正常人进食后血糖会暂时升高，0.5～1h后升到最高峰，但不超过8.9mmol/L，2h后回到空腹血糖水平。糖尿病患者及糖耐量异常者则不遵循此规律，往往表现血糖值升高及节律紊乱。

（3）糖化血红蛋白（GHbA1）和糖化血浆白蛋白测定：糖化血红蛋白 GHbA1 是葡萄糖或其他糖与血红蛋白的氨基发生非酶催化反应（一种不可逆的蛋白糖化反应）的产物，其量与血糖浓度呈正相关。GHbA1 可以作为测定血糖浓度的间接指标，血浆白蛋白也可与葡萄糖发生非酶催化的糖化反应，而形成果糖胺。其形成的量也与血糖浓度和持续时间相关，可作为糖尿病患者近期病情监测的指标。

（4）胰岛素释放试验：本试验反映基础和葡萄糖介导的胰岛素释放功能。正常人空腹基础血浆胰岛素为 35~145pmol/L，口服 75g 无水葡萄糖后，血浆胰岛素在 30~60min 上升至高峰，峰值为基础值的 5~10 倍，3~4h 恢复到基础水平。而糖尿病患者在此试验中血浆胰岛素水平异常。

（5）C 肽释放试验：C 肽测定反映基础和葡萄糖介导的胰岛素释放功能。

2. 诊断标准

我国目前采用国际上通用世界卫生组织糖尿病专家委员会（1999）提出的诊断和分类标准，见表 16-2 和表 16-3［表引自《内科学》（第 9 版）］。

表 16-2 糖尿病诊断标准

（世界卫生组织糖尿病专家委员会报告，1999 年）

诊断标准	静脉血浆葡萄糖水平（nmol/L）
糖尿病症状加随机血糖	≥11.1
空腹血糖	≥7.0
OGTT2 小时血糖（2hPG）	≥11.1

注：若无典型"三多一少"症状，需再测一次予以证实，诊断才能成立。

表 16-3 糖代谢状态分类

（世界卫生组织糖尿病专家委员会报告，1999 年）

| 糖代谢分类 | 静脉血浆葡萄糖（nmol/L） | |
	空腹血糖	糖负荷后 2 小时血糖（2hPPG）
正常血糖	<6.1	<7.8
空腹血糖受损	6.1~<7.0	<7.8
糖耐量减低	<7.0	7.8~<11.1
糖尿病	≥7.0	≥11.1

注：2003 年 11 月，世界卫生组织糖尿病专家委员会建议将空腹血糖受损的界限值修订为 5.6~6.9nmol/L。

三、糖尿病的流行状况及特征

糖尿病是严重威胁人类健康的世界性公共卫生问题。目前在世界范围内，糖尿病患病率、发病率急剧上升，已成为继心脑血管疾病、肿瘤之后的第三大严重危害人类健康的慢性非传染性疾病。来自国际糖尿病联盟（IDF）的数据统计，2015 年全球糖尿病患病人数已达 4.15 亿，较 2014 年的 3.87 亿增加了近 7.2%，预计到 2040 年全球糖尿病患病总人数将达到 6.42 亿，2015 年全球因糖尿病死亡人数达 500 万。

近 30 多年来，随着我国经济的高速发展、人民生活水平的不断提高、生活方式变化和人口老龄化，肥胖率上升，我国糖尿病患病率也呈快速增长趋势。1980 年我国成人糖尿病患病率为 0.67%，2007 年达 9.7%，2013 年更高达 10.9%。糖尿病前期的比例更高，且我国约有 60% 的糖尿病病人尚未被检测和诊断出来。儿童和青少年 2 型糖尿病的患病率显著增加，目前已成为超重和肥胖儿童的关键健康问题。2015 年我国成人糖尿病病人数量为 1.096 亿，居世界第一位，预测 2040 年我国糖尿病病人数量将达到 1.507 亿。

四、糖尿病的影响因素

有关糖尿病病因的研究已有数百年甚至上千年的历史,但迄今为止,糖尿病发病原因尚不完全清楚,不同类型其病因不尽相同,即使同一类型中也存在异质性。目前大多数科学家倾向于认为糖尿病的发生是遗传因素及环境因素共同作用的结果。

(一) 遗传因素

糖尿病具有遗传性。大量调查研究表明,遗传因素在 1 型或 2 型糖尿病发生上都有重要影响,如父母亲患有糖尿病,其子女发病率明显高于正常人。同卵双生的研究也表明,双生子中一人若出现糖尿病,另一人也可能患有糖尿病,两人在 5 年内先后患糖尿病的概率,幼年为 50%,成年可高达 90%以上,在同卵双生子中 1 型糖尿病同病率达 30%~40%,同卵双生子中 2 型糖尿病的同病率接近 100%,显示糖尿病与遗传因素有关。已有的研究显示遗传因素主要影响胰岛 β 细胞功能,但起病和病情进程则受环境因素的影响而变异更大。糖尿病遗传因素中参与发病的基因很多,分别影响糖代谢相关过程中的某个中间环节,而对血糖值无直接影响,且每个风险基因参与发病的程度不同。每个风险基因只是赋予个体某种程度的糖尿病易感性,并不足以致病,也不一定是致病所必需,研究者们更倾向于认为多基因异常的总效应形成糖尿病遗传易感性。

(二) 环境因素

1. 肥胖

肥胖是体重增加导致体内的脂肪堆积过多,使机体发生一系列病理生理变化。一般认为,体重超过标准体重 10%者为超重,体重超过标准体重 20%,且脂肪量超过 30%者为轻度肥胖;体重超过标准体重 30%~50%、脂肪量超过 35%~45%者为中度肥胖;体重超过标准体重 50%以上、脂肪量超过 45%以上者为重度肥胖。肥胖者的胰岛素受体数目减少,且受体对胰岛素敏感性下降。成人标准体重的计算方法:标准体重(kg)=身高(cm)−105。

流行病学调查表明,肥胖者糖尿病患病率明显高于非肥胖者。我国 1980 年对 14 个省市 30 万人的调查显示,肥胖者糖尿病的患病率为 20.4%,非肥胖者为 3.88%。40 岁以上的 2 型糖尿病患者中,2/3 以上的人体重超过标准体重的 10%,说明肥胖与糖尿病有密切关系。大多数学者认为肥胖是 2 型糖尿病的重要诱因之一。

2. 长期高热量饮食

饮食过多和高脂肪、高热量饮食引起的肥胖,可以使胰岛素受体的敏感性减低。肥胖者虽然分泌足够量的胰岛素,甚至血浆胰岛素高出正常水平,但是不能正常发挥作用。不良的饮食习惯如喜甜食,长期以精米、精面为主的饮食,会造成微量元素及维生素的缺乏。某些微量元素如锌、镁、铬对胰岛细胞功能、胰岛素的合成及能量代谢都起着十分重要的作用。

3. 体力活动减少

长期缺乏体育锻炼或体力活动,且能量摄入超过能量消耗的脑力劳动者,既可能发生肥胖,又可能因肌肉得不到适当的收缩和舒张,使肌细胞膜上的胰岛素受体大量减少,肌肉不能充分利用葡萄糖,因而出现血糖升高。因此,脑力劳动者发生糖尿病的概率比体力劳动者高 3 倍。

(三) 应激因素

应激是个体在遭受重大刺激如创伤、感染、长期血糖增高、膳食结构迅速改变、精神高度紧张、人际冲突、失业或学业受挫等情况下个体所作出的身心反应,这个过程也是机体的自我保护机制。应激状态下人体内发生的最大反应是应激激素大量分泌,这些激素包括糖皮质激素、胰高血糖素、肾上腺素、生长激素等。机体通过分泌应激激素以动员组织器官储备功能来应付超常需求。如果应激状态是一过性的,且刺激强度不是很大,不会对机体造成伤害。但如果应激反应持续,长期存在,则应激反应不仅不能保护机体,还会破坏内分泌、糖代谢等机体内环境平衡。应激激素大多是对抗胰岛素的,对机体糖代谢起分解作用。由于升血糖的激素大幅增加,为维持机体血糖相对稳定,则使胰岛β细胞的工作负荷增加,长时间超负荷分泌胰岛素,使得胰岛β细胞功能衰退,甚至耗竭,导致血糖代谢平衡被彻底打破,出现持续性高血糖。因此,应激,特别是长期严重的应激,是糖尿病发生的重要危险因素。

五、糖尿病的预防

糖尿病发病率日益增高,而由糖尿病引发的心脑血管、肾脏、神经系统等并发症严重地降低人类的生命质量,损害生命安全。然而,目前国内外尚无有效根治糖尿病的方法,一旦确诊为糖尿病,则终生是糖尿病患者。因此,对糖尿病的预防控制就显得至关重要。针对糖尿病发生发展的过程,疾病预防控制机构通过三级预防模式,采取一系列的预防控制措施,可达到降低糖尿病发病率、致残率和致死率,减轻个人、家庭和社会的卫生经济和照护负担。

(一)糖尿病一级预防

糖尿病的一级预防,即病因预防,是针对糖尿病危险因素,在普通人群中采取健康促进和健康保护的方法,以达到防止糖尿病的发生。一级预防是在糖尿病尚未发生时,针对其致病危险因素采取预防措施,以消除危险因素对人们健康的不利影响,防止糖尿病的发生。这是预防糖尿病的根本性措施,也是最积极、最有效的预防措施。一级预防主要通过健康促进,即创建健康的外环境,使人们避免或减少对糖尿病危险因素的暴露,从而达到预防疾病的目的。

糖尿病的预防主要是对2型糖尿病的预防。其一级预防是指针对一般人群广泛开展健康教育,提高一般人群对糖尿病防治的知晓率和参与度,引导人们认识糖尿病的危险因素,如糖尿病家族史、不良的饮食习惯、体力活动少、肥胖、吸烟、大量饮酒、精神紧张等。让人们能了解糖尿病的危险因素,能自觉地采取健康的生活方式,即平衡膳食、合理营养(限糖、限盐、限油、控制热量等)、控制体重、适量运动、戒除吸烟、限制饮酒等健康的生活方式并积极维护心理健康,提高全社会广大人群的糖尿病预防意识,重视自身的健康管理,及时纠正各种不良的生活方式与行为习惯,以有效预防2型糖尿病的发生。

(二)糖尿病的二级预防

糖尿病的二级预防是对高危人群以及临床前的隐匿症状者开展预防控制糖尿病工作。针对糖尿病的高危人群以及临床前的潜隐患者的危险因素,采取有效措施及早发现、及早诊断和及早治疗,以防止糖尿病的发生和发展。

1. 糖尿病的高危人群

糖尿病的高危人群通常是有糖尿病家族史者,体重超重或肥胖者,不健康的饮食习惯者(如高热量、喜食甜食等)、高血压、高血脂者,长期工作压力及心理应激者等。临床前的隐匿症状者是尚未确诊糖尿病者,如空腹血糖高,OGTT正常者;空腹血糖临界值者等。

具体来说,成年人中糖尿病高危人群是指年龄大于18岁的成人中,具有下列任何一项及以上者则为糖尿病高危人群以及临床前的隐匿症状者:

(1)超重或肥胖:超重(BMI≥24kg/m2),肥胖(BMI>28kg/m2)和(或)向心性肥胖(男性腰围≥90cm,女性腰围≥85cm)。

(2)糖尿病前期史:存在血糖调节受损,是指血糖升高(介于正常与糖尿病之间),但还没有达到诊断为糖尿病标准的一种状态。其中,空腹血糖调节受损和糖耐量减低者(糖尿病前期)是发生糖尿病的高风险人群,应积极采取饮食、运动干预,并定期复查糖耐量试验。

(3)糖尿病家族史:一级亲属(父母和兄弟姐妹)中有2型糖尿病患者。

（4）静坐生活方式和（或）久坐工作方式。

（5）有巨大儿（出生体重≥4kg）分娩史或妊娠糖尿病史的妇女。

（6）高血压：收缩压≥140mmHg和（或）舒张压≥90mmHg，或正在接受降压治疗者。

（7）血脂异常：高密度脂蛋白—胆固醇（HDL-C）≤0.91mmol/L和（或）三酰甘油≥2.22mmol/L，或正在接受调脂治疗。

（8）动脉粥样硬化性心血管病患者。

（9）BMI≥24kg/m2的多囊卵巢综合征患者并伴有与胰岛素抵抗相关的临床症状（如黑棘皮病等）。

如果具有上述情况之一或多项，需重点筛查，若体检结果正常，还需每年定期体检，以便及早发现病情，及早治疗。糖尿病前期人群以及向心性肥胖是2型糖尿病最重要的高危人群，其中糖耐量减低人群每年有6%～10%的个体进展为2型糖尿病。

2. 糖尿病高危人群的预防干预

对2型糖尿病的高危人群以及临床前的隐匿症状者应作为重点优先干预的对象，除了定期体检，还需指导他们进行健康管理。

（1）控制体重：超重或肥胖者需采取各种措施以使自己的体重指数（BMI）达到或低于24kg/m²；平时关注体重的变化，并每天监测体重。体重增加时，应及时控制饮食，增加运动量，以使体重达到正常水平。

（2）合理膳食：适当的热量摄入，改变不良的进食习惯，如吃得多、吃得快等，少吃零食，少喝含糖饮料，按照我国居民平衡膳食指南合理饮食，采取低糖、低脂、低盐、高纤维、维生素充足的健康饮食方式以保证营养，维护健康。

（3）加强体力活动，规律运动：指导糖尿病的高危人群以及临床前的隐匿症状者加强体力活动，进行规律的体育运动，以控制体重和血糖。运动是控制糖尿病的最好防控措施。运动不仅可消耗体内多余的热量，而且能调节血糖。每周体力活动应增加到250～300min，其中，中等强度体力活动每周应保持在150min。

（4）戒烟限酒：督促糖尿病的高危人群以及临床前的隐匿症状者建立良好的生活方式和行为习惯，戒除吸烟，限制饮酒，禁止酗酒，以防止烟草和酒精对胰岛细胞的损害，杜绝糖尿病致病危险因素的侵害。

（5）保持心理健康：指导糖尿病的高危人群以及临床前的隐匿症状者注意保持心理健康，减轻工作或学业压力，积极应对心理应激，建立和利用社会支持，以维护和促进心理健康，抵御糖尿病的发生。

（三）糖尿病的三级预防

糖尿病的三级预防是指已确诊为糖尿病患者采取各种措施，控制糖尿病病情进展，防范慢性并发症的发生和发展，减少伤残，提高生活质量，降低死亡率。三级预防的重点内容是控制糖尿病病情进展，防控其并发症，并对慢性并发症加强监测，以便对并发症早期发现、早期预防和治疗。糖尿病的早期并发症在一定程度上是可以治疗的，甚至是可消除的。但是，并发症中晚期则疗效不佳，不可逆转。因此，有效防治糖尿病，防止并发症出现，能使患者长期接近正常人的生活。

其防控措施主要包括：

1. 规范糖尿病的治疗

糖尿病患者仅通过饮食、运动无法有效控制血糖，需要科学规范地进行药物治疗。可以从一线治疗药（二甲双胍）到二线治疗药（一线治疗药不能很好控制血糖，则加用胰岛素促泌剂等），再到三线治疗药（二线治疗药不能有效控制血糖，则可加用胰岛素治疗或口服药联合治疗），直至四线治疗（三线治疗未有效时可采用多次胰岛素注射治疗）。对糖尿病患者有效控制血糖非常重要，可减少糖尿病并发症的发生。

2. 预防急性并发症

糖尿病急性并发症多见于糖尿病酮症酸中毒、非酮症性高渗性糖尿病昏迷、低血糖等。而急性加重常见诱因有：①各种感染，如呼吸道、消化道、尿道和皮肤感染；②胰岛素用量不当，如用量不足或过量或突然中断等；③饮食失调；④精神刺激或其他应激因素等。这些急性并发症可加重病情，加剧血糖的波动，损害其他器官和系统，因此，应在控制血糖基础上，避免危险诱因的暴露，以防范糖尿病急性并发症发生。

3. 预防慢性并发症

糖尿病慢性并发症多见于动脉粥样硬化性病变、微血管病变、神经病变及伴发病等。当糖尿病患者已经出现并发症时，则需要患者积极配合医生进行治疗，积极去除加重糖尿病发展的因素，延缓并发症的进展和恶化，最大争取长期维持器官系统的功能。糖尿病慢性并发症加重因素常见于高血压、高血脂、肥胖、吸烟、酗酒、饮食控制不当和缺乏体育锻炼等不健康危险因素。

4. 患者自我健康管理

对糖尿病患者，即使是有药物治疗，仍需患者进行自我健康管理，采取健康生活方式和行为，保持健康的心态。患者持之以恒的自我健康管理，合理饮食，规律运动戒烟限酒，控制体重，情绪稳定，乐观豁达，对糖尿病的预防控制可起到事半功倍的效果，能减轻病情，防止、延迟或减轻并发症，防止残疾，降低致死率，提高生命质量。

第五节　预防肿瘤

肿瘤，特别是恶性肿瘤是严重影响人类健康和生命的一类重要疾病，是在全球死因顺位中排在心脑血管疾病之后的第二位死因。因此，对肿瘤的预防控制显得尤为重要。

一、肿瘤概述

（一）肿瘤的基本概念及分类

肿瘤是指机体内易感细胞在各种致瘤因子的作用下，发生遗传物质改变，包括原癌基因突变或扩增，抑癌基因失活或缺失，基因易位或产生融合性基因等，导致细胞内基因失常，细胞异常增生而形成的新生物，常表现为局部肿块。肿瘤细胞失去正常的生长调节功能，当致瘤因子停止后仍能继续生长，具有自主或相对自主生长的特性。癌症通常称为恶性肿瘤或赘生物。癌症的一个决定性特征是异常细胞快速生成，这些细胞超越其通常边界生长并可侵袭身体的临近部位和扩散到其他器官。后者被称为转移。转移是癌症致人死亡的主要原因。

根据肿瘤生物学特性及其对机体危害性的不同，一般分为良性和恶性肿瘤两大类，癌症即为恶性肿瘤的总称。

医学上将来源于上皮组织的恶性肿瘤叫"癌"，来源于间叶组织（包括结缔组织和肌肉）的恶性肿瘤叫"肉瘤"。通常所讲的"癌症"指所有的恶性肿瘤，包括"癌"和"肉瘤"。

（二）良性肿瘤与恶性肿瘤的区别

一般来说，有以下几方面的差异特征。

1. 生长速度：良性肿瘤生长缓慢，恶性肿瘤生长较快。
2. 生长方式：良性肿瘤以膨胀性和外生性生长多见。良性肿瘤常有包膜形成，与周围组织分界清楚,因此通常可推动包块。恶性肿瘤为浸润性和外生性生长为主,前者无包膜形成,常与周围组织分界不清楚,因此肿块通常不能推动,后者伴有浸润性生长。

3. 继发改变:良性肿瘤很少发生坏死和出血,恶性肿瘤常发生坏死、出血,导致溃疡形成。

4. 转移:良性肿瘤细胞不转移到身体其他地方,恶性肿瘤细胞常会转移到其他地方。

5. 复发:良性肿瘤手术后很少复发,恶性肿瘤手术等治疗后经常复发。

6. 对机体的影响:良性肿瘤一般较小,主要引起机体局部压迫或阻塞,但若良性肿瘤发生于身体重要器官也可引起严重后果。恶性肿瘤一般较大,除压迫、阻塞外,还可破坏原发处和转移处的组织,引起组织坏死、出血合并感染,甚至造成恶病质。

可见,恶性肿瘤对人的危害最大,浸润和转移是恶性肿瘤的最主要特征。若能早期识别,早期诊断,早期治疗,便可以将恶性肿瘤消灭在萌芽阶段。

二、肿瘤的临床症状及诊断

(一)肿瘤的临床表现

肿瘤在临床上呈现出局部和全身表现。

1. 局部表现

(1)肿块:此为肿瘤患者常见的见医生时的表述。患者常由于自己摸到或发现身体某处有肿块而就诊。肿块可发生于身体的任何部位,位于或邻近体表者,如皮肤、软组织、乳房、肢体、口腔、鼻腔、肛管等均可触及。内脏肿瘤较大时也可触及。

(2)阻塞症状:多见于呼吸道、消化道肿瘤患者,如喉癌、舌根癌引起的呼吸困难;肺癌完全或部分阻塞支气管引起的呼吸困难;食管癌引起的吞咽噎感、吞咽疼痛、吞咽困难;胃窦癌引起的幽门梗阻,患者常发生恶心、呕吐、胃胀痛;肠道肿瘤阻塞肠腔时,引起的肠梗阻症状(腹痛、腹胀、恶心、呕吐,甚至不能排便、排气)。

(3)压迫症状:肿瘤长大,可能压迫周围的组织或器官,如甲状腺癌可压迫气管、食管、喉返神经时,可引起呼吸困难、吞咽困难、声嘶等症状。腹膜后原发或继发肿瘤压迫双侧输尿管时,可导致尿少、无尿和尿毒症等。前列腺癌可压迫尿道口时,则引起尿频、尿痛、排尿困难和尿潴留等症状。

(4)器官结构和功能损害:肿瘤会破坏所在器官的结构和功能,造成相应的病变。例如,骨恶性肿瘤会破坏所在骨,导致相应的关节功能障碍,甚至引起病理性骨折,使患肢功能丧失;脑肿瘤压迫破坏患处脑组织功能,引起相应的症状(如抽搐、偏瘫失语等)与颅内压增高症状(如头痛、呕吐、视力障碍)等。

(5)疼痛:疼痛是肿瘤常见的主要症状。肿瘤早期一般无疼痛,但发生于神经的肿瘤或肿瘤压迫邻近神经,或起源于实质器官及骨骼内过速生长的肿瘤,则会引起所在器官的包膜或骨膜膨胀所产生的疼痛或隐痛。肿瘤阻塞空腔器官,如胃肠道、泌尿道等产生疼痛,甚至剧痛。肿瘤晚期侵犯神经丛、压迫神经根可出现顽固性疼痛。肿瘤骨转移可产生骨痛。

(6)病理性分泌物:发生于口、鼻、鼻咽腔、消化道、呼吸道、泌尿道、生殖道等器官的肿瘤,如向管腔内溃破或并发感染,常有血性、脓性、黏液性或腐臭性分泌物自管腔排出,如鼻咽癌涕血、肺癌血痰、泌尿道癌血尿、直肠癌便血等。

(7)溃疡:发生于皮肤、黏膜、口腔、鼻咽腔、呼吸道、消化道、宫颈、阴道、外阴等处肿瘤,常因溃烂并发感染,有腥臭分泌物或血性液体排出。皮肤癌患者多以皮肤溃疡为主诉就医。

2. 全身表现

肿瘤早期无明显的全身症状,但随着肿瘤的发展,可出现较多的全身症状。

(1)发热:一些肿瘤患者常以发热就医。发热常见于恶性淋巴瘤、肝癌、肺癌、骨肉瘤、胃癌、结肠癌、胰腺癌及晚期癌患者。一般持续低热，亦有持续性高热和弛张热。肿瘤细胞、白细胞和体内其他正常细胞产生"内源性致热原"，作用于大脑中的丘脑下部，引起体温调节障碍，导致发热。

（2）进行性消瘦、贫血、乏力：晚期癌症患者多见全身消瘦的症状。食管、胃、肝、胰、结肠的癌症患者，因进食、消化、吸收障碍，较多出现全身消瘦、贫血和乏力症状。凡40岁以上主诉为进行性消瘦、贫血的患者，均应做身体检查。

（3）黄疸：如患者全身皮肤变黄，则可能出现黄疸，可能是胰头、胆总管下段、胆胰管或十二指肠乳头等处发生肿瘤，压迫与阻塞胆总管末端所致。原发性肝癌、转移至肝的癌结节压迫肝门区肝管，亦可出现黄疸。

3. 肿瘤伴随综合征

恶性肿瘤的临床表现，除了肿瘤原发和（或）转移性引起外，还有因肿瘤产生的异常生物学活性物质引起患者的全身临床表现，统称为肿瘤伴随综合征。及时发现这些征象，有助于原发肿瘤的早期诊断。

（1）皮肤与结缔组织方面表现：①瘙痒，凡40岁以上有进行性瘙痒病者，提示有恶性肿瘤可能。②黑棘皮病，常表现为皮肤呈乳头状增生，弥漫性色素沉着，过度角化和皮损，呈对称性分布于皮肤皱褶部位（颈、腋下、会阴、肛门、外生殖器、腹股沟、大腿内侧、肘与膝关节屈侧等）。多见于40岁以上患者。常在癌症确诊前出现。③带状疱疹，伴发的肿瘤以恶性淋巴瘤最多。这是免疫功能低下、病毒感染的结果。

（2）肺源性骨关节增生：主要表现为杵状指、肺性关节痛、骨膜炎和男性乳房肥大。见于肺癌、胸膜间皮瘤及已发生胸内转移的恶性肿瘤（结肠癌、喉癌、乳腺癌、卵巢癌等）。此症多数出现于原发肿瘤症状前几个月。

（3）神经系统方面表现：①多发性肌炎，是近端肌肉进行性无力，手臂伸肌比屈肌先受累，病变肌肉有触痛但不萎缩，反射可以消失或减弱。乳腺癌、宫颈癌、胆囊癌、肺癌、肾癌、卵巢癌、胰腺癌、前列腺癌、直肠癌、甲状腺癌及白血病和淋巴瘤都可伴有此综合征。②周围神经炎，即四肢感觉异常及疼痛，以至丧失感觉，可伴有肌无力，最常见于肺癌，亦见于白血病、胰癌、胃癌、结肠癌、乳腺癌和卵巢癌。③肌无力综合征，初发多为肌力减退、乏力，随后出现上肢无力、口腔干燥、眼睑下垂、复视、轻度视力障碍、声音嘶哑和阳痿等症状。常伴发于肺癌，可在肺癌确诊前几个月至几年出现。

（4）心血管方面表现：①游走性血栓性静脉炎，表现为静脉炎局部疼痛和压痛，可触及索状物，局部水肿，但不伴红、热等炎症表现，具有游走性，在不同的部位反复出现。任何内脏肿瘤均可出现，以胰腺癌最多见。②非细菌性血栓性心内膜炎，表现为血纤维蛋白在心瓣膜形成血栓，导致脑、冠状动脉或四肢的动脉栓塞和梗死，多见于胃癌、肺癌或胰腺癌。

（5）内分泌与代谢方面表现：①皮质醇增多症，患者可有皮肤色素沉着、虚弱、肌无力、水肿、糖尿病、高血压等症状，亦可出现精神障碍。此综合征最多见于肺癌、恶性胸腺瘤和胰腺癌等患者。②高钙血症，表现为厌食、恶心、呕吐、便秘、嗜睡和精神错乱。最常见于肺癌、肾癌和乳腺肿瘤等，高血钙症是癌症患者常见的并发症。

（6）血液方面表现：①慢性贫血，常见于内脏癌症患者。②红细胞增多症，多见于肝癌与肾癌患者。③类白血病反应，癌症患者可发生嗜酸细胞增多症，较常见于结肠癌、胰腺癌、胃癌和乳腺癌患者。淋巴细胞类白血病反应可发生于乳腺癌、胃肠癌

和肺癌患者，可能与肿瘤的坏死或肿瘤毒性物质释放或病灶转移有关。

4. 十大警示信号

全国肿瘤防治研究办公室提出了我国常见肿瘤的十大警示信号，可作为参考。

①乳腺、皮肤、舌部或者身体任何部位有可触及的或不消的肿块。②赘瘤或黑痣明显变化（如

颜色加深、迅速增大、痒、脱毛、渗液、溃疡、出血）。③持续性消化不良。④吞咽食物时咽噎感、疼痛、胸骨后闷胀不适、食管内异物感或上腹疼痛。⑤耳鸣、听力减退、鼻塞、鼻出血、抽吸咳出的鼻咽分泌物带血、头痛、颈部肿块。⑥月经期不正常的大出血，月经期外或绝经后不规则的阴道出血，接触性出血。⑦持续性嘶哑、干咳、痰中带血。⑧原因不明的大便带血及黏液，或腹泻、便秘交替，原因不明的血尿。⑨久治不愈的伤口、溃疡。⑩原因不明的长时间体重减轻。

（二）肿瘤的诊断

肿瘤的诊断通常基于体检、实验室检查、影像学检查、病理学检测、内窥镜探查、诊断性手术等检查结果。

1. 体格检查

体格检查是早期发现肿瘤的最重要措施。通常根据患者主诉某些症状的特点，对相关器官组织进行细致的、有针对性的、有目的体格检查。为了避免误诊和漏诊，常规对所有疑为肿瘤的患者采用视诊、闻诊、触诊、叩诊和听诊五法进行全身检查和肿瘤局部检查。

（1）全身检查：全身检查的目的在于确定患者是否患有肿瘤，包块为良性或恶性，原发性或继发性，身体其他器官组织有无转移等，同时检查重要器官的功能情况，以确定患者能否耐受手术或放疗、化疗等措施。

（2）局部检查：局部检查的目的在于确定肿瘤发生的部位与周围组织的关系，着重检查肿块与区域淋巴结受累情况。局部检查主要检查肿块及其相关情况。包括：
①肿瘤部位；②肿瘤大小；③肿瘤的形状；④肿瘤边界；⑤肿瘤的硬度；⑥肿瘤表面；
⑦活动度；⑧压痛；⑨搏动和血管杂音。

2. 实验室检查

主要对肿瘤标志物以及血、尿、粪等样本进行检查。主要的肿瘤标志物包括甲胎蛋白（AFP）、癌胚抗原（CEA）、血清糖类抗原125（CA125）等。

3. 病理学检查

包括细胞学检查和组织学检查。病理学检查是目前肿瘤诊断最为可靠的方法之一。

4. 影像学检查

影像学检查包括X线摄片、计算机X线断层扫描（CT）、磁共振成像（MRI）、正电子发射计算机断层扫描术（PET）和超声波等。

5. 内窥镜检查

内窥镜检查主要借助内窥镜检查内脏和腹部器官和腔道肿瘤。

6. 诊断性手术

对于不能确定病变的性质，同时疑有肿瘤者，为了早期诊断和及时治疗，可考虑诊断性手术治疗，也可同时做肿瘤切除，再进行病理学检查，这样更有利于对病变作出明确诊断。

三、肿瘤的流行状况及特征

（一）全球肿瘤流行病学概况

2021年世界卫生组织的资料显示，癌症是全世界的一个主要死因，2020年癌症导致全球近1000万人死亡。全球人口大约六分之一的死亡是由癌症造成的。2020年，按癌症新发病例数计，最常见的癌依次为：乳腺癌（226万例）；肺癌（221万例）；结肠和直肠癌（193万例）；前列腺癌（141万例）；皮肤癌（非黑色素瘤）（120万例）；胃癌（109万例）。2020年癌症死亡的最常见原因是：肺癌（180万例死亡）；结肠和直肠癌（93.5万例死亡）；肝癌（83万例死亡）；胃癌（76.9万例死亡）；乳腺癌（68.5万例死亡）。近70%的癌症死亡发生在低收入和中等收入国家。大约三分之一的癌症死亡源自烟草使用、高体重指数、酒精使用、水果和蔬菜摄入量低以及缺乏身体活动。烟草使用是最为重要的致癌危险因素，造成了约25%的癌症死亡。在低收入和中等偏下收入国家，约30%的癌症病例是由肝炎和人乳头状瘤病毒等致癌感染引起的。

（二）我国肿瘤流行病概况及特点

恶性肿瘤（癌症）已经成为严重威胁我国人民健康的主要公共卫生问题之一。《2015年中国恶性肿瘤流行情况分析》显示，癌症占居民全因死亡率的23.91%，且近十几年来癌症的发病率和死亡率均呈持续上升态势，每年癌症所致的医疗花费超过2200亿元，我国癌症防控形势严峻。肺癌、肝癌、上消化系统肿瘤及结直肠癌、女性乳腺癌等依然是我国主要的癌症。肺癌位居男性癌症的第1位，而乳腺癌位居女性癌症的第1位。男性癌症发病相对女性较高，且发病谱的构成差异较大。2019年全国最新癌症报告显示2015年甲状腺癌占女性癌症发病率的8.49%，在女性癌症发病谱中目前已位居第4位。前列腺癌近年来的上升趋势明显，已位居男性发病第6位。

四、肿瘤的影响因素

肿瘤发生的原因和过程十分复杂，目前尚不完全明确，但已有的研究表明肿瘤的发生与环境因素、遗传因素、社会和生活习惯因素等密切相关。

（一）环境因素

1. 化学致癌物质

（1）烷化剂和酰化剂：烷化剂是一类化学性质高度活泼的化合物，属于细胞毒类药物。在机体内可形成碳正离子或其他具有活跃的亲电性基团的化合物，进而与细胞中的生物大分子（如DNA、RNA、酶等）中含有丰富电子的基团（如氨基、巯基、羟基、羧基、磷酸基等）发生共价结合，使其丧失活性或使DNA分子发生断裂，导致肿瘤细胞死亡，具有抗肿瘤活性强的特点。按化学结构可分为氮芥类、乙撑亚胺类、磺酸酯及多元醇类、亚硝基类和三氮烯咪唑类等。烷化剂既有抗肿瘤活性，又可直接引发恶性肿瘤，如环磷酰胺既是强有效的免疫抑制剂，又是抗癌药物，同时又能诱发粒细胞白血病。

（2）金属元素、非金属元素和高分子聚合物：镍、铬、镉等金属元素因其二价阳离子可与细胞中DNA发生反应，诱发基因突变，进而导致癌症发生。砷慢性中毒可引发肿瘤，尤其是皮肤癌和肝癌。在塑料、橡胶制品制作过程中，当合成聚氯乙烯时，所使用的聚氯乙烯是无色易燃气体，它可通过肺或皮肤进入人体内可诱发人体血管肉瘤。接触1,3-丁二烯可诱发白血病。

（3）甲醛：甲醛是高度可溶性和挥发性的化学物质。2017年6月剑桥大学医学研究委员会癌症组在《细胞》（Cell）发表的论文显示，甲醛可以通过选择性降解参与DNA修复的BRCA2蛋白，导致BRCA2基因缺陷的细胞发生DNA损伤。甲醛成为诱发癌症的一个高危因素。甲醛是被世界卫生组织确定的一类致癌物。

（4）有机溶剂：常见的有氯仿、四氯化碳、三氯乙烯、甲醇、苯等，长期低剂量吸入可增加肿瘤发生的风险。制鞋业、橡胶制作业和建筑装潢业等是这些有机溶剂的高危环境。

（5）室内氡暴露：氡是一种无色、无臭、无味的放射性惰性气体。当人体吸入氡衰变的放射性粒子时，可对人的呼吸系统造成辐射损伤并导致肺癌发生。氡在含铀区域的矿石中含量较高，建筑材料是室内氡的主要来源，如花岗岩、砖砂、水泥、石膏等，特别是含有放射性元素的天然石材。

（6）多环芳烃：3-4-苯并芘、1,2,5,6-双苯并蒽等具有强烈的致癌性。其主要存在于烟草点燃后产生的烟雾和燃烧排放的煤烟中。烟熏和烧烤肉食中也含有多环芳烃，有研究发现此种饮食习惯地区的胃癌发病率高。

（7）亚硝胺类：亚硝胺是一大类广谱强致癌物。亚硝胺可引发消化道肿瘤，如胃癌。有研究显示，人类的肝癌、膀胱癌等也与亚硝胺有关。烟熏或盐腌的鱼及肉中含有较多的胺类，霉变的食品中有亚硝胺形成。肉类食品保存剂和着色剂中含有亚硝酸盐，亚硝酸盐也可由细菌分解硝酸盐产生。在胃内，亚硝酸盐可与食物中的二级胺合成亚硝胺。

（8）真菌毒素：黄曲霉菌广泛存在于土壤、动植物、各种坚果、各种霉变的食品中，以发霉的花生、大豆、玉米及谷物含量最多，其中多种黄曲霉毒素均可引发肿瘤，但以黄曲霉毒素 B1 的致癌性最强。黄曲霉毒素被世界卫生组织划定为一类致癌物。

2. 物理致癌因素

（1）电离辐射：电离辐射包括 X 射线、伽马射线和放射性粒子等，可能通过破坏 DNA 而导致人体癌症发生。有证据表明放射从业人员长期接触放射性射线，且又没有完善的防护措施，其皮肤癌和白血病的发病率高于普通人群。电离辐射引发癌变的机理是使染色体发生断裂、转位和点突变，继而导致癌基因被激活和抑癌基因失活。

（2）紫外线照射：有研究显示，紫外灯照射可引发机体皮肤鳞状细胞癌、基底细胞癌以及恶性黑色素瘤。

3. 生物致癌因素

（1）DNA 肿瘤病毒：DNA 肿瘤病毒感染人体细胞后，一些病毒基因组可以整合到人的 DNA 中，新的基因组引起细胞转化，导致肿瘤发生。如人类乳头状瘤病毒（HPV）是 DNA 病毒，有多种类型，其中，HPV－6 和 HPV－11 与生殖道和喉等部位的乳头状瘤有关。HPV16、18 与宫颈原位癌和浸润癌等有关。

（2）RNA 肿瘤病毒：RNA 肿瘤病毒是逆转录病毒，分为急性转化病毒和慢性转化病毒。急性转化病毒含有癌基因，宿主（人）的细胞感染病毒以后，以病毒 RNA 为模板在逆转录酶催化下合成 DNA，再整合到宿主（人）DNA 中，进一步表达导致细胞转化。慢性转化病毒不含癌基因，但含有很强的促进基因转录的启动子或增强子。逆转录后插入宿主细胞 DNA 的原癌基因，激活后使之过度表达，使宿主细胞转化。

（3）细菌：一些研究者认为幽门螺杆菌的感染与胃炎、胃溃疡、胃癌相关，某些抗生素杀灭螺杆菌可降低胃炎、胃癌的发生概率。因此，研究者们认为幽门螺杆菌可能是胃癌早期阶段的始发因素。幽门螺杆菌感染可直接损伤胃黏膜，改变胃酸分泌的生理功能，加剧对胃部的炎症。

（二）遗传因素

遗传性肿瘤综合征患者携带有遗传获得的特定的染色体和基因异常，其患相应肿瘤的风险较之无遗传因素的正常人显著增高。

1. 常染色体显性遗传

有些肿瘤通过常染色体显性遗传方式在家族中重复出现。如遗传性的视网膜母细胞瘤、神经母细胞瘤等。他们具有一个异常的等位基因，属于单基因遗传肿瘤。此类突变或缺失的基因多是肿瘤抑制基因。

2. 常染色体隐性遗传

某些肿瘤是由位于常染色体上的隐性致病基因引起的，则以常染色体隐性遗传方式在家族中出现。例如，着色性干皮病患者易发生皮肤癌，家族性结肠息肉病、先天性毛细血管扩张性红斑及生长发育障碍患者易发生白血病等，属于此类遗传肿瘤。此类肿瘤遗传与 DNA 修复基因异常有关。

3. 肿瘤家族聚集倾向

许多流行病学研究显示某些肿瘤具有家族聚集现象，如乳腺癌、胃癌、大肠癌、肝癌、食管癌、白血病、膀胱癌、前列腺癌、子宫内膜癌、肺癌、胰腺癌等。就乳腺癌、卵巢癌来说，有研究显示有 72％的携带 BRCA1 突变的女性会在 80 岁前患乳腺癌，44％会患卵巢癌。而有 69％的携带

BRCA2 突变的女性会患乳腺癌，17%会患卵巢癌。目前原因不明，但研究者们认为可能与多基因遗传有关。

（三）生活方式和行为因素

肿瘤的发生除遗传因素、环境因素的影响外，还与个人的生活方式和行为习惯有关。

1. 吸烟

吸烟是肺癌最重要的危险因素，同时也是唯一可以完全避免的引起人类死亡的原因。烟草成分中含有多环碳氢化合物和亚硝胺是潜在的致癌物，能直接引发肺癌。烟草中的尼古丁以及尼古丁的代谢产物可替宁在低浓度情况下并不致癌，但尼古丁让人成瘾，烟瘾大，吸烟量就大，不可避免地会摄入大量的亚硝胺、一氧化碳以及其他大量有害物质，从而对健康造成不利影响。世界卫生组织国际癌症研究机构（IARC）确定吸烟为肺癌的独立高危因素。吸烟与肺癌危险度的关系与烟草的种类、开始吸烟的年龄、吸烟的年限、吸烟量有关。被动吸烟也是肺癌发生的危险因素，此种情况多见于女性。同时，许多研究发现食管癌、胃癌、结直肠癌、肝癌等多种癌症与烟草有关，烟草也是这些癌症发生的风险因素。

2. 过度饮酒

长期大量饮酒会增加个体罹患口腔癌、喉癌、食管癌、结直肠癌、肝癌以及乳腺癌的发病风险。有资料表明酗酒者食管鳞癌发生风险增加7~50倍。饮酒还可以加重慢性肝炎患者肝细胞的损害，促进肝癌的发生。饮酒过度导致癌症发生可能的机理是大量酒精在体内分解成乙醛，乙醛会损害机体的DNA，并使身体无法修复这种损害。细胞便开始失控生长，并形成肿瘤。

3. 饮食习惯

许多研究显示高盐、腌制饮食是胃癌发生的高危因素。过多摄入精制食品，能量、脂肪、蛋白质摄入过多和膳食纤维摄入过少，发生结肠癌的危险性显著增加。饮食中过低或者过高的维生素D水平与前列腺癌的发病率有关。油炸食品的摄入与前列腺癌的发病相关。食物中硝酸盐、亚硝酸盐多，食品煎炸、烘烤等烹调加工过程产生苯并芘、杂环胺等与人类肝癌、食管癌、胃癌发生相关。喜欢嚼槟榔易发生鼻咽癌。因此，不健康的饮食习惯可能是肿瘤的危险因素。

4. 肥胖

很多的研究显示肥胖是子宫内膜癌、乳腺癌、前列腺癌、结肠癌、胰腺癌、肾癌等发病的危险因素。这可能与肥胖增加雄性激素及雌激素释放，或者与脂肪细胞释放的一些细胞因子相关。

（四）心理因素

一些研究发现长期慢性应激环境下，人们发生胃癌、肝癌等恶性肿瘤的风险相较于无应激环境者高。动物和人群研究发现具有癌症倾向性人格的人，如过度压抑不良情绪，好生闷气，易于焦虑、抑郁者则为C（cancer）型行为类型。C型行为类型者发生肿瘤的风险比一般人高3倍以上。

五、肿瘤的预防

肿瘤的发生与环境、遗传、生活方式、心理行为等相关高危因素密切相关。这些高危因素并不是无法改变，即使是遗传因素，人类也可以寻找到干预措施以避免遗传危险因素对人类健康的不良影响，如遗传咨询、基因治疗等方法。其他危险因素可以通过减少暴露，改正不良的生活和行为方式，完善人格，减轻压力等规避肿瘤风险。因此，世界卫生组织指出40%以上的癌症是可以通过采取预防措施来降低发病率的。

（一）肿瘤的一级预防

肿瘤的一级预防即病因预防，其目标是防止肿瘤的发生。可通过研究各种肿瘤病因和危险因素，针对化学、物理、生物等环境危险因素采取各种预防开支措施，加强环境保护，同时采取健康的饮食、加强身体锻炼、增进身心健康来达成一级预防的目标。

1. 大力开展防癌的健康教育：在普通人群中采取多种方式（如讲座、网络、宣传小册子等）开展肿瘤病因及危险因素知识的宣教，使人们建立起预防肿瘤的意识。

2. 建立健康的生活方式：指导人们为预防肿瘤，规避风险，需要自觉地采取健康的生活方式。不吸烟，限制饮酒，合理膳食，少食烟熏、腌制的食品，多吃新鲜蔬菜水果，多运动，少静坐，控制体重。

3. 保持良好心态：引导人们保持乐观、自信、开放的心态，完善人格，积极应对压力和挑战，维护健康的心理，可以积极预防肿瘤的发生。

4. 加强环境保护：改善环境，减少土壤、水、空气、室内中有毒有害物质的污染。对于特殊高危职业，需改进环境设计，加强通风，安装防护设施和装备，以减少物理、化学、射线、生物等致癌危险因素的暴露。

（二）肿瘤的二级预防

肿瘤的二级预防即对高危人群以及临床前肿瘤预防，是指对特定高风险人群识别，并筛查癌前病变，从而早发现、早诊断、早治疗。其目标是防止高危人群的健康损害。其任务是针对肿瘤的危险因素，通过体检、筛查等措施，识别高危人群以及临床前肿瘤隐匿症状者，采取"三早"措施，阻止或减缓疾病的发展，促其恢复健康。

1. 自我检查

指导有肿瘤家族史的高危人群进行自我检查，以早期发现、早期诊断、早期治疗，将肿瘤遏制在萌芽阶段，提高治愈率、生存率。例如，乳腺的自查就是早期发现乳腺癌的有效方法。男性自检，对发现睾丸肿块也有较大意义。

2. 临床检查和肿瘤筛查

每年的体格检查，医生应检查各个易患肿瘤的器官，如肺、肝、直肠、淋巴结、乳腺、卵巢、前列腺、甲状腺、睾丸等。同时，检测肿瘤标志物，如 AFP 甲胎蛋白、CEA 癌胚抗原、CA199 糖类抗原、CA125 糖类抗原、CA724 糖类抗原等。

3. 肿瘤的遗传学筛查

对有肿瘤家族史者需要重点进行肿瘤遗传学筛查和评估，以预测肿瘤发生的风险，及早采取预防控制措施，以降低肿瘤发生的风险。

4. 重视癌症的危险信号

指导人们重视癌症的危险信号，及早发现、及早诊断、及早治疗：①异常肿块；②持续性消化不良和食欲减退、上腹闷胀、进行性消瘦、贫血等；③异常感觉；④痰中带血、持久性声音嘶哑、干咳；⑤听力减退、鼻血、鼻咽分泌物带血和头痛；⑥月经期外或绝经期后的不规则阴道出血，特别是接触性出血；⑦大便习惯改变，大便变形，带血或黏液；⑧皮肤或黏膜经久不愈的溃疡；⑨体表黑痣和疣等在短期内色泽加深或变浅、迅速增大、脱毛、痒、渗液、溃烂等；⑩不明原因的发热、乏力、进行性体重下降等。

（三）肿瘤的三级预防

肿瘤的三级预防是对肿瘤患者的治疗和康复以及预防复发。其目标是阻止病情恶化，防止残疾，降低死亡率，提高生存率。主要内容是根据患者病理、分期及身体条件等因素，采取综合诊断和治疗措施，选择合理的诊疗方案，采取包括手术、放疗、化疗、免疫、靶向和中医药等多种治疗手段，积极处理并发症，注重患者康复需求，姑息关照和对症治疗，提高肿瘤患者的生存率和生存质量。

第十七章 青春期性健康

世界卫生组织资料显示：全球15～19岁女孩的主要死亡原因是妊娠和分娩引起的并发症。每年15～19岁女孩约发生560万例流产，其中约390万例不安全，可能导致孕产妇死亡和习惯性流产等长期健康问题。中国健康教育中心发布《中国青少年健康教育核心信息及释义（2018版）》，也明确提出青少年应当接受和参与全面性教育，掌握正确的生殖与性健康知识，避免过早发生性行为，预防艾滋病等性传播疾病。《国际性教育技术指导纲要（第2版）》将全面性教育定义为：一个基于课程，探讨性的认知、情感、身体和社会层面的意义的教学过程。其目的是使儿童和年轻人具备一定的知识、技能、态度和价值观，从而确保其健康、福祉和尊严。大学生性教育培养相互尊重的社会关系和性关系，帮助年轻人学会思考他们的选择如何影响自身和他人的福祉，并终其一生懂得维护自身权益。加强大学生性心理、性生理、性道德教育对于有效预防不安全性行为、促进生殖健康等具有重要的作用。

第一节 青春期性生理

青春期是从儿童到成人之间的过渡时期，是奠定一生健康基础的重要阶段。学会青春期卫生保健的基本知识和技能，养成良好的卫生习惯，有助于促进青春期身心健康。

一、青春期概述

世界卫生组织根据儿童少年生理、心理和社会性发育特点，将青春期定义为个体从出现第二性征到性成熟的生理发育过程，是由儿童逐渐发育成为成年人的过渡时期。青春期是人体迅速生长发育的关键时期，也是继婴儿期后，人生第二个生长发育的高峰，是个体从儿童认知方式发展到成人认知方式的心理过程，是个体从经济的依赖性到相对独立状态的社会过程。

青春期起始的标志是第二次生长突增。每个人出生之后就开始了体格的迅速发育在婴儿期因为体格发育迅速，表现为身长（高）的快速增加，被称为第一次生长突增。在青春期来临之际，在内分泌激素的作用下，儿童再一次呈现出体格迅速发育的状况，表现为身高的快速增长，被称为第二次生长突增。青春期起始于生长突增，经历性器官和第二性征的全面发育，女孩出现月经初潮，具有稳定规律的排卵，男孩出现遗精，性功能逐渐成熟，具备了孕育生命的能力。

青春期终止的标志是骨骺愈合。骨骺是人体骨骼发育过程中，尤其是长骨两端、扁骨缘、结节等处软骨中会出现的骨化点。人体骨骼的不断增长就是软骨细胞分裂增殖、不断骨化的结果。青春后期接近成熟后，骺软骨骨化消失，骨干与骨骺融合一体，被称为骨骺愈合。至此，长骨不再增长，扁骨不再长大，表现为个体身高停止增长。

青春早期，生殖系统发育与成熟的渐变过程一般会按照特定的时间模式进行。女孩进入青春期的时间略早于男孩，一般女孩青春期的年龄为9～18岁，男孩青春期的年龄为11～20岁。青春期阶段的年龄划分其实也并没有一个统一的标准，生殖系统发育的各种内在变化和外在表现也都存在较大的个体差异。从生长徒增、乳房发育、腋毛、阴毛生长到月经初潮或首次遗精，这些事件初次出现的时间模式被称为青春发动时相。都与生物遗传、营养状况和气候条件等因素关系密切。

青春期最大的特点就是变化和矛盾。青春期体格发育特点表现为生长突增及其速度的变化。

青春期体格生长突增不仅体现在身高、体重等形态指标方面，而且体现在体内组织器官的生长发育上。

对身高来说，青春期身高突增会持续2～3年，男童平均每年可增长7～9cm，最多可达10～12cm，全突增期平均增高28cm；女童平均每年可增长6～8cm，最多可达10cm，全突增期平均增高25cm。青春期体格生长突增还具有阶段性的特点，突增速度并不均匀，并且男女生之间存在突增时间和突增幅度的差异。

青春期性发育特点表现为性器官逐渐成熟和第二性征发育。男女生由于受到不同性激素的影响会出现一系列与性别有关的机体外部特征，即第二性征，第二性征的出现使得男女生从外表上看越来越接近不同性别成年人的体貌特征。青春期男女生殖器官逐渐发育成熟接近成人水平。

青春期性生理的迅速成熟，使得青少年的性意识明显增强，对异性交往充满了好奇、羞涩和渴望。因而青春期性心理特点表现为性意识的骤然增长和异性交往的困惑。

同时青春期心理特点还表现为快速生长发育时期的各种矛盾。

主要体现在自我意识迅猛发展和社会成熟度相对迟缓的矛盾：一方面，青少年觉得自己长大了，有很多自己的想法，想按照自己的方式生活；另一方面，他们经济不独立，社会经验不足，不得不依附于家庭和学校，对进入社会充满疑惑和未知的恐惧。

二、青春期性生理发育

青春期最重要的变化特征就是青春期性发育，主要表现在男生和女生生殖器官逐渐发育接近成人水平，以及由于不同性激素影响下出现的第二性征和生殖功能的逐渐成熟。

由于作为遗传物质的染色体不同，男性性染色体为1条X染色体和1条Y染色体，女性性染色体则为2条X染色体，两性生殖器官结构存在不同的外形和构造特征，被称为主性征，也叫第一性征。

而受男女不同性激素水平影响，两性除生殖器官之外还存在身高、体态、相貌等其他方面的明显差异，被称为副性征，也叫第二性征。

（一）男性性生理发育

1. 男性生殖器官发育

男性生殖器官包括内、外生殖器官两部分，内生殖器官有睾丸、附睾、输精管和前列腺、精囊腺等附属腺体；外生殖器官有阴囊和阴茎。

男生在出生早期，生殖器官发育极其缓慢，到了青春期的时候生殖器官开始快速发育。在青春期性生理发育过程中，男性睾丸最先发育，体积开始增大，阴囊也随之增大；随后，阴茎开始发育，表现为长度增加、直径增大，外形接近成年男性。

通常阴茎增大之后包皮会外翻露出阴茎头，如果包皮过长覆盖住尿道口，但可以外翻露出尿道口和阴茎头，被称为包皮过长；如果包皮过长，包皮口狭窄不能外翻露出尿道口和阴茎头，则被称为包茎。包皮过长和包茎容易形成包皮垢，导致发炎甚至癌变，因此要特别注意个人卫生，每天将包皮外翻清洗干净。包茎因为不能外翻清洗，建议到专科医院咨询实施包皮环切术。

2. 男性第二性征发育

男性第二性征通常包括阴毛腋毛等体毛生长、冒出胡须、声音变粗、出现喉结等。通常11～13岁男生开始出现阴毛发育，1～2年后出现腋毛、胡须，随着体内雄性激素水平的持续增高，开始出现喉结，声带变宽变长，说话声音变得浑厚暗哑。值得注意的是，约有一半的男孩在青春期也会出现乳房发育，通常先开始于一侧，表现为乳头突起，乳晕下出现硬块，有轻度触痛感，一般半年左右这些现象会自行消退，不必担心。如果超过一年迟迟不消退，则建议到医院做进一步检查。

3. 男性性功能发育

随着生殖器官的发育，男性生殖功能也逐渐发育成熟，最重要的标志就是出现遗精。通常第一次遗精发生在 12～18 岁，首次遗精多数发生在夏季，很多男性会在夜间睡梦中发生遗精，也有一些男性会用自慰的方式释放性能量。精液的成分除了精细胞之外，主要就是大量水分、蛋白质和糖类等。因此，自慰既不是一种罪恶的行为，对身体也没有什么大的危害，更不会传播性病。当然，如果自慰过于频繁，可能造成精力不集中、疲惫乏力等，影响正常的学习和工作。作为青年学生，我们应当广泛培养兴趣爱好，避免穿紧身衣裤，多参加体育运动和其他集体活动，倡导健康的生活方式。

由于个体差异，每个男孩达到特定阶段的年龄有明显的区别，而且各阶段持续的阶段也有很大差别。如果男孩到了十二三岁睾丸还不增大，十五六岁第二性征还迟迟不出现，要考虑睾丸和其他方面的异常，应及时到医院进行检查和接受治疗。

（二）女性性生理发育

1. 女性生殖器官发育

女性生殖器官也包括内、外生殖器官两部分，内生殖器官有卵巢、输卵管、子宫、阴道；外生殖器官有阴阜、大小阴唇、阴蒂、前庭和会阴。

进入青春期后，在性激素作用下，内外生殖器官迅速发育。通常，女生从 8～10 岁起卵巢就开始发育并逐步加速，表现为重量增加。子宫发育主要表现为重量、长度的明显增长，宫体和宫颈都变长。同时，外生殖器官也出现明显变化，阴阜隆起，大小阴唇变厚变大，色素沉着，出现阴道分泌物。

2. 女性第二性征发育

女性第二性征通常包括阴毛腋毛等体毛生长、乳房发育、骨盆变宽、皮下脂肪堆积等。乳房发育是女生进入青春期的第一信号，平均从 11 岁开始，随后出现阴毛和腋毛，越来越接近女性成年人的体貌特征。

女性第二性征还有骨盆变宽和皮下脂肪堆积。青春期女性骨盆逐渐变宽，为将来受孕分娩做准备，而皮下脂肪开始堆积使得青春期女生呈现出不同于青春期男性肌肉发达的体貌特征。

3. 女性性功能发育

女性性功能发育成熟最重要的标志是月经初潮。

通常成熟女性卵巢每一个月会产生并排出 1 枚卵细胞，有时候也可能排出超过 1 枚卵细胞，这就是形成异卵双胞胎或多胞胎的原因。如果在此期间发生了无保护的性行为，卵细胞很可能在输卵管前段遇到精细胞，完成受精。随后受精卵一边分裂一边向子宫方向游走，最后到子宫内膜着床，形成胚胎。如果在此期间没有发生性行为或者采取了安全套等保护措施，卵细胞未能完成受精，就会沿着输卵管向子宫方向游走，直至从阴道排出。人体结构精妙，器官之间的联系也非常神奇。当卵巢排出卵细胞的时候，子宫内膜会在性激素的作用下随之增厚，其中丰富的血管准备为着床的胚胎提供充足的养分。没有受精的胚胎到子宫内膜着床，子宫内膜就会出现周期性的坏死脱落，伴随出血，这就是月经。由于卵巢每一个月排出一次卵细胞，因此子宫内膜也就会每一个月出现一次周期性的坏死脱落，因此叫作月经。

月经是成熟女性正常的生理现象，国际上也把经期卫生作为衡量一个国家或地区青少年健康状况乃至社会经济发展的重要指标之一。然而，由于传统文化的影响，很多地区还存在针对女性月经的歧视，比如经期女性被禁止参加祭祀活动或进入某些场所等。大学生应当学习青春期健康知识，拒绝月经污名化和歧视，消除月经羞愧和自卑。

月经期间可以参加正常的学习和生活活动，但最好避免身体和精神上的过度劳累，也不要参加剧烈运动，不能游泳。月经期间还要特别注意保暖，避免淋雨或接触冷水因为寒冷刺激可能引起子宫和盆腔内血管过度收缩导致痛经或月经失调。饮食方面月经期间要注意加强营养，多喝牛奶、鸡蛋、豆浆、猪肝和新鲜水果蔬菜等；最好不要吃辣椒、姜蒜等辛辣刺激性食物。月经期间要特别注意个人卫生，每天以淋浴方式清洗外阴，内裤选棉质为宜，勤洗勤换，选用柔软优质卫生巾，并勤换卫生巾，不要发生性行为。月经期间还要保持精神愉悦，避免精神刺激和较大的情绪波动。

我国女性初潮平均年龄为14岁，正常范围为12～18岁。月经初潮因身体及精神发育、营养条件、气候等影响而有所不同。一般来说，较寒冷地带，初潮年龄较晚，而热带地区妇女成熟早。女性发育正常与否，主要看其月经是否来潮，但是初潮后可能有一段时间尚不规律。

如果女孩到了15岁尚无阴毛，17岁还未来月经，再发现生殖器其他异常或第二性征迟迟不显现，则显示出性成熟的延迟，应及时到医院检查及治疗。

第二节　青春期性心理

世界卫生组织对于健康的定义认为，健康是指一种身体上、心理上和社会上的完美状态，而不只是没有疾病或虚弱现象。青春期健康也一样，包含生理、心理和社会适应三个层面。因此，青春期除了生理层面发生着迅猛发展变化之外，心理层面也呈现跌宕起伏的变化和层出不穷的矛盾。我们应该尽可能多地了解青春期性心理知识。

一、性心理发育

所谓性心理，是指围绕性特征、性欲望和性行为的所有心理活动，包括性意识、性情感、性经验、性观念、性伦理和性道德等。了解青春期性心理发展规律和变化特征，有利于青少年消除性心理困惑，预防性心理障碍的发生。

青春期性心理发展变化按时间顺序可分为三个阶段。

1. 异性疏远期

青春早期随着性生理迅速发育，男生、女生的身体和体态发生了迅猛发展变化。此时，多数青少年会表现出心理适应困难，对自己身体和体态的变化表现出慌乱、反感甚至抵触的心理。例如，女生羞于看到自己的乳房发育，男生对声音的变化难以接受。在此阶段，男生和女生都表现为对两性交往的排斥，他们不愿意和异性同学走得太近甚至嘲弄和取笑那些和异性玩耍的同学。

2. 异性接近期

随着青春期性心理的不断发展，男生、女生逐渐开始对异性表现出前所未有的兴趣，愿意主动接近异性，并萌发出对异性交往的向往和憧憬。在此阶段，男生和女生都会表现出对自己外貌的特别关注，他们有意无意地越来越喜欢照镜子。女生不厌其烦地刻意打扮自己，男生则在球场上意气风发挥汗如雨，想方设法表现自己，希望得到异性的关注和好感。异性爱慕期是每个人一生中性心理活动最活跃、最热烈、最难以忘怀的阶段，因此，也常常出现老师和家长所担心的"早恋"现象。

正处于青春期的青少年对异性有好感非常正常，恋爱也在情理之中。大学生要注意把握异性交往的分寸，不要发生婚前性行为，毕竟青少年学生还没有能力处理婚前性行为带来的问题。因而，倡导大学生能够把主要精力放在学习上，多参加集体活动，树立良好的社会责任感，认真学习青春期健康知识，保护好自己，不伤害他人。

3. 恋爱期

青春后期，随着性意识的不断发展和趋于成熟，男生、女生对异性的爱慕变得越来越专一，会按照每个人不同的审美标准去寻找意中人，并产生强烈的交往意愿。通常男生会更主动选择表白自己的情感，而女生则多选择较为含蓄的情感表达方式。此阶段的爱情占有心理和排他性都非常明显，男生、女生都可能因此产生比较强烈的嫉妒心。此外，两性初恋期间情感也并不稳定，很容易出现各种各样的情感问题，与此同时，青少年又缺乏应对这些问题的生活技能，因此比较容易出现争吵，甚至发生不应该发生的伤害事件。

二、性心理特点

随着青春期身体快速发育发生的巨大变化，自我意识不断增强，感觉自己已经长大，但思想上并不成熟，心理比较脆弱，较难独自面对现实生活中的诸多问题，容易产生各种矛盾、冲突和困惑。

1. 性生理发育成熟与性心理相对幼稚的矛盾

与青春期性生理迅速发育成熟相比，青春期性心理发展受到思想观念、社会发展、经济水平、文化教育、生活条件等因素的制约，表现出明显的滞后性。从身体来看，越来越接近成年人，而心理素质、社会适应性还显得十分幼稚。

在青春期性心理发展的初期，大多对性充满了朦胧的好奇，或者觉得充满了莫名的神秘感，内心非常渴望了解与性有关的知识，也对异性表现出特殊的兴趣、好感和爱慕。可能会发生自认为严肃认真的恋爱，然而缺乏应对恋爱需要的成熟心理和良好的社会适应性，可能发生盲目、冲动的行为，对自己和他人身心健康造成不良影响。

2. 自我意识迅猛发展与社会成熟度相对迟缓的矛盾

自我意识的发展过程是一个人不断社会化的过程，也是个体个性特征逐渐形成的过程。自我意识是主观自我对客观自我的身体、心理状态的认识、体验和调控的过程。自我意识表现为认知、情感和意志三种形式，分别被称为自我认识、自我体验和自我调控。通常在三岁左右，个体出现了自我意识发展的第一次飞跃，这一时期常常被称为第一逆反期。相对而言，青春期常常被称为第二逆反期。

青春期的初期，有较为强烈的自我意志和实现自我价值的冲动，特别希望父母、师长接受并认可自己"已经长大""非常能干"的所谓现实。非常希望被别人当作成年人看待，希望自己的意见或建议得到尊重和认可，试图在平等的基础上与成年人建立关系。但与此同时，青春期的初期毕竟绝大多数时候还是生活在相对单纯的家庭和学校，对社会的认识比较肤浅，社会成熟度较低，也缺乏应对社会复杂问题的智慧和技能。在行为上表现出冲动、偏激、摇摆不定和脆弱等不足和局限。虽然他们不愿意，但是又不得不在经济上、心理上都依赖于父母、师长等成年人，这样的矛盾也可能令青少年感觉到紧张、焦虑和不安极少数还有恐惧。

3. 情感激荡释放与外部表露趋向内隐的矛盾

由于青春期生理层面的剧烈变化，以及心理方面的多重矛盾，青少年情绪情感通常波动变化比较大，表现为情绪情感的起伏激扬。按照自然规律，情绪情感起伏激扬需要获得适当的释放才能达到心理平衡，才不会影响心理健康状况。青春期的初期因为缺乏经济、心理等方面的独立性，不得不依附于父母、师长等成年人，他们常常会感受到来自成人社会有意或无意的打压和控制。进而影响心理状态和社会适应，诱发抑郁、焦虑等心理问题。

第三节　性侵害与自我保护

2020年4月15日，最高人民检察院发布了全国检察机关主要办案数据显示，2020年第一季度全国检察机关对性侵未成年人犯罪决定起诉4151人，同比上升2.2%。

性侵害由来已久并且在当下也十分普遍，据联合国不完全统计，35%的女性一生中遭受过性侵害，在一些国家这种现象甚至更为严重。对于男性遭受性侵害的情况，大部分国家无法提供可靠数据。性侵害会给受害者带来身体、心理和精神上的巨大伤害，大学生应该主动学习预防性侵害的相关健康和法律知识，学会自我保护的技能，提高自己积极应对风险的能力。

一、性侵害的概念及形式

（一）性侵害的概念

性侵害是一个相对模糊的概念，目前并没有非常明确的法律解释，一般认为，只要是一方通过语言的或形体的有关性内容的侵犯或暗示，从而给另一方造成心理上的反感、压抑和恐慌，都可构成性骚扰。大部分学者认为性侵害是指施害者出于性相关的目的，违背他人意愿对其作出与性有关的行为。性侵害主要包括：暴力型性侵害、胁迫型性侵害、社交型性侵害、诱惑型性侵害、滋扰型性侵害。这些行为包括可以作为司D法判例的性侵害行为，例如强制性交（即强奸）、强迫亲吻、性骚扰、性虐待、露阴或窥阴等，此外，还包括提出下流要求或开一些下流玩笑、与性有关的言语暗示或戏弄、令人不悦的展示色情图片或视频等，可能构不成犯罪，但是严重违背社会道德规范的行为。

需要特别说明，当我们说到性侵害是违背他人意愿的时候，我们其实是假设受害人是能够表达自由意愿的成年人。如果受害人是未满14周岁或者由于吸毒、酗酒、睡眠等情况处于神志不清或者无法表达自由意愿状态之下时，不论受害人是否明确表示同意，都应当视为性侵害。例如，《中华人民共和国刑法》第二百三十六条规定：奸淫不满14周岁幼女，不论受害人是否同意，均以强奸罪从重处罚。

（二）性侵害的主要形式

1. 暴力型性侵害

暴力型性侵害指犯罪分子使用暴力和野蛮的手段，如携带凶器威胁、劫持女性或以暴力威胁加之言语恐吓，从而对女性实施性侵害等。暴力型性侵害的特点如下：

（1）手段残暴。当犯罪分子进行性侵害时，必然遭受害人的本能抵抗，所以很多犯罪分子往往要施行暴力且手段野蛮和凶残，以此来达到自己的犯罪目的。

（2）行为无耻。为达到侵害女性的目的，犯罪分子往往会厚颜无耻地不择手段，比野兽还疯狂地任意摧残凌辱受害人。

（3）群体性。犯罪分子常采用群体性纠缠方式对女性进行性侵害。这是因为人多势众，容易制服受害人的反抗而达到目的；还会使原来单个不敢作案的罪犯变得胆大妄为，这种形式危害极大。

（4）容易诱发其他犯罪。性犯罪的同时又常会诱发其他犯罪，如因争风吃醋，引发聚众斗殴或为了逃避制裁，杀人灭口等恶性事件。

2. 胁迫型性侵害

胁迫型性侵害指利用自己的权势、地位、职务之便，对有求于自己的受害人加以利诱或威胁，从而强迫受害人与其发生非暴力性的性行为。其特点如下：

(1) 利用职务之便或乘人之危而迫使受害人就范。

(2) 设置圈套，引诱受害人上钩。

(3) 利用过错或隐私要挟受害人。

3. 社交型性侵害

社交型性侵害指在生活圈子里发生的性侵害。与受害人约会的大多是熟人、同学、同乡，甚至是男朋友。受害人身心受到伤害以后，往往出于各种考虑而不敢加以揭发

4. 诱惑型性侵害

诱惑型性侵害指利用受害人追求享乐、贪图钱财的心理，诱惑受害人而使其受到的性侵害。

5. 滋扰型性侵害

滋扰型性侵害的主要形式：一是利用靠近女性的机会，有意识地接触女性的胸部，摸捏其躯体和大腿等处，在公共汽车、商店等公共场所有意识地挤碰女性等；二是暴露生殖器等变态式性滋扰；三是向女性寻衅滋事，无理纠缠，用污言秽语进行挑逗或者做出下流举动对女性进行调戏、侮辱。

（三）常见的认识误区

性侵害的概念中，要澄清常见的认识误区。

1. 一般遭受性侵害的多为女性，因此人们往往忽略了男性也可能遭受性侵害，对男性实施性侵害的施暴者可能是女性，也可能是男性。

2. 很多人认为性侵害主要来自陌生人，而研究表明，约有70％的性侵害来自受害者认识的熟人，包括朋友、同事、上司，甚至老师、亲人等。从法理上讲，即便是热恋中的恋人，甚至已婚夫妻之间也可能发生约会强奸或者婚内强奸等性侵害行为。

3. 有人认为，性侵害的受害者自身也有过失，例如穿着暴露、举止轻佻等。虽然，我们主张青年学生应当穿着得体，举止端庄，但是穿着暴露、举止轻佻绝对不应该成为任何人实施侵犯的理由。因此，遭受性侵害的人就是受害者，本身并没有过错。

4. 还有一些容易被我们忽略的性侵害，例如因为通常遭受性侵害的主要是年轻人，我们往往忽略针对老年人的性侵害，还有公众较少关注到针对残障人群的性侵害等。

二、性侵害的分类

第一类是性骚扰。性骚扰，其实也缺乏一个具有法律效力的统一定义。大多数学者认为，性骚扰是指通过语言或者形体的方式，用一些与性有关的暗示或者动作给受害人身体和心理带来不适、压抑、反感甚至恐慌等，

性骚扰的行为方式包括言语性骚扰、行为性骚扰和环境性骚扰等类型。

言语性骚扰是指当面甚至当众讲一些令受害人感觉尴尬、不适的与性有关的言论，例如讲黄色笑话、用污秽的语言对受害人评头论足，甚至直接提出性要求等。

行为性骚扰是指做出一些令受害人感到不适的下流动作，例如触摸受害人的隐私部位、令人不适的动手动脚或亲吻等过于亲密的行为、人群拥挤的地方借机磨蹭他人身体、施害者裸露隐私部位等。

环境性骚扰是指通过布置环境和营造暧昧氛围，令受害人感受到不适和被侵犯的方式，例如向受害人展示色情图片、淫秽书刊或物品，或者当面播放淫秽音像制品等。

性骚扰可能发生在各种各样的场所，如在校园里可能出现师生之间、同学之间的性骚扰；在职场可能出现上下级之间、同事之间的性骚扰；在公交车、地铁、影剧院、机场等公共场所可能出现陌生人之间的性骚扰；通过互联网络实施的网络性骚扰，没有身体接触，空间上存在通过微信、

QQ 或者邮件发送一些黄色笑话、色情图片或视频，或者通过网络传播令人不适的性暗示、过问或评价私人生活等违背他人意愿、侵犯他人人格尊严的与性有关的行为。通常，性骚扰包括但不仅限于以下令人不适的行为：

（1）给予性方面的评价，或者当面讲黄色笑话、做性挑逗性的手势或眼神等。

（2）带有性暗示的触碰、抚摸、抓捏，尤其触及隐私部位。

（3）带有性意图的故意磨蹭、摩擦身体。

（4）不雅地裸露身体，尤其是裸露隐私部位。

（5）被人传播关于自己的性谣言。

（6）被出于性意图的拉扯衣服，拉下或者拉低衣服，甚至脱掉衣物。

（7）被展示含有性内容的照片、插图或色情视频等。

（8）被迫约会，被迫亲吻，或者被迫触摸他人隐私部位等其他亲密举动。

（9）更衣或者淋浴时被偷窥。

第二类是更为严重的性侵害强奸。

强奸，又叫强制性交，属于严重的刑事犯罪行为，是指违背被害人意愿，使用暴力、威胁或者其他手段强行与被害人进行性交的强制性行为。

违背被害人意愿包括性行为其中一方不同意发生性交行为，也包括其中一方虽然同意进行性交，但是双方在性交方式上未达成一致意见时强迫发生的性交行为。

需要说明：与 14 岁以下幼女，或者其他因醉酒、服药、精神疾病等原因无法自由表达意愿的人发生性行为，无论对方是否表达过性交意愿，都属于违背被害人意愿的强奸犯罪。

强奸概念中所说的性交或性行为包括阴道性交、肛交、口交等行为。目前，我国刑法中将强迫他人手淫等行为界定为强制猥亵罪，同样会受到法律的严惩。

强奸行为的实施者可能是男性，也可能是女性。强奸行为既可能发生在异性之间，也可能发生在同性之间。多数强奸行为发生在熟人之间，即便是恋人、夫妻之间也存在强奸犯罪的可能，也就是说即便双方是恋人甚至夫妻关系，如果违背他人意愿强制发生性行为仍然可以强奸犯罪论处。

不论是性骚扰还是强奸，性侵害给受害人带来的身心伤害是显而易见的。性侵害有可能令受害女性承担非意愿性妊娠、人工流产或感染性传播疾病的风险。此外，还会对受害人心理和精神造成很大的负面影响，例如受害人可能会变得沉默寡言、没有安全感、注意力难以集中、负面的自我评价、抑郁、人际关系障碍，甚至自伤自杀等。还有一部分人，尤其是未成年人在遭受性侵害之后可能出现创伤后应激障碍（PTSD），因此，发生性侵害之后的受害人不仅需要身体方面的医疗帮助，更需要心理方面的医疗帮助。

三、预防性侵害

性侵害不仅对受害人身心造成极大的负面影响，还具有严重的社会危害性。《中华人民共和国宪法》《中华人民共和国刑法》《中华人民共和国治安管理处罚法》《中华人民共和国民法典》《中华人民共和国妇女权益保障法》等法律法规都明令禁止用任何方式对他人实施性侵害，以保障我国公民在面对性侵害事件时的合法权益。

有针对性地开展相关健康教育是预防性侵害的关键。大学生学习预防性侵害的相关健康和法律知识，学会自我保护的生活技能，预防性侵害事件的发生。

性侵害看似偶然事件，有很多意想不到的情形和缘由，但是也并不是不可以预防。美国原国家公路交通安全局负责人威廉·哈登（William Haddon）出于预防交通意外伤害的考量，提出了一个著名的理论框架哈登模型（Haddon Model），从三因素、三阶段分析意外伤害的预防策略。

表 15-1 三因素、三阶段意外伤害的预防策略

三阶段/三因素	施害者	受害者	环境
发生前			
发生中			
发生后			

哈登模型完全可以用于性侵害预防策略的分析，我们可以设想施害者可能是什么样的人，在实施侵害之前、之中和之后可能做了些什么事情；同样地，我们还可以设想受害者和环境有一些什么特征等。

"中国涉性犯罪司法文书大数据分析"有关资料中显示，施害者中：①超过55%的被告人表示其为酒后作案；②95%以上强奸案为被告人单独作案；③原被告双方超过半数为网友关系；④超过半数强奸案发生在酒店。

《司法大数据专题报告之性侵类犯罪》也显示：被告人年龄主要分布在18～35岁，占53%，未成年人犯罪占9%；被告人在实施性侵犯罪之前66%的人有过饮酒行为；61.3%的性侵案件发生在酒店宾馆内；受害人与被告人最常见的关系是网友，其次是同学、同事、老乡，再次是恋爱关系。

（一）易遭性骚扰或性侵害的时间和场所

1. 时间

（1）夏天。夏天是女性容易遭受性侵害的季节。夏天天气炎热，夜生活时间延长，外出机会增多。夏季校园内绿树成荫，罪犯作案后容易藏身或逃脱。同时，由于夏季气温比较高，女性衣着单薄，裸露部分较多，因而对异性的刺激增多。

（2）夜晚。夜晚是女性容易遭受性侵害的时间。因为夜间光线暗，犯罪分子作案时不容易被发现。所以，女性应尽量减少夜间外出。

2. 场所

（1）公共场所。在教室、礼堂、舞池、溜冰场、游泳池、车站、码头、影院、宿舍、实验室等公共场所人多拥挤时，不法分子常乘机袭击女性。

（2）僻静处所。公园假山，树林深处，夹道小巷，楼顶晒台，没有路灯的街道楼边，尚未交付使用的新建筑物内，下班后的电梯内，无人居住的小屋、陋室、茅棚等僻静之处，若女性单独行走、逗留，很容易遭受流氓袭击。

（二）积极防范

1. 夏季应尽量缩短在户外的活动时间并尽量不要在人多拥挤的场合逗留；夜间外出时结伴而行。

2. 筑起思想防线，提高识别能力。女性特别应当消除贪小便宜的心理，对一般异性的馈赠和邀请应婉言拒绝，以免因小失大。谨慎待人处事，对于不相识的异性，不要随便说出自己的真实情况，对自己特别热情的异性，不管是否相识都要加倍注意。一旦发现异性对自己不怀好意，甚至动手动脚或有越轨行为，要及时向有关部门报告，以便及时加以制止。

3. 行为端正，态度明朗。如果自己行为端正，坏人便无机可乘。如果自己态度明朗，对方则会打消念头，不再有任何企图。若自己态度暧昧、模棱两可，对方就会增加幻想，继续纠缠。在拒绝对方的要求时，要讲明道理、耐心说服，一般不宜嘲笑挖苦。中止恋爱关系后，若对方仍然是同学、同事，不能结怨或成为仇人，在节制不必要往来的同时仍可保持一般正常往来关系。参加社交活动与男性单独交往时，要理智地有节制地把握好自己，尤其应注意不能过量饮酒。

4. 学会用法律保护自己。对于那些失去理智、纠缠不清的无赖或违法犯罪分子，不要惧怕他们

大学劳动教育与健康教育

的要挟和讹诈,不要怕他们打击报复。要学会依靠组织和运用法律武器保护自己。不能"私了","私了"的结果常会使犯罪分子得寸进尺,没完没了。

5. 预防性侵害要坚持:凡是令我们不舒服、不自在的触碰都要明确地勇敢拒绝;身体敏感部位不许别人随意触碰;不给别人窥视隐私部位;不喝陌生人的饮料,不吃陌生人的糖果,不跟着陌生人到自己不熟悉的地方;不接受他人无故赠送的钱财或贵重物品;遇到危险要学会逃跑、大声呼救、打碎玻璃引起关注、保护好自己;不替坏人保密,学会向家人、医生、警察求助。

6. 如果不幸发生了性侵害要注意:任何时候,生命都是第一位的,不要直接激

7. 惹施害者,要将对自己的伤害降到最低;注意记住施害者的体貌特征和任何身份信息;寻找机会立刻报警或打电话给信得过的成年人寻求帮助;脱身后立即告诉父母或其他信得过的成年人。

8. 发生性侵害之后,我们还需要记住:受害人并没有错,事情发生之后要采取措施减少对自己的危害。首先找一个安全的地方,远离肇事者。然后,打电话给亲密的朋友或家人,选择一个无论如何都会给你支持的人。在有人陪伴的情况下,去医院急诊室。医生或护士可以提供建议,做必要的检查;可能还会提供药物,以降低怀孕或感染的机会。看医生或护士之前,不要试着清洁或洗澡,要尽可能保留犯罪分子留下的证据。假如侵犯已经发生了一段时间,不管怎样,去看医生,至少可以帮助了解感染或怀孕的风险。如果耿耿于怀,还可以向信任的人寻求情感支持。更重要的是,可以寻求专业人士的帮助。在专业人士的帮助下,调整自己,保持心理、精神、社会适应的一个相对稳定的状态。愿意主动求助其实是需要勇气的,开口永远都不会太迟,我们要相信,总有人会理解我们的处境并给我们很好的支持。

第四节　青春期性伦理道德

人类的性与动物的区别在于,人类根据不同的社会政治、经济、文化发展阶段构建出了一套具有系统性、传统性和群体性的性意识,通常称之为性观念。此外,人类性行为还必须遵循一定的道德规范,毕竟性行为会对他人和社会产生一定的影响,甚至伤害。

首先,性行为必须在社会公德、法律规定的范围内,遵循双方自愿的原则。任何违背他人意愿的性行为不仅违背公序良俗,更是严重的违法犯罪行为,必将受到法律制裁。

其次,性行为需要遵循减少伤害或无伤害原则。既不要伤害自己也不能伤害他人,更不应该伤及后代。推荐正确使用合格安全套的安全性行为,减少非意愿性妊娠,避免人工流产对女性身心的巨大伤害。

再次,性行为应当以爱和婚姻关系确立作为前提。倡导推迟首次性行为时间,避免发生婚前或婚外性行为,保持对配偶的忠贞。

最后,性行为是涉及个人隐私的行为,应该避免在大庭广众之下发生亲吻、爱抚等过于亲密的行为,以免造成不良影响。

作为新时代的大学生,我们应该认真学习青春期性知识,充分认识两性关系的社会属性,遵循符合东方社会文化特点和社会规范的性道德和性伦理。正确理解男女性别和两性关系,建立正确正常的恋爱观,能够有效地控制性冲动,避免发生超越社会规范的性行为。

一、友谊与爱情

友谊,是人们在交往活动中产生的一种特殊情感,一种来自双向(或交互)关系的情感,即双方共同凝结的情感。友谊必须共同维系,任何单方面的示好或背离,不能称为友谊。友谊以亲密为核心成分,亲密性是衡量友谊程度的一个重要指标,亲密度达到一定程度后即使这份友谊因事淡

化，这份美好的记忆也会终生珍藏在"永恒的"回忆中，当再次重逢时它也会由怀旧中寻回，这样的情感被称为"永恒的"友谊。

友谊具有广泛和交叉的特点，既可以在同性，也可以在异性之中发生，还可以在同辈甚至长辈与晚辈之间出现。一般而言，友谊也是交往双方在自愿的基础上建立起来的。但是，有时候为了国家、集体和他人的利益，交往双方并不完全出于自愿，而是在原则的基础上求大同存小异，或者作出一些妥协和让步，以保持友谊不破裂。因此，友谊具有随和性的特点。友谊可因环境、工作、思想意识和兴趣等方面的变化而变化，或者随时可以中断，因此具有阶段性的特点。友谊与此不同，它只是一般同志关系，情感的交流、相互的切磋、相互的学习和帮助，不限于一对男女之间，不必有意回避他人，因此具有公开性的特点。

爱情，是人与人之间的强烈的依恋、亲近、向往，以及无私并且无所不尽其心的情感，它通常是情与欲的对照。爱情由情爱和性爱两个部分组成，情爱是爱情的灵魂，性爱是爱情的能量，情爱是性爱的先决条件，性爱是情爱的动力，如此才能达到至高无上的爱情境界。

1. 爱情具有专一性，友谊具有广泛性爱情只能发生在一对互相爱慕、互相钟情的男女之间，不容许有第三者插入，具有排他性与专一性的特点。

2. 爱情具有自主性，友谊具有随和性爱情是以当事人双方互爱为前提的，不能强求。甲爱上了乙，乙也同样爱上了甲，这样互爱的关系才是爱情。不能因为自己爱对方，对方也必须爱自己。爱情之花，是男女双方以深厚的友谊为基础浇灌出来的，它以面向婚姻、意愿结为终身伴侣、成立家庭为硕果。在许多情况下，爱情关系的建立，也会通过其他人作中介和帮助，也需要听取父母及亲友的意见，但最终还是完全处于当事人的自愿，由当事人自己决定。

3. 爱情具有持久性，友谊具有阶段性爱情与友谊不同。爱情所包含的感情和义务因素，不但存在于婚前的整个恋爱过程，而且也存在于婚后夫妻生活和家庭生活之中。没有牢固的爱情基础和缺乏持久性的爱情，都是不幸福的。

4. 爱情具有隐秘性，友谊具有公开性由于爱情具有排他性的特点，爱情的表露仅在相爱的男女双方之间进行。亲昵的语言、情感的交流和互爱的行为，大都有意避开他人，具有较强的隐秘性。正确认识友谊和爱情的特点，认识它们之间的本质区别，对青年大学生尤其重要。有的学生不理解这些，没有处理好与异性同学之间的感情和友谊问题，给自己带来了许多麻烦和苦恼。大学生在进行异性交往时一定要保持清醒的头脑，掌握好分寸，不要感情用事，要理智地处理好各种事情。

二、婚恋与事业

婚恋，指男性和女性结成夫妻关系的行为，是家庭成立的标志和基础。婚恋关系的本质是它的社会属性，即按照一定的法律、伦理和习俗规定建立的夫妻关系，这种夫妻关系是一种特定的人际关系和社会关系，婚恋动机不仅是以社会认可的方式满足夫妻双方的性需要，继而生儿育女，繁衍后代，而且包含经济方面的考虑。

同时要培养强烈的事业心，青少年正是长知识、长身体的时刻，这二者都是将来干事业的基础，所以把主要精力投入学习和身体锻炼中，提高自己的文化和身体素质至关重要。这样就很难把精力再分散到其他方面去。

三、家庭与伦理道德

家庭伦理道德指调整家庭成员间关系的原则与规范。家庭关系中的核心是夫妻关系，由此发生了上至父母下至子女及相应的一些亲属关系。家庭道德在不同的社会形态里有着不同的内容。现今社会关系中应做到：夫妻相爱，志同道合，这是维护家庭道德的关键。此外还包括尊敬和赡养老人、抚养和教育子女、尊重家长、爱护弟妹等。

家庭是社会的细胞，家庭道德不单单是个人的私事，也是社会主义精神文明的一个重要方面。

如果每个家庭都能遵守家庭道德的规范，做到夫妻和睦、尊老爱幼，那么，人们在从事社会主义建设中就可以免除后顾之忧，建设社会主义精神文明就有了很坚实的基础，相反就会牵涉人们很多精力。同时，弘扬家庭美德，也是培养好下一代的一个重要条件。

全面性教育有助于年轻人性与生殖健康知识、态度和行为的改善，增强个人与性有关的权利意识，增加与父母关于性与人际关系的交流，提升处理与性有关问题的生活技能和自我效能感。不同社会制度、宗教背景、传统文化环境下，全面性教育同样会产生积极的作用和影响，与学校教育、社会行动结合起来更具有影响力。高质量的全面性教育不仅能够为儿童和青年提供科学、完整、正确的性健康知识和信息，而且能够帮助他们树立积极的价值观，构建和谐的人际关系。

第五节　预防性传播疾病

世界卫生组织资料显示：2019年，全球超过170万10～19岁青少年感染艾滋病病毒，约占艾滋病病毒感染者的10%。性病在世界范围流行，对人类危害甚大，性自由、同性恋、性犯罪、静脉药瘾者是其传播的根源。全球每天有100多万人受到性传播感染，目前性病的防治已成为我国的迫切任务。对人们加强道德教育，普及性病防治知识，对被患者所污染的衣物用具等严格消毒，就能够真正做到防患于未然。

一、性传播疾病概述

性传播疾病是指主要通过性接触传播，性病是一组以性行为为主要传播途径的传染病。主要临床表现为生殖器官病变的一类传染性疾病。在全面性教育的实践中，我们还经常提到另一个概念——性传播感染所谓性传播感染是指主要通过性接触传播而发生的感染，也包括由于间接接触引发的感染。

性传播疾病不是一种疾病，而是一类疾病，常见的性传播疾病包括：艾滋病、淋病、生殖器疱疹、尖锐湿疣、非淋菌性尿道炎、性病性淋巴肉芽肿等。我国《性病防治管理办法》（2012）规定，性传播疾病是以性接触为主要传播途径的疾病，并将5种常见且危害性大的性传播疾病列为重点防治的疾病，包括梅毒、淋病、生殖道沙眼衣原体感染、生殖器疱疹、尖锐湿疣。不同的性传播疾病由不同的病原体感染致病，例如沙眼衣原体可能引起非淋菌性尿道炎、淋病双球菌会引起淋病、梅毒螺旋体会引起梅毒、人类免疫缺陷病会引起艾滋病等。

二、性传播疾病的传播方式

性传播疾病即性病，是由各种性行为（正常的、非正常的、同性的、异性的）所致的直接或间接接触的传染病。性传播疾病主要的传播途径是直接或者间接的性接触传播，包括异性、同性性交、接吻、触摸等其他性相关行为也可能发生性传播感染。

性传播疾病的传播方式有：

（一）性行为传播是最主要的传播方式，性行为包括性交、触摸、拥抱等。

（二）间接接触传播某些性病如淋病、滴虫、真菌，可通过毛巾、浴盆、衣物、坐便等传播，但相对较少见。通过器官移植、人工授精也会得到传播。

（三）血源传播如梅毒、艾滋病、淋病、乙型肝炎。

（四）母婴传播如梅毒、乙型肝炎、艾滋病。

（五）医源性传播医护人员使用受到性病病原体污染而未彻底消毒的注射器、针头、妇科检查器具等，会将病原体传给他人。

此外，某些性传播疾病，如淋病、滴虫病和真菌感染等，偶尔在特定情况下可以通过毛巾、浴盆、衣服等用品传播。

性传播疾病的病变不仅仅发生在生殖器部位，也可能对皮肤黏膜甚至全身其他器官组织造成伤害。这些疾病主要的临床表现是外生殖器部位的瘙痒、糜烂、溃疡，长出皮疹或小水泡等；出现不同程度的尿频、尿急、尿痛，尿道分泌物异常，有烧灼感；还可能出现全身乏力、发热等。

如果发生了性传播疾病，需要到正规医院寻找专业医生的帮助，进行规范的治疗。

当然，更重要的是，我们应该主动学习青春期性健康相关知识，避免发生不安全性行为，学会正确使用合格的安全套，避免使用来历不明的血液及其制品，注意个人卫生，勤换内衣裤和马桶圈，不与他人共用毛巾、浴巾、剃须刀等个人物品。此外，还要洁身自爱，拒绝吸食毒品，不去任何没有资质的诊所或不正规的医院进行抽血、输血、注射等操作，坚决不与他人共用注射器，预防性传播疾病的发生。

三、常见性传播疾病及其预防

1. 性传播疾病的病原菌和性传播疾病的种类

引起性病的病原菌包括病毒、衣原体、支原体、螺旋体、细菌、真菌、原虫、体表寄生虫。一种病原菌可以引起几种临床症状，同样的症状也可以由几种病原菌引起。

常见的性病主要有淋病、梅毒、艾滋病、尖锐湿疣、非淋菌性尿道炎、生殖器疱疹、性病性淋巴肉芽肿以及细菌性阴道病、生殖器念珠菌病、股癣、阴道滴虫病、阴虱病、疥疮等近30种。

2. 常见性传播疾病

（1）梅毒为由梅毒螺旋体引起的一种性病，可侵犯全身多种脏器。人是梅毒的唯一传染源。梅毒主要通过性接触传染，极少数可通过污染的生活用具传播，未经治疗的梅毒孕妇可通过胎盘传染给胎儿。

梅毒的潜伏期为2～4周，一期梅毒主要症状为硬下疳，在生殖器部位发生溃疡，腹股沟淋巴结肿大。二期梅毒出现皮肤黏膜损害，可有全身皮疹等；三期梅毒除有皮肤黏膜损害外，还可有心血管、骨骼、关节、眼、神经系统等多方面的损害。梅毒治疗越早效果越好，治疗必须规范、彻底。

（2）淋病为由淋球菌引起的泌尿生殖系统的化脓性感染，在一定条件下，还可以感染眼、咽、直肠、盆腔，个别出现全身性感染。潜伏期一般2～10天，平均3～5天。男性常见的是尿道炎，有尿频、尿痛、尿道口红肿发痒、脓性分泌物流出等症状。女性常见的是宫颈炎，表现为阴道分泌物（白带）增多、发黄，但也有很多感染者没有任何自觉症状。

（3）非淋菌性尿道（宫颈）炎为由沙眼衣原体、支原体等病原体引起的泌尿生殖系统的感染。潜伏期平均1～3周。男性有尿频、尿痛或烧灼感，分泌物一般比较稀薄，早晨起床尿道口可有黏液性分泌物。女性症状不明显，可有阴道分泌物增多、下腹部不适等症状。

（4）尖锐湿疣是由人类乳头状瘤病毒感染所致的在生殖器部位发生增生性损害为主要表现的性传播疾病。潜伏期平均3个月。初发为柔软的淡红色小丘疹，为肉质赘生物，可逐渐增大，表面颗粒状增殖而粗糙不平，或互相融合呈菜花状。主要通过性接触传染，也可通过污染的生活用具传染。怀孕期间尖锐湿疣增长较快，如果没有治愈，可能会在分娩时传染给新生儿。

（5）生殖器疱疹是由单纯疱疹病毒引起的一种性病。潜伏期为2～20天，平均6天。初发在生殖器部位出现多个丘疹、小水疱或脓疱，继而破溃糜烂、疼痛，可伴有全身症状如发热、头痛等。在损害消退后，部分患者可以隔一定时间后复发，可多次复发。生殖器疱疹主要通过性接触传染，少数亦可通过污染的生活用具传染，孕妇可在分娩过程中传染新生儿。

3. 性传播疾病的自我识别

（1）女性患性病后的表现

①尿路出现病症：在尿前有细微的热感，尿道内流出分泌物，或出现尿频、尿急、尿痛、尿闭、排尿困难和终末血尿等症状，很可能患有女性性病。

②肛门及直肠有异常感：肛门直肠疼痛、发炎、便秘，直肠有分泌物、发热，有可能患有性病或者生殖器疱疹。

③皮肤或黏膜损坏：肛门、手、眼睑、口唇、舌、咽喉等处，出现红斑、丘疹、硬块、水疱、糜烂和溃疡等症状时，有可能患有性病。

（2）男性患性病后的表现

①尿频、尿急、尿痛、尿道口红肿：出现此症状，若伴有夜间阴茎痛性勃起者，多考虑为急性淋病性尿道炎类性病。

②外阴部赘生物：若在外阴或肛周处，见多发性、浸润性、灰白色、扁平隆起性丘疹或结节，且潮湿易糜烂，伴有臭味，多考虑为扁平湿疣（梅毒螺旋体感染）类性病；若在外阴或肛周处，见淡红色或灰褐色、菜花状或鸡冠状且有蒂的疣状物，易出血，多考虑为尖锐湿疣类性病；若在肛周或外阴部，见米粒大的半球形丘疹，中央有脐窝，表面有蜡样光泽，顶端挑破可挤出乳酪样物质，应考虑为传染性软疣类性病。

③外阴部溃疡：若为圆形溃疡，软骨样硬，不痛，单发，多考虑为硬下疳（梅毒）类性病；若溃疡柔软，边缘如锯齿状，较浅，伴有疼痛，多发，伴有脓苔，多考虑为软下疳类性病；溃疡若由簇集水疱演变而成，质软且疼痛，多考虑为生殖器疱疹类性病。

④尿道分泌物异常：若尿道口出现脓性分泌物，黏稠量多色黄，晨起尤甚，则可能为急性淋病；若尿道口有透明的黏性分泌物，量少，则可能为非淋菌性尿道炎类性病。

4. 性传播疾病的预防知识与注意事项

（1）患病后不必过分担心和忧虑性病中除了尖锐湿疣和生殖器疱疹有可能复发外，大多数是可以治愈的，因此，得病后不必过分担心和忧虑，为了尽快恢复健康，除药物治疗外，良好的情绪、营养与适当锻炼也至关重要。

（2）遵医嘱治疗十分必要自行停药、增减药物，或找游医治疗会有不良后果。

（3）定期复查对判断疗效和预后很有必要需要遵医嘱到医院复查。

（4）对自己和他人健康负责约请配偶或性伴侣来医院检查，是对自己和他人健康负责任的行为。

（5）早期诊断、早期治疗能够防止产生并发症和后遗症本人或家人、性伴侣如果出现某些可疑的症状（皮疹、溃疡、阴道或尿道分泌物异常等），怀疑有性病时，要尽早到正规医院检查治疗。因为早期诊断、早期治疗能够防止产生并发症和后遗症。

（6）为了早日康复，最好在治疗期间不过性生活确实需要性生活时，要正确使用避孕套。

（7）做好个人卫生一般正常的日常生活不会传染性病，但应做好环境和个人的清洁卫生，防止对衣物等生活用品的污染，如勤晒洗被褥，患者内衣裤不要和健康者的一起混洗，分开使用浴盆，马桶圈每天擦洗等。

（8）患性病后能否结婚、怀孕、生育如果不幸患上性病，又在考虑结婚、怀孕问题，最好等完全治愈、身体恢复一段时间后，再作考虑比较理想。

（9）性病治愈后不能获得终身免疫人体感染性病后不会产生终身免疫，可再感染，因此治愈后需要改变不良行为、保持健康的生活。

性交前后以及日常的冲洗阴道都不可能把细菌、病毒冲洗干净或杀灭，所以不能预防性病、艾滋病。不仅如此，阴道冲洗还可能把阴道的细菌、病毒冲到子宫腔内，引起后者感染（这里指的是冲洗阴道里面，不是一般的擦洗外阴）。

有下列情况之一者,应及早到医院就诊:
(1) 近期有不安全性行为,出现尿痛、尿频、尿道分泌物。
(2) 外生殖器出现丘疹、斑丘疹、小水疱、溃疡。
(3) 阴道分泌物增多,有异味,下腹痛不适。
(4) 腹股沟淋巴结肿大,全身不明原因的各型皮疹。

四、预防艾滋病

艾滋病(AIDS)是由一种人类免疫缺陷病毒(HIV)引起的。该病发源于非洲,它在世界范围内的迅速传播和广泛流行,已成为举世瞩目的公共卫生和社会热点问题。与其他病毒一样,人体免疫系统在接触艾滋病病毒后会产生艾滋病病毒抗体,但这种抗体对人体是没有保护作用的,因而无法阻止艾滋病病毒的繁殖和扩散。艾滋病病毒与其他病毒的不同之处在于其具有极强的变异能力,一个艾滋病病毒在一天时间内可以复制出100亿个病毒,而且基因变异的概率是万分之一,这样迅速的随机变异使得疫苗的研发很困难,因而至今没有成功研制出疫苗。由于卖淫、嫖娼、吸毒等易于艾滋病传播的危险因素存在,我国面临着艾滋病大面积加速流行的严峻局面。卫健委有关部门指出,艾滋病在我国已从传入期、扩散期进入到增长期。而艾滋病又是一种目前尚无有效治愈方法的严重传染病。

我们还要区分两个非常重要的概念,那就是艾滋病病毒感染者(俗称HIV感染者)和艾滋病病人。艾滋病病毒感染者是指已经感染了艾滋病病毒,但是还没有表现出明显的临床症状,没有被确诊为艾滋病的人;艾滋病病人指的是已经感染了艾滋病病毒,并且已经出现了明显的临床症状,被确诊为艾滋病的人。二者之间的相同之处在于都携带艾滋病病毒,都具有传染性;不同之处在于艾滋病病人已经出现了明显的临床症状,而艾滋病病毒感染者还没有出现明显的临床症状,外表看起来跟健康人一样。因此,从传染病预防的角度来讲,艾滋病病毒感染者比艾滋病病人危险性更大。从艾滋病病毒感染者发展到艾滋病病人可能需要数年到10年甚至更长时间,这个时期人体感染了艾滋病病毒,但是外表上没有明显的外在表现,被称为艾滋病的潜伏期。

(一)艾滋病传播

艾滋病传播包括艾滋病的传染源、传播途径和易感人群三个环节。

艾滋病的传染源是指感染了艾滋病病毒,并能够排出艾滋病病毒的人,包括艾滋病病毒感染者和艾滋病病人。艾滋病的传染源主要是患者和病毒携带者,病毒可存在于血液、精液、唾液、泪水和乳汁、伤口的渗出液中。

人体感染艾滋病病毒之后,病毒主要存在于被感染者的血液、精液、阴道分泌物、胸腹水、脑脊液、羊水和乳汁等体液中。这决定了艾滋病传播途径主要有三条。

1. 血液传播

经血液接触,人体被输入含有HIV的血液或血液制品、静脉注射方式吸毒者、移植感染者或病人的组织器官都有感染艾滋病的危险性。例如共用针具静脉注射吸毒、不安全规范的介入性医疗操作、非法采供血等;

2. 性接触传播

包括异性、同性之间不安全的性行为,性接触传播是目前艾滋病传播的最主要途径,现有艾滋病病毒感染者和艾滋病病人中有超过90%是由于性接触传播感染的。性接触传播:HIV存在于感染者精液和阴道分泌物中,性行为很容易造成细微的皮肤黏膜破损,病毒即可通过破损处进入血液而感染。无论是同性还是异性之间的性接触都会导致艾滋病的传播。艾滋病感染者的精液或阴道分泌物中有大量的病毒,在性活动(包括阴道性交、肛交和口交)时,由于性交部位的摩擦,很容易造成生殖器黏膜的细微破损,这时,病毒就会趁虚而入,进入未感染者的血液中。值得一提的是,由于直肠的肠壁较阴道壁更容易破损，由于男男性行为所采取的肛门性交更容易导致黏膜损伤，因此感染艾滋病病毒的风险更大。

3. 母婴传播

感染了 HIV 的妇女在妊娠及分娩过程中，因为羊水和母乳中含有艾滋病病毒，因此，感染艾滋病病毒的母亲，如果不进行有效的母婴阻断治疗，就可能通过胎盘、分娩或哺乳将艾滋病传给胎儿或婴儿。

从艾滋病传播途径可以看出，艾滋病与静脉注射吸毒、不安全性行为等个人行为习惯密切相关，因此常常把具有以上危险行为的男男同性性行为者、静脉注射毒品者、多性伴人群、性传播性感染者、青年学生、老年人群等称为高风险人群。

一般的日常生活接触不会感染艾滋病病毒：根据艾滋病及其病毒的生存与传播特点，可知日常生活接触不会感染艾滋病病毒。下面这些行为都不会传播艾滋病病毒：与艾滋病病毒感染者握手、拥抱、抚摸、礼节性接吻；与艾滋病病毒感染者一起吃饭、喝饮料以及共用碗筷、杯子；与艾滋病病毒感染者一起使用公共设施，如厕所、游泳池、公共浴池、电话机、公共汽车；与艾滋病病毒感染者一起居住、劳动、共用劳动工具；与艾滋病人一起购物、使用钞票；咳嗽、打喷嚏、流泪、出汗、撒尿；蚊子、苍蝇、蟑螂等昆虫叮咬。

（二）艾滋病的阶段

典型的艾滋病病毒感染者从感染到死亡经历以下四个阶段：急性感染期，潜伏期，艾滋病前期和艾滋病期。

1. 急性感染期

在感染艾滋病病毒后 6 天至 6 周内，53%～93% 的感染者出现流感样症状（如发热、淋巴结肿大、咽炎等）或/和皮疹、肌痛或关节痛、腹泻、头痛、恶心和呕吐、肝脾肿大、鹅口疮和神经症状等。上述临床表现平均持续 22 天，不经特殊治疗，一般可自行消退。出现症状 2～4 周后，机体艾滋病病毒抗体才逐渐转成阳性，在艾滋病病毒进入机体到产生出抗体的一段时期被称为窗口期。窗口期虽然检测不到艾滋病病毒抗体，但是体内实际已经感染了艾滋病病毒，并且具有传染性，因此是非常危险的一段时期。

2. 潜伏期

随着急性感染症状的消退，感染者转入无症状艾滋病病毒感染状态，多数人此段时期没有其他任何临床症状或体征，因此被称为潜伏期。此阶段的感染者体内，CD4 细胞数呈进行性减少。成年人无症状感染期的时间往往较长，一般为 7～10 年，平均 8 年。

3. 艾滋病前期

感染者出现持续或间歇性的全身症状和"轻微"的机会性感染，即出现艾滋病相关综合征（ARC）全身症状包括持续性淋巴结肿大、乏力、厌食、发热、体重减轻、夜间盗汗、反复间歇性腹泻、血小板减少。这一时期感染者血浆病毒载量开始上升，CD4 细胞减少速度明显加快。发展为艾滋病的平均时间是 12～18 个月。

4. 艾滋病期

感染者出现了一种或多种艾滋病指征性疾病，是艾滋病感染的最终阶段，此期症状很典型，多表现为临床综合征，具有三个基本特点：严重的免疫缺陷、各种致命的机会性感染、发生各种恶性肿瘤。常出现体重减轻、持续发热、持续腹泻、消瘦、咳嗽、皮疹、淋巴结肿大、口腔溃疡和白斑、神经系统病变、结核等症状，此期病程为 1.5～2.5 年。

目前，人类并没有能够有效治愈艾滋病的治疗方案。但是，这并不意味着艾滋病不能治疗。事实上，只要能够尽早发现自己的感染状况，尽早启动艾滋病抗病毒治疗，艾滋病病毒感染者和艾滋病病人的治疗效果还是非常好的,能够活到自然寿命年。

艾滋病是一种病死率极高的严重传染病。目前还没有治愈的药物和方法,但却是可以预防的,只要每个人都掌握预防艾滋病常识,就可以把传染艾滋病的危险性减少到最低限度。

(三)艾滋病的预防措施

作为青年学生最好是能够规范自身的行为,有效地预防艾滋病。

(1)青年学生应该学习青春期性知识,有效预防性接触传播感染艾滋病病毒。国际上比较通行的预防艾滋病性传播措施简称"ABC原则",即禁欲(abstinence)、忠诚(befaithful)和安全套使用(condom)。所谓禁欲也不是完全不发生性行为,而是延迟首次性行为的时间,不要发生婚前性行为。忠诚是指不要多性伴,保持对伴侣的忠诚。如果以上两条都做不到,那么安全套就成了预防艾滋病性传播的最后一道防线了。

(2)要避免血液传播感染艾滋病病毒。尽量避免接受输血和血制品,避免不必要的静脉注射;珍爱生命、远离毒品,拒绝吸毒,避免接触到吸毒人员的注射器;此外,不与其他人共用牙刷、剃须刀,避免在消毒不严格的理发店、美容院等处刮胡子、文身、修脚等。

(3)可以在高校广泛推广艾滋病尿检、唾液检测等自我检测项目,促进早期发现艾滋病病毒感染状况,并提供有效的自愿咨询检测(VCT)服务,以推进艾滋病的早期发现和早期治疗。

(4)预防艾滋病的基本常识:

①不与他人共用剃须刀刀片、针管、注射器等器具。这些器具可能被肉眼看不到的极少量的病毒感染。

②只到设备经过消毒的正规血库献血。

③接受输血时,要确认使用的针头经过消毒,待输的血液是通过HIV病毒检测的。

④感染HIV病毒的怀孕孕妇,要在医生的指导下采取母婴阻断措施来保护婴儿免受HIV病毒感染。

⑤婚前体检,需检测HIV病毒。

⑥使用安全套。每次都恰当地使用安全套,可以预防HIV病毒的直接传输,如果想要孩子可以不使用安全套,但须确定双方都做过检测,并且结果呈阴性。

⑦避免有多个性伴侣。性伴侣越多,危险性越大。

五、其他性传播疾病

(一)梅毒

梅毒是由梅毒螺旋体引起的一种性传播疾病。梅毒主要通过性接触传播,属于《中华人民共和国传染病防治法》规定的乙类传染病。

梅毒是人类独有的疾病,因此,梅毒患者或隐性感染者是梅毒的唯一传染源,尤其是感染后的前两年传染性最强。

梅毒主要通过性接触传播,称为获得性梅毒。梅毒还可能通过胎盘屏障传给胎儿,导致流产、早产、死胎,或者造成新生儿感染,成为先天性梅毒或者胎传梅毒。接触梅毒患者的分泌物及其污染的毛巾、马桶圈等也有可能造成传染。

按照疾病发展的进程,梅毒可以分为三期。

一期梅毒以硬下疳为主要特征,多发于阴茎、龟头、冠状沟、包皮、尿道口、大小阴唇、阴蒂、宫颈等部位,也可见于唇、舌、乳房等处。

二期梅毒的主要特征是反复发作的梅毒疹,还有发热、头痛、骨关节酸痛、肝脾肿大、淋巴结肿大等全身症状。

三期梅毒病变累及皮肤黏膜、近关节、心血管和神经系统,造成生殖器官、鼻舌出现穿凿性溃疹、梅毒性心脏病、麻痹性痴呆、感觉异常、共济失调等临床表现。

发生在孕期的妊娠梅毒可能导致流产、早产、死胎，或者引起新生儿的先天性梅毒。

如果发生过无保护的性行为或者怀疑自己感染了梅毒，应该及时到正规的医院就诊，早诊断、早治疗，疗程规范，剂量充足，治疗效果更好。除了到正规医院接受专业治疗以外，还应该多吃新鲜的富含维生素的蔬菜、水果，少吃油腻食物和辛辣刺激食物，戒烟戒酒。多饮水也有利于体内毒素的排出。还有一点必须说明，必须和性伴侣一起治疗，以免发生交叉感染。

当然，相比而言，作为大学生更重要的是避免不安全的性行为，洁身自爱，注意个人卫生，不与他人共用毛巾、剃须刀等私人物品，从根本上预防梅毒的发生。

（二）乙型肝炎

乙型肝炎是由乙型肝炎病毒（HBV）引起的以肝脏病变为主的一种传染病，简称乙肝。乙肝主要通过性接触、血液和母婴途径传播，主要临床表现为食欲减退、恶心、上腹部不适、肝区痛、乏力等，部分患者可能出现黄疸、发热和肝功能损害，还有一部分患者会转成慢性乙肝，甚至发展成肝硬化，少数可发展为肝癌。

乙肝的传染源包括急性、慢性乙肝患者和乙肝病毒携带者。处于潜伏期的急性乙肝患者、慢性乙肝患者和乙肝病毒携带者因为表面上不容易被发现，但体内有乙肝病毒排出，因此作为传染源的意义更大。也就是说，以上三类人群更容易造成乙肝的传播和流行。

在生活中，有很多人认为乙肝会通过消化道进行传播，因此对乙肝患者或病毒携带者存在一定的歧视。其实，乙肝的传播途径和艾滋病基本一致，即血液传播、性接触传播和母婴传播。流行病学研究发现，乙肝存在一定的家族聚集性，也就是乙肝感染者更容易将疾病传给家人，尤其是母亲患乙肝的家庭。乙肝发病情况比较集中。因此，有一些学者也认为乙肝可能通过密切的生活接触进行传播，但其中的具体机制还不是十分清楚。

乙肝的三条主要传播途径是血液传播、性接触传播和母婴传播。具体来讲，血液传播包括输血及血制品、注射、手术、针刺、共用剃须刀和牙刷、血液透析、器官移植等行为；性接触传播包括异性、同性无保护的性行为；母婴传播包括宫内感染、围生期传播、分娩后传播等。

乙肝表面抗体阴性者均为乙肝的易感人群。婴幼儿是获得乙型肝炎病毒感染的最危险人群，此外，乙型肝炎表面抗原阳性母亲的新生儿、乙型肝炎表面抗原阳性者的家属、反复输血或使用血液制品者（如血友病患者）、血液透析者、多个性伴者、静脉药瘾者、接触血液的医务工作者等都是乙肝的高风险人群。

乙肝患者可以通过去正规医院接受专业医生的治疗改善自身健康状况，治疗措施包括抗病毒治疗、免疫调节、护肝治疗和合理营养支持治疗等。但是，慢性乙肝患者治疗后的效果并不十分好，很多患者会迁延不愈，少数患者还会转成肝硬化。

乙肝的预防措施有：

（1）管理传染源：对慢性乙肝患者或乙肝病毒携带者传染源加强管理，对一些特殊工作场所人员，例如饮食、托幼等，进行就业前体检，如果发现乙肝患者或病毒携带者应避免从事以上工作，并禁止献血。

（2）切断传播途径：加强血液及其制品的规范管理和使用，减少乙肝血液传播；洁身自爱，避免发生无保护的性行为，减少乙肝性接触传播；提供专业的妇幼保健服务，规范产检，控制乙肝母婴传播。

（3）保护易感人群：乙肝疫苗在我国已经推广使用，纳入了国家扩大免疫规划程序，由国家免费为儿童提供标准程序的预防接种，并取得了很好的效果。

预防乙肝最重要的是尽早发现、早诊断、早隔离、早报告、早治疗并及早进行处理，防止扩散流行。

（三）淋病

淋病是由淋病奈瑟球菌（简称淋球菌）引起的以泌尿生殖系统化脓性感染为主要表现的性传播疾病，属于《中华人民共和国传染病防治法》规定的乙类传染病，多发生于性活跃的青年男女。

淋病是淋菌性尿道炎的简称，致病菌是淋病双球菌，主要引起泌尿生殖系统化脓性炎性疾病，治疗不及时，可经血行播散，引起关节炎、心内膜炎、脑膜炎、菌血症、败血症，甚至造成不育、不孕、失明。轻症或无症状的淋病患者是主要的传染源。男性淋病主要通过性行为传染，女性淋病既可通过性行为直接感染，也可能经污染用具间接传染。

淋病双球菌在干燥环境中1~2小时死亡，在55℃下5分钟即死亡，一般消毒剂即可杀灭。

淋病好发年龄：男20~24岁，女15~19岁。

男性淋病的潜伏期一般为2~10天，而后出现尿道口灼痒，有黏性或脓性分泌物，排尿时刺痛，龟头、包皮红肿等；女性淋病潜伏期一般为3~5天，继而出现尿频、尿急、尿痛等尿道炎症状，还会有下腹坠胀、腰酸背痛、白带增多等现象。如果是妊娠期感染淋病则可能通过产道感染胎儿，还会出现早产、产后败血症等。

临床表现：

1. 男性淋病。淋病的临床症状常在不洁性行为后2~5天发病，也有感染后1~14天发病的。最早症状为尿道口红肿、发痒及轻微刺痛，继有稀薄黏液流出，引起排尿不适。24小时后，症状加剧，尿痛、排尿困难、尿道口流脓。还可伴有发热、头痛、全身不适。急性淋病约1周后症状可逐渐减轻，1个月后症状完全消失。淋病在一定条件下，如治疗不彻底可转为慢性淋病，未经治疗的慢性淋病病人在5~10年后可发生尿道狭窄，还可合并前列腺炎、精囊炎、附睾炎等，导致不育。

2. 女性淋病。女性淋病包括尿道淋病及生殖道淋病。最常见的感染部位为宫颈、尿道、尿道旁腺、子宫内膜及输卵管。因女性尿道短，故尿道症状往往不明显，而常以白带增多、下腹痛等生殖道症状为主。因此女性病人在临床治疗时除做尿道分泌物涂片外，还应做宫颈涂片，否则易漏诊。10%~20%妇女可伴有盆腔炎，继发不孕或宫外孕等妇科疾病。

上述的临床表现均有助于淋病的诊断，但尿道炎的种类很多，致病菌不同，则治疗方法及预后都不同，为此还需借助实验室诊断区分各种类型的尿道炎。因为非淋球菌（主要是沙眼衣原体及支原体）引起的尿道炎已超过淋球菌引起的尿道炎，居尿道炎首位。

如果发生淋病，需要尽早到正规医院进行治疗，患者要保持良好的依从性，全程正确、足量、规则服药。

淋病的主要传播途径为性接触传播。因此，预防淋病的主要策略是加强健康教育，避免婚前性行为，倡导正确使用合格的安全套，减少性接触传播的风险。

第十八章　常用急救知识

意外伤害是青少年死亡的第一位原因，也是导致严重疾患和残疾的主要因素之一。由于青少年学生社会经验不足，缺乏安全知识，自我保护和自觉规避风险意识不强，导致近年来学生意外伤害事故呈上升趋势。中国疾控中心信息显示，包括溺水、道路交通伤害、跌落、烧烫伤、中毒和窒息在内的伤害是我国1～17岁人员的第一位致死原因，也是该年龄段人员非疾病致残的重要原因。也使得预防学生意外伤害教育迫在眉睫，我们应该规范自身行为，学习和掌握常用的急救知识和技能，可大大防止意外的发生。

第一节　紧急救护

国际红十字会与红新月国际联合会将每年9月的第二个周六定为"世界急救日"，目的是提高公众对急救重要性的认识，重视急救知识的普及，让更多的人掌握急救技能技巧，以便在紧急情况下在事发现场挽救生命和降低伤害程度。

紧急救护就是应用急救知识和简单的急救技术进行现场初级救生，当个体发生意外伤害或疾病突发，威胁生命安全时，施救者在医护人员到场前，利用现场的条件，采用急救知识和方法临时及适当地为伤病者紧急进行的初步救援及护理的过程，最大程度地稳定伤员的病情，减少并发症的发生，在事发现场抢救患者生命和降低伤害程度，也可称为现场急救。

一、急救应急的特点

（一）事件突发

急救应急的事件是突然发生，出乎人们意料、毫无准备的，而且往往病情危急，因此往往导致当事人或目击者震惊、茫然无措，需要有人能镇定科学应对，进行现场急救并及时呼救专业医务人员救助，以最大限度地抢救生命。

（二）时间紧迫

意外突发时，当事人往往病情危重，生命危在旦夕。现场急救需要在最短的时间进行，因为延误时间可能导致患者生命危险，急救的黄金时间是4—6分钟，通常大脑停止供血超过4—6分钟，就会发生不可逆的脑细胞死亡。而4～6分钟内及时心肺复苏，50%的伤病者可被挽救。因此，急救需分秒必争，及早施救。

（三）环境复杂

急救应急通常发生在各种不同的环境中，如交通事故现场、户外野外、工地等这些环境缺医少药，需要现场救治者能因地制宜、就地取材，及早有效地合理施救，最大限度地挽救生命。同时施救人员需要在复杂的环境中保护患者和自己的安全，同时进行急救。

二、伤情判断

遇到意外伤害突发时,不要惊慌失措,要通过实地感受、眼睛观察、耳朵听声,鼻子闻味等迅速对伤情做出正确判断与分类,分清病情的轻重缓急,遵循救护行动的程序,并利用现场的人力和物力实施救护。

判断的主要内容有:气道是否通畅,有无呼吸道堵塞;呼吸是否正常,有无大动脉搏动,有无循环障碍;有无大出血;意识状态如何,有无意识障碍,瞳孔是否对称或有异常。

(一)意识。先判断病人神志是否清醒。在呼唤、轻拍时病人会睁眼或有肢体运动等反应,表明病人有意识。如病人对上述刺激无反应,则表明意识丧失,已陷入危重状态。

(二)气道。保持气道畅通是呼吸的必要条件。如病人有反应但不能说话、不能咳嗽,可能存在气道梗阻必须立即检查和清除。

(三)呼吸。评估呼吸活动。正常人呼吸12~18次/分,而危重病人呼吸变快、变浅乃至不规则,呈叹息样。在气道畅通后,对无反应的病人进行呼吸检查,如病人呼吸停止,开放气道立即进行人工呼吸。

(四)循环体征。在检查病人意识、气道、呼吸之后,应对病人的循环进行检查。

(五)正常成人心跳60~80次/分。呼吸停止,心跳随之停止;或者心跳停止,呼吸也随之停止,心跳呼吸几乎同时停止也是常见的。心跳反映在手腕处的桡动脉和颈部的颈动脉,后者较易触到。

(六)严重的心脏急症如急性心肌梗死、心律失常以及有严重的创伤、大失血危及生命时,心跳或加快,超过100次/分,或减慢,40~50次/分,或不规则,忽快忽慢,忽强忽弱,均为心脏呼救的信号,应引起重视。

(七)迅速对病人皮肤的温度、颜色进行检查,可以知道皮肤循环和氧代谢情况,通常危重病人的面色苍白或青紫,口唇、指甲发绀,皮肤发冷等。

(八)瞳孔反应。眼睛的瞳孔又称"瞳仁",位于黑眼球中央。正常时双眼的瞳孔是等大圆形的,遇到强光能迅速缩小,很快又回到原状。用手电筒突然照射一下瞳孔即可观察到瞳孔的反应。当病人脑部受伤、脑出血、严重药物中毒时,瞳孔可能缩小为针尖大小,也可能扩大到眼球边缘,对光线不起反应或反应迟钝。有时因为病人出现脑水肿或脑疝,双眼瞳孔一大一小。瞳孔的变化揭示了脑病变的严重性。

当完成现场评估后,再对病人的头部、颈部、胸部、腹部、盆腔、脊柱、四肢进行检查,看有无开放性损伤、骨折、畸形、触痛、肿胀等体征,有助于病人的病情判断。还要注意病人的总体情况,如表情淡漠不语、冷汗口渴、呼吸急促、肢体不能活动等为病情危重的表现。对外伤病人还应观察其神志不清程度,呼吸次数和强弱,脉搏次数和强弱,注意检查有无活动性出血,如有立即止血。如有严重的胸腹部损伤,容易引起休克,昏迷甚至死亡。当发现危重伤者,经过现场评估和病情判断后需要立即紧急救护,并应及时向专业医疗急救机构求救。

三、急救应急的原则

(一)先复苏后固定

对心搏骤停晕倒者,存在着心跳、呼吸停止和骨折急症,此时应先紧急心肺复苏救治,直至伤病者心跳、呼吸恢复后,再行骨折固定。否则可能贻误生命"黄金"救援时间,错失抢救生命机会。

(二)先止血后包扎,先重伤后轻伤

对意外现场大出血外伤患者,应止血后包扎,止血是为了控制出血,抗休克,包扎能够保护器

官及再损伤，能够保护创面组织，先重伤后轻伤。

（三）先急救后转运

现场意外发生时，救援人员须现场对有生命危重者先急救，直到伤病者心跳呼吸恢复，再转运至医院进一步救治。在运送途中应不间断地实施维持生命的救护，并密切观察其生命体征变化情况，进行相应医疗处理措施。

（四）急救与呼救并进

遭遇意外时，伤病者或和现场救援人员为争分夺秒与死神赛跑，抢救生命，应边现场急救，边呼叫医疗机构速来救治，或请求他人协助呼叫急救医务人员。

（五）心理危机干预及时跟进

意外伤害或灾难或急症发生时，伤病者是恐慌、焦虑、忧虑的，对神志清醒者要注意做好心理护理，此时施救者不仅救治伤病者身体的危难，而且抚慰其心理创伤，帮助其情绪稳定，以促使其配合救治。

四、急救紧急呼救

身处险境或遇到突发伤病者，我们需要紧急向外求救，以获得伤病者更多幸存的机会。需要有效地紧急呼救求救。

（一）常态紧急呼救

常态紧急呼救是指意外发生、急病发作，可立即拨打"120"急救电话呼救。拨打呼救电话时，呼救者应声音清晰，语言必须简练、准确，重要的信息一定要报告清楚。

有效呼救的主要内容应包括：

1. 告知患者性别、年龄和病情，不舒适的具体症状，是否有神志不清、胸痛、呼吸困难、肢体瘫痪等症状，以便急救人员做好准备，到达后对症抢救。

2. 地点：要清楚、准确地讲明病人所在的详细地址，以及救护车进入的方向、位置，特别是夜间，以便急救人员可迅速、准确地到达现场。

3. 联系人：留下可联系的电话号码并保持电话畅通，以便救护人员随时通过电话联络，进一步了解病情和电话指导抢救。

4. 环境：周围的环境是否利于急救车进入，等候急救车的确切地点，最好是在有明显醒目标志处。

急救医护人员会根据上述呼救内容，携带急救药品、装备，准确及时赶到现场，迅速进行救援。

（二）非常态紧急呼救

若意外伤害或困境发生在非常态生活环境，无法拨打"120"急救电话，可利用所处环境中各种资源发出求救信号，此时所发出的紧急呼救则是非常态紧急呼救。

紧急情况时，要通过各种方式与别人取得联系，发出的信号要足以引起人们的注意。同时，要根据自身的情况和周围的环境条件，发出不同的求救信号。一般情况下，重复三次的行动都象征寻求援助。

1. 声音信号

遇到危难时，求救者除了喊叫求救外，还可以击打脸盆、吹哨、用木棍或石块敲打物品、击打门窗、墙壁或敲打其他能发声的金属器具，打碎玻璃等物品、石头击打石头等向周围发出求救信号。

2. 光线信号

危难时，求救者利用光线发出信号是最有效的办法。常见工具有手电筒、电灯等，可将其反复开关，也可以利用回光反射发出光线信号，如能发光的物品（如镜子、罐头皮、玻璃瓶、眼镜等）在光线照射下发光。通常每分钟闪照六次，停顿一分钟后，再重复进行。

3. 抛物信号

在高楼遇到危难时，可抛掷写有求救信息（如名字、楼层、困境等）的软物，如枕头、书本、空塑料瓶等，引起楼下人们的注意。

4. 旗语信号

求救者将颜色鲜艳醒目的衣物、毛巾、围巾或布绑在竹竿或木棍上像旗子一样挥舞，发出求救信号。

5. 野外求救

在野外，生存环境非常恶劣，各种灾难会不期而至。对野外生存者来说，及时了解自己所面临的困境，通知别人，求得救援，至关重要。

（1）烟火信号。在野外遇到危难或困境时，可通过发出烟火作为求救信号。白天可燃烟，利用燃烧新鲜树枝、青草等植物产生浓烟发出求救信号。夜晚可点燃干柴，最好点燃三堆火，中间距离相等，发出明亮耀眼的火光向周围搜救人员发出求救信号。

（2）地面标志信号。在比较开阔的地面，如草地、海滩、雪地上可以制作地面标志。如把青草割成一定标志图案，或在雪地上踩出求救标志，也可用树枝、海草等拼成标志信号，与空中取得联络。还可以使用国际民航统一规定的地空联络符号所示。记住这几个单词：SOS（求救）、SEND（送出）、DOCTOR（医生）、HELP（帮助）、INJURY（受伤）、TRAPPED（发射）、LOST（迷失）、WATER（水）。

（3）踪迹痕迹信号。在野外，当离开危险地段，要留下一些信号物，或留下一路的方向指示标记，显示踪迹信息，以备让救援人员发现、搜寻，了解其行动路径，争取最快的获救机会。

6. 莫尔斯电码信号

用莫尔斯电码发出 SOS 求救信号，是国际通用的紧急求救方式。此电码具体操作为：将 S 表示为 3 个短信号；O 表示为 3 个长信号。长信号时间长度约是短信号的 3 倍。因此，SOS 即用"三短、三长、三短"的任何信号来表示求救信号。这种信号可以是光线，也可以是声音。每发送一组 SOS，停顿片刻再发下一组。除国际通行的 SOS 呼救方式外，国际高山求救信号也是一种通行的求救方式，其具体方式是一分钟发出 6 次哨音（或挥舞 6 次旗子、亮光闪耀 6 次等），然后停顿一分钟，再重复发出信号。

第二节　心肺复苏急救法

一、心肺复苏概述

心搏骤停是指各种原因引起的、未能预计之下所发生的心脏突然停止搏动，导致有效心脏泵血功能和血循环突然中止，引起全身组织细胞严重缺血、缺氧和代谢障碍，如不及时抢救可即刻会失去生命。心搏骤停不同于慢性病终末期的心脏停搏，若及时采取正确有效的复苏措施，病人很可能被挽救而恢复正常。

伤病者心搏骤停后，呼吸也将很快停止；呼吸停止后心跳也不再跳动，由于心跳、呼吸几乎同时或伴随发生，故常称为心跳呼吸骤停。

心搏骤停的严重后果以秒计算（表18-1）。

表18-1 心搏骤停症状表

心搏骤停时间	症状
3~5s	头晕、黑蒙
5~10s	脑部缺氧，意识丧失、突然倒地
10~15s	"阿斯综合征"发作（心源性晕厥）
20~30s	呼吸断续或停止
60s	瞳孔散大
4~5min	开始出现脑水肿
6min	开始出现脑细胞死亡
8min	"脑死亡"

注：摘自罗学宏《急诊医学》，高等教育出版社。

可见，心搏骤停一旦发生，如得不到及时地抢救复苏，4~6分钟后会造成患者脑和其他人体重要器官组织的不可逆损害，因此，心搏骤停后的心肺复苏必须在现场立即进行，为进一步抢救直至挽回心搏骤停伤病员的生命而赢得最宝贵的时间。

心肺复苏是针对骤停的心脏和呼吸，为恢复患者自主呼吸和自主循环所采取的急救技术。而心肺复苏成功率与开始心肺复苏的时间密切相关，每延误1分钟抢救成功率将降低10%（表18-2）。

表18-2 心肺复苏开始时间与成功率的关系

心肺复苏开始时间	心肺复苏成功率
心搏骤停1min内实施	大于90%
心搏骤停4min内实施	约60%
心搏骤停6min内实施	约40%
心搏骤停8min内实施	约20%
心搏骤停10min后实施	几乎为0

心搏骤停时间在4~6分钟内，大部分患者可经心肺复苏术完全复苏幸存，可恢复正常生活；如抢救不及时，则可能会成为植物人，甚至死亡。因此，紧急抢救强调一个"早"字。具备急救知识和技能的"现场第一目击人"，通过对伤病者实施初步急救措施，能在很大程度上减轻伤病者的伤残和痛苦，甚至挽救生命。

现场心肺复苏的及时有效对挽救猝死者生命至关重要。心肺复苏既是专业的急救医学，也是迫切需要普及的常规急救技能，是现代救护的核心内容，它是在生命垂危时采取的行之有效的急救措施。

二、现场心肺复苏技术

心肺复苏技术在实践中不断发展完善。美国心脏学会（AHA）和其他发达国家复苏学会每五年一次更新制定的"国际心肺复苏指南"，对全球范围内的心肺复苏具有重要的指导和规范的积极意义。美国心脏学会和国际复苏联盟（ILCOR）2010年发布最新心肺复苏和心血管急救指南，由2005年的"四早生存链"改为"五链环"以突出强调紧急生命支持的重要性。"五链环"为：①启动急救系统；②早期心肺复苏；③快速除颤；④高级生命支持、综合的心搏骤停后治疗；是发生心搏骤停时,急救实施者抢救和挽回患者生命的五个重要环节。

⑤心搏骤停后综合的治疗(图18-1)。

图18-1 "五链环"生命链

心肺复苏(CPR)操作流程为:

1. 评估现场环境

在急救前需评估现场环境是否安全,自身是否具有急救能力,必须在保证自身安全的情况下进行施救。

2. 快速判断并识别病情

伤者取仰卧姿势,放在坚硬的平面上(如硬板床或地上),使其头、颈、躯干在同一直线上,双手紧贴身体两侧,翻转时注意保护颈部,重点要承托头部,轻轻翻转过来,以免引起或加重颈椎损伤。

(1) 判断患者的意识 用双手轻拍伤者双肩,在伤者耳边大声呼喊"喂,你怎么啦?",用大拇指掐伤者人中,如不能够睁眼即为无意识。

(2) 观察呼吸 解开上衣,用眼睛观察伤者胸部有无起伏,6秒内胸部没有起伏即为无自主呼吸。

(3) 判断有无颈动脉搏动,颈动脉位于气管与颈部胸锁乳突肌之间,一般以一手的食指和中指触摸伤者颈动脉,以感受甲状软骨旁胸锁乳突肌沟内有无搏动。脉搏检查时间一般不能超过10秒,如10秒内不能确定有无脉搏,应立即实施胸外按压。

3. 呼救

迅速拨打120急救电话。拨打120急救电话时要说清楚时间、地点、伤者、事件、原因,最后一定要等120工作人员先挂断电话。

4. 施救

(1) 尽早胸外按压(compression,C)。确保患者仰卧于平地上,头部与躯干处在同一平面。急救者施救者跪在患者一侧,双膝分开与肩同宽,一腿与患者肩部平行,另一腿靠近患者胸腹部,上身前倾,将一只手的掌根放在患者胸骨中下1/3交界处,可快速定位于伤者双乳头连线与胸骨交界处将另一只手的掌根置于第一只手上。手指不接触胸壁。按压时双肘不能弯曲,须伸直,垂直向下有节奏地用力按压。成人按压频率为100~120次/min,下压深度5~6cm,每次按压之后应让胸廓完全回复。按压和放松时间1:1,放松时掌根部不能离开胸壁,以免按压点移位。

胸外按压如需换人,应每2min或5个周期心肺复苏(每个周期包括30次按压和2次人工呼吸),可更换按压者,并在5秒钟内完成转换。尽量不间断,否则因过多中断按压,会使冠脉和脑血流中断,复苏成功率明显降低。

(3) 开放气道(airway,A)。先检查口中是否有异物及分泌物,如有呕吐物、假牙之类的东西,应先将患者头部偏向一侧,应急时可用手指清除口腔异物。打开气道,将一只手置于患者前额,另一只手置于下颌下方,用手向下推动,提起下颚使其头部后仰,下颌角与耳垂的连线与地面垂直,开放患者气道以提供其人工呼吸。

(4) 施以人工呼吸(breathing,B)。捏紧伤者鼻翼,深吸一口气,用双唇紧包住伤者嘴唇吹气，一次持续 1 秒以上，伤者胸廓隆起，则表明吹气有效，注意吹气不可过强过急，换气时松开鼻翼。对婴儿及年幼儿童复苏，在上述步骤基础上轻微吹气入患者肺部即可。

一个周期的心肺复苏包括 30 次胸外按压和 2 次人工呼吸，胸外按压与人工呼吸的比值：30 次胸外按压后再行 2 次人工呼吸。

三、心电除颤仪

室颤是心室无序颤动，导致心脏无法正常工作。对室颤患者，若能在意识丧失前的 3～5 分钟内，立即实施心肺复苏及除颤，存活率是最高的。

心电除颤仪（AED）是可帮助发生心室颤动的病人恢复心率的一种急救设备。

心电除颤仪是医疗机构必备的基本急救设备，现在在一些公共场所也配备，如大型机场、高铁站、地铁站以及会议中心和体育场等。它是一种直流电自动识别语音提示除颤仪器，操作简便。事故现场应在进行一个周期的心肺复苏后，尽快使用心电除颤仪。心电除颤仪使用前提条件必须是伤病者发生了心搏骤停。对心搏骤停者，若能立即取得心电除颤仪，则优先使用心电除颤仪，再进行心肺复苏。

具体使用方法：将心电除颤仪放于患者左侧。按下电源开关或掀开显示器盖子，按仪器发出的语音指导操作。电极片粘贴在患者胸部，右侧电极片放在锁骨中段下方，左侧放在左乳头外下方腋前线处。将电极片插头插入心电除颤仪主机插孔，开始分析心律，需 5～15s。按语音提示操作，确保无人接触患者，按下电极键。一次除颤后，应立刻继续心肺复苏（胸外按压和人工呼吸），等待医疗急救人员到来。

四、心肺复苏成功和终止的指征

（1）心肺复苏出现如下指征表明心肺复苏成功。①患者恢复明确的持续脉搏搏动，可自主呼吸；②患者面色、口唇由苍白、青紫变红润；③瞳孔由大变小，对光反射出现；④病人眼球能活动，手脚抽动甚至呻吟；⑤可测量到血压，收缩压在 60mmHg 以上。

（2）当出现以下情况可终止现场心肺复苏。①患者自主呼吸和脉搏恢复；②有医务急救人员到现场接替复苏急救；③有急救医生到场确定并宣布病人死亡；④连续心肺复苏抢救半小时以上，患者仍无心跳和自主呼吸。

第三节　海姆立克急救法

一、海姆立克急救法概述

海姆立克急救法（Heimlich Maneuver），又称海氏腹部冲击法，物理原理简单，是将人体肺部视为一个气球，气管与肺部相连，则将气管视为向气球吹气使用的气球嘴，一旦气管内出现异物，将气管卡住，无法进行人工呼吸，此时可利用外力对气球进行挤压，驱使肺部内残留空气移动至上方，并进入气管，从而将卡住异物冲出气管。

二、海姆立克急救法的操作

（一）对成人患者急救

急救者首先以前腿弓、后腿蹬的姿势站稳，然后使患者坐在自己弓起的大腿上，并让其身体略前倾。急救者将双臂分别从患者两腋下前伸并环抱患者。急救者左手握拳，右手从患者前方握住左手手腕,使左拳虎口贴在患者胸部下方,肚脐上方的上腹部中央,形成"合围"之态,然后突然用力收紧双臂,用左拳虎口向患者上腹部内上方猛烈施压,迫使其上腹部下陷。由于患者腹部下陷,腹腔内容上移,迫使膈肌上升而挤压肺及支气管,这样每次冲击可以为气道提供一定的气量,从而促使异物从气管内冲出。一次施压完毕后立即放松手臂,然后重复操作,直至异物被排出。

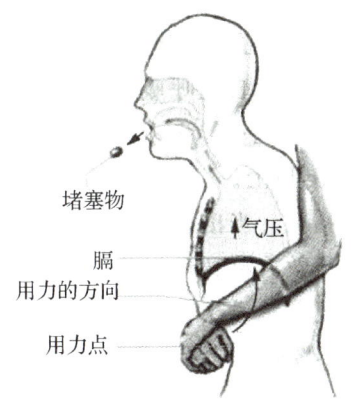

图 18-2　成人海姆立克急救方法

(二) 对儿童患者急救

对 3 岁以下的气管异物儿童或婴幼儿,则采用 5 次拍背法或 5 次压胸法。5 次拍背法是急救者将患儿的身体头部朝下放于救护员的前臂上,急救者用手支撑住患儿头部及颈部;用另一手掌掌根在患儿背部两肩胛骨之间拍击 5 次。5 次压胸法是急救者使患儿面向上平卧,躺在坚硬的地面或床板上,急救者跪下或立于其足侧,若急救者取坐位,则使患儿骑在其两大腿上,面朝前。急救者以两手的中指或食指,放在患儿胸廓下和脐上的腹部,快速向上重击按压,注意刚中带柔。重复操作,直至异物排出。

(三) 其他情形

当发生急性呼吸道异物阻塞时,若身边无人帮助,患者可自己实施腹部冲击法自救。手法类似于上面他人急救法,或将上腹部压向任何突出钝圆坚硬的物体上,并反复冲压腹部实施自救。

对于意识不清的患者,急救者可先使患者成为仰卧位,然后骑跨在患者大腿上或在患者两边,两手掌重叠置于患者肚脐上方,用掌根向前、下方突然施压,反复操作直至异物吐出。

第四节　外伤出血处理

生活中外伤发生的情况很多,出血往往是常见表现,特别是较大的动、静脉损伤,会引起大出血。若不加以有效止血,严重时可危及人的生命。为防止因出血、休克所致生命危险,在现场急救止血就显得十分重要,止血术是最基本、最紧急的急救技术。然而,现场救护条件较差,要想做到既能有效止血,又能因地制宜就地取材,而且使用的止血方法又不会伤及肢体,就必须学习相关的知识和技能,一旦遇到伤者,就能在现场有条不紊地实施救护。

一、出血的种类

(1) 根据损伤血管的类型,出血可分为动脉出血、静脉出血和毛细血管出血三种。①动脉出血:血色鲜红,血流快,血量大,呈喷射状,短时间内可造成大量出血而危及人的生命。②静脉出血：血色暗红，血流缓慢，流血量中等，危险性较动脉出血少。③毛细血管出血：血色鲜红，血液渗血或像水滴样流出。流血量少，多能自行凝固或按压止血。危险性较小。

（2）根据出血部位的不同，出血又分为内、外以及皮下出血三种。①内出血：体腔或组织内的出血，肉眼无法看到，只能依据病史、临床症状和体征加以识别，如创伤性脾破裂、血胸等，患者常有皮肤湿冷、多汗、面色苍白或青紫、心率加快、脉搏细弱、胸腹疼痛等症状，内出血对伤者的健康和生命威胁很大，必须密切注意观察病情变化。②外出血：多为意外创伤所造成皮肤破损伤口处出血，肉眼可见，易辨别，一般外伤出血均属于此类。③皮下出血：皮肤未破，多因跌、撞、挤、挫伤，造成皮下软组织内出血，形成血肿、瘀斑，数天可自愈。

二、止血材料

（一）敷料

敷料用来覆盖伤口，医用敷料如创可贴、纱布、创伤敷料等用于覆盖伤口的为无菌敷料。若在院外现场没有无菌敷料，可就地取材，如干净毛巾、衣物、床单、餐巾纸等物品替代。使用敷料可达到控制出血、吸收血液、引流液体、保护伤口、预防感染的目的。

（二）止血带

医用止血带采用医用高分子材料天然橡胶或特种橡胶精制而成，长条扁平型，伸缩性强。院外急救止血带可就地取材，如可用布、毛巾、手绢、衣物等折成三指宽的带子以作为止血带。禁止使用电线、铁丝、绳子等替代止血带。

三、止血方法

根据外伤和出血的情况，现场急救可采用适宜的止血方法以控制流血，达到止血的目的。

（一）加压包扎止血法

1. 敷料加压止血法：用敷料或干净的毛巾、手绢、三角巾等覆盖伤口，加压包扎，达到止血的目的。伤口覆盖无菌敷料后，再用纱布、棉花、毛巾、衣服等折叠成相应大小的垫，置于无菌敷料上面，然后用绷带、三角巾等紧紧包扎，以停止出血为度。这种方法用于小动脉以及静脉或毛细血管的出血。加压包扎时，松紧要合适，既要止血，又不要完全阻断肢体的血液循环。进行止血时，应先将肢体抬高，包扎范围超出伤口2～3横指，使用绷带包扎止血时要从身体距离心脏远端处向近端处包扎，包扎后如继续出血渗透敷料，可再加敷料包扎，直至有效止血。伤口内有碎骨片时，禁用此法，以免加重损伤。

2. 屈肢加压止血法：适用于手肘或膝盖以下且无骨折的四肢部位的出血。可用布垫放在肘窝、腋窝、腘窝或腹股沟部，用力屈曲关节，以绷带或三角巾等缚紧固定，可控制关节远侧血液外流。大腿出血，用两手拇指将包扎物重叠在腹股沟韧带中点的稍下方。

（二）动脉压迫止血法

适用于头部、四肢等部位伤口导致的较大出血，是动脉出血时最为迅速的止血方法。将伤口出血部位附近的动脉血管压闭在骨骼上，使血管闭塞，血流中断而达到止血目的。这是快速、有效的临时止血方法，不宜持久采用，同时也不便于伤员的搬运和转运。所以在施用压迫止血法的同时，应积极寻找器材，准备更换其他止血方法，如填塞止血法、止血带止血法等或转送到条件较好的医院治疗。

1. 头部出血：急救者一手扶住伤者额部以固定其头部，另一手压迫其外耳前上方的颞浅动脉止血。

2. 颜面部出血：急救者一手固定伤员头部，另一手的拇指压迫伤者下颌角前下方的面动脉止血。

3. 头颈部出血：急救者站在伤者面前，一手放于伤者伤口同侧的颈根部，拇指在前，2~5指在后。拇指触到同侧颈总动脉搏动后，即将颈总动脉压在颈椎横突上。切记，紧急时才能采用颈总动脉压迫法，且只能压迫一侧，绝对禁止同时压迫两侧，以免引起伤者脑缺血。

4. 肩部出血：急救者用拇指摸到伤者锁骨下动脉，用力向后向下将动脉压向第一肋骨。

5. 前臂出血：急救者在患者肘窝尺侧摸到肱动脉搏动，用拇指压迫。

6. 手掌、手背出血：摸到伤者桡、尺动脉的搏动处，用双手拇指压迫。

7. 下肢出血：急救者探摸伤者大腿根部腹股沟部位股动脉搏动处，用双手拇指重叠将股动脉往深处压迫。

8. 足部出血：急救者摸到伤者足背动脉或内外踝动脉搏动处，用拇指压迫。

（三）止血带止血法

此法用于四肢较大动静脉的出血。使用止血带止血要严格掌握使用方法和注意事项。止血带缚上时间太长不但肢体疼痛，还可能因肢体缺血性坏死而致残，严重者可危及生命。故主要用于暂不能用其他方法控制的出血。

结扎止血带的方法：

1. 院外现场急救时，根据当时情况，就地取材，采用三角巾、绷带、领带、布条等均可，折叠成条带状，当作止血带使用。

2. 在伤者出血的近心端，上止血带的部位加好衬垫（如毛巾、绷带、折叠平整的衣服等）。

3. 用止血带缠绕肢体伤处一周，然后止血带两端打一活结。

4. 用短棒、筷子、铅笔等的一端插入活结一侧的止血带下，并旋转绞紧至停止出血。再将短棒、筷子、铅笔的另一端插入活结套内，将活结拉紧即可，不让绞紧的短棒松脱。

注意事项：

1. 扎止血带时应在伤口的近心端。上臂扎止血带时应结扎在上臂的上1/3处，避免结扎在中1/3处以下的部位，以免损伤桡神经。下肢大动脉出血止血带应结扎在大腿中部。止血带一般结扎在靠近伤口处的健康部位，有利于最大限度地保存肢体。

2. 扎止血带前，应先用三角巾、毛巾、布块等做成平整的衬垫缠绕在要结扎止血带的部位，以免损伤皮肤。

3. 扎止血带以停止出血或远端动脉搏动消失为宜，不可过紧或过松。止血带结扎过紧，可损伤受压局部；结扎过松，达不到止血目的。

4. 结扎好止血带后，应给伤者加上明显标记，注明伤情和结扎止血带时间，并尽快运往医院。

5. 使用止血带的时间不宜过长，以免远端肢体缺血性坏死。一般止血带的使用时间不宜超过2h，以1h为宜。在使用止血带期间，每隔40~50min松解一次，以暂时恢复远端肢体血液供应。放松止血带时，仍须用指压法按压动脉止血，放松1~2min后再在比原扎带处稍高位置扎止血带，不可在同一部位反复缚扎。如仍有大出血者或远端肢体已无保留可能，在转运途中可不必再松解止血带。

6. 使用止血带时应注意患者肢体保暖（冬季阻断血流易发生冻伤）。

第五节　运动急救

运动能强身健体，人们在运动时难免会受到损伤。针对在体育运动中所易造成的机体伤害，为保障伤者的生命安全，避免再度损伤，减轻痛苦，预防并发症，并为伤员转运和进一步治疗创造条件，做好现场急救处理是十分重要的。运动性急救必须先抓住主要问题，原则是救命在先，防止休克。骨折、关节脱位、严重软组织损伤或合并其他器官损伤时要注意预防休克，若发生休克时必须先抢救休克，抢救必须分秒必争、准确、有效、快速送医院处理。

一、擦伤的处理

（1）轻度擦伤。如擦伤部位够浅，伤口干净者一般只要涂上皮肤消毒药水即可自愈。若伤口有脏物或者有渗血时，则用生理盐水或温水将伤口的脏物和血液擦洗干净，给伤口消毒，并贴上创可贴或外伤膏药。

（2）重度擦伤。如有大面积擦伤，并有出血，在采取轻度擦伤基础上，可用冷敷法。冷敷可使血管收缩，减少局部充血，降低组织温度，抑制神经的感觉，因而有止血、止痛、消肿的作用，常用于急性闭合性软组织损伤。

二、鼻出血的处理

运动中常因对撞、摔倒、外力击打面部等导致鼻部受外力撞击而出血。鼻出血的处理主要为：应使受伤者坐下，头后仰。急救者用拇指和食指紧捏伤者鼻翼3～5min，伤者暂时张口呼吸；或者在流血的鼻腔内塞入无菌的纱布、棉球或纸巾等压迫止血，并用冷毛巾或毛巾包裹冰块敷在伤者前额和鼻梁上，每隔5～10min更换一次。冷敷以降低面部温度，从而促进血管收缩，达到止血效果。如伤者鼻腔内损伤，可将云南白药粉剂撒在医用棉球上，塞入鼻腔内，消炎止血。

三、关节扭伤的急救

运动中，在外力作用下，各个关节都有可能扭伤，关节的活动范围超过关节正常承受的范围，就会出现关节的扭伤。关节扭伤一般损伤是关节周围韧带、关节囊以及周围附着的肌肉和肌腱组织等发生撕裂伤。关节扭伤轻者可仅有部分韧带撕裂，而重者可能韧带完全断裂或韧带及关节囊附着处骨质撕脱，甚至发生关节脱位。

（一）损伤程度评估

1. 伤者受伤关节附近是否疼痛，关节是否能活动，活动时疼痛是否加剧。
2. 伤者受伤关节附近是否肿胀，周围皮肤是否青紫。

一般关节扭伤，伤者活动时，扭伤部位疼痛，但不剧烈，休整后，还可进行一定程度的活动。若伤者不能站立和挪动，疼痛剧烈不能活动，甚至扭伤时有声响，这可能不仅仅是关节扭伤，还可能存在骨折，应立即按骨折急救。

（二）急救原则

1. 休息：伤者必须休息2～3周，扭伤部位停止活动。
2. 冰敷：于伤后24～48h内，用冰袋冷敷受伤部位以降温，减少受伤部位的液体渗出，肿胀。每冷敷20min休息10min。
3. 压迫固定：用绷带包扎压迫受伤部位，以固定关节不致进一步损伤。每隔2h放松半小时。
4. 抬高患处：将受伤的部位抬高，如受伤的上肢悬挂，下肢用被子等物垫高，以促进静脉血回流，淤血消散。
5. 热敷：扭伤发生48h后，可对患处进行热敷，以促进淤血吸收、消肿。

四、关节脱位急救

关节脱位是由于直接或间接暴力作用于关节，骨与骨之间相对关节面脱离正常位置，发生移位所致。关节脱位发生后，关节、囊、韧带、关节软骨及肌肉等软组织也伴随有损伤，周围出现肿胀。若关节脱位不及时复位，可能出现血肿机化，关节粘连，造成不同程度的关节功能损伤。关节脱位以肩、肘关节脱位常见，髋关节次之，膝、腕关节脱位少见。

（一）损伤评估

1. 一般性症状：①疼痛明显，活动患肢时疼痛加重；②患处及周围肿胀、青紫；③患处活动受限，存在功能障碍。

2. 体征：①畸形。关节脱位后，患处常与健侧不对称，出现肢体旋转、外翻、内收等导致形态变长、变短、歪斜等。②弹性固着。患处关节脱位后，未撕裂的肌肉和韧带可将脱位的肢体保持在特殊位置，被动活动时伤者患处有一种抵抗和弹性固着感。

（二）关节脱位的急救

现场急救有以下原则。

1. 脱位初始：应嘱伤者保持安静，不要活动，更不可揉搓脱臼部位。可用抱枕、衬垫支撑患处，以使患肢维持舒适的姿势。

2. 冷敷：关节脱位后，关节及周围可能肿胀，可对患处冷敷。

3. 固定：对患处用绷带或悬带固定患处，并将患肢固定于躯干或健肢上，以保

4. 持关节固定不动。如发生髋关节脱位，则立即让伤者停止活动，用担架抬其至医院救治。

5. 送医：立即将伤者送医，请专科医生对脱位的关节复位。

五、骨折的急救

骨折是运动中常见的损伤。骨折发生后若现场处置不当，可能造成伤者进一步受伤。因此，为避免骨折的断端对伤者受伤部位的血管、神经、肌肉及皮肤等组织的损伤，减轻伤者的痛苦，以及利于后续的转运伤者，现场的科学急救显得尤为重要。

骨折可分为闭合性骨折和开放性骨折。闭合性骨折是指骨折发生部位，皮肤没有破损，断骨不与外界相通。开放性骨折是指骨折处有皮肤破损的伤口，伤口与外界连通。骨折急救的关键措施是对骨折部位的临时固定，根据骨折发生部位不同，可采取不同的固定法。

（一）骨折评估

1. 望：观察伤者受伤部位是否肿胀，是否有畸形，是否能活动，是否有伤口可见骨断端。

2. 闻：听到伤者呻吟，伤处疼痛，活动疼痛加剧。患处缓慢活动时是否听到骨摩擦感。

3. 摸：伤者患处是否有断裂感。

（二）骨折的现场急救

1. 求救：急救者初步判断伤者发生骨折，则立即拨打"120"，向急救中心求救。

2. 固定：若是闭合性骨折，可用夹板、绷带或三角巾将骨折处固定，固定于躯干或健侧肢体等，以免骨折处移位，加大损伤。

3. 姿势：对髋关节骨折伤者，引导其平板上取仰卧屈膝位，等待急救中心的救援。对脊柱骨折伤者，不得轻易搬动伤者，切忌对伤者一人抱头、一人抱脚的搬动，否则对伤者造成二次伤害。

4. 其他：对开放性骨折伤者，需先暴露伤口，对伤口进行止血、包扎，最后固定的顺序处理。

5. 转运：由专业的急救人员监护转运至医院进一步救治。

第六节　溺水急救

溺水指因游泳或其他原因落水所致的伤害。人淹没于水或其他液体中，水与污泥、杂草等物堵塞呼吸道和肺泡，或因咽喉、气管发生反射性痉挛，引起窒息和缺氧，肺泡失去通气、换气功能，使机体处于危急状态。溺水的后果是缺氧，可因呼吸衰竭及心跳停止而死亡，所以必须尽快恢复通气，这就要求目击者尽快行心肺复苏术，尽快启动急救医疗救助系统。

一、溺水的危险因素

（一）个人因素

1. 不会游泳者失足落水。特别是年幼儿童活动好动，好奇心强，缺乏危险意识，喜欢戏水，易导致失足落水。
2. 游泳前，热身活动不充分，没有做好身体准备。下水后，水温比气温低，极易导致腿抽筋，体力不支，最终无力自救。
3. 游泳技术不佳，缺乏对自己游泳能力清醒认识，盲目自信，逞强称能。
4. 对河道深浅、水流情况不了解，遇到问题时易惊慌失措，且自救措施不当。
5. 游泳前未了解天气预报，缺乏应对恶劣的天气经验，造成溺水。
6. 遇溺水者，急于救人，但缺乏救人经验，导致一起被困，体力不支，同溺水者一起溺水。
7. 游泳时间过长，换气过度，体内二氧化碳丧失过多，引起呼吸性碱中毒而发生手足抽搐，严重者可出现一时性昏迷而造成溺水。
8. 潜水时间过长致血氧饱和度降至 40%～60% 时可出现头晕、头痛、肌无力及协调与共济功能障碍，诱发淹溺。
9. 有心脏或脑血管疾患或其他疾病者游泳时疾病发作，导致溺水。

（二）环境因素

（1）对于儿童青少年的溺水，父母的教育和监管可能不足。
（2）学校安全教育不充分。
（3）游泳场所管理不善，可能缺乏必要的安全教育和安全标志提示，在场的管理人员不够或缺乏，未配备救生和急救设备。
（4）水库、湖泊、水塘等缺乏安全警示。

二、症状和体征

溺水者被救上岸后，溺水患者症状各异，与溺水持续时间长短、吸水量多少、吸入介质性质和器官损伤严重程度等密切相关。轻者有呛咳、呼吸急促症状。处于濒死状态者，机体处于缺氧状态，常表现为颜面肿胀，全身青紫，双眼充血，肢体冰冷，面色灰白，口腔、鼻腔和气管内充满血性水泡或淤泥，出现烦躁不安或是神志昏迷，可伴有抽搐、呼吸频率不规则，或呼吸停止，脉搏微弱或心跳停止，上腹部膨胀。

三、现场急救

人发生溺水后往往几分钟内可引起窒息死亡。因此，溺水的急救刻不容缓，必须冷静、迅速、准确、积极作出救助反应。

(一) 自救

落水后不要心慌意乱，一定要保持头脑清醒，千万不能将手上举或拼命挣扎，因为这样反而容易使人下沉。此时，应身体放松，采取仰卧位，头向后仰，口向上方，将口鼻露出水面；调整呼吸，吸气宜深，呼气缓而浅，以静待被人发现，抢救脱困。

(二) 他救

遇到溺水者，施救者下水前应迅速脱去衣裤，以免增加在水中的身体重量；来不及脱衣裤时也要尽快把衣裤兜外翻，以免衣裤兜进水增加身体重量。施救者快速游到溺水者后方，用一只手从溺水者身后托起其头或颈，或抓住腋窝，将其面部托出水面；施救者宜采用仰游，迅速将溺水者救上岸。施救者切勿游到溺水者的前面，以免被溺水者抱住，导致两人身体下沉。若已被溺水者抓住，可捏紧他的鼻子，或推他的脸，使其松开手，然后再游到溺水者后方，将其面部托出水面，迅速将其带至岸边救起。

心肺复苏是使溺水者恢复心跳、呼吸的关键步骤，应不失时机尽快施行，且不要轻易放弃努力。若溺水者呼吸已停止，应在清除其口、鼻中水和泥沙等污物，使呼吸道通畅基础上，立即对其心肺复苏，进行口对口人工呼吸及胸外心脏按压，同时拨打"120"寻求急救中心救援。医护人员到场前，对溺水者的心肺复苏不要停止，直到溺水者心跳恢复为止。在溺水者呼吸和心跳复苏后，应对其注意保温，按摩其四肢，促进其血液循环。

四、预防

游泳是一项有益的运动，但忽视安全则会导致溺水事故发生，造成身体伤害，甚至付出生命代价，所以要注意预防溺水事件的发生。

(一) 游泳安全教育。家庭和学校以及游泳机构应加强对儿童青少年游泳安全教育。

(二) 游泳技能的培训。家长可送孩子去正规的游泳机构学习游泳。有条件的学校可以开设游泳课，特别是大学，应把游泳当作一种生存技能教授给学生们并教授他们避免溺水的自救和他救方法。要告诫学生在游泳技能不强时，不要去深水区，更不能在深水区互相打闹嬉戏，游泳课每次人数合适，不可超过教练照护和急救的能力范围。教练必须具有高度的责任心且须持证上岗。

(三) 游泳场馆应加强安全管理。例如，设置醒目的深水区警示标志，配备救生和急救设施，增加安全管理人员巡视。建立不定期场馆的安全检查制度。

(四) 加强开放水域安全管理。增加醒目的安全警示牌，附近配备救生设备。

(五) 各种船只必须配备足够的安全救生设备。

(六) 在人群中普及心肺复苏术，可以大大地提高溺水抢救的成功率。

第七节　中暑急救

中暑是在暑热天气、湿度大及无风环境中，患者因体温调节中枢功能障碍、汗腺功能衰竭和水、电解质丧失过多而出现相关临床症状的疾病。体弱、肥胖、老年人因饮酒、睡眠差，即使气温不是很高，但因室内通风不良，也易引发中暑。

中暑的发生有其内在病理生理机制。健康的成年人，体温一般维持在37℃左右，并通过人体体温调节中枢使身体产热和散热保持平衡。人体产热主要来自体内氧化代谢过程所产生的基础热量和肌肉收缩产生的热量。人体散热是通过体内血液循环，将深部组织的热量带至皮下组织，再通过皮肤扩张的血管散发热量，皮肤血管的血流量越多，散热就越快。当周围环境温度超过皮肤温度时，人体散热只靠出汗以及皮肤肺泡表面的蒸发。虽大量出汗,但散热量仍小于产热和受热量时,机体储热量不断增加,则体温升高,水、电解质代谢紊乱,导致中枢神经系统(如注意力不集中,对事物反应差,工作效率明显降低,动作协调异常)和心血管系统功能障碍,表现出中暑症状。

一、中暑类型

(一) 先兆中暑症状

1. 轻微头痛、头晕、眼花、耳鸣、心悸、四肢无力、口渴、多汗、注意力不集中,动作协调性差等。

2. 体温正常或略升高,一般不超过37.5℃。

(二) 轻微中暑症状

1. 先兆中暑症状。

2. 面色潮红、皮肤灼热、恶心呕吐,或四肢湿冷、面色苍白、血压下降、脉搏增快等。

3. 体温常超过38℃。

(三) 重症中暑症状

是最严重的中暑,可危及生命。根据发病机制和临床表现不同可分为四种类型:

1. 热痉挛。表现为经常活动的肌肉如四肢肌肉及腹肌肌肉痉挛,呈对称性和阵发性。其表现为肢体和腹部疼痛,神志清楚,体温不高。

2. 热衰竭。多表现为头痛、头晕、恶心、呕吐、面色苍白、心悸、多汗、皮肤湿冷、脉搏细弱等。血压一般偏低。

3. 热射病。以高热、无汗和昏迷为主。早期前驱症状有大量出汗,随后无汗,呼吸快而浅,脉搏细数,可有躁动不安、神志模糊、血压下降,继而发展为昏迷、四肢抽搐。严重者可能出现肺水肿、脑水肿、心力衰竭等。

4. 日射病。表现为低热、体温增高不显著,剧烈头痛、恶心呕吐、视力模糊、烦躁不安,继而昏迷抽搐等,甚至出现中枢性呼吸、循环衰竭、双侧瞳孔散大等。

二、急救

发生中暑后,院外现场急救的原则主要是立即使患者脱离高温环境,降低体温,补充水及电解质,对症处理。

(一) 先兆中暑。将患者带离高温环境,至阴凉通风休息即可。

(二) 轻症中暑。使患者迅速脱离高温环境,至阴凉通风休息,解开衣扣,让病人平躺,用冷毛巾敷于头部,用电风扇吹风降温,口服含盐清凉饮料或含盐清凉饮食,局部按摩等。

(三) 重症中暑。在采取以上急救处理的基础上,对日射病、热射病患者注意及时进行头部物理降温。将其迅速脱离高温环境,带至阴凉通风处(如空调室),解开衣扣,让病人平躺,用电风扇吹风,在头部、腋下、腹股沟等大血管处放置冰袋,并可用冷水擦身直至皮肤发红,同时全身按摩,毛巾擦身,促使其皮肤血管扩张,同时保持患者呼吸道通畅。拨打"120"急救中心请求救援。

三、预防

(一) 高温安全教育。对学校和企事业厂矿等加强高温中暑等安全卫生教育。

(二) 关注天气预报。在高温高湿天气停止工作和活动。

(三) 缩短高温环境工作。若必须在高温环境下工作,则必须缩短高温环境下的工作时间。

（四）增设降温环境和设施。高温高湿环境下工作或活动，需配备必要的降温设施和环境，如准备清凉含盐的饮料、电风扇、空调房、冰袋、冷毛巾、风油精等。

第八节　烧伤急救

烧伤是指由热（包括热液、蒸汽、高温气体、火焰、电能、化学物质、辐射、金属液体或固体烧伤等）引起的组织损伤。主要是指皮肤或黏膜的损伤，严重的也会损伤其下部组织，也有热液、蒸汽引起的热损伤称为烧伤、火焰、电流等。各种热力（如高温、辐射、放射、电、摩擦或接触化学品）所造成的皮肤或其他组织的损伤。

一、流行状况

烧伤是全球性公共卫生问题之一。来自世界卫生组织的报告指出，估计每年有18万例烧伤患者死亡。其中，大部分发生在低收入和中等收入国家，约有三分之二发生在非洲和东南亚区域。许多高收入国家的烧伤死亡率不断降低。目前，中低等收入国家中死于烧伤的儿童比例是高收入国家的7倍以上。女性死于烧伤的比例较男性略高。烧伤主要发生在家庭和工作场所。儿童和妇女往往在家庭厨房中被烧伤，如打翻装有高温液体或有火焰的容器，或烹调炉灶爆炸。男性通常在工作场所被火焰烧伤、被烫伤或被化学品和电灼伤等。非致命性烧伤是一个重要的致病危险因素，它会造成患者长期住院、毁容和残疾等，导致生命质量低下，并往往导致患者遭受社会歧视、孤立和羞辱。烧伤是低中等收入国家中伤残调整寿命年（DALYs）减少的主要原因之一。

二、病因

烧伤的原因很多，主要可分为热力烧伤，如沸水、火焰、蒸汽、沸液等；化学烧伤，如强酸、强碱、磷、镁等；电烧伤；放射性烧伤等。

三、评估

（一）（1）根据烧伤面积的估计：常用的方法有九分法（大面积的烧伤评估法）和手掌法（小面积或不规则的烧伤评估法）两种。①九分法：头、颈、面部共占9%（1×9），双上肢占18%（2×9），躯干前后（包括会阴1%）占27%（3×9），双下肢（包括臀部5%）占46%（5×9+1）。②手掌法：患者单手五指并拢，单手掌的面积约相当于体表面积的1%。

（二）（2）烧伤深度的评估：①Ⅰ度烧伤：为表皮烧伤，创面皮肤发红，有疼痛感，无水疱。3～5日痊愈，不留疤痕。②度烧伤：分为浅Ⅱ度烧伤和深Ⅱ度烧伤两种。浅Ⅱ度烧伤为真皮浅层烧伤，创面发红，有疼痛感，压之变白，伴起水疱，疱皮薄，疱皮破后基层潮红，有剧痛感。约两周后痊愈，不留疤痕，可能有色素沉着。深Ⅱ度烧伤达真皮深层，创面起小水疱，疱皮较厚，疱基底苍白，压之不变色，痛感较轻。3～4周愈合，会留下疤痕。③Ⅲ度烧伤伤及皮肤全层，甚至皮下组织如肌肉及骨骼等。创面呈皮革样改变，苍白或焦黄，干燥无水疱，不痛，呈黑、白或樱桃色。经2～4周后，焦痂脱落，形成肉芽创面，面积大者需植皮才能愈合，留下严重的疤痕或畸形。

四、现场急救

（一）脱离危险。烧伤事件发生后，伤者要迅速脱离危险环境，如远离沸水、火场、实验台、断电等。迅速去除燃烧的衣物，或倒地打滚灭火，或跳入附近水池灭火自救。施救者可就地用棉被、毯子、沙土覆盖伤者，也可用水或其他灭火液体等扑灭火焰。伤者切忌带火奔跑，以免火势更大。若遇化学烧伤，则立即去除被污染的工作服、衣物等，立即用大量的水反复冲洗污染的身体创面，以便去除或稀释身体沾染的化学物质，缩短化学品接触皮肤的时间。

（二）降温。若是轻度烧伤，则通过移除衣物和向烧伤处浇水，立即降温，用大量冷水冲洗伤处，终止高温对皮肤的烧伤过程，大约10min后，伤者感到不再灼热为止。此外，临床证实，早期创面冷淋洗及浸泡或湿救，疗效较好，延迟冷疗效果差。

（三）保护创面。若伤者伤口严重，衣物不易去除，则不要强行撕脱，以免致其创面二次创伤。可用绷带、纱布或干净衣物、床单等遮盖患者，以保护创面，避免其污染或损伤。然后将伤员安置于担架上迅速送医，或拨打"120"请求救援。

（四）对有危及病人生命的大出血、窒息、开放性气胸及急性中毒等，应迅速急救处理。骨折及其他开放性伤口应包扎固定。

急救时需要特别注意的事项：①在确保自身安全（关闭电流、处理化学品时戴手套等）之前，不要开始急救。②不要在烧伤处使用膏剂、酱油、姜黄素或原棉等。③降温时，创面不要敷冰块，否则会加剧皮肤伤害。避免让伤者长时间在水中降温，避免其发生低温症。④在医护卫生人员能够对伤者使用外敷抗生素之前，不要弄破其水疱。⑤不要直接在伤者伤口上敷贴任何材料，以免引起感染。⑥在伤者接受适当医疗之前，避免敷用任何外用药物。

五、预防

烧伤是可以预防的。世界卫生组织指出，通过将预防策略与烧伤医疗相结合，是可以降低烧伤死亡率和残疾率的，高收入国家在此方面所做的努力是很好的实例。

预防策略主要包括：

（一）加强烧伤的安全和防控知识教育。对人群特别是高危人群应加强各种烧伤的危害宣传教育，普及防火防电知识，强调防控意识和技能培养。

（二）强化安全检查。建立消防安全检查制度，定期检查消防设施、房屋建筑及实验室等易燃易爆等管道、灶具、电线、化学试剂存放、各种电器的安全情况，消除隐患。

（三）改进操作设施。例如，在家庭环境中，包围火焰并限制明火高度；推广更安全的烹调炉灶和危险性较低的燃料；改善烹调炉灶的设计；家中使用烟雾探测器、喷洒灭火器和火灾逃生系统等。

（四）开展社区烧伤急救和护理培训。在社区普及烧伤急救护理知识，减少烧伤的死亡率和致残率。

（五）个人行为危险管理。例如，从事化学、物理等易燃易爆工作时，注意力要集中，要手眼协调，按工作规范操作。不要穿宽松的衣物烹饪，避免在床上吸烟等。

第十九章 用药常识

药物是指能够影响机体生理、生化、病理过程，用以预防、诊断、治疗疾病的天然或者人工合成的化学物质或化学制剂。人们可以预防、诊断和治疗疾病，以维护自身健康，提高生活质量。药物对人类健康是一把双刃剑，既可治病，又因不当使用可致病，甚至导致死亡。因此，熟悉和掌握一些用药常识是非常必要的。

第一节 药物的基本知识

一、概述

一般认为药物的安全范围较大，大多数患者在一定的剂量范围内使用安全，而毒物的安全范围较小，在使用较小剂量时，即可对机体有明显的毒性作用。

药物和毒物之间并没有本质的区别，药物的大剂量使用或非正常使用，都可造成药物中毒，甚至危及生命，此时药物表现出毒物的作用，而针对特定情况，使用特定剂量的某些毒物，能够产生治疗作用。药物根据来源，有植物提取药物、化学合成药物、基因工程药物等。其中大多数药物为化学合成药物，近年来随着生物工程的发展，基因工程药物也越来越多。

在我国，药物包装的显著位置印有"国药准（试）字＋批号"，其中，"准"代表国家批准生产的药物，"试"代表国家批准试生产的药物。消费者可在国家市场监督管理总局的网站上查询药物的生产厂家、规格、剂型及真伪等。

二、药物分类

生活中常见的药物分类主要按管理体系和理论体系分类。

（一）按管理体系分类

药物按安全性管理体系可分为处方药和非处方药（OTC）。

1. 处方药。处方药是指必须由执业医师出具书面处方才能从药房或药店获取，并要在医生监控或指导下使用的药。非处方药物是指那些可在无处方情况下由药店直接出售的药。在美国，食品和药品监督管理局（FDA）是作为决定哪些药物需要处方、哪些药物可在药店直接销售的官方机构。处方药一般包括四种情况：①刚上市的新药，其活性、副作用还有待进一步观察；②可产生依赖性的某些药物，如吗啡类镇痛药和某些催眠安定药；③本身毒性很强的药物，如抗癌类药物；④必须由医生确诊后才能使用的药物，如治疗心血管疾病、糖尿病的药物。

2. 非处方药。非处方药是指不需要执业医师处方，可直接从药店购买，不用医疗监护下使用的药物。其包装的显著位置印有"OTC"标识，一般用于常见的感冒、发烧及咳嗽等病症的治疗。

特别需要强调的是，保健品只是有保健功能的食品，而不是药物，它无法代替药物来治疗疾病。其包装的显著位置印有蓝帽子形状的保健品标识，且标注"国（卫）食健字＋批号"，其中"国"和"卫"分别代表国家批准和卫健委批准。生活中常见的各种减肥茶和维生素含片等都属于保健品。

(二) 按理论体系分类

药物按理论体系可分为中药和西药。

1. 中药。中药即中医用药,是指按我国传统医药理论使用的药物。中药一般来源于自然界,包括草药、蛇胆、鹿茸、珍珠及磁石等各种动植物及矿物。

2. 西药。西药即现代药,是指按照现代医药理论使用的药物。大多是人工合成的化学药物和生物制剂,如抗生素、抗癌药、疫苗及抗毒血清等。

三、药物的不良反应

药物的不良反应是指药物按照正常的用法、用量、应用之后,发生的和治疗目的无关的有害的反应。因此在药物不良反应这个概念上,就排除了因为药物滥用,或者超量、误用而导致的不良事件。不良反应主要有副反应、毒性反应、后遗效应、停药反应、变态反应、特异质反应等。所以药物不良反应的发生因药物种类繁多,用药途径不同,个人体质而异。

(一) 药物副作用

药物副作用是指在使用某种药物时,按照正常的剂量和频次,患者出现与治疗效果相反或无关的反应。一般来说,在合理的剂量范围内药物的副作用往往较轻,及时停药或给予对症处理后,患者的不良反应很快缓解。一般不会造成严重的并发症。一种药物往往有多方面的作用。当人们利用药物某方面的作用时,其他方面的作用对人就成了副作用。例如,服抗过敏药氯苯那敏易出现嗜睡、困乏的症状,则氯苯那敏所带来的困乏是其副作用。药物的治疗作用与副作用都是药物本身所固有的药物特性,它们是相对而言的,因此随着治疗目的的转换,副作用与治疗作用也是可以互相转化的。例如,治疗腹痛时所用的阿托品,既止住了腹部疼痛症状,同时也抑制了腺体的分泌,引起人口渴等不适感,这种不适感就是阿托品的副作用。而在给患者做手术时,为了使患者手术中腺体分泌减少而使用阿托品,镇痛时的副作用在此时就转化成了治疗作用。

(二) 药物的毒性反应

药物的毒性反应是指用药过量、时间过长、用药不当所引起的严重功能紊乱或组织器官的损伤。一般来说,药物的毒性反应是可预知的。如过量过久用链霉素、卡那霉素、庆大霉素等,对第八对颅神经有明显毒性,可致耳鸣、眩晕、耳聋。氯霉素、合霉素和多数抗癌药物对造血系统有毒性,可抑制骨髓造血,出现白细胞、血小板减少等。

药物毒性反应是可以预知的不良反应中最重要的一种反应。也是药源性疾病产生的主要原因。它对人体危害较大,可以累及中枢神经、造血系统及心血管系统,造成肝肾损害。因此使用每一种药物之前都应对该药物可能引起人的毒性反应进行详细的了解,全面掌握药物的药理作用、适用范围、正确用法及不良反应等,避免药物毒性反应的发生。

(三) 药物的过敏反应

药物的过敏反应是异常的免疫反应,仅发生于少数人,与所用药物的药理作用和用药剂量无关。药物过敏反应的基本原因在于抗原抗体的相互作用。药物作为一种抗原,进入机体后,有些个体体内会产生非特异性抗体。使T淋巴细胞致敏,当再次应用同类药物时,抗原抗体在致敏淋巴细胞上作用,引起过敏反应。是生活中较常见的、临床表现轻重不一的一种药物不良反应。轻者出现皮肤潮红、瘙痒、荨麻疹、皮疹、发热、心悸、呼吸困难,重者导致过敏性休克,甚至有生命危险。

1. 药物过敏反应的特征。与药物毒性反应不同的是:①初次过敏反应是不可预知的。药物过敏反应只有少数人才会出现,而且药物过敏者大多有使用过或隐性接触过同一药物的既往史,常使人们放松警惕,无法预料。②药物过敏反应的轻重程度一般与药物剂量的大小无关。不过敏的人用药至中毒剂量也不会发生过敏反应,而过敏体质的患者可能仅闻过敏药物的气味即可发生严重过敏反应。③药物过敏反应所经历的时间长短不一。有的患者甚至在数秒钟内出现反应。对严重药物过敏的患者,可能反应危及生命。

2. 药物过敏反应的预防。药物过敏反应临床常见,且发病急而凶猛,临床表现复杂多样,因此药物过敏反应的预防至关重要。预防措施主要包括:①严格掌握用药指征,尽量选择较少引起过敏的药物,特别不要使用过敏反应频率高的抗生素。为治疗疾病必须应用时,应在医生指导下,采取必要的抗过敏措施,有药物使用监控和有急救环境下应用,而且必须加强用药后的密切观察。②对于需做过敏试验的药物,用药前一定遵循过敏试验程序。③一旦药物过敏反应发生,应立即向医生报告,积极进行诊疗,主动报告过敏史,协助医生迅速查明过敏药物,以便采取有针对性的治疗措施。④将过敏药物记在常用病历醒目的位置,或牢记过敏药物。每次就诊时主动向医生报告过敏史和过敏的药名,避免对过敏药物的再次接触。

3. 常见过敏反应的药物。不是所有的药物都会引起过敏反应,最常见易发生过敏反应的药物有:①抗生素类,如青霉素、氨苄西林、链霉素、氯霉素、土霉素等。②磺胺类。③解热、镇痛类,如阿司匹林、氨基比林和非那西丁等。④催眠药、镇静药与抗癫痫药,如苯巴比妥、甲丙氨酯、氯普噻吨、苯妥英钠等。⑤异种血清制剂及疫苗等,如破伤风抗毒素、蛇毒免疫血清、狂犬病疫苗等。⑥中药。单味药引起药疹的有葛根、天花粉、板蓝根、大青叶、穿心莲、丹参、毛冬青、益母草、槐花、紫草、青蒿、防风等,成药中有六神丸、云南白药、牛黄解毒片、银翘解毒片等。

(四) 药物的继发反应

药物的继发反应不是由于药物直接作用产生,而是因药物作用诱发的反应。是指继发于抗菌药物治疗作用后患者出现新的感染灶或维生素缺乏等反应。

其主要机理为:人体在正常情况下与外界相通的腔道如消化道、呼吸道、泌尿生殖道等寄生着多种菌群。这些腔道内各菌群之间既互相依赖又互相制约。它们在人体的局部维持着一种"生态平衡"。有些菌群在自身生长、繁殖的过程中还能够合成可被人体吸收且对人体有益的多种维生素,如维生素K、复合维生素B等。人体发生疾病时,如长期使用广谱抗生素,会抑制肠道内敏感细菌的生长,造成不敏感的细菌大量繁殖,导致葡萄球菌肠炎或念珠菌病,人体局部的"生态平衡"被打破,引发新的感染征象,又称为"二重感染"。这就是使用药物治疗所产生的继发反应。

因此,临床上应尽量使用针对性强的、细菌敏感的抗生素治疗,以便尽可能地以最少的药物,在最短的时间内控制病情,避免长期地、大量地、盲目地使用抗生素所引起的继发反应。一旦发生继发反应,应立即停用广谱抗生素,给予复合维生素B、维生素K、乳酶生等药物治疗。必要时应用抗真菌药物或其他有效抗生素治疗。

四、影响药物作用的因素

药物的治疗效果是药物和人体相互作用的综合表现,影响药物发挥药效受多种因素影响,这些影响因素主要包括药物因素和机体因素

(一) 药物因素

药物因素包括药物的剂量、剂型、疗程与用药时间及药物相互作用等,可影响药物的效用。

1. 药物的剂量。不同的药物剂量产生的药效存在差异。一般来说,一定范围内随药物剂量的增加,药物在体内的浓度增高,其作用也就越强,但当药物浓度超过某一范围时可能会引起中毒。另外,有些药物在不同剂量下所发生的药效各异,如小剂量的巴比妥类药物有镇静的作用,而大剂量的巴比妥类药物则有麻醉的作用

2. 药物的剂型。将药物制作成适合于医疗和预防应用的形式,即为药物剂型。药物剂型多种多样,常见的有片剂、散剂、颗粒剂、胶囊剂、溶液剂、乳剂、混悬剂、针剂、缓释剂及气雾剂等。

药物的剂型可影响药物的吸收速度，如在口服剂中，口服液较片剂、胶囊吸收更快。缓释剂，是指将药物包裹在里面，以减缓药物溶解速度，从而达到延长药效的目的。为了达到最佳的治疗效果，根据用药途径不同，同一种药物还可加工成不同的剂型供临床使用。

3. 药物疗程与用药时间。药物疗程是指根据患者病情发展、为达到一定治疗目的的连续用药时间。用药时间则是指根据药物自身性质、对胃肠道的刺激程度、药效所需时间和患者的耐受力等因素确定的单次给药时间。

一般情况下，病症消失后即可停药。但也有些特殊情况，比如抗生素类药物往往要在病症消失后继续服用一段时间。降压药也必须定期服药，不能停药，否则易造成血压反跳和病症加剧等不良反应；抗结核药的服药时间一般需半年以上。

4. 药物相互作用。药物相互作用是指两种或两种以上药物同时或先后使用后，导致药效发生了改变或产生了新的不良反应。药物相互作用包括相互协同、增强药效和相互拮抗、减弱药效，甚至产生危害性反应。药物的相互作用多发生在处方药中，但有时也会出现在非处方药中，最常见的有阿司匹林、抗酸剂及抗凝药。药物相互作用的危险性取决于用药的种类、数量及剂量。

（二）机体因素

人体因素方面，主要受患者自身的年龄、性别、心理及个体差异等影响。

1. 年龄。一般药物可分成人用药量和非成人用药量。大学生一般采用成人用药量。有的药物成人可以用，但不适宜于儿童。

2. 性别。一般药物的用法并无性别差异。但女生处于月经期时不可随意服用激素类药物以及一些具有抗血凝、抑制血小板等功能的药物，如华法林、肝素及阿司匹林等，以免引起月经周期、行经时间及经血量的异常。

3. 心理。有研究发现，心理因素可能导致大脑皮层的调节功能失常，造成机体功能紊乱，使得药物难以发挥疗效。例如，严重的负面情绪抑制胃肠道的蠕动、排空和吸收功能，从而影响药物的吸收和血药浓度，致使疗效不佳。

4. 个体差异。个体差异主要是指个体对药物的高敏性或耐受性不同，导致机体对药物的反应的差异。高敏性是指个体对药物特别敏感，此类患者应慎重选择药物及药物剂量。例如，患者对药物的过敏反应，而其他患者无此不良反应；耐受性是指个体对药物特别不敏感，如连续用药致使患者免疫，针对这种情况，医生应加大药物剂量或者换药。

第二节　药品说明书的常识

正规厂家、商家及医院销售的任何一种药物都有药品使用说明书。人们在使用药物之前除了听从医生的指导，还应认真、仔细地阅读药物说明书，以了解药物的性能、作用、副作用、使用剂量、使用方法等。忽视药品使用说明书的阅读，可能导致人们对药物使用剂量、副作用、药物相互作用以及禁忌证不明确，有可能带来不必要的不良后果。为了安全用药，人们还应掌握有关药品使用说明书的常识。

一、药物的剂量

一般药品说明书中，较常应用"最小有效剂量""极量""常用量"以及"中毒量""致死量"等术语。正确理解这些术语对药物应用很有必要。

（一）最小有效剂量：药物发挥临床疗效所需要的下限剂量。

（二）极量：药物发挥最大疗效而患者能耐受且不中毒的上限剂量。极量也是安全用药的最大极限。没有临床经验丰富的医生指导，药物的剂量是不允许超越此规定剂量应用的。

（三）中毒量：药物应用出现中毒的反应的最小剂量。

（四）致死量：药物导致人死亡的最小剂量。"中毒量""致死量"是临床绝对禁止使用的剂量。

（五）常用量：大多数人药物使用最适宜的治疗剂量，其量的大小一般在"最小有效剂量"和"极量"之间。从"最小有效剂量"到"极量"之间的距离又称为"安全有效范围"。此范围越大，表明该药越安全。非处方用药具备这一特征。"常用量"并不是对所有人都是最适宜的剂量。有的人低于药物常用量使用发生过敏反应，而有的人则不敏感。

二、药物剂量的单位

使用药物时，一定要注意认真阅读药物使用说明书，明确药物使用剂量，正确区分药物使用量和剂量之间的关系。要注意药物剂量的单位。

一般来说，固体药物剂量单位常是克（g）、毫克（mg），液体药物常以毫升（ml）作剂量单位。有些药物，如生化制剂和某些抗生素是以"生物效价"来计算药物使用量，一般以"国际单位（IU）"表示，简称"单位"。例如，青霉素800万单位、胰岛素10单位等。

药物使用前，务必把药物剂型的含量与"常用量"区分清楚，明确药物剂量的单位以及单位间的换算，如不能将毫克（mg）与克（g）相混淆；更不能把剂型的含量当成常用量的"片数"来服用药物。例如，临床上曾有一位高血压患者在服用硝苯地平片时，阅读药物说明书错误地理解"每片含量10mg"为"每次服用10片"，导致血压显著下降而引起脑梗死的事件。

因此，人们在阅读药物使用说明书时，一定要清楚药物的"量"以及使用量"单位"，更要注意全面、正确地理解所使用药物说明书的内容。

三、药物"禁用""忌用"和"慎用"的意义

一般药物使用说明书中会指出药物"禁用""忌用"和"慎用"的人群范围。重视和正确理解这些内容对于使用药物的人们避免发生不良药物反应是很有必要的。

药物"禁用"是指预知某类患者使用该药物后必定会发生严重的不良反应，因此特别指出该类患者禁用这种药物。例如，对青霉素过敏的患者，禁止使用青霉素。

药物"忌用"是指预知某类患者使用该药物时可能会出现严重的不良反应，则这类患者应被列为忌用这种药物范围。例如，异丙嗪有致畸作用，孕妇等人群应忌用该药物。

药物"慎用"是指预知某类患者使用某种药物后可能会出现一些不良反应，但通过一些措施可控制这些不良反应，则该药物对该类患者属于慎用药物。例如，常用的抗炎药磺胺类药物在排泄过程中可在肾脏形成结晶，影响肾功能，因此肾功能不良者必须使用该药时，应在医生的指导下谨慎服用此药，并严密观察小便的变化。

四、药物使用时间

（一）药物使用时间要求的原理

一般药品说明书中会注明使用药物的时间、频次以及方式等，如一天服一次，或一天服三次，或"饭前服""饭后服用""睡前服""遵医嘱"等。这些要求是有其科学依据的。药物使用时间的要求是基于各种药物在人体内代谢的"半衰期"不同制定的。药物的半衰期是指药物在人体血液中的最高有效浓度降低一半浓度所需要的时间。为维持药物在人体血液中的有效浓度，人们根据各种药物半衰期的长短不同，规定了不同的服药时间间隔。例如，激素类药物模拟人体的内分泌峰值来规定服药时间，以减少药物副作用的发生。因此，人们在服用药物时，一定要遵从药物使用说明的服药时间要求，应按

规定时间服药，否则不仅药效受影响，可能还会引起不良反应。

（二）常见的药物使用时间要求

1. 餐前服用的药。此类药一般应在餐前 15～30 分钟服用。这类药物主要有：健胃药、滋补药、收敛药、吸附药、制酸药、利胆药、止泻药及某些降血糖药等。这类药对胃黏膜大多无刺激作用，餐前服用有利于吸收，药效发挥作用快。

2. 餐服的药物。即与进餐同时服药，此类药主要是助消化药，例如胃蛋白酶合剂、淀粉酶等；还有某些降糖药，如拜糖平等。拜糖平即阿卡波糖主要通过抑制碳水化合物在小肠上端吸收，从而降低餐后血糖。餐食与主食嚼服可以缩短药物崩解时间，加速药物释放，更利于发挥降低餐后血糖的作用。

3. 餐后服用的药物。主要是对胃有刺激的一些药物，如解热镇痛药（阿司匹林、布洛芬）和催眠镇静药（苯妥英钠、氯丙嗪）等。另外，基于药理机制规定餐后服用的药物，如二甲双胍等。规定餐后服用的药物一般应在餐后 15～30 分钟服用。

4. 睡前服药。例如，催眠药、缓泻药、驱虫药（驱蛔片）等药物应在晚上睡觉前 15～30 分钟服用。

5. 症状发作时服药。例如，镇痛药（罗通定、索米痛片）、退热药、解痉药（阿托品）、止吐药（甲氧氯普胺）及某些治疗冠心病的药（硝酸甘油等）宜在必要时服用，以便及时控制症状。

五、药品的有效期

药品的有效期是指在注明的时间内药物能发挥治疗、预防作用。过期的药物使用可能不仅不能达到治疗疾病的效果，还可能引起严重的不良反应，因此过期的药物是不能服用的。人们在服药之前，切记注意药品的有效期。一般来说，除了从医院开出的散装药品外，原装药品都标有有效期、失效期。药品上注明的有效期是指该药在所标日期之前使用有效；失效期是指该药在所标日期之后使用无效。

六、药物的剂型

有的药物的使用说明书或标签上注明了药物的剂型，如片剂、胶囊、缓释片等。一般不能随意改变药物剂型服用。例如，缓释片一般不能掰开、碾碎或嚼服，应整片或整粒吞服，以免剂量突然释放后，药效过强或发生严重毒副作用。而带有刻痕的缓控释制剂，在服用半量时一定要沿刻痕掰开，不要随意掰开以免破坏剂型。

第三节　自行用药时的注意事项

随着医学知识的不断普及，非处方用药的增多，人们也有了自行用药的可能性增大。每年有很多人因服药方法错误而住进医院，甚至因此丧命；还有很多根本不知道是由于服药方法错误而导致的危险时时在我们身边发生。所以安全用药就十分重要，目前，自行购药非常普遍，那么我们在自行用药的时候也需要具备自我用药的基本常识。

一、个人备药须知

个人常备一些药品对治疗和控制一些常见病及病症是十分方便的，但必须妥善保存药品。家庭药箱内的药物品种不是"多多益善"，宜筛选那些安全、必备、便于保存、适于家庭使用的药物，此外，家庭药物的储存也十分重要。因为药品保管不善可造成变质，不但治不了病，反而造成伤害。

个人备药的基本原则：①根据个人健康状况备药。②根据当地常见病、多发病、季节性病情况备药。③宜内、外用药兼备，如感冒药、消炎药、退热药、止痛药、风油精、创可贴、碘伏等。以备用非处方用药为宜。④备用药的量应小，以免大量药物未使用便过期，造成浪费。⑤药物储存应在阴凉、干燥、干净的固定地方，并注意内外用药分开保存。对于要求低温保存的药品，应置于冰箱固定位置，并保持恒温2℃～10℃。⑥定期检查备用药品的有效期，及时更换过期、发霉、变质的药品。⑦识别变质的药品。如糖衣药片出现受潮、变色、发霉、衣层裂开、溶化等现象；非糖衣片，由原白色变为黄色或发黑、有斑点、松散、潮解等均不能服用。胶囊药，如胶囊受潮发黏，里面药粉结块，也不可再用。中成药丸、片发霉、生虫、潮化等也不可再用。液体药液中浑浊、沉淀、有霉点、变色、发酵、酸败等情况，都应做变质处理。⑺标记必须醒目，药物贮放时应分门别类、整齐有序，不能混杂凌乱。原包装完好的，可以原封不动；零散的应分别装入棕色玻璃瓶内，将盖拧紧，并贴上醒目的瓶签，写清楚药物名称、规格、用量和用法。外用药最好用红色瓶签或用红笔书写，做到内服、外用有别。

二、自行用药须知

自行服药时一定要保持谨慎。不要随意使用药物，因为药物的代谢通常是通过肝脏和肾脏完成的。如果过量使用一些药物，会给肝脏以及肾脏组织带来更大的负担，可能会导致无法逆转的损害。人们应该形成科学、健康的疾病观认识。盲目用药、滥用药不仅不能治疗疾病，可能还会对自身健康造成不良影响。

自行用药时应注意的原则：

（一）能用一种药控制疾病的，就不要使用两种药物；

（二）应按时、按剂量服药，不应时断时续；

（三）当用药3～5天无效时，应及时换用其他药物；

（四）出现药物不良反应时，应及时到医院就诊；

（五）疾病控制后，应及时停药（如消炎药、退热药）或减量维持治疗（如降压药、降糖药）；

（六）用药期间不应饮酒、咖啡、茶、果汁饮料等。特别是感冒药，如白加黑、百服宁，禁止与含酒精的饮料同服，否则可能出现双硫仑样反应，表现为面色潮红、头晕、恶心、呕吐，严重的甚至出现血压下降，出现过敏性休克的症状。双硫仑样反应常出现在饮酒后，又使用某些药物而影响酒精代谢，导致乙醛在体内堆积，致乙醛中毒。例如，甲硝唑、酮康唑、呋喃唑酮、头孢替安、头孢哌酮、拉氧头孢等头孢菌素类药物，都可能会出现双硫仑样反应。因此，在使用以上药物期间要严格戒酒，也不能使用任何含有酒精的食物或者药物。一旦出现双硫仑样反应要立即就医，进行催吐或者洗胃，并且给予吸氧和补液，给予抗过敏的药物治疗。

参考文献

［1］袁国，徐颖，张功．新时代劳动教育教程［M］．北京：航空工业出版社，2020．

［2］曹伏明．劳动教育理论与实践［M］．长沙：湖南教育出版社，2020．

［3］檀传宝，等．劳动创造美好生活［M］．北京：中国劳动社会保障出版社，2019．

［4］茅小燕．大学生健康教育［M］．浙江：浙江大学出版社，2023．

［5］冯峻，李玉明．大学生健康教育［M］．成都：四川大学出版社，2015．

［6］何敏．大学生健康教育（第五版）［M］．上海：上海财经大学出版社，2022．

［7］周树锋．大学生健康教育［M］．厦门：厦门大学出版社，2019．

［8］王龙．大学生健康教育［M］．天津：天津大学出版社，2019．

［9］张克峰，吴康平，饶应明．新时代大学生劳动教育［M］．湘潭：湘潭大学出版社，2023：212—215．

［10］李包庚，代玉启，刘勇．劳动创造美好未来—大学生劳动教育教程．北京：航空工业出版社，2023：077—078．